CIDADE POROSA

Bruno Carvalho

Cidade porosa

Dois séculos de história cultural do Rio de Janeiro

TRADUÇÃO
Daniel Estill

OBJETIVA

Grafia atualizada segundo o Acordo Ortográfico da Língua Portuguesa de 1990, que entrou em vigor no Brasil em 2009.

Título original
Porous City

Capa
Victor Burton

Foto de capa
Carnaval de 1940, RJ. Acervo do Museu da Imagem e do Som

Preparação
Sheila Louzada

Mapas
Sonia Vaz

Índice remissivo
Probo Poletti

Revisão
Ana Maria Barbosa
Carmen T. S. Costa

Dados Internacionais de Catalogação na Publicação (CIP)
(Câmara Brasileira do Livro, SP, Brasil)

Carvalho, Bruno
Cidade porosa : dois séculos de história cultural do Rio de Janeiro / Bruno Carvalho ; tradução Daniel Estill. – 1ª ed. – Rio de Janeiro : Objetiva, 2019.

Título original: Porous City.
Bibliografia.
ISBN 978-85-470-0094-3

1. Rio de Janeiro (RJ) – Civilização 2. Rio de Janeiro (RJ) – História – Século 19 3. Rio de Janeiro (RJ) – História – Século 20 I. Título.

19-29278 CDD-981.531

Índice para catálogo sistemático:
1. Rio de Janeiro : Cidade : História 981.531

Cibele Maria Dias – Bibliotecária – CRB-8/9427

EDITORA SCHWARCZ S.A.
Praça Floriano, 19, sala 3001 – Cinelândia
20031-050 – Rio de Janeiro – RJ
Telefone: (21) 3993-7510
www.companhiadasletras.com.br
www.blogdacompanhia.com.br
facebook.com/editoraobjetiva
instagram.com/editora_objetiva
twitter.com/edobjetiva

À memória de Nicolau Sevcenko

Sumário

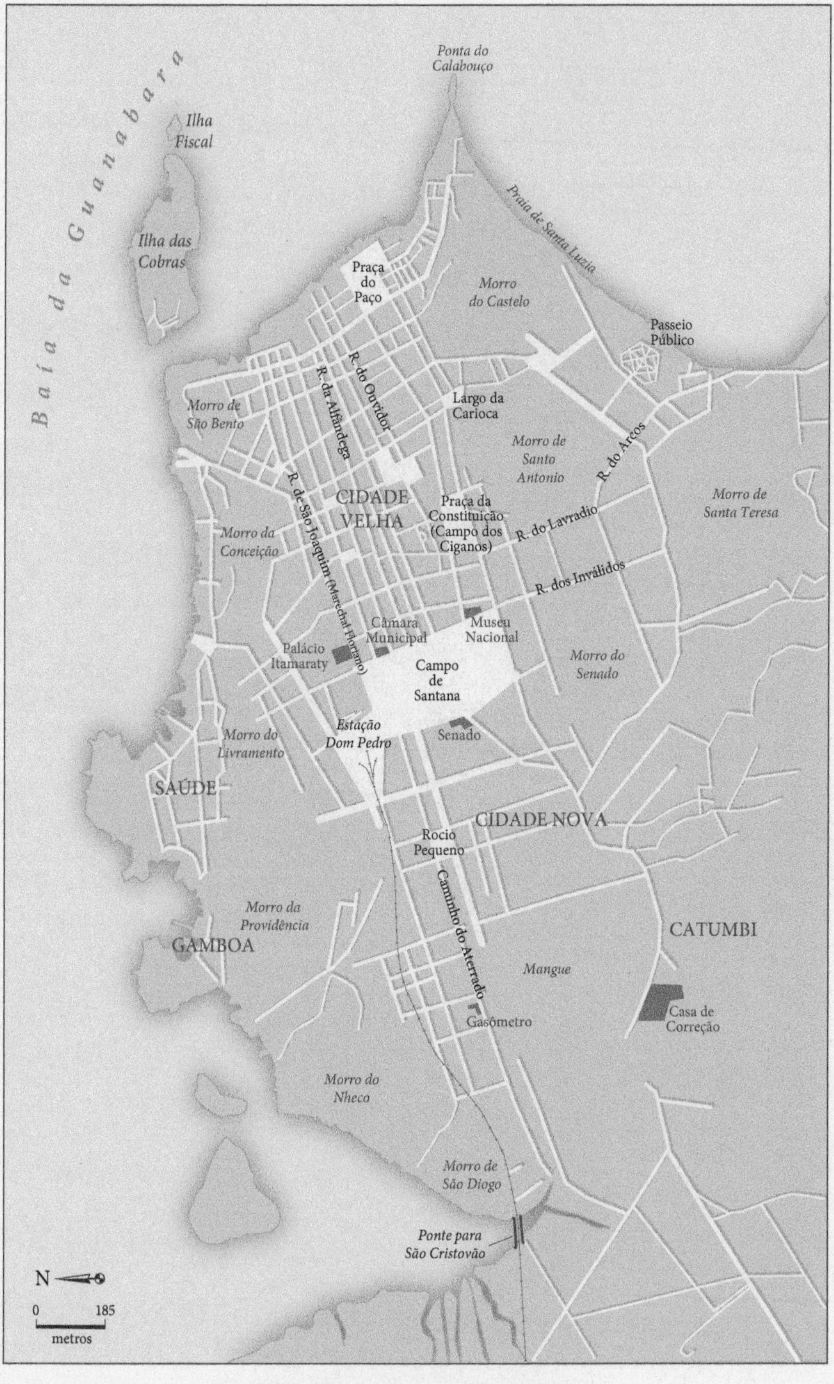

Centro do Rio de Janeiro, c. 1860-70.

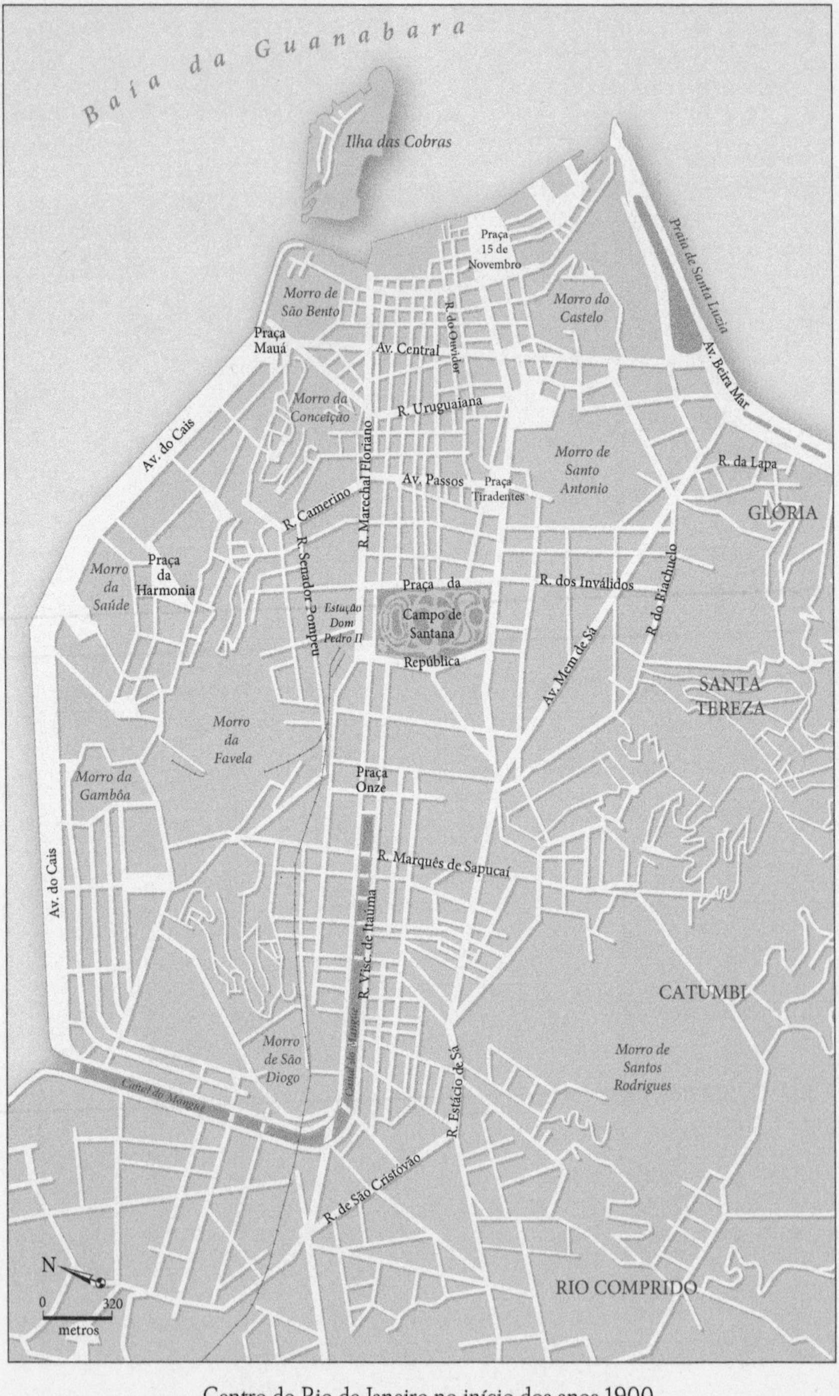

Centro do Rio de Janeiro no início dos anos 1900.

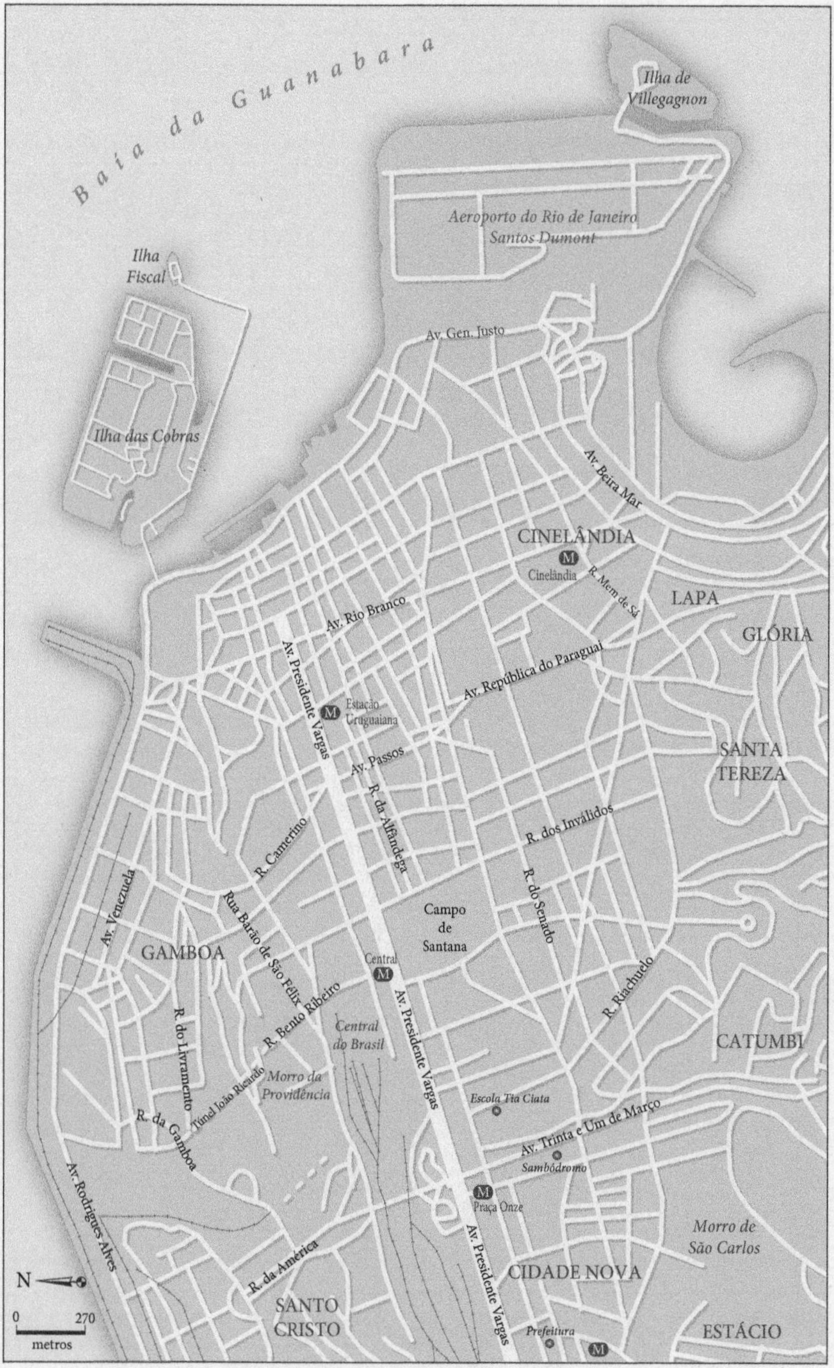

Centro do Rio de Janeiro em 2010.

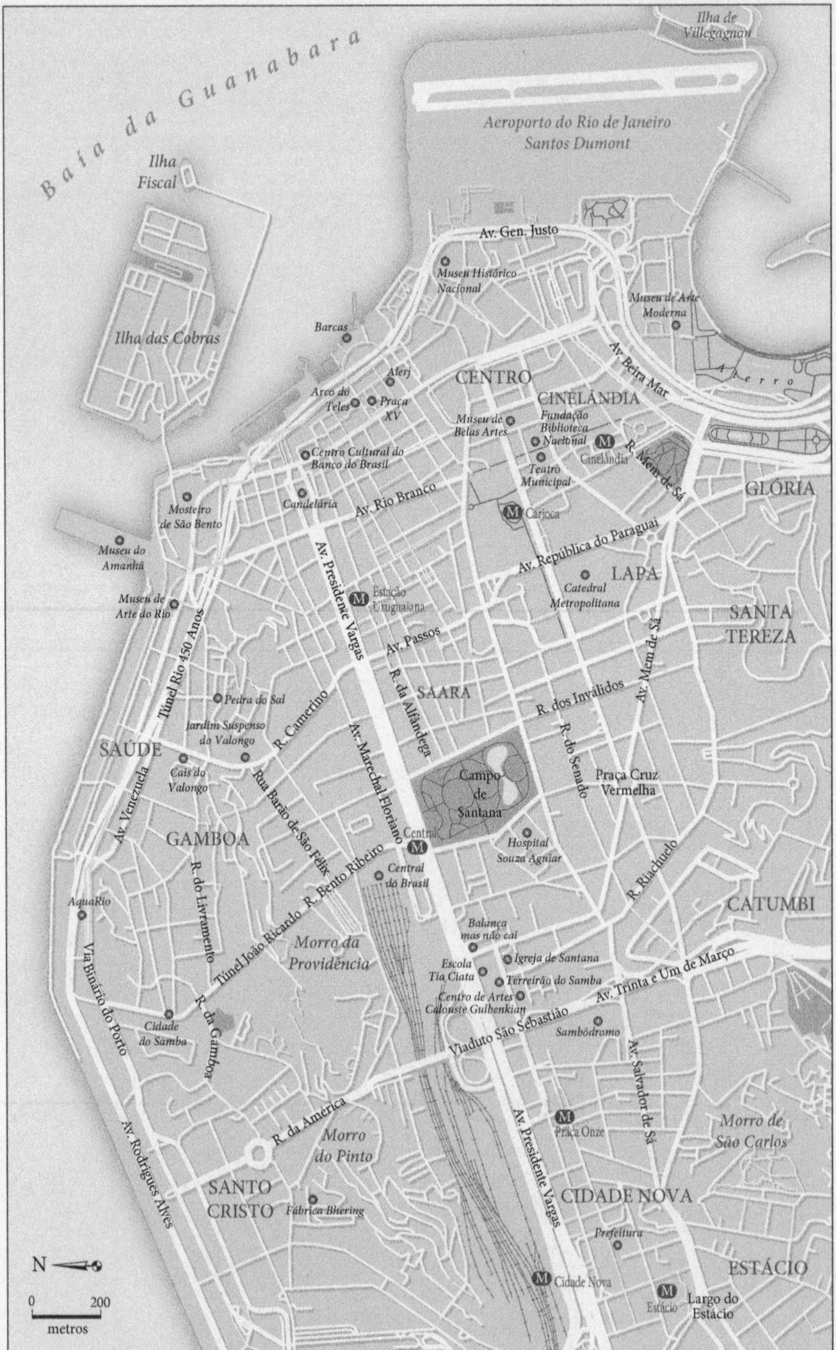

Centro do Rio de Janeiro em 2019.

Prefácio à edição brasileira

Cidade porosa é um livro fascinado pelo Rio de Janeiro. Quando escrevi a versão original, em inglês, a cidade parecia ser a bola da vez da atenção internacional, e em alguns momentos tive que me conter para não embarcar no clima de euforia. Foi publicado alguns meses antes das manifestações de junho de 2013. De lá para cá, muita coisa mudou. Passaram os megaeventos. Em 2018, a cidade vivenciou o assassinato de Marielle Franco e o incêndio do Museu Nacional. Algumas coisas não mudaram, ou só se agravaram, como a violência e o frequente desrespeito a direitos básicos, sobretudo das populações negras e pobres. Como não ser tomado pelo derrotismo, a frustração e a tristeza?

Diversas alterações foram feitas neste livro, com o intuito de adaptá-lo para o público brasileiro. Introduzi novos materiais, retirei explicações desnecessárias, matizei certas discussões e fiz uma série de atualizações, sobretudo no último capítulo. Apesar de tudo o que separa esta edição brasileira da publicação em inglês, durante o processo de revisão decidi manter mais ou menos intactas algumas reflexões que eu provavelmente elaboraria de outras formas no contexto atual. Um livro que fala do passado tem a vantagem de evitar certos riscos. A história cultural carioca, afinal, continua sendo marcada pela porosidade. Mas estão sempre mudando as formas através das quais o passado atua no presente e nas expectativas de futuro.

Uma das questões de *Cidade porosa* é a coexistência de misturas culturais e disparidades socioeconômicas. Durante boa parte do século XX, a celebração das misturas ganhou força no plano cultural, enquanto, no plano urbanístico, os princípios segregacionistas se impuseram. O Rio de Janeiro encarnou essas tensões, viabilizando uma autoimagem do Brasil como país da miscigenação e dos contrastes entre morro e asfalto.

A ideia de um Brasil que valoriza as misturas talvez esteja relegada à história, dado o ambiente de afirmação das diferenças (nos melhores casos) ou (nos piores) de recrudescimento do sectarismo, da xenofobia, do racismo. Este livro destaca os encontros, convívios e trocas de saber que ajudam a gerar as culturas do samba e do Carnaval. Destaca também a larga história dos processos de urbanização que acentuam as divisões espaciais, sociais e raciais. Porosidade tem a ver com trânsito, circulação, fronteiras fluidas. A ideia guarda relações com o que Luiz Antonio Simas costuma chamar de culturas de frestas — que fazem das festas instrumentos de subversão. Aqui também estamos lidando com o terreno fértil das festas, da invenção coletiva e da pluralidade, mas não só. Linhas bem demarcadas e firmes podem ser desejáveis em contextos institucionais, como no exercício da lei. As fronteiras entre interesses públicos e privados na história política brasileira são notoriamente porosas, por exemplo.

A expressão "cidade porosa", como ficará claro no decorrer do livro, não se trata de um elogio ao Rio de Janeiro, tampouco uma negação de sua dimensão partida. Inclusive, argumento que a porosidade cultural carioca esmorece à medida que a cidade se torna mais espraiada e dividida, ao privilegiar o automóvel. No entanto, ainda que possa parecer fora de hora ou mesmo ingênuo, dado o momento histórico de desilusão, brutalidade e aparente esgarçamento do tecido social, me parece ainda mais necessário ressaltar o protagonismo de grupos marginalizados e a recorrência de mediadores culturais na vida da cidade — de figuras que preferem a fantasia da mistura à fantasia da pureza. Recorrer ao passado também nos leva a refletir sobre como as práticas literárias e musicais e os sentidos de pertencimento mais marcantes na história da cidade têm ligação com espaços urbanos que aproximam suas diferentes partes — em especial, ruas, praças e logradouros onde convergem pessoas das mais diversas.

Este livro não é *a* história cultural do Rio de Janeiro. É *uma* história cultural, entre muitas possíveis. *Cidade porosa* bota em relevo uma área cuja história tem pouca visibilidade, mas através da qual se revela a evolução da cidade — e de uma ideia de Brasil. Pode parecer uma abordagem excêntrica ou idiossincrática: em vez de bairros icônicos, o foco está na antiga Cidade Nova. Quem hoje caminha por ali dificilmente imagina o papel que lugares como a Praça Onze e o Mangue representaram, ou suas muitas conexões com outras partes da cidade. Repensar o Rio a partir dessa região ajuda a ampliar vozes e espaços que foram definhando com o passar do tempo, mas também nos leva a reavaliar referências fundamentais: os leitores e leitoras se depararão com nomes como Machado de Assis, João do Rio, Tia Ciata, Pixinguinha, Chiquinha Gonzaga e Orson Welles, só para citar alguns, além de políticos e urbanistas decisivos na história da cidade.

A pesquisa se concentra no período entre a criação por decreto da Cidade Nova, em 1811, e o arrasamento dos seus espaços centrais para a inauguração da avenida Presidente Vargas, em 1944. Ou, se preferirmos, o período entre as Guerras Napoleônicas e a Segunda Guerra Mundial, durante o qual processos transatlânticos e globais perpassam a história do Rio de Janeiro, incluindo a chegada da corte, o escravismo e sua abolição, transformações tecnológicas e pontos de inflexão no planejamento urbano. A preocupação com períodos posteriores é uma constante, e o capítulo final discute de forma mais explícita o Rio de Janeiro das últimas décadas. *Cidade porosa* reflete sobre algumas das misturas que ocorreram na Cidade Nova, mas também busca mesclar diferentes escalas, tempos e campos de conhecimento.

Desde sua publicação em inglês, minha carreira acadêmica tomou rumos que eu não antevia. Por alguns anos, codirigi um programa na Universidade de Princeton – onde eu era professor – que buscava aproximar os campos da arquitetura, do urbanismo e das ciências sociais e humanas. Passei a lecionar, com frequência, sobre cidades norte-americanas. Uma das hipóteses com a qual trabalhamos nesse programa, financiado pela Fundação Andrew W. Mellon, era de que o conhecimento produzido em outras sociedades das Américas poderia contribuir para desprovincializar o entendimento que os estado-unidenses têm de suas próprias cidades. Conhecer a perspectiva do Rio de Janeiro ajudava a desnaturalizar um tipo de segregação à qual muitos residentes dos Estados Unidos se acostumaram: bairros de baixa renda de brancos quase completamente separados de bairros de baixa renda de negros – com padrões diferentes de consumo, cultura, política e até sotaque. Nos Estados Unidos, isso resulta de intensos esforços segregacionistas durante boa parte do século XX. Além do sistema Jim Crow, que institucionalizava a discriminação racial nos estados do Sul, havia desde leis de zoneamento e mecanismos de empréstimo que excluíam os não brancos até a intimidação e o uso da violência contra negros que se atreviam a sair dos "seus" lugares – frequentemente através de terrorismo, como nos casos de linchamento e de utilização de bombas caseiras.

Quando aprendiam sobre a Cidade Nova, meus estudantes se surpreendiam com o passado multiétnico de um lugar que ficaria conhecido por seu "bairro judeu" e sua "Pequena África", onde pessoas das mais distintas origens dançavam juntas. Chamava a atenção daqueles jovens o fato de as favelas cariocas não serem compostas quase exclusivamente por negros — como acontece com os *ghettoes* de lá. Ao mesmo tempo, eles se surpreendiam também que, num país onde a maioria não se declara branca, os espaços dos poderes institucional e financeiro fossem tão mais brancos que os demais. E que, ao mesmo tempo, tantas das vítimas da violência armada sejam jovens negros. O Brasil, afinal, também tem o que aprender com alguns avanços ocorridos nos Estados Unidos. Em muitas cidades norte-americanas, cientes dos enormes custos e fracassos da chamada Guerra às Drogas, movimentos de amplo alcance trabalham para reformar sistemas policiais e carcerários historicamente racistas.

Não chega aos pés das gafieiras que ficavam ali pelas bandas da Praça Onze, mas minhas aulas em Princeton — e em Harvard, onde sou professor desde 2018 — reúnem grupos com significativa diversidade de origens socioeconômicas, geográficas e étnicas. As universidades norte-americanas, inclusive as de elite, investiram em programas de bolsa e ação afirmativa e, em termos de acesso, se tornaram mais porosas a partir da década de 1960. Já neste século, o Brasil fez investimentos comparáveis, com resultados também impressionantes. Nos dois casos, essa maior abertura gera ressentimentos em grupos que percebem seus privilégios ameaçados.

Certo grau de diversidade e pluralidade sempre fez parte da modernidade urbana. Na cidade, conviver com estranhos e lidar com pessoas de grupos sociais diversos faz parte da rotina, o que não acontece na tribo ou no vilarejo rural. A questão é que, no cotidiano, essas interações costumam ser determinadas por assimetrias: tem alguém atrás do balcão da loja e alguém comprando; tem o empregado e o patrão; o pedinte e o dono de carro de luxo. No Brasil e nos Estados Unidos, a probabilidade de as posições refletirem condições herdadas é muito alta, mas espaços públicos ou de acesso amplo e democrático podem estabelecer condições nas quais as diferenças que mais importam são internas à própria prática ou às relações criadas através de um encontro. Isso pode valer no transporte coletivo, em festas de rua ou numa sala de aula. No Rio de Janeiro das culturas porosas, a estratificação não deixa de existir, mas suas expressões populares são capazes de desestabilizar desigualdades estruturais. Num bloco carnavalesco, chega quem quer. Numa roda de samba, não se vai longe sem demonstrar qualidades, independentemente da conta bancária. Mais do que antes, podemos ao menos arriscar dizer algo parecido sobre as universidades que ganharam em diversidade e pluralidade, sobretudo as públicas. As cotas introduziram frestas.

Uma instituição educacional até pode reproduzir qualquer coisa da qual nossas cidades são capazes em seus momentos de maior dinamismo, mas, assim como as práticas culturais, políticas de diversidade no ensino superior têm limites evidentes. A segregação espacial e os desafios de deslocamento, por exemplo, impõem dificuldades a moradores de periferias que tenham conquistado vagas em universidades. Ainda assim, uma futura história da porosidade na cultura carioca, seja ela uma narrativa sobre ruptura ou sobre continuidade, provavelmente dará atenção às recentes transformações em instituições de ensino superior. Muitas das figuras que protagonizam a história cultural do Rio de Janeiro circulam por espaços diversos. Das que permeiam este livro, muitas são afrodescendentes. Poucas passaram pela universidade.

Podemos pensar Marielle Franco dentro dessa melhor tradição de circulação, convívio de diferenças e trocas de saber. Marielle era uma intelectual formada tanto na Maré quanto na universidade. Mas ela também representa uma ruptura, ou ao menos uma tendência emergente nova em relação ao período deste livro. Marielle Franco era uma mulher negra nascida e crescida em uma favela. Com uma bolsa do Prouni (Programa Universidade para Todos), formou-se na Pontifícia Universidade Católica do Rio de Janeiro. Depois, obteve um mestrado pela Universidade Federal Fluminense. Como vereadora, atuava por causas LGBT+, por direitos das mulheres, pela regularização fundiária na zona oeste (contrariando interesses de milícias) e em prol de familiares de policiais mortos. Ela transitava por muitas partes do Rio. Marielle Franco optou pela via da política institucional, mas sua trajetória também pertence à história cultural do Rio de Janeiro. Foi assassinada, com o motorista Anderson Gomes, no limite entre os bairros do Estácio e da Cidade Nova. O local foi transformado, improvisadamente, num espaço de memória.

Uma cidade de territórios controlados por grupos armados ou cercados em condomínios privados certamente não é um lugar afeito a misturas, intercâmbios e encontros fortuitos. Mas o Rio de Janeiro contemporâneo continua tendo espaços culturais onde se cruzam perspectivas diversas, com capacidade de renovação e ligação com os passados da cidade. Em escolas de samba, não é raro encontrarmos uma relação porosa entre o saber letrado e o das ruas. Marielle é mencionada no samba-enredo vencedor do primeiro Carnaval após sua morte, nos memoráveis versos "Brasil, chegou a vez/ De ouvir as Marias, Mahins, Marielles, malês". Em certo sentido, a Estação Primeira de Mangueira representa algo do que restou do Rio de Janeiro da antiga Cidade Nova. Mas aqui não há mais resquício de fantasia alguma sobre uma democracia racial, tampouco da celebração do país do Carnaval. Aqui, a pluralidade cantada é a das "Mulheres, tamoios, mulatos" do "país que não está no retrato". A letra fala em Brasis, no plural, mas com protagonistas negras e negros, também no plural: Marielles, Mahins, Lecis, Jamelões.

Durante o desfile, a Mangueira exibiu uma bandeira brasileira em verde e rosa, substituindo o lema positivista por "índios, negros e pobres". A tensão entre ideias de "ordem e progresso" e manifestações da cultura popular é um dos temas deste livro. A Mangueira renova disputas que ainda definem as dinâmicas culturais e urbanas brasileiras. Aqui temos, no Sambódromo, o mais institucionalizado e oficial dos espaços do Carnaval, a poucos metros da antiga Praça Onze, um samba-enredo que faz a valorização das diferenças e dos conflitos históricos pela perspectiva dos marginalizados. E não é para tudo se acabar na quarta-feira: "Na luta é que a gente se encontra", diz a canção. Em 2019, o desfile da Mangueira soube dar uma das respostas mais expressivas e eloquentes ao momento político brasileiro.

Para além do Carnaval carioca, a consolidação de padrões globais de consumo, estética e mídia parece ajudar a forjar sujeitos políticos cada vez mais sincronicamente e menos diacronicamente comparáveis. Em outras palavras, talvez haja mais semelhanças entre os discursos e as fantasias políticas de alguns cariocas e certos eleitores de Manilla, Budapeste e Indianápolis do que em relação aos seus antecessores de apenas algumas décadas atrás. Esse fenômeno encontra correspondências em nossas cidades. Podemos dizer que existem mais similaridades entre os estilos de vida em alguns empreendimentos na zona oeste carioca e em outras cidades contemporâneas do que em relação ao Rio de

Janeiro do passado. No nosso século, novas mídias sociais passam a mediar, em tempo real, relações entre estranhos em qualquer lugar do mundo, o que antes se dava em espaços urbanos. Outras comunidades se formam e outras misturas ocorrem, não mais em ruas e praças, mas através de telas.

Ainda não temos como entender as consequências das transformações que vivemos. Poderíamos dizer que, na cidade deste livro, os vínculos de pertencimento são tão territoriais e espaciais quanto identitários. Ou, trocando em miúdos, as identidades e vivências se ancoram em geografias culturais e lugares físicos — casas, salões de dança, pequenos comércios, bancos de praça, esquinas, terreiros — até mais do que em categorias abstratizantes ou comunidades imaginadas como a nação. Mesmo que atualmente a experiência urbana esteja atravessada pelas culturas das redes digitais, ainda vivemos nos espaços da cidade. Alguns dos novos espaços do Rio certamente não foram planejados para a porosidade. Outros já são ocupados por funções para as quais não foram planejados.

Se há uma lição recorrente na história das cidades, é a de que o presente é sempre prova irrefutável da imprevisibilidade do futuro. Por um lado, vivemos as consequências do passado. A crise atual de mobilidade, por exemplo, remete à opção pelo carro como símbolo de status social e pelo planejamento urbano a serviço dele. É uma história que começa a se configurar na década de 1920. Por outro lado, o passado só serve para prever o futuro em retrospecto, isto é, depois que ele já se tornou passado. Afinal, eventos e processos históricos sempre poderiam ter ocorrido de outras formas. E quem estuda as cidades logo aprende que, na história do planejamento urbano, o imprevisto ocorre com frequência. Pensada como palco para desfiles militares e para o escoamento do tráfego, a avenida Presidente Vargas virou local de engarrafamentos e palco para blocos carnavalescos e manifestações políticas. E que fique claro, antes de procedermos: a crítica ao Bota-Abaixo da Cidade Nova, que possibilita a construção da avenida, não deve ser entendida em uma chave nostálgica ou saudosista. A questão não é o lamento por passados perdidos, e sim a reelaboração de futuros deixados pelo caminho — no caminho que a cidade tomou durante a Era Vargas, a Cidade Nova e sua Praça Onze eram uma pedra. Mas também havia ali um outro caminho, uma geografia alternativa.

Prefácio à edição original

Após chegar ao Rio de Janeiro, em outubro de 1946, a arquiteta italiana Lina Bo Bardi usou o seguinte termo para descrever sua impressão inicial: *incanto* ("encantamento").[1] Poucos ficaram indiferentes diante da visão da cidade, fosse chegando pelo oceano, por terra, ou pelo céu. Eu, nascido no Rio, muitas vezes me perguntei como seria vivenciar pela primeira vez seus ritmos, ruas e natureza. Sempre me foi fácil, mesmo quando criança, entender a sedução exercida por sua beleza e vivacidade sobre os visitantes, mas no decorrer da infância e da adolescência, nos anos 1980 e 1990, o Rio parecia preso a uma espiral descendente de violência, pobreza urbana, corrupção e governos disfuncionais. Qualquer sentimento de *incanto* precisava logo ser encoberto pelo de nostalgia, uma frustração para qualquer um nascido "após a queda".

Desde cedo me impressionavam as contradições da cidade. Meu desconcerto inicial era causado por enigmas que agora chegam a parecer mundanos: na cidade da minha infância, desconhecidos com enormes diferenças de renda e estilos de vida se abraçavam efusivamente nas arquibancadas de um estádio de futebol. Esses mesmos estranhos que podiam desfilar lado a lado no Carnaval ou conversar casualmente na praia eram capazes de tratar crianças morando nas ruas como seres invisíveis. Num lugar onde encontrar espaços comuns era tão fácil, como tanta gente podia se sentir confortável diante das gritantes desigualdades socioeconômicas?

A ingenuidade não durou muito. Por fim, ficaria claro para mim que mobilidade e segregação podem coexistir. Mistura sociocultural e inclusão cultural podem favorecer outras formas de exclusão, assim como a estratificação não impede a fluidez dos limites. Eu acabaria por aprender que o desencanto com a vida moderna tem sido uma constante nas ciências sociais e no estudo da cultura. Também aprendi que a história do Rio não contava com um pecado original, e que a cidade paradisíaca das músicas da bossa nova não chegou a existir de fato (ao menos não para todos os seus moradores). Em dado momento, a vida no estrangeiro alterou meu relacionamento com uma cidade que, por sua vez, nunca parou de mudar.

Ainda assim, a capacidade de encantar do Rio continua a me surpreender. Ao longo dos anos, vi inúmeros colegas, alunos e amigos reagirem de maneira parecida à de Lina Bo Bardi em suas primeiras experiências na cidade. Às vezes, pegava-me desejando aquilo que eles viviam. Este livro, em boa parte escrito enquanto morei fora, permitiu a reconciliação de desejos díspares. Em certo grau, permitiu-me usufruir das promessas de vivenciar o Rio como se fosse pela primeira vez. Também gerou em mim uma compreensão mais aguda do passado da cidade, seu papel na formação da cultura brasileira e seu significado em debates fundamentais sobre modernidade e práticas culturais urbanas.

Este livro se concentra num dos mais fascinantes espaços da história das cidades modernas: o bairro carioca da Cidade Nova, criada por decreto real em 1811 e arrasada pela construção de uma avenida monumental durante a Segunda Guerra Mundial. Desde então, essa área tem se mantido relativamente negligenciada, mesmo tendo sido fundamental para o desenvolvimento do Rio e para o surgimento de gêneros musicais que vieram a definir a identidade nacional. A região ficou conhecida como Pequena África e como Bairro Judeu, o que atesta o caráter multiétnico, multirracial e multifacetado da ex-capital brasileira. Foi uma referência importante para viajantes estrangeiros, escritores renomados e cientistas sociais pioneiros. Vizinha da primeira favela da cidade, desempenhou um papel crucial em narrativas fundacionais do Brasil como "o país do Carnaval" e como uma "democracia racial".

Sob o olhar microscópico para determinados espaços urbanos, nossas perspectivas se expandem.[2] Se visto como um estudo de caso da Cidade Nova, este livro reflete sobre como a ausência de guetos étnicos está relacionada com práticas de circulação e trocas culturais. Como uma história do Rio de Janeiro que abarca várias décadas, mostra sua transformação de cidade portuária em metrópole efervescente. Embora nenhum lugar possa, por si só, representar uma nação tão diversificada e complexa, o foco na Cidade Nova procura lançar luz sobre como expressões culturais inicialmente marginalizadas, a exemplo do samba, tornaram-se emblemáticas do Brasil. No processo, uma história mais universal vem à tona: de como as mudanças urbanas podem moldar linguagens e vice-versa — ou seja, como a linguagem também pode moldar o desenvolvimento e a experiência das cidades.

Nada disso era concebível quando pela primeira vez visitei a Vila Éden, na Cidade Nova, no início de 2007. Na época, meu interesse era a construção da avenida Presidente Vargas, durante os anos 1940. A avenida de várias pistas cortou uma grande faixa da cidade, incluindo a Praça Onze, então praça central da Cidade Nova. A única ressonância da região que eu tinha comigo era a das referências da música popular. Ela agora se mantém como testemunho de fracassos do urbanismo moderno. Onde antes havia um bairro, hoje reinam carros e ônibus, enquanto os pedestres se viram como podem. Qualquer sentido da Cidade Nova como lugar acolhedor e dinâmico parecia ter se dissipado.

Durante minha pesquisa, li num dos jornais gratuitos distribuídos pelo Centro do Rio que o diretor Sérgio Bloch estava fazendo um documentário sobre a avenida.[3] Nós nos conhecemos, e Sérgio me convidou para dar uma entrevista para o filme. Falei sobre a cobertura da reforma urbana pela imprensa, e Paulinho Fonseca, um arquiteto, foi o entrevistado seguinte. Paulinho é um tipo singular de intelectual, não raro de se encontrar entre os cariocas: aquele cuja compreensão da cidade vem tanto dos livros quanto das esquinas e dos personagens que povoam seu dia a dia. Depois de darmos nossas entrevistas, conversamos animadamente num dos muitos bares espalhados pelas calçadas do Rio.

Semanas depois, num domingo de manhã, recebi uma ligação dele, me convidando para encontrá-lo numa festa na Vila Éden, "o que sobrou da antiga Praça Onze". Fui. A vila, a dois quarteirões da avenida Presidente Vargas, é constituída por mais de cinquenta casas geminadas térreas, em meio a construções posteriores: um viaduto, uma delegacia, uma escola municipal, o Sambódromo e o Centro de Artes Calouste Gulbenkian, de arquitetura moderna. Conhecida apenas informalmente como Éden, de fato é uma espécie de oásis em uma paisagem urbana desfigurada e desolada. A festa aconteceu em frente à casa de Maurício e Celi Bemkes, reunindo família, amigos e vizinhos. Muita coisa do ambiente era familiar: o caldo de mocotó, a cachaça, a música animada e as conversas filosóficas. Mas Paulinho me convidou por conta do casal septuagenário: origem judaica asquenaze, de um lado, e afro-brasileira, do outro; ambos residentes ali, no coração da Cidade Nova. A dupla — ele, conhecido por Pinduca, expansivo e animado; ela, afável e comedida — me causou forte impressão. Saí de lá decidido a pesquisar essa confluência peculiar de espaços culturais afro-judaicos.

À medida que crescia meu fascínio pelos tipos de encontros que ocorreram naquela Cidade Nova, minha pesquisa começou a regredir para o início do século XIX e a envolver uma série de assuntos, do imperador d. Pedro II a uma zona de meretrício, de ciganos a Orson Welles. Foi um processo repleto de reencantamento. Descobri que as referências à região podem ser encontradas em diversas das mais importantes obras da literatura, da música e das artes plásticas, assim como em arquivos obscuros e textos há muito esquecidos. Eu jamais suspeitaria que, ao conhecer Pinduca e Celi numa tarde de domingo, a união deles me lançaria numa aventura que culminaria neste livro. Mas essa não foi a única surpresa que a experiência me reservou: nas minhas lembranças da festa, Pinduca era o afrodescendente e Celi, a filha de judeus russos. Só depois de visitá-los novamente, dois anos depois — e, dessa vez, na condição mais formal de entrevistador —, foi que percebi que era exatamente o contrário. Pinduca, nascido judeu, lembrava com orgulho as palavras em iídiche da infância; Celi, afro-brasileira, traçou sua linhagem até os imigrantes vindos do interior rural.

O engano foi desconcertante, mas serve para ilustrar uma lição: existem tantas maneiras de se relembrar experiências urbanas quanto formas de representá-las. Sempre é possível, afinal, retornar a locais familiares de um modo novo. Este livro, portanto, trata, em parte, de como escritores, artistas e habitantes urbanos podem perceber, rememorar, manipular e imaginar determinada cidade de maneiras diversas. É também sobre nossas possibilidades de leitura das coisas do passado, e sobre como continuam a falar conosco, caso retornemos a elas.

A referência a um bairro afro-judeu pode soar mais como uma provocação do que como uma informação precisa, porque o bairro que o leitor encontrará nestas páginas era, na verdade, mais heterogêneo. No entanto, chamar a atenção para essa combinação serve para realçar como a Cidade Nova costuma ser lembrada: ou como africana ou como judia. Um ótimo livro, inclusive, a chama de "paisagem estrangeira".[4] Aqui, sustento que a Cidade Nova foi fundamental para a formação do que poderíamos denominar de cultura brasileira. E que sua história continua tendo muito a dizer sobre o Rio de Janeiro, o Brasil e seus possíveis futuros.

Em busca do passado: Mapeando o Rio

O passado nunca está morto. Ele nem sequer passou.
William Faulkner, *Requiem for a Nun*

Aqui era a casa da minha mãe.
Morador do Catumbi, no meio do asfalto, em 1979[1]

I

Poucas imagens são tão adequadas quanto a do palimpsesto para dar ideia das complexas camadas que constituem nossas cidades contemporâneas. Combinando o grego *pálin* ("novamente") e *psáo* ("eu raspo"), o palimpsesto designa um manuscrito no qual o primeiro texto é raspado, permitindo que o pergaminho ou tabuleta de argila seja usado para uma nova escrita. Os palimpsestos são férteis metáforas nos campos da arquitetura, da arqueologia, da astrofísica, da ciência forense, da psicanálise, da geologia e da crítica literária, e, de forma semelhante, povoam o imaginário de teóricos e historiadores do urbanismo.[2]

Os espaços urbanos são como palimpsestos num sentido palpável, físico: à medida que uma cidade passa por reformas ou desenvolvimentos, seus sinais visíveis, tangíveis — prédios, ruas, parques, árvores —, são demolidos ou removidos para dar lugar a novos. Mas o passado nas cidades, assim como em manuscritos reutilizados, pode se fazer presente mesmo tendo sido descartado da superfície aparente. Dessa forma, os palimpsestos proporcionam uma metáfora sugestiva para enriquecer nossas reflexões sobre qualquer metrópole do século XXI, especialmente aquelas dizimadas e reconstruídas devido a guerras, desastres naturais e reformas em grande escala.

O Rio de Janeiro, fundado em 1565, jamais passou por grandes destruições provocadas por bombardeios, terremotos, furacões ou incêndios. Capital brasileira de 1763 até 1960, a cidade pode parecer jovem pelos padrões do Velho Mundo, mas é difícil imaginar um lugar que tenha sido mais "raspado" nos últimos duzentos anos. Algumas de suas principais ruas vivenciaram três ou quatro gerações de prédios ocupando o mesmo local apenas no século XX, o que torna a imagem do palimpsesto especialmente adequada. Na condição de cidade mais visível de um país ansioso por se estabelecer como moderno e cosmopolita, a antiga capital funcionou muitas vezes como vitrine, ou laboratório, para numerosas tipologias de urbanismo, planejamento e arquitetura. Só por isso não poderia ser vista como um caso à parte, mas, como veremos em breve, durante todo esse processo ela foi cenário para notáveis formas urbanas, relações sociais e expressões culturais.

No contexto da história urbana do Rio, a Cidade Nova foi, ao mesmo tempo, repleta de particularidades e representativa da cidade como um todo. O período pelo qual desempenhou esse duplo papel vai da década de 1810, quando o bairro foi criado por um decreto real, até o momento em que a monumental avenida

Presidente Vargas determinou a destruição de seu núcleo, nos anos 1940. Se formos nos ater aos grupos sociais associados à região, ou que lá estabeleceram alguns de seus marcos históricos, veremos que a Cidade Nova foi habitada por ciganos, nativos africanos de múltiplas etnias, escravizados, fugidos e alforriados, afrodescendentes e judeus asquenazes, além de imigrantes pobres de áreas rurais do Brasil e da Europa Ocidental, principalmente de Portugal, Itália e Espanha. Dos encontros propiciados por esse ambiente urbano, possível talvez apenas nas Américas durante um período de intensa diáspora transatlântica, surgiram alguns dos gêneros musicais (maxixe, choro, samba) definidores da identidade nacional brasileira do século XX e além.

Durante boa parte de sua história, o termo Cidade Nova referia-se a praticamente tudo o que havia para além dos limites dos muros — planejados e jamais construídos —, que deveriam cercar a "Cidade Velha" do período colonial.[3] Como em nenhum outro local do Rio, a região era intimamente conectada aos primeiros morros habitados (mais tarde chamados de favelas), à área portuária, à zona boêmia da Lapa, ao Centro e aos subúrbios. Com o tempo, suas dimensões foram encolhendo e sendo empurradas cada vez mais para oeste, e o material cartográfico aqui reunido deve dar aos leitores uma noção adequada dessa evolução.

O que os cariocas hoje chamam de Cidade Nova é uma parte bem menor da cidade e que não inclui mais o local onde ficava seu marco central, a Praça Onze. A estação de metrô homônima fica a cerca de 550 metros a oeste da antiga praça de fato. No entanto, não é apenas a área geográfica que nos interessa. Este não pretende ser um livro dedicado a um único bairro ou vizinhança, termos aqui usados com um significado amplo. Os espaços dos quais nos ocuparemos, afinal, destacam-se não apenas pelas misturas entre suas populações, mas também pela importância de seu impacto sobre o desenvolvimento da cidade, pelas funções que adquiriram e pelo lugar ocupado no imaginário da cidade e do país.

Em algum ponto de sua trajetória, o "novo" da Cidade Nova perdeu a novidade e o bairro passou a ser chamado de "a velha Cidade Nova". Nos anos 2000, resplandecentes edifícios envidraçados foram acrescentados à paisagem, entre eles a Universidade Petrobras e o Eco Sapucaí, projetado por Oscar Niemeyer. Em geral, essas construções não procuram se integrar ao tecido urbano ao redor, constituído em parte por depósitos abandonados ou obsoletos, estacionamentos, pequenos comércios, construções térreas e prédios nos mais variados estados de conservação. A movimentada avenida Presidente Vargas e o viaduto a ela perpendicular, construído nos anos 1970, transformaram muitos dos locais onde as pessoas se encontravam e viviam em *não lugares*, que servem apenas de passagem. Os nomes de alguns antigos marcos da Cidade Nova persistem como conexão com um passado pouco lembrado e desaparecido: a estação de metrô da Praça Onze, como vimos, refere-se à vibrante praça pública, há muito destruída, que funcionava como o ponto central do bairro judeu e da chamada Pequena África. Ao longo dos anos, a designação oficial do lugar como Praça Onze de Junho, marcando a data da Batalha do Riachuelo, foi encurtada no uso diário. Hoje, em vez da vitória militar de 1865 sobre o Paraguai, o atual nome oficial da estação homenageia a memória da antiga praça.

O papel da Praça Onze nas primeiras comemorações de Carnaval e seu status mítico posterior como o "berço do samba" são evocados pela localização do Sambódromo.[4] Uma escola pública municipal, a Tia Ciata, inaugurada em 1984, homenageia uma mulher negra, originária da Bahia, que morava na praça. Sua casa, famosamente, tornou-se ponto de encontro e de referência para músicos, escritores, políticos e uma variedade de pessoas interessadas em cerimônias religiosas afro-brasileiras nas décadas de 1910 e 1920. Ali perto há um busto do líder quilombola Zumbi dos Palmares. O Dia Nacional da Consciência Negra foi instituído na data do aniversário de sua morte, e o monumento marca a importância da região para as lutas e legados afro-brasileiros. Pelo menos essa foi a lógica seguida pelos que ali instalaram o busto em 1986, em meio às pistas de automóveis.[5]

Próximo ao canal do Mangue, o prédio da prefeitura, uma construção de dezessete andares de vidro e concreto armado, ganhou o apelido popular de Piranhão.[6] Para além das óbvias insinuações, o termo se refere à zona de meretrício do Mangue que persistiu na região por várias décadas desde seu apogeu, entre os anos 1920 e 1930. O nome Mangue revela algo da história ambiental do lugar, referindo-se aos ecossistemas pantanosos que antecederam o desenvolvimento urbano. Não parece haver monumentos ou nomes de locais que façam referência à ampla presença judia no passado do bairro.

Podemos supor que nenhuma menção atual à Cidade Nova traz à lembrança sinagogas, gafieiras ou prostíbulos, pelo menos não para aqueles sem qualquer história pessoal associada ao local. As conexões imediatas são com a estação do metrô, que guarda seu nome, ou com o endereço da prefeitura. A não ser por blocos dispersos de casas geminadas e um par de igrejas que escaparam da demolição, pouca coisa ainda existe que possa ser reconhecida como pertencente ao antigo bairro. Escrever sobre sua vida pregressa e evolução, pesquisar seu passado e articular seu significado com a história cultural do Rio de Janeiro e com a formação do Brasil pode ser de fato percebido como um processo semelhante à leitura das camadas de um palimpsesto.

Os palimpsestos sugerem inúmeras analogias com os espaços urbanos. Se os monges medievais, por exemplo, reescreviam por cima de textos pagãos por motivos tanto econômicos quanto ideológicos, os planejadores e administradores da modernidade urbana com frequência atuavam segundo uma combinação análoga de motivos estéticos e políticos.[7] Em ambos os casos, a autoridade lhes permitia levar adiante a reconstrução ou reformulação de espaços físicos. Mas também se pode postular que os espaços urbanos não apenas se assemelham a um palimpsesto, eles *são* um palimpsesto: pela capacidade de absorver elementos do passado em meio às transformações, pelos mecanismos de registro e pela memória involuntária que permeia as práticas e linguagens do cotidiano.

Sigmund Freud notoriamente explorou um conceito comparável em um contexto diferente. Num ensaio de 1925, ele aproximou o *Wunderblock*, ou bloco mágico, à "estrutura do aparelho psíquico perceptual". O dispositivo consistia, essencialmente, de uma tabuleta de escrita reutilizável, na qual o conteúdo podia ser apagado ao se levantar uma película transparente. Freud descreve como "um estilete pontiagudo arranha a superfície, e os sulcos assim deixados vêm a constituir a 'escrita'".[8] Como um palimpsesto, após ser "apagado", é possível descobrir que "o traço duradouro do que foi escrito permanece na tabuinha de cera e pode ser lido com uma iluminação adequada".[9] Freud compara a placa de cera ao inconsciente. Técnicas científicas foram desenvolvidas para tornar legíveis os traços deixados sob as camadas raspadas de um antigo palimpsesto. A psicanálise, como se sabe, desenvolveu os próprios métodos.

Podemos tentar transpor a analogia para nossas reflexões sobre os espaços urbanos e o funcionamento da memória. O que Freud denomina "escrita" pode ser entendido como a interseção de funções espaciais e histórias pessoais. Em outras palavras, o instantâneo estático do traçado das ruas, da infraestrutura e das localizações, conforme representado num mapa, em combinação com a multiplicidade de práticas cotidianas, caminhos ou trajetórias dos indivíduos numa cidade — aquilo que Michel de Certeau teoriza como sendo de fato similar ao discurso linguístico.[10] As dimensões, a arquitetura e o nome próprio de uma praça pública, por exemplo, mas também as histórias lá acumuladas pelo tempo: a realização de procissões religiosas anuais, as manifestações políticas ocasionais ou os bancos onde namorados se encontram.

As superfícies apagadas remetem às demolições das reformas urbanas ou às destruições em tempos de guerra. Também implicam mudanças estruturais irrevogáveis na maneira como os indivíduos podem experimentar ou "escrever" a si próprios nas paisagens urbanas: novas infraestruturas, transformações socioeconômicas, inovações tecnológicas, mudanças demográficas, crescimento vertical e horizontal, novos traçados ou novas ruas, passarelas, edifícios etc. Os "traços permanentes" se tornam legíveis quando vestígios culturais, arquitetônicos e toponímicos ativam significados compartilhados, por exemplo, ou quando historiadores, críticos literários e teóricos realizam determinado tipo de "escavação"[11] — uma metáfora tentadora que nos ajuda a pôr em relevo a rica textura das paisagens urbanas.

No entanto, da mesma forma que sugerem uma incrível variedade de metáforas, as cidades podem facilmente escapar ou resistir a elas. Ao longo de todo este livro, encontraremos limites e perigos em diferentes tradições de representação dos espaços urbanos. Vista como um organismo, o que seria a fonte de vitalidade de uma cidade, o sangue que corre em suas veias? Pessoas, carros, mercadorias, capital financeiro, sonhos? Quem faz o diagnóstico das "doenças" e administra a "cura"? Vista como um texto, quem a lê, o que pode ser lido, como chegamos a um acordo sobre a "linguagem"? Vista com um bloco mágico ou palimpsesto, o que pode significar o ressurgimento do passado? Como podemos ouvir um "traço"? Quais práticas persistem por se adaptarem e quais desaparecem por serem incapazes de mudar? Da dança à música, da literatura à história, das reformas urbanas à vida cotidiana, "escrituras" e "apagamentos" abundam nas cidades, interferindo uns nos outros, produzindo "traços" que podem ser tão ubíquos quanto opacos. A mais plástica das metáforas sucumbe às dimensões multifacetadas das cidades como espaços vivos e imaginados.

Para compreender e representar a história cultural do Rio de Janeiro de forma a não achatar suas múltiplas camadas, combinamos preocupações e abordagens de diversas disciplinas. E, para dar conta do dinamismo da vida urbana, reunimos materiais que normalmente são mantidos separados. Peças de teatro, romances, contos, poemas, músicas, pinturas, ensaios e filmes são essenciais para o presente estudo. Mas fontes usadas com maior frequência nas ciências sociais do que nas humanas também estão presentes ao longo da pesquisa, incluindo registros de transportes, censos, planos urbanos, decretos, mapas, discursos políticos, testemunhos orais, arquivos de família, cartas, relatos de viagens, jornais, revistas e tratados científicos.

A Cidade Nova apresenta uma gama de desafios metodológicos que podem ser revertidos em oportunidades. Durante a maior parte de sua existência, paradoxalmente, o bairro penetrou no imaginário letrado devido a práticas que escaparam às preocupações imediatas da maior parte das elites letradas. Até serem abraçadas pelos modernistas, as religiões afro-brasileiras, a música popular, o Carnaval e a prostituição eram, em muitos casos, temas sobre os quais não se considerava adequado escrever. Diante disso, como escrever uma história cultural sobre espaços urbanos a partir de fontes que, em sua maioria, os representavam de maneira marginal ou incidental, quando chegavam a mencioná-los? A própria questão oferece uma resposta inicial: os marcadores linguísticos de como os autores – ou personagens fictícios – internalizam um lugar podem ser ainda mais reveladores que passagens descritivas. Não são apenas os adjetivos que nos preocupam, mas também os advérbios: será a Cidade Nova representada como *aqui*, *lá* ou *lá longe*?

A análise textual desempenha neste livro um papel mais relevante do que na maioria das histórias culturais. Aproveitando a dica da metáfora espacial de Freud para a mente, podemos descrever nosso procedimento como uma tentativa de reconhecer o mapeamento cognitivo de determinado autor. Mapas mentais ou cognitivos foram usados em *The Image of the City* (*A imagem da cidade*), de Kevin Lynch, expressando a representação da cidade internalizada por um indivíduo, em contraposição a um "mapa cartográfico".[12] Planejadores urbanos normalmente empregam o conceito como positivo e desejável: ele sugere recursos de orientação (caminhos, limites, marcos) que imbuem à paisagem urbana de uma qualidade visual e uma rede de sentidos oposta à alienação e à confusão. Entretanto, se o uso do conceito vai além das formas urbanas, como é o nosso caso, as imagens mentais também podem implicar vieses e projeções inconscientes. Um bairro percebido como perigoso pode, na verdade, ser um local seguro e vice-versa. Legibilidade, para Lynch, significa "a facilidade com a qual as partes [de uma cidade] podem ser reconhecidas e organizadas num padrão coerente".[13] No entanto, a leitura de uma cidade pode ser mal interpretada, e um padrão pode ser coerente e ao mesmo tempo revelar preconceitos ocultos e percepções equivocadas.

Ao longo deste livro, procurarei lançar uma nova luz sobre obras literárias importantes, assim como promover análises históricas e reflexões teóricas. Considero aqui tanto a maneira como as fontes escritas de determinado período representam os espaços urbanos, quanto o espaço ocupado pela literatura. Trata-se de uma questão histórica e teórica: o historiador José Murilo de Carvalho, ao se referir às elites imperiais brasileiras do século XIX, escreve sobre "uma ilha de letrados num mar de analfabetos".[14] Leitores e escritores, de fato, têm maior probabilidade de viver e trabalhar em determinadas regiões da cidade do que em outras.[15]

Mantive, portanto, um duplo interesse: em cartografias letradas e na geografia cultural. O primeiro conceito ecoa a obra *A cidade das letras*, na qual Ángel Rama estuda como a palavra escrita foi usada para impor a ordem e estabelecer o poder nas sociedades latino-americanas, especialmente durante o período colonial. Aqui, as cartografias letradas implicam padrões obtidos de mapas cognitivos dos "produtores de conhecimento" (imprensa, governo, rádio etc.). Ainda que necessariamente reflexivas das visões das elites urbanas, essas cartografias podem ser dominantes sem ser monolíticas, pois muitas vezes envolvem variáveis complexas, como experiências pessoais, política local, estética, raça, gênero, classe e outros fatores. No processo de traçar as cartografias letradas do Rio de Janeiro ao longo de diversas transições históricas e desenvolvimentos tecnológicos, o próprio conceito passa por uma mudança profunda, tornando-se progressivamente menos coeso à medida que surgem novos meios de produção cultural e escritores com origens e interesses mais diversificados.

As cartografias letradas muitas vezes estão em tensão dialética com a geografia cultural.[16] Esta se mantém mais próxima da realidade física de como a infraestrutura, os recursos materiais e os espaços culturais (teatros, locais de culto religioso, livrarias, desfiles de Carnaval) estão distribuídos pela cidade. Mapear essa dimensão da paisagem urbana nos ajuda a ter acesso às perspectivas dos indivíduos e multidões que frequentaram, habitaram ou pertenceram a um local, mas que raramente deixaram rastros. A compreensão da geografia cultural de uma cidade não pode se restringir ao "olhar letrado". Sendo assim, um estudo do Rio de Janeiro com foco na Cidade Nova amplia o horizonte de possíveis leituras de diversos textos tidos como canônicos, proporciona novas visões sobre o que significava viver numa cidade sob diferentes condições ou períodos e nos permite reavaliar as narrativas estabelecidas sobre a antiga capital brasileira.

Antes de prosseguirmos, uma nota final relativa à metodologia: este livro retoma uma série de fontes familiares aos que pesquisam o Rio e o Brasil, e busca trazer à luz materiais desconhecidos ou relegados. Este projeto não teria sido possível sem a rica bibliografia em história urbana, social, econômica, cultural, política e intelectual produzida sobre o Rio de Janeiro e o Brasil, assim como estudos de antropólogos, sociólogos, musicólogos, biógrafos, críticos literários e arquitetos. Mesmo quando minhas interpretações divergem, muitas vezes parto de trabalhos anteriores e me faço devedor de pesquisas e direcionamentos deixados por autores prévios.

II

Se cada um dos capítulos a seguir puder ser lido como uma camada histórica – ou um conjunto de camadas (que Gilles Deleuze talvez chamasse de diagrama)[17] – da paisagem palimpséstica do Rio de Janeiro, as relações entre esses passados poderiam ser descritas como porosas: cheias de passagens, interpenetrações, limites movediços, resíduos e prelúdios.

Num ensaio sobre Nápoles, publicado pela primeira vez em 1925, Walter Benjamin escreveu que a "porosidade é a lei inesgotável da vida desta cidade, reaparecendo por toda parte".[18] Algo similar poderia ser dito sobre o Rio de Janeiro, essa metrópole sem um passado de fronteiras étnicas definidas, uma cidade permeada por uma história de limites frequentemente fluidos entre a ordem e a desordem, o popular e o erudito, o preto e o branco, a paisagem natural e a urbana, o público e o privado, o sagrado e o profano, o centro e a periferia.

Junto com a convergência de inúmeros grupos étnicos e sociais "indesejáveis", essas categorias se sobrepuseram nos espaços da Cidade Nova. A porosidade do bairro era atípica no contexto das cidades modernas e, até certo ponto, típica da cidade do Rio de Janeiro como um todo. Apesar do quadro histórico, a porosidade aqui deveria ser compreendida mais por sua qualidade espacial do que temporal. O termo deriva do grego *póros*, que significa "passagem" ou "caminho". Faz parte da etimologia dos poros da pele e dos portos de uma cidade, o que pode, por si só, dizer algo a respeito dos tipos de interações encontradas em tais lugares. Portugal, e, por extensão, a língua portuguesa, incorpora o termo latino *portus*, de porto.

O conceito fornece uma maneira alternativa de interpretar um dos enigmas persistentes do Rio de Janeiro e do Brasil: como uma cultura e uma autoimagem definidas pela mistura coexistem com uma disparidade socioeconômica tão gritante? Este estudo pretende proporcionar novas visões sobre como, num ambiente de desigualdade e trocas assimétricas, num país onde a escravidão só foi abolida em 1888, puderam florescer encontros multiétnicos e uma vida cultural marcada por fluxos e permeabilidades. Essas questões se mantêm prementes na medida em que o Brasil continua a enfrentar problemas de violência urbana, desigualdades socioeconômicas e infraestruturais. As virtudes do Rio não podem encobrir seus problemas, tampouco a discussão de suas falhas pode ignorar uma memória cultural vital e estimulante. A ideia de porosidade, nesse contexto, procura se somar a conhecidos debates entre os que estudam ou refletem sobre o Brasil. Também revela uma arena onde a experiência brasileira pode contribuir de forma concreta para debates globais sobre diversidade racial, justaposições urbanas e divisões sociais.

Em anos recentes, variantes de porosidade começaram a aparecer com maior frequência nos discursos das ciências humanas e sociais.[19] Beatriz Jaguaribe, por exemplo, usa o adjetivo em relação ao Rio.[20] Adotado com maior frequência pela literatura científica, o termo oferece uma alternativa menos carregada do que "sincretismo" e "miscigenação", ajudando a evitar as conotações celebratórias que essas palavras adquiriram desde os anos 1930. Ambos se vinculam à afirmação de uma suposta democracia racial que, perigosamente, subestima nossa longa história de racismo e injustiça social. "Poroso" pode ser usado de maneira mais expansiva do que "sincrético" ou "miscigenado": descreve, por exemplo, uma instituição com um fraco senso de adesão ou filiação, da qual os indivíduos entram e saem. A escola de samba Acadêmicos do Salgueiro, por exemplo, é tradicionalmente mais porosa do que a Academia Brasileira de Letras. A ideia de porosidade também permite alguns usos mais precisos do que "hibridez". Em seu sentido mais direto, "híbrido" poderia ser aplicado a todas as práticas culturais.[21] Todas as formas musicais ou religiosas, por exemplo, podem ser compreendidas como compostas por elementos heterogêneos, independentemente da pureza percebida por seus praticantes. Em contrapartida, nem todas as formas musicais e religiosas podem ser consideradas porosas. Pensemos nos vaivéns de uma roda de samba em comparação com um concerto de música clássica.

A porosidade muitas vezes é positiva e desejável, mas nem sempre: suas expressões mais claras na história do Rio de Janeiro podem ser encontradas não apenas na cena musical vibrante e multirracial, em que pessoas de diferentes classes sociais se mesclam e interagem, mas também na lamentável zona de meretrício do Mangue, povoada tanto por mulheres judias quanto afrodescendentes, e igualmente frequentada por homens ricos e pobres.

Devido a essa ambivalência, é apropriado recuperarmos o "homem cordial" do seminal *Raízes do Brasil*, de 1936. No pensamento de Sérgio Buarque de Holanda, a cordialidade remete a uma incapacidade de distinguir entre os domínios público e privado, em que os encarregados de funções públicas são escolhidos segundo critérios de confiança pessoal, laços familiares ou amizade, não por suas competências.[22] Isso pode ser interpretado como uma característica conservadora: o verniz da cordialidade resguarda um sistema que não favorece o mérito nem a mudança. Se seguirmos a lógica, as formas culturais porosas do Rio de Janeiro servem para sustentar a vasta distância que separa as condições materiais de suas classes sociais.

José Miguel Wisnik, em *Veneno remédio: O futebol e o Brasil* (2008), propõe ainda outra maneira de articular essa ambivalência. Seu ensaio de interpretação nacional recorre ao *pharmakon*, que conteria, simultaneamente, as possibilidades de curar e envenenar.[23] Esses duplos potenciais estão incorporados à porosidade do Rio de Janeiro, e a história da Cidade Nova e suas representações proporcionam uma chave para nos ajudar a desvendar alguns dos dilemas da cidade. Desde o princípio do século XX, o Rio de Janeiro ficou conhecido como a Cidade Maravilhosa, e quem conhece sua beleza natural sabe que qualquer explicação para esse adjetivo será supérflua. Para aqueles acostumados com as imagens e realidades da violência urbana e com o intenso contraste entre as favelas e os prédios da classe alta, pode também não ser necessário explicar outro epíteto criado para o Rio: a "cidade partida".

A expressão se tornou corrente após aparecer no título de um livro de Zuenir Ventura, publicado em 1994, num momento de crise profunda do Rio. Zuenir escreveu *Cidade partida* na sequência de um massacre na favela de Vigário Geral, quando 21 pessoas foram assassinadas por um grupo de extermínio formado por policiais. Esse massacre foi seguido por outro evento trágico, em julho de 1993, quando seis crianças e dois homens, moradores de rua, foram assassinados nos degraus da igreja da Candelária. Em meio a um clima de profundo desencanto, a narrativa de Zuenir Ventura conecta dois lados da cidade partida. Durante um período de dez meses, o jornalista da zona sul conviveu com moradores, líderes sociais e traficantes de drogas de Vigário Geral, na zona norte. Ao mesmo tempo, fez a crônica dos esforços incipientes de líderes da sociedade civil de responder à crescente violência no Rio. O movimento levou à criação da ONG Viva Rio. Se Zuenir se refere a Vigário Geral como "um mundo onde a república não chegou",[24] o Viva Rio reuniu entre seus membros alguns dos nomes mais influentes da mídia, do ativismo e dos meios empresarial e acadêmico.

Como boa parte da opinião pública manifestava o desejo de combater violência com mais violência, os fundadores do Viva Rio chegaram a um consenso de que qualquer solução para a crise do Rio teria que envolver a aproximação de suas "duas cidades". Embora a maior parte de *Cidade partida* seja dedicada a acontecimentos contemporâneos, o autor cuidadosamente desarma o imaginário nostálgico das classes dominantes de que os anos 1950 foram a idade de ouro da bossa nova e da inocência na cidade. O livro é iniciado com um catálogo da violência, corrupção e "divisões" daquela época. Ao longo de *Cidade porosa*, veremos os primeiros precursores da noção de um lugar polarizado, rastreando os discursos sobre Rio de Janeiro como "duas cidades" até os primórdios do século XX.

Ainda assim, como o trabalho de Zuenir Ventura reconhece, mesmo onde as disparidades entre as áreas da cidade são de fato flagrantes, categorias reificadas muitas vezes se mostram mais porosas do que aparentam. A ideia do Rio como uma cidade de misturas e encontros coexistiu com as imprecações de uma "cidade partida". Considerá-lo uma "cidade porosa", em outras palavras, não pretende sugerir uma oposição à cidade partida ou dividida. Pelo contrário, a mistura e a divisão aqui são frequentemente como os diferentes lados de uma moeda, as duas faces de Janus, remontando à ambiguidade central de "A ponte e a porta", de Georg Simmel. Nesse ensaio, Simmel defende que, ao designar as coisas como separadas, já as conectamos em nossa consciência. Por outro lado, para conectar as coisas, elas primeiro devem ser separadas: uma porta, por exemplo, mostra como "separar" e "conectar" são atos interligados e interdependentes.[25]

É possível dizer, então, que uma cidade dividida pressupõe uma cidade porosa e vice-versa. As representações do Rio de Janeiro como uma cidade cindida entre o morro e o asfalto, por um lado, carregam o risco de obscurecer até que ponto suas histórias e desafios se mantêm inter-relacionados.[26] Falar de porosidade, por outro lado, abarca as conexões implícitas na segregação socioespacial da cidade, manifestadas de forma mais visível em domínios (aparentemente) não relacionados: violência urbana generalizada e cultura popular. Ao mesmo tempo, aponta para possibilidades de misturas não cumpridas, apenas parcialmente realizadas em algumas das suas expressões culturais mais abertas: futebol, samba, funk, Carnaval, praia. Quisera pudéssemos adicionar a essa lista áreas como educação, negócios, sistema legal, medicina, governo.

À medida que a história do Rio de Janeiro se desenrola nestas páginas, os leitores perceberão o argumento de que há uma diminuição gradual, porém nítida, da porosidade da cidade. Isso parece ocorrer à medida que os espaços de misturas vão se tornando alvo de projetos de modernização, práticas higienistas, discursos intelectuais ou planejamento urbano. Durante a maior parte dos séculos XIX e XX, elites governantes tiveram intenções de confinar, domesticar, eliminar ou expulsar certos aspectos de fluidez e intercâmbio que, paradoxalmente, marcaram a formação das culturas dominantes do Brasil e que frequentemente se concentraram na Cidade Nova e em espaços similares: a cena musical, a prostituição, bem como as comunidades étnicas e sociais indesejáveis.

O desconforto com as misturas da cidade — que não se explica sem a dimensão racial —, especialmente após o estabelecimento de um regime republicano, em 1889, vincula-se a uma busca por "ordem e progresso". Sobretudo enquanto a cidade se manteve como a capital nacional, os ideais delineados pelo lema positivista na bandeira do país definiram grande parte das medidas de administração e planejamento urbano a ela direcionadas. Persistia o desejo de "governar por retas", conforme mostra Maria Alice Rezende num texto sobre os engenheiros do Rio de Janeiro na belle époque.[27] Discursos ecoando esse passado ressurgem ao longo da história recente da cidade. Sendo assim, não se deve esquecer que, apesar de todas as associações entre ordem e razão, a busca pela ordem pode ser liberadora e capacitadora, mas também sistemática, rígida e até mesmo delirante ou cruel. Conforme nos ensinou o século passado, por vezes de maneira trágica, a ideologia pode cegar os entusiastas por reformas urbanas e renovações programáticas, provocando um divórcio das complexidades da vida da cidade e impondo condições sufocantes às necessidades sociais diárias de seus habitantes.

Um último significado de porosidade merece ser desvelado: apesar da perversidade do sistema desigual de distribuição de recursos e de infraestrutura por trás do éthos de abertura e inclusão que os habitantes do Rio de Janeiro por vezes cultivam a respeito de si mesmos, uma dimensão de porosidade se mantém pela sua habilidade de absorção de elementos das mais diversas tradições — inclusive, por exemplo, das múltiplas diásporas transatlânticas de africanos e judeus.

Ao lado de evitar as múltiplas armadilhas que o Rio de Janeiro oferece — aquelas que levam a uma sedução debilitante, assim como à indignação inexorável —, parece prudente evitar também o que Marshall Berman chamou de "teia inconsútil" ou "cárcere" foucaultiano e negar ou recusar toda uma história cultural de misturas admiráveis, permeada por festas e frestas. Uma história encontrada num passado como o da Cidade Nova, onde um bairro judeu coexistiu com uma pequena África e ajudou a moldar formas urbanas, musicais, artísticas e literárias de enorme originalidade, verve e beleza. Parte disso pode não ser de todo peculiar, e o futuro de tais legados permanece incerto, mas o Rio de Janeiro frequentemente se mostrou um lugar de desenvolvimentos contraintuitivos. Em uma cidade de geografia tão irregular, o caminho mais rápido de A para B raramente é uma linha reta.

1. No centro da capital imperial: Pântanos, febre amarela e festas ciganas

Quem conhece uma das cidades conhecerá todas, tão iguais são entre si, exceto onde a natureza dos terrenos não permite.
Thomas More,[1] *A utopia*

I

Em 1808, quando a corte portuguesa chegou ao Rio de Janeiro fugindo das tropas de Napoleão, encontrou uma cidade portuária com uma população entre 40 mil e 50 mil habitantes e um importante centro comercial de um país predominantemente rural.[2] Capital da colônia apenas desde 1763, o Rio de Janeiro não estava preparado para se tornar a capital do Reino Unido de Portugal, Brasil e Algarves, título obtido em 1815.[3] Além da família real, o status recém-adquirido acarretou mudanças fundamentais: abertura dos portos para o comércio com mercados estrangeiros, criação do primeiro banco brasileiro e da imprensa, além de instituições como a Real Biblioteca, o Jardim Botânico e a Academia Imperial de Belas-Artes. Única cidade das Américas a servir de sede do poder metropolitano, o Rio passou por um crescimento acelerado durante o período que se seguiu à chegada da corte. Em apenas doze anos, a população praticamente dobrou para cerca de 80 mil.[4]

A capital colonial se desenvolvera como uma cidade portuária. Localizada em uma baía naturalmente protegida e tranquila, estava conectada por rotas que levavam às regiões mineradoras do interior. O comerciante britânico John Luccock, morador do Rio de 1808 até 1818, observa que "quando a corte chegou [...] a cidade circunscrevia-se dentro de limites muito estreitos".[5] Era cercada pelo mar a nordeste e leste, pântanos a oeste e noroeste e morros por todos os lados. Apesar de deixarem a capital notoriamente protegida, esses limites naturais também restringiam as possibilidades de expansão — e o Rio permanece moldado das mais diferentes maneiras por suas peculiaridades geográficas até nossos dias.

D. João VI, o regente português, não teve alternativa a não ser ordenar o crescimento da cidade em direção aos pântanos de São Diogo. Em 1811, um decreto real estabeleceu incentivos para quem construísse sobre os terrenos pantanosos, que foram sendo gradualmente aterrados. Não eram permitidas casas de apenas um andar, as isenções aplicavam-se principalmente aos sobrados — casas maiores, com mais de cinco portas ou janelas nas fachadas.[6] Passadas algumas décadas, parte dessas construções acabaria por se transformar nos infames e superlotados cortiços. De qualquer modo, foi assim que nasceu a área conhecida como Cidade Nova.

Além de ajudar a resolver uma grave crise habitacional, a medida para estimular as construções nessa área foi conveniente para a família real por outro motivo. Poucos meses após sua chegada, um rico traficante de escravos cedeu seu palácio no bairro semirrural de São Cristóvão, e d. João decidiu transferir a residência real para lá. A propriedade, que viria a ser conhecida como Quinta da Boa Vista, ficava um pouco afastada da localização central do Palácio Real, para além dos pântanos ainda por drenar. O acesso era por mar ou por terra. Uma Cidade Nova aterrada reduziria consideravelmente o trajeto entre o centro administrativo e as residências reais de São Cristóvão e proporcionaria uma área para onde a cidade poderia crescer. Conforme atesta Luccock, em 1813, uma nova estrada "estava em andamento através dos pântanos a oeste da cidade, até a vila de São Cristóvão, onde a família real frequentemente se recolhia".[7]

Em 1819, levava-se cerca de uma hora e meia até as residências reais, a partir do centro da cidade, pela tortuosa estrada de Mata-Porcos.[8] Em torno de 1821, outro visitante observava que "A estrada para a Cidade Nova, sendo a rota diária da família real, [era] mantida em boa ordem".[9] Essa nova via conectava o centro da cidade à Quinta, atravessando toda a extensão da Cidade Nova, um trajeto de aproximadamente dois quilômetros.[10] A estrada ficou conhecida como o caminho do Aterrado, ou caminho dos Lampiões, devido à instalação de lampiões a óleo de peixe. Sobre esse assunto, um impressionado reverendo Robert Walsh comentou, no final dos anos 1820: "[as] lâmpadas agora são suficientemente numerosas, e a cidade está tão bem guarnecida quanto a maioria das cidades do continente europeu".[11]

Observadores estrangeiros tinham uma percepção apurada sobre o Rio dividido entre Cidade Velha e Cidade Nova. O Campo de Santana, em homenagem à pequena capela de Santa Ana, construída durante o século XVIII na então periferia da cidade, marcava a fronteira entre elas. Foi nesse local que o filho de d. João, d. Pedro I, foi aclamado imperador, após declarar a Independência do Brasil, em 1822. Rebatizado oficialmente como Campo da Aclamação, tornou-se um lugar privilegiado da história política e na formação cultural do Rio, como em breve passaremos a ver. A Cidade Nova começou a se desenvolver numa área adjacente ao Campo. Embora suas fronteiras viessem a ganhar contornos, durante boa parte da primeira metade do século XIX o nome "Cidade Nova" designava praticamente tudo que estivesse além dos limites da Cidade Velha, boa parte ainda consistindo de pântanos desabitados até a década de 1860. Um almanaque a definiria, mais rigidamente, como "o distrito compreendido entre o Campo da Aclamação e a rua de São Cristóvão".[12]

É por sua localização central "acidental" que algumas menções nos chegaram sobre os primeiros tempos da Cidade Nova, especialmente em relatos de visitantes estrangeiros. Durante todo o século XIX, viajantes europeus em visita ao Rio eram com frequência convidados para estar com o rei e, mais tarde, com os imperadores d. Pedro I e d. Pedro II. Vários deles deixaram registros de suas impressões sobre o caminho para a Quinta da Boa Vista. Na ausência de outras fontes, as descrições desses visitantes nos dão alguma ideia de como a área se desenvolveu. Alguns anos após a passagem de Luccock pela capital, por exemplo, o reverendo Walsh observou: "Já agora, na memória das pessoas que lá residem, os avanços mais extensos e quase inacreditáveis foram feitos na cidade; — todo o espaço na região do Campo de Santa Anna era um pântano estagnado, agora drenado e coberto de ruas".[13]

Os primórdios da Cidade Nova foram bastante auspiciosos. Em 1817, Luiz Gonçalvez dos Santos (mais conhecido como padre Perereca), defendendo seus interesses canônicos, insistia na construção de uma igreja "suntuosa" no centro do novo bairro, para "coroar e aformosear" seu crescimento recente. A pequena capela de Santa Ana, argumentava ele, tornara-se insuficiente para atender a uma parte da cidade onde "brilha[va]m tantas casas nobres e magníficas".[14]

Mais contido, o pintor francês Jean-Baptiste Debret, que chegou à cidade em 1816 e aqui permaneceu durante toda a década de 1820, observou que as construções da Cidade Nova eram de "muito melhor gosto arquitetônico"[15] que as da Cidade Velha.[16] Um engenheiro e militar alemão asseverou, em meados da década de 1820, que a Cidade Nova ainda estava "em formação com ruas mais largas e retilíneas", mas alegava que "nenhuma capital europeia pode gabar-se de possuir uma praça pública como a da Aclamação".[17] Na década seguinte, um proeminente historiador contemporâneo elogiou o aumento da população da área e sua beleza.[18] Para os moradores da Cidade Nova, em especial aqueles que viviam mais distantes do Campo de Santana, as descrições exuberantes podiam, aparentemente, ocultar ao menos uma parte da realidade: o naturalista inglês Charles Bunbury escreveu sobre como os pântanos eram cobertos de todo tipo de lixo, incluindo animais mortos.[19]

Muitos dos primeiros planejamentos urbanos do Rio de Janeiro, cujo propósito era dar à cidade colonial um aspecto compatível com suas funções recém-adquiridas, procuraram capitalizar a localização geográfica da Cidade Nova. Preocupado com a drenagem, José Joaquim de Santa Anna, então arquiteto da corte e membro do Real Corpo de Engenheiros, propôs um projeto no qual o Campo de Santana era o ponto central. Em 1811, época em que foi escrito, a Cidade Nova representava uma promessa de urbanização de toda a cidade, a partir de uma espécie de tábula rasa. Uma vez que as ruas do bairro permaneciam sem pavimentação, por exemplo, poderiam facilmente incorporar novas técnicas para facilitar a drenagem.[20]

Durante a década de 1820, o arquiteto francês Grandjean de Montigny elaborou uma série de projetos em linhas neoclássicas para modernizar o Rio de Janeiro.[21] Em sua visão, a Cidade Nova se desenvolveria a partir de um reformulado e monumental Campo de Santana, que ele qualificou como "fórum".[22] E, em 1843, o engenheiro Henrique de Beaurepaire-Rohan, empregando as tecnologias mais recentes de drenagem e pavimentação, foi responsável por planos urbanos que podem ser considerados os primeiros de fato compreensivos na história da cidade.[23] O projeto de Beaurepaire-Rohan buscava integrar a Cidade Nova à Cidade Velha e ao Cais do Valongo. Uma via paralela à atual avenida Presidente Vargas, acompanhada de um ambicioso canal navegável, proporcionaria um novo eixo estrutural. Todas essas propostas imaginavam o crescimento da cidade para o oeste, em direção aos pântanos, e colocavam o Campo de Santana numa posição central para a capital. Ambos os planos também compartilhavam a preocupação em determinar um sistema de ruas em forma retilínea para a Cidade Nova. Isso remete à Baixa Pombalina, bairro central de Lisboa reconstruído após o terremoto de 1755. Incomum no contexto da urbanização portuguesa, projetos em formato de grade representavam um contraste notável com o desenho irregular das ruas da Cidade Velha.[24]

Esses planos não seriam implementados e, embora tenham ecoado em intervenções urbanas posteriores, a maior parte de suas abrangentes visões para a cidade não se realizou. Não é inconcebível imaginar que o Campo de Santana pudesse ter assumido um papel comparável ao da Plaza Mayor, da Cidade do México, como palco de manifestações nacionais e centro simbólico, caso em que a Cidade Nova poderia ter se tornado um bairro muito diferente. Nas primeiras três décadas do século, afinal, importantes instituições foram instaladas ali, entre elas um quartel do Exército, o Senado e o Museu Real. Enquanto as duas últimas confirmavam os desígnios dos planejadores no sentido de reorientar o Centro do Rio, o quartel correspondia à posição de facto do Campo nos limites periféricos da cidade: os espaços abertos eram ideais para os exercícios militares.[25]

Como tantas vezes acontece, o futuro da cidade não ocorreu conforme as previsões e expectativas dos especialistas. Mesmo no início do século XIX, já ficava evidente que a aristocracia escolheria outras áreas ainda mais retiradas.[26] As chácaras de frente para o mar em Botafogo começaram a levar a cidade em direção à futura zona sul, até hoje preferida pelos mais ricos. Em meados do século, parecia menos provável que a Cidade Nova fosse se tornar uma área de elite, ou um bairro planejado conforme os mais recentes ideais urbanos europeus. O Rio de Janeiro, contrário aos anseios de alguns, jamais poderia ser uma cidade europeia. Da mesma forma como no Velho Mundo, era preciso lidar com os "indesejáveis", entre os quais estavam os ciganos. O Rio, no entanto, também tinha de enfrentar doenças tropicais, e foi uma cidade definida, em todos os sentidos, pelo fato de ter a maior população urbana de escravizados das Américas.[27] Em diferentes graus, esses três elementos — ricos indo para a zona sul, a presença de "indesejáveis" e a população de escravizados — foram fundamentais para moldar o papel que a Cidade Nova ganharia na formação de uma cultura nacional brasileira.

II

Afora referências rápidas nas narrativas de viagem, a Cidade Nova não aparece com muita frequência na literatura ou nas histórias de meados do século XIX. Poucos moradores (ao menos entre os que escreviam e publicaram) tiveram preocupação em descrever, ou ao menos mencionar, a área — o célebre *Um passeio pela cidade do Rio de Janeiro*, de Joaquim Manuel de Macedo, de 1862, a ignorou. Uma das primeiras exceções ocorre no hoje canônico *Memórias de um sargento de milícias*, obra que oferece uma fascinante perspectiva sobre como essa zona recém-habitada funcionaria dentro da geografia cultural e das cartografias letradas da cidade – um espaço percebido e representado como marginal, ainda que situado no centro geográfico.

A narrativa de Manuel Antônio de Almeida abre com uma frase declarativa que situa a ação num tempo específico e evoca a linguagem das fábulas: "Era no tempo do rei". Enquanto o texto de imediato estabelece um *então*, o paratexto implica um *agora*. A publicação do romance em formato de folhetim, entre 1852 e 1853, no jornal *Correio Mercantil*, por si só reforça sua contemporaneidade. A aparição num meio voltado para os eventos contemporâneos, em outras palavras, indica a atualidade da história para o leitor da época.[28] Ao mesmo tempo, estabelece-se que a trama vai se desenrolar durante os anos do reinado de d. João, antes de seu retorno para Portugal, em 1821. Na segunda frase, um novo parágrafo, o narrador começa a também demarcar o terreno ao longo das linhas de um *aqui* contraposto a um *lá*: "Uma das quatro esquinas que formam as ruas do Ouvidor e da Quitanda, cortando-se mutuamente, chamava-se nesse tempo 'o canto dos meirinhos'; e bem lhe assentava o nome, porque era aí o lugar de encontro favorito de todos os indivíduos dessa classe (que gozava então de não pequena consideração)".[29]

A escolha adverbial do *aí* em vez de *lá* ou *ali* sugere um local próximo ao leitor. O *aí* presume *o lugar onde você está*. Já não é mais o ponto de encontro dos meirinhos; portanto, não caberia o advérbio *aqui*, mas o texto introduz o sentido de que temos uma voz narrativa proveniente de um espaço central na cidade. O uso recorrente do pretérito enfatiza como as coisas costumavam ser, e talvez também funcione como um lembrete de como estavam mudando rápido. O verbo no presente ("formam") refere-se a coordenadas muito específicas que colocam a cena no encontro de duas das principais ruas da Cidade Velha, um ponto de referência conhecido dos leitores familiarizados com o Rio de Janeiro.[30] Nesse centro do passado, o narrador imediatamente evoca certo grau de ordem. Os leitores encontram, por exemplo, uma correspondência estável entre os nomes dos lugares e suas funções dentro da cidade colonial – algo que encontra eco na "ordem dos signos" do que Ángel Rama chama de "cidade ordenada".[31] Na época em que Manuel Antônio escreve, no entanto, ele já precisa explicar como o canto dos meirinhos ganhou seu nome. Assim, através de um deslocamento metonímico, o texto cria uma associação desse *aqui*, um lugar central, próximo aos leitores, com a lei – embora reconhecendo que seus representantes mais recentes (no primeiro reconhecimento direto de um *agora*) eram outros: "Os meirinhos de hoje não são mais do que a sombra caricata dos meirinhos do tempo do rei".

À medida que o segundo parágrafo avança, o narrador se refere à dinâmica entre os meirinhos e seu "extremo oposto", os desembargadores, e no processo articula um axioma revelador da literatura de Manuel Antônio de Almeida: "Ora, os extremos se tocam". Em outras palavras, ele não cria uma dicotomia rígida, mas uma relação dialética entre forças opostas. Essa natureza dialética serve de base para uma leitura seminal do livro por Antonio Candido. Em "Dialética da malandragem", ele argumenta que, ao lado de um "primeiro estrato universalizante", o trabalho de Manuel Antônio conta com um "segundo estrato [...] constituído pela dialética da ordem e da desordem, que manifesta concretamente as relações humanas no plano do livro",[32] organizado de acordo com as "intuições precisas" do autor sobre a realidade social do Rio de Janeiro no período.[33]

As dinâmicas dessas relações humanas na ficção de Manuel Antônio, por sua vez, elucidam como os espaços urbanos do Rio foram vividos e internalizados ao longo do século. Na superfície, ou em um nível diegético, a Cidade Nova do romance está em conformidade com as representações esperadas de uma região periférica sob a perspectiva de uma cidade letrada, de um centro de produção de conhecimento, encaixando-se nos padrões usados pela imprensa e pela ficção do período para retratar o bairro. Uma análise mais atenta revela como o mapeamento da narrativa, ao mesmo tempo, desafia ou resiste a essas expectativas, deixando espaço para mais contato e intercâmbio entre "extremos opostos" do que deixa transparecer à primeira vista.

Avançando por alguns parágrafos no primeiro capítulo, o narrador coloca o leitor de volta a um lugar familiar: "Mas voltemos à esquina". Lá, o dia a dia era previsível, quase um roteiro: "Quem passasse por aí em qualquer dia útil dessa abençoada época veria sentado em assentos baixos, então usados, de couro, e que se denominavam 'cadeiras de campanha', um grupo mais ou menos numeroso dessa nobre gente conversando pacificamente". É desse universo que surge o pai do protagonista, Leonardo, uma figura apresentada sob luz pouco lisonjeira ("moleirão e pachorrento"), o que nos permite identificar um grau de ironia na suposta visão nostálgica daquela "abençoada época" e sua "nobre gente". Leonardo era um imigrante português vindo para o Brasil que "jamais saía da esquina", mas, uma vez que sua esposa infiel foge para Portugal com o capitão de um navio, ele abandona o filho e a promessa de uma vida estável.[34]

O filho de Leonardo, que é o protagonista da história, foi criado por um padrinho e se envolve em todo tipo de aventuras que muitos críticos associam às narrativas picarescas da península

Ibérica.[35] Mas é o pai que proporciona nossa primeira excursão à periferia da cidade, numa passagem reveladora:

> Lá para as bandas do mangue da Cidade Nova havia, ao pé de um charco, uma casa coberta de palha da mais feia aparência, cuja frente suja e testada enlameada bem denotavam que dentro o asseio não era muito grande. [...] Quase sempre estava essa casa fechada, o que a rodeava de um certo mistério. Essa sinistra morada era habitada por uma personagem talhada pelo molde mais detestável; era um caboclo velho, de cara hedionda e imunda, e coberto de farrapos.[36]

Em contraste com a precisão da referência à Cidade Velha, o narrador de Manuel Antônio representa a Cidade Nova como algo vago e distante. Também fica "lá para as bandas", o que parece posicionar sua voz como vinda do Centro, da cidade letrada do jornal e de seus presumidos leitores. Lá, ao contrário de *em* ou *ali*, indica uma distância tanto do enunciador quando do receptor. Se assumirmos um ponto de vista a partir do Centro (como a Cidade Velha ficaria conhecida) – em outras palavras, do ponto de vista dos produtores de conhecimento letrado –, aqueles pântanos não são apenas marginais; são também perigosos e devem ser evitados a todo custo.

A linguagem do romance deixa claro os tipos de associações em jogo, previsivelmente negativas: feio, sujo, misterioso, sinistro. Embora na época de Manuel Antônio a área já houvesse se tornado consideravelmente mais urbanizada do que na época em que a história se passa, no texto essas vizinhanças abrigam a casa do "caboclo velho", uma figura que acrescenta outros elementos ao campo semântico da Cidade Nova. O termo geralmente descreve alguém de ascendência mista indígena e europeia, e já foi utilizado de forma mais ampla para designar populações nativas do Brasil. Também se aplica a entidades sobrenaturais, e há entre as variantes dos sistemas religiosos afro-brasileiros o candomblé de caboclo.[37] Associa-se o caboclo às zonas rurais do país, e esse, em particular, pratica feitiçaria, condenada no texto como uma "superstição" imoral, incivilizada e pertencente ao passado. O narrador ridiculariza os supostos poderes do caboclo, e o episódio reforça o que Jean Franco classificou como as "raízes raciais da magia", "dependente da cartografia clichê que separa a Europa 'racional' do restante irracional".[38]

Sendo assim, os pântanos da Cidade Nova se revelam uma fronteira com o Brasil rural, "não racional", onde a ordem aparentemente começa a se desfazer — numa reiteração do "conceito grego que opunha a *polis* civilizada à barbárie não urbanizada".[39] A distinção de Certeau entre lugar (*lieu*) e espaço (*espace*) também se faz útil: lugar "implica uma indicação de estabilidade", enquanto espaço "é composto por interseções de elementos móveis".[40] O "canto dos meirinhos", com seus oficiais "sentados", apresenta-se como o lugar de onde a ordem emana, metonímia da cidade letrada a partir da qual o narrador, ostensivamente, conta a história. Só nos aventuramos para o exterior ou o periférico quando a vida de Leonardo entra em colapso. Leonardo vai em busca do caboclo e de seus poderes sobrenaturais "lá para as bandas" do Mangue devido a problemas com uma jovem por quem se apaixona — só que ela não é uma mulher qualquer, é uma "cigana".

Após Leonardo conhecê-la, somos apresentados às suas festas, frequentemente interrompidas pelo major Vidigal, uma figura autoritária (baseada num personagem histórico bem conhecido, de mesmo nome) vinda direto do Centro, determinado a garantir o cumprimento da lei. O narrador faz questão de nos lembrar: "A casa da guarda era no largo da Sé", na Cidade Velha.[41] O padrão de autoridades do estado lidando com zonas periféricas e moradores marginalizados de modo repressivo será uma nota familiar para quem conhece a história recente e as circunstâncias atuais da cidade. De qualquer modo, isso nos permite espacializar e mapear a leitura de Cândido sobre a dialética entre a ordem e a desordem na narrativa de Manuel Antônio. Em outras palavras, o polo de desordem corresponde precisamente à Cidade Nova, com seus caboclos, ciganos e festividades tentadoras, enquanto a autoridade e a lei emanam do centro da cidade, sede do poder real e militar.

O Brasil começou a receber os ciganos (um exônimo para povos roma), expulsos de Portugal – assim como de outros países europeus –, durante o século XVI.[42] A atual praça Tiradentes, que para alguns constituía a fronteira entre a Cidade Nova e a Cidade Velha, era então chamada de Campo dos Ciganos.[43] A rua que conduz ao Campo de Santana era então a rua dos Ciganos. Com a expansão da cidade após a chegada da corte portuguesa, os acampamentos ciganos foram ainda mais afastados na direção da Cidade Nova.[44] Na década de 1830, os ciganos frequentavam o Campo de Santana, onde supostamente vendiam itens como joias falsificadas para fazendeiros ou visitantes do interior, que paravam no chafariz do Campo para que suas mulas e cavalos bebessem água.[45] Em 1885, sua associação ao bairro havia se cristalizado de tal forma que Alexandre José de Mello Moraes Filho nomeou seu compêndio de poesia popular cigana como *Cancioneiro dos ciganos: Poesia popular dos ciganos da Cidade Nova*.

Um contemporâneo de Manuel Antônio de Almeida, Antônio Gonçalves Teixeira e Sousa, também incluiu os ciganos em seu *As tardes de um pintor; ou as intrigas de um jesuíta*, de 1847. Embora menos surpreendentes, as representações desse romance revelam os preconceitos de longa data contra os ciganos e os preconceitos crescentes contra a Cidade Nova. Um capítulo cujo título é "O

Campo dos Ciganos" leva a ação de volta ao século XVIII, sem especificar exatamente quando isso se dá, estabelecendo um *então* oposto a um *agora*, de maneira semelhante ao do romance de Manuel Antônio. Teixeira e Sousa estava, igualmente, em sintonia com as mudanças rápidas pelas quais passava o Rio de Janeiro, "[cidade que] como um império da América Meridional ameaça de, dentro em pouco, ser um colosso americano, crescendo sem descontinuar a olhos vistos, há um século que nem a sombra do que é hoje então era". Referindo-se ao futuro pela frente, o narrador se desloca para o presente, testemunhando como a conversão dos pântanos numa Cidade Nova totalmente aterrada ainda estava em andamento na década de 1840: "pântano de águas lamacentas e paludosas, de que todo o terreno estava coberto, e de cerrado mangue, cujos fugitivos restos ainda hoje vemos bordando o Aterrado da cidade nova".[46]

As tardes de um pintor começa, então, a pintar os ciganos e sua comunidade no Rio de Janeiro, rastreando-os do passado indefinido mas recente para o presente do leitor:

> Tanto o Campo dos Ciganos como a rua não tinham estes nomes porque fossem dados arbitrariamente; não, que nesse bairro nascente da cidade e coberto de toda a sorte de imundícies, é onde se haviam estabelecido uma multidão de ciganos dados a toda a sorte de vícios e de maus costumes; e à proporção que a educação e a civilização avançavam pela cidade dentro, estes ciganos recuavam e se iam embrenhando, como se fossem antípodas da civilidade e bons costumes. [...] Ainda hoje os vemos habitando a beira do Aterrado, Ladeira do Saco [de São Diogo] etc.[47]

A crítica à construção e exploração de uma oposição entre o civilizado e o bárbaro se tornou um lugar-comum para o leitor pós-colonial. Na nova ordem pós-Independência, no entanto, padrões semelhantes se reproduziam, voltados para os grupos marginalizados. Ciganos, judeus e afrodescendentes – todos associados à Cidade Nova em algum ponto – permaneceriam na base da hierarquia. Mesmo com o número de ciganos diminuindo e a Cidade Nova tornando-se geograficamente central no mapa da cidade, as forças sociais antitéticas à educação, ao progresso e à civilização tornaram-se indefinidamente mapeadas ou projetadas sobre aquela área da cidade.

Embora o narrador de Teixeira e Sousa adote o tempo verbal no passado, sugerindo que poderia ter ocorrido alguma mudança entre o período aludido e o tempo da narração, sua descrição vai muito além de Manuel Antônio no mapeamento da Cidade Nova como um espaço de ilegalidade e desordem:

> Ora, como este bairro da cidade era o menos frequentado e o mais deserto, principalmente de noite, era também ali onde se homiziavam soldados desertores, marinheiros que abandonavam a Marinha real, escravos fugidos a seus senhores, os evadidos de prisões, degredados que haviam acabado seu degredo e, enfim, toda a sorte de bandidos que se uniam com os ciganos para roubarem, matarem etc.[48]

As tardes de um pintor, apesar dessa passagem, parece adicionar alguma complexidade à representação negativa dos ciganos. Inclui um personagem sugestivamente chamado Justo, um cigano com anseios por justiça. No entanto, ele é apresentado como uma exceção dentro dessa multidão inclinada ao vício e aos maus costumes. A narrativa, ao final, perpetua os estereótipos recorrentes, vários dos quais reaparecem no livro de Manuel Antônio.[49]

Como muitos outros personagens das *Memórias de um sargento de milícias*, a cigana apresenta pouca complexidade psicológica e permanece sem nome, de forma semelhante aos personagens alegóricos que permeiam os dramas medievais e o folclore ibérico. Sobre os ciganos, enquanto grupo social, lemos o seguinte: são "a praga", "gente ociosa e de poucos escrúpulos". É em meio a esses tipos pouco recomendáveis que o filho de Leonardo, o menino indisciplinado de mesmo nome, passa sua primeira noite longe de casa, em uma festa no Campo dos Ciganos, com dois jovens ciganos com quem fez amizade. Esse Leonardo acaba por se revelar o protagonista do romance, e, muito ironicamente na conclusão do livro, o sargento de milícias do título.

É essa trajetória, de fora da lei a agente da lei, que caracteriza parcialmente a dialética peculiar entre a ordem e o caos, a lei e a desordem, que Antonio Candido identifica tanto no texto de Manuel Antônio quanto na sociedade brasileira: "O cunho especial do livro consiste em certa ausência de juízo moral e na aceitação risonha do 'homem como ele é', mistura de cinismo e bonomia que mostra ao leitor uma relativa equivalência entre o mundo da ordem e o da desordem; entre o que se poderia chamar convencionalmente o bem e o mal".[50]

Candido conclui que "ordem e desordem, portanto, extremamente relativas, se comunicam por caminhos inumeráveis".[51] Ele poderia estar se referindo ao arranjo espacial da própria cidade, mais poroso do que a simples dicotomia Cidade Nova/Cidade Velha. Em sentido concreto, as duas metades do Rio de Janeiro de fato se ligavam por vias que atravessavam ambas. Significativamente, à medida que o romance avança, ele borra as distinções espaciais, em especial nas passagens em que as ruas são tomadas pelos festivais e procissões religiosas.

Diversas outras relações dialéticas análogas são passíveis de ser exploradas dessa forma e elas ajudam a caracterizar um tipo de porosidade espacial com grande importância para a vida diária da cidade e sua produção cultural no século XIX. Parte do que Walter Benjamin tinha a dizer sobre Nápoles encontra ressonância em descrições do Rio: "Irresistíveis, os dias de festa impregnam todos os dias de trabalho. A porosidade é a lei inesgotável da vida desta cidade".[52] É um atributo que parece ajudar a formar parte da literatura e das culturas musicais mais duradouras que nasceram no Rio, incluindo as *Memórias de um sargento de milícias* – um texto tido como "híbrido", notoriamente difícil de categorizar.[53]

Da mesma forma, se o narrador parece acenar de um *aqui*, como já visto, proporcionando uma perspectiva que parte do Centro, o próprio Manuel Antônio e sua obra podem ser mais bem entendidos como operando de algum ponto intermediário, em movimento.

Certa distância entre o autor e o narrador talvez já seja sinalizada em como o romance apareceu nos jornais, assinado, quase que abstratamente, pelo pseudônimo "Um Brasileiro". Mediante um exame mais detido, o leitor encontra uma dose de dissimulação no mapeamento que o narrador faz da "distante" Cidade Nova. Com o avançar da trama, as áreas marginais da cidade não se mostram tão vagas assim: o autor se revela bem familiarizado com aspectos da vida do lado de lá. Embora recrimine os ciganos, o texto mostra um notável conhecimento de suas músicas, danças e rituais. E, ao mesmo tempo que desqualifica como farsa o trabalho do caboclo, relata em detalhes como ele invoca as divindades para trazer de volta a mulher desejada por Leonardo. As descrições de Manuel Antônio foram de fato consideradas importantes fontes primárias para musicólogos e historiadores culturais interessados no desenvolvimento das tradições musicais do Rio de Janeiro.

Mário de Andrade descreve o romance como "cheio de referências musicais de grande interesse documental", numa introdução.[54] José Ramos Tinhorão, importante estudioso da música brasileira, considera Manuel Antônio um "pioneiro da coleta de folclore musical". No princípio do romantismo, de acordo com ele, os escritores costumavam sempre "enfocar a música do povo como algo exótico" – à exceção de Manuel Antônio, e em parte é por isso que ele é considerado um "precursor do 'romance de costumes' realista".[55] Embora tenha supostamente recorrido a fontes orais e a conhecidos para compor personagens como o major Vidigal, parece claro que Almeida era íntimo da linguagem, do dia a dia e das práticas de uma camada social urbana que escapa com frequência aos historiadores e se mantém ignorada pelos romancistas: as fileiras compostas por artesãos brancos e afrodescendentes livres, "soldados, marinheiros, serviçais domésticos, biscateiros, vadios (eventualmente entregues a atividades marginais ou mesmo criminosas) e prostitutas" – em especial as classes médias baixas que viviam na Cidade Nova na época em que ele escrevia.[56]

O próprio Manuel Antônio morava com a família, em 1840, bem nos limites da Cidade Velha. Segundo a biografia do autor, escrita por Marques Rebelo, o Campo de Santana teria sido seu local de brincadeiras durante a infância.[57] Filho de portugueses de origens modestas, em certa medida pertencia mais ao meio de seus personagens do que ao de muitos dos seus leitores, parte do motivo pelo qual "o livro de Manuel Antônio é talvez o único em nossa literatura do século XIX que não exprime uma visão de classe dominante".[58] Pela própria escrita em si, numa sociedade muito estratificada onde relativamente poucos eram alfabetizados, Manuel Antônio já é uma figura do Centro, da cidade letrada. Ainda assim, é alguém capaz de navegar através de distintos espaços sociais e absorver inúmeras expressões populares que raramente "pertenciam" à escrita, à esfera dos intelectuais.

Para Marques Rebelo, *Memórias de um sargento de milícias* foi um "grito de reação" contra o romantismo brasileiro, com seu "indianismo de ópera" de "índios e negros" que "parece que saíram de Paris e de Londres". É um "grito inconsciente", e Manuel Antônio é o primeiro "a escrever aproximadamente como se fala no Brasil".[59] Na combinação de marcadores espaciais aparentemente convencionais, linguagem coloquial e descrições informadas, é como se tivéssemos um narrador extradiegético, mas um autor intradiegético, para usar a distinção de Gérard Genette.[60] Em outras palavras, há uma tensão entre o que o narrador diz e o que ele mostra. Ficamos com a impressão de que Manuel Antônio não teve como deixar de inserir no romance suas experiências pelas periferias da cidade.

Se, como argumenta Ángel Rama, a "palavra escrita viveria na América Latina como a única válida, em oposição à palavra falada, que pertencia ao reino do inseguro e do precário", então a obra de Manuel Antônio começa a quebrar a oposição.[61] A relação entre a linguagem dos livros e a das ruas também funcionaria de modo dialético. Seu romance surge como um dos primeiros a romper com a aceitação da "distância entre a letra rígida e a fluida palavra falada, que fez da *cidade letrada* uma *cidade escriturária*, reservada a uma estrita minoria".[62] Dessa forma, faz uma mediação entre a vida diária das classes mais baixas do Rio e as práticas de uma "cidade escrituária", entre centro e periferia, passado e presente, levando assim os leitores para fora e além da cidade letrada, para o "reino do inseguro e do precário", não apenas da palavra falada, mas da Cidade Nova, com seus ciganos, seus desordeiros e suas festanças.

III

Num ensaio que cita os exemplos de Roberto Arlt e Jorge Luis Borges em Buenos Aires, a crítica literária Beatriz Sarlo pergunta sobre a experiência de viver, na idade dos trinta ou quarenta anos, numa cidade tão completamente diferente daquela em que a pessoa nasceu ou para a qual migrou.[63] A mesma questão pode ser postulada para a maioria dos moradores do Rio de Janeiro do período coberto por este estudo. Manuel Antônio de Almeida, por exemplo, situa seu romance num ponto de virada da história da cidade e escreve a partir de outro. No período dessas poucas décadas, o rei d. João VI voltou para Portugal em 1821. Seu filho, d. Pedro I, declarou a independência do Brasil de Portugal em 1822 e foi aclamado o primeiro imperador do Brasil. O país então viu d. Pedro I abdicar do trono para regressar para Portugal em 1831. Aos cinco anos, seu próprio filho, d. Pedro II, sucedeu-o como segundo imperador do Brasil, tendo aguardado até 1840 para que sua maioridade fosse declarada e pudesse assumir o governo, mantendo-se no trono até ser derrubado pela Proclamação da República, em 1889.[64] Algumas das mudanças históricas pelas quais o Rio de Janeiro passou no período de transição da Independência até o Segundo Império estão latentes na narrativa de Manuel Antônio, embora posteriores à trama.

Durante sua breve vida, Manuel Antônio de Almeida (1831-61) testemunhou a população do Rio de Janeiro mais do que dobrar: de 97599 pessoas em 1834 para 205906 em 1849.[65] Entre outras coisas, a cidade inaugurou seu primeiro sistema de transporte público (por tração animal) em 1838, a coleta regular de lixo em 1847, a iluminação de rua a gás (em vez de óleo de peixe) em 1854 e a primeira estação ferroviária em 1858. Esse período também viu o início da construção do canal do Mangue, em 1857, um dos principais projetos de infraestrutura do Brasil imperial. Iniciado a oeste do Rocio (mais tarde renomeado como praça Onze de Junho), o canal se estendia por cerca de um quilômetro, paralelo à rua do Aterrado, permitindo a eliminação da lagoa Sentinela e a drenagem dos pântanos de São Diogo.[66] Após a inauguração, em 1860, o canal do Mangue se tornaria um dos marcos da cidade pelos anos vindouros, além de impulsionar o desenvolvimento da Cidade Nova.[67]

Enquanto Manuel Antônio publicava seu romance, o Rio de Janeiro também passava por mudanças demográficas significativas. Em *A vida dos escravos no Rio de Janeiro, 1808-1850*, Mary Karasch mostra que, devido ao medo da abolição do comércio escravagista e da demanda crescente pelo trabalho forçado para todas as construções em andamento, o número de escravizados trazidos para a cidade aumentou dramaticamente durante os anos seguintes à chegada da corte.[68] Em 1850, a Lei Eusébio de Queiroz reforçou legislações anteriores contra o tráfico transatlântico de escravizados, acompanhada por uma maior fiscalização.[69] Depois disso, aparentemente um número significativo de escravizados da capital foi vendido para as plantações de café em expansão no Sudeste do país e substituído pela força de trabalho de dezenas de imigrantes europeus, principalmente portugueses.[70]

Entre a chegada da corte e a Lei Eusébio de Queiroz, o percentual da população do Rio composta por escravizados aumentou de 34,6% em 1799 para 45,6% em 1821, caindo para 38,3% em 1849. A partir de então, o número declinaria rapidamente para 21,3% em 1870, enquanto o de europeus aumentaria continuamente.[71] Muitos dos recém-chegados instalariam suas residências na Cidade Nova, mas, mesmo antes de a imigração se intensificar, a paróquia de Santana (que incluía grande parte do bairro e da zona portuária) já era a segunda mais populosa da cidade, com

18,8% do total da população em 1849.[72] Na época, de acordo com os dados censitários, a paróquia contava com 16,3% dos 78 855 escravizados da cidade, pouco menos que sua proporção no total da população. Mais de um quarto dos 10 732 "libertos" do Rio de Janeiro e uma porcentagem ainda mais desproporcional dos "libertos" nascidos no Brasil – 33,7% de 3143 – viviam dentro de seus limites.[73]

Ainda que Manuel Antônio tenha capturado o ambiente da classe média baixa do Rio, alguns críticos observam que escravizados e negros estão "virtualmente ausentes" de seu romance.[74] O paradigma do artista que circula entre o centro e a periferia reaparecerá ao longo de toda a história cultural do Rio, mas a mobilidade permitida a um filho de imigrantes, como Manuel Antônio, ou até mesmo a um escritor tido como mulato, como Teixeira e Sousa,[75] não era possível para a grande maioria dos habitantes negros da cidade.

Conforme Karasch e outros demonstram, havia uma ampla gama de diferenciações no status social e na autonomia de pessoas negras em meados do século XIX do Rio de Janeiro. Além das paredes físicas que asseguravam o confinamento de muitos escravizados, cujas vidas diárias reduziam-se a longas horas de trabalho forçado em lugares sem janelas, a cidade incluía outras barreiras intangíveis, mas não menos presentes: para eles, o Rio era uma cidade de restrições à liberdade. Além do que era fisicamente demarcado – "as fortificações, muros, mansões protegidas por barras de ferro" –, havia também os "construtos sociais que eles não ousavam desafiar por temor dos maus-tratos".[76]

O sistema baseado na escravidão relegava os negros e seus descendentes à base da pirâmide, excluindo-os de posições de poder.[77] A natureza conflituosa de como o acesso era permitido em certos lugares a alguns, mas não a outros, com regras tácitas que não obedeciam somente às demarcações raciais, complicava-se ainda mais pela coexistência de outras lógicas hierárquicas: pessoas de certa idade nascidas na África, por exemplo, eram rebaixadas sob a perspectiva escravagista, embora muitas vezes fossem reverenciadas por membros de seus próprios grupos, ocupando posições importantes nas estruturas religiosas.

Apesar de estarem fora da sociedade[78] sob muitos aspectos, e ainda que escravizados, os negros marcaram de forma profunda e irrevogável a cultura do Rio de Janeiro. De acordo com os registros de John Luccock, por exemplo, cerca de metade dos artistas nascidos na cidade era negra ou parda.[79] Algumas das contradições de uma sociedade em que os negros eram sistematicamente explorados e, ao mesmo tempo, quase onipresentes aparecem nas reações dos viajantes. Suas impressões variam da indignação de Dabadie com as crueldades da escravidão[80] à observação de R. D. White sobre os "grupos de carregadores [escravizados] de água [...] conversando e rindo com franca boa vontade" num "fluxo constante de negros alegres",[81] passando pela surpresa do conde de Robiano ao ver tantos negros e indígenas na "capital de um grande império".[82] Em 1849, podemos estimar que cerca de um terço dos moradores da cidade era nascido no continente africano.

O fato de em meados do século XIX o Rio ser habitado principalmente por africanos e seus descendentes nos faz perguntar sobre os possíveis efeitos da presença constante deles em suas ruas, mercados e espaços públicos. O pintor francês Édouard Manet, que visitou a cidade após concluir seus estudos, em 1848, escreveu para os pais sobre como via apenas homens e mulheres negros nas ruas.[83] Suas observações parecem ser confirmadas por muitos outros, inclusive pelas representações da cidade feitas por Debret e Rugendas, em que tanto o francês quanto o alemão retratam cenas urbanas povoadas quase exclusivamente por negros. Uma das primeiras fotografias do Passeio Público, um dos locais mais aristocráticos da cidade, mostra um menino negro caminhando sozinho.[84] Também é amplamente comentado que os portugueses raramente deixavam suas casas, em especial as mulheres, tanto por costume quanto para evitar o calor tropical. Qual pode ser o significado de os grupos mais oprimidos de uma cidade serem também os mais visíveis?

Abordar essa questão demanda considerar um correlato menos óbvio. Além de serem os mais vistos, os habitantes negros do Rio de Janeiro também eram os mais ouvidos – ou, pelo menos, audíveis. Diversos visitantes da capital imperial comentaram sobre o canto dos carregadores ou dos estivadores, frequentemente acompanhado por instrumentos. Bunbury, incomodado pelos sons incessantes dos homens negros trabalhando, considerou o Rio o local mais barulhento em que já estivera.[85] Para Ernst Ebel, vindo de Riga, a música era "abominável".[86]

Debret narrou cenas em que os escravizados se reuniam em torno das fontes e das praças para cantar, inspirados pela saudade de sua terra natal. Segundo ele, nessas ocasiões era possível distinguir suas diferentes nações, enquanto os espectadores se juntavam ao canto nos refrões, no acompanhamento vocal, batendo palmas, ou com instrumentos tanto improvisados – peças de metal, pratos quebrados, conchas do mar, pedras, latas, pedaços de madeira – quanto tradicionais, como a marimba e o berimbau.[87]

Pouco mais de vinte anos depois, C. S. Stewart escreveu que "os principais sons humanos" que chegavam aos ouvidos dos visitantes do Rio vinham dos negros, cujos "gritos pelas ruas varia[va]m conforme suas atividades", fossem carregadores de café, transportadores de móveis ou vendedores de frutas. A variedade era tanta que pareceu-lhe que "cada tipo de verdura e fruta contava com a própria música". O relato do missionário e então capelão da Marinha sobre o Brasil, predominantemente negativo, expressa um profundo desconforto com a "mescla incongruente de raças e mistura de sangue" e com o "aspecto assustadoramente mestiço [*mongrel*] de boa parte da população, e se consideram brancos". Ao observar um esquadrão de dragões no Campo de Santana, ao lado de uma banda com dezesseis músicos, ele observa que o grupo incluía "todas as cores, do mais escuro ébano da África" ao "pálido vermelho e branco dos saxões, de olhos azuis e cabelos louros". Stewart, imbuído de preconceitos não raros entre seus conterrâneos do Norte dos Estados Unidos, considera aquilo "repugnante". Por ocasião das celebrações do aniversário de d. Pedro II, Stewart, que havia classificado a música dos trabalhadores de rua "maçante", "estridente" e "monótona", tece o seguinte elogio (incapaz, talvez, de refrear uma nova sensibilidade pan-americana): "Uma abundância de excelentes bandas se fez presente. Nelas predominavam negros e mulatos, testemunhando o dom do gosto musical na raça de cá, assim como entre nós, nos Estados Unidos".[88]

Uma paisagem sonora igualmente vibrante deixaria intrigado outro missionário cristão, James Fletcher, que concluiu que a "harmonia dos sons soa doce para ele [o negro], mas inculta para os outros". Escrevendo sobre a música dos africanos e afrodescendentes nas ruas do Rio em termos pouco lisonjeiros, ainda assim ele é comedido, como se as sonoridades, meio incompreensíveis, o tivessem conquistado e, de algum modo, encantado: "A impressão sobre o estrangeiro causada pela mescla de sons de centenas de vozes caindo sobre seu ouvido de uma só vez não pode ser facilmente esquecida".[89] Pode parecer que as experiências de tais ocasiões só cheguem até nós filtradas pelas visões exotizantes e muitas vezes condescendentes dos viajantes estrangeiros, mas, naturalmente, a memória de Fletcher não foi a única sobre a qual essas tradições e práticas musicais deixaram marcas.

Ao alcance da voz de um dos principais pontos de encontro dos escravizados, o chafariz do Campo de Santana, ficava o Conservatório de Música, abrigado no Museu Nacional de 1848 até 1872 (atual sede do Museu Casa da Moeda).[90] Independentemente da atitude daqueles músicos diante da "mescla de sons" do chafariz, certamente conseguimos ouvir ecos daqueles cantos nos novos gêneros musicais que se formaram dos encontros ocasionados pela cidade.

O que dizer daqueles homens e mulheres carregando pianos sob o escaldante sol tropical, ou vendendo frutas ou doces pelas ruas? Como viam aqueles exóticos estrangeiros de pele clara, falando suas línguas incompreensíveis? Claro que é muito difícil reconstruir essas perspectivas, compreender o relacionamento entre escravizados e negros libertos com as práticas europeias ou com os espaços urbanos do Rio. No entanto, sabemos que não eram apenas músicos treinados em conservatório, transeuntes locais ou missionários cristãos que ouviam o coro de africanos cantando e tocando instrumentos junto a um chafariz de uma praça pública. Parece ter havido um processo marcado pela circularidade. Em 1816, a família real empregou uma orquestra com pelo menos 57 escravizados.[91] E, longe de se confinarem à música africana, há ampla evidência de que eles — e não apenas os que tocavam nas orquestras ou nas bandas — incorporaram outras músicas e tradições em seu repertórios: polcas, modinhas e antífonas católicas latinas. Tudo passou a fazer parte da mistura.[92]

Da mesma forma, os africanos e seus descendentes assumiram um importante lugar no que se pode considerar a então incipiente cultura popular do Rio de Janeiro. Mesmo nas *Memórias de um sargento de milícias*, das quais os negros ou escravizados de fato estão "virtualmente ausentes" do enredo, eles ocupam as praças públicas, particularmente em meio às procissões religiosas ou festivais, quando a música era essencial. Em certa passagem, lemos a respeito de um rancho "que caminhava adiante da procissão, atraindo mais ou tanto como os santos, os andores, os emblemas sagrados, os olhares dos devotos".[93] Ele chama a atenção, por exemplo, para o traje das baianas, a maioria mulheres negras. Algumas décadas depois, o universo dessas baianas convergiria para o coração da Cidade Nova, onde se tornaria uma poderosa força sociocultural.

Manuel Antônio também descreve os ranchos que tocavam a "música do barbeiro" durante a Festa do Divino Espírito Santo no Campo de Santana.[94] Como mostra Martha de Abreu em seu *O império do Divino*, a Festa do Divino Espírito Santo pode ser considerada "a maior e mais popular das festas cariocas na primeira metade do século XIX".[95] O Espírito Santo tinha um significado especial para os escravizados e moradores negros da cidade, que carregavam em sua devoção um fervor aparentemente conectado à busca pela libertação de seus grilhões.[96] Em sua representação das festividades, Manuel Antônio observa "um grande rancho acompanhado por não pequeno número de negras e negrinhas escravas e crias de d. Maria, que levavam cestos com comida e esteiras".[97] As baianas e, principalmente, essas "negrinhas" tinham suas agências coibidas e eram marginalizadas, em especial pela perspectiva da cidade letrada, mas ali estão elas — e ao menos num dos espaços públicos do Rio algumas delas parecem ter encontrado certo tipo de santuário, ainda que precário e temporário.

Manuel Antônio descreve como, durante a Festa do Divino, "grande parte do campo estava já coberto daqueles ranchos sentados em esteiras, ceando, conversando, cantando modinhas ao som de guitarra e viola",[98] o que sugere que o Campo de Santana era um espaço privilegiado de sociabilidade. Para numerosas mulheres negras, algumas das quais aparentemente livres, e mesmo para as escravizadas,[99] os campos também podiam proporcionar meios de ganhar a vida.[100] O chafariz junto ao Campo de Santana, além de fornecer água para o distrito e ser uma parada de descanso para a população rural que chegava à cidade, funcionava como a principal obra pública para a lavagem de roupa. Na década de 1820, já era equipado com enormes tanques.[101] Em meados dos anos 1850, Thomas Ewbank encontra o lugar "vivo como nunca, com as lavadeiras",[102] contando mais de duzentas mulheres dedicadas a atividades relacionadas à lavagem de roupas, algumas delas identificadas como moças minas e moçambiques. Sua presença deu o nome a uma das principais vias da Cidade Nova, a rua do Sabão, paralela à rua do Aterrado (ou rua Nova de São Pedro).

Especialmente no princípio do século, os grandes campos eram suficientemente distantes dos espaços do poder imperial para proporcionar um lugar onde os escravizados podiam "dançar ao som de suas próprias músicas"[103] em algumas ocasiões. O Campo de Santana às vezes dava lugar a práticas afro-brasileiras, como as umbigadas e batuques, embora, em diferentes momentos do século, tais manifestações tenham sido proibidas ou suprimidas.[104] Não por coincidência, enquanto as igrejas mais antigas e ricas, cujos membros eram predominantemente, se não exclusivamente, brancos, ficavam localizadas na Cidade Velha, a maioria das irmandades e igrejas de negros e "pardos" foi instalada nas margens, inclusive a igreja de Santana. Na Cidade Nova, junto ao Campo de Santana, sua confraria era formada por crioulos – termo que se referia a escravizados nascidos no Brasil e, algumas vezes, a pessoas libertas.

Talvez a expressão usada por Joseph Roach para descrever a praça conhecida por Congo Square, de New Orleans, em *Cities of the Dead* (Cidade dos mortos), "liminaridade num centro urbano",[105] possa ser apropriada aqui. No Rio, as práticas culturais africanas — frequentemente vistas como "selvagens" pelos brancos, assim como no caso de New Orleans — ocorriam nos mesmos locais onde o poder imperial e os proprietários de escravizados exibiam sua força militar e onde até pelo menos a década de 1840 havia um pelourinho, o tronco onde ocorriam as chicotadas. O espaço de liminaridade, então, paradoxalmente duplicava-se como um local onde a violência normativa era imposta, onde uma sociedade baseada na escravidão reafirmava seu controle e o semblante de ordem. Essas justaposições traduziram-se nos múltiplos nomes que o Campo recebeu ao longo de todo o século XIX. Manuel Antônio de Almeida, significativamente, prefere Campo de Santana em seu romance, embora lá pelos anos 1850 o lugar já houvesse adquirido o nome mais oficialesco de praça da Aclamação (novamente, comemorando a aclamação de d. Pedro I como imperador). Também era conhecido como "a praça", um epíteto mais urbano do que "o campo", usado anteriormente. Trinta anos antes, Luccock o havia rotulado num mapa de Parade Ground ("campo de desfile" ou "praça de armas"), e cerca de quarenta anos depois ainda seria renomeado como praça da República, sua atual designação oficial. O lugar, no entanto, continuou conhecido no cotidiano da cidade como Campo de Santana ao longo de todas essas mudanças.

A própria igreja de Santana foi demolida em 1855 para dar lugar a uma estação ferroviária, a Estação do Campo, posteriormente Estação Dom Pedro II, e, por fim, Central do Brasil — como é hoje conhecida —, inaugurada em 1858. Aquele ano marcou o momento em que as Festas do Divino, que aconteciam nas proximidades, tornaram-se inviáveis.[106] É perfeitamente possível que esses dois acontecimentos estejam relacionados. A construção da nova igreja matriz da paróquia de Santana também teve início em 1858, num local que havia sido reservado para uma cadeia, a um quarteirão do Rocio Pequeno — já conhecido como Praça Onze, quando a nova igreja de Santana foi finalmente inaugurada, vinte anos depois.[107] Anteriormente, em 1868, passados dez anos sem solicitar licenças, a Irmandade do Divino Espírito Santo uma vez mais veio pedir autorização para comemorar a Festa do Divino.[108] Dessa vez, porém, o local escolhido não foi o Campo de Santana, mas o espaço aberto em frente à nova igreja, no coração da Cidade Nova.

Junto com a mudança de lugar da igreja e da festa vieram algumas das práticas e associações que fizeram daquela região um local tão central para os africanos e afrodescendentes, lado a lado com o crescente número de açorianos — um grupo que também cultivava as Festas do Divino Espírito Santo com especial intensidade e apreço.[109] Com base nas queixas e observações registradas em documentos escritos por autoridades municipais, aprendemos que os "batuques, cantos e danças" eram relativamente corriqueiros na Cidade Nova nos anos 1860, e que mulheres e brancos também participavam de tais eventos.[110] Ainda que, de forma alguma, essas mesclas estivessem lá confinadas, alguns espaços onde as relações porosas melhor podiam frutificar parecem ter se concentrado em torno daquela área.

IV

Durante os séculos XVIII e XIX, o Campo de Santana funcionava como uma espécie de fronteira entre a cidade e o interior rural, o sertão supostamente desordenado. Com a expansão da cidade, tornou-se o marco que, aparentemente, dividia o Rio de Janeiro em dois. Uma vez que os pântanos de São Diogo estavam sendo aterrados e urbanizados a um ritmo mais rápido, especialmente com a construção do canal do Mangue, a Cidade Nova adquiriu uma condição mais central, tanto geograficamente quanto pela distribuição dos prédios públicos e da infraestrutura urbana. Assim, por cerca de duas décadas, em meados do século XIX, o eixo político do Rio foi se deslocando em direção ao Campo de Santana. Como resultado, a Cidade Nova foi a beneficiária dos investimentos em infraestrutura usualmente reservados para as áreas urbanas centrais e privilegiadas.

Sintomático de como os rumos do desenvolvimento da área se mantiveram ambivalentes, a mesma paisagem gerou reações radicalmente diferentes de dois observadores contemporâneos. No final dos anos 1830, um correspondente português anônimo e o cônsul dos Estados Unidos, John Martin Baker, viram o Campo de Santana dividindo o Rio de Janeiro em dois.[111] Para o primeiro, estava "cercado todo aquele imenso campo por pequenas casas, pela maior parte de mesquinha aparência",[112] enquanto Baker descrevia um quadro bem diferente: "Situadas nessa praça, existem muitas construções esplêndidas, tanto públicas quanto privadas".[113]

De fato, já na década de 1830 o Campo concentrava um importante quartel, o Museu Nacional, e as sedes do Senado e da Câmara Municipal, aos quais se somariam, nas décadas subsequentes, a Casa da Moeda, a sede dos bombeiros e o imponente edifício projetado por Pereira Passos de uma das "escolas do imperador" (posteriormente, Escola Municipal Rivadávia Correa). A meio quarteirão do Campo de Santana ficava o Palácio do Itamaraty. De propriedade do conde de Itamarati, foi construído no início dos anos 1850 e é um dos mais grandiosos exemplos de arquitetura neoclássica. No mesmo estilo, a Escola São Sebastião, considerada a primeira pública da cidade, foi aberta na Praça Onze, em 1872, entre a praça e o início do canal do Mangue, numa área antes reservada para um mercado público.[114] Mais adiante, já na década de 1850, as instalações da Fábrica de Gás do barão de Mauá foram parcialmente alojadas num impressionante edifício neoclássico.

O investimento na área também aparece em diversas medidas de "embelezamento". Em 1842, enquanto ainda era conhecida como Rocio Pequeno, seus limites foram demarcados por cordas, e foi realizada uma intervenção acompanhada por algumas melhorias, como um chafariz neoclássico, projetado por Grandjean de Montigny, inaugurado em 1846.[115] O canal do Mangue, por sua vez, embora tenha sido inaugurado em 1860 — simbolicamente, no dia 7 de setembro, aniversário da Independência do Brasil —, recebeu fileiras de imponentes palmeiras imperiais em 1869. Essa paisagem se tornaria uma das mais fotografadas da cidade e uma imagem comum nos cartões-postais do princípio do século XX.

A preocupação do império com a imagem da capital colheu frutos, a julgar pela impressão causada em James Fletcher, para quem o espetáculo da procissão de São Cristóvão até o palácio do Senado, passando pela Cidade Nova, não poderia ser superado por nenhuma manifestação similar na Europa. Ele elogiaria também o sistema de iluminação do Rio, sem perceber a diferença na distribuição: "As ruas de poucas cidades são mais bem iluminadas do que as do Rio de Janeiro. O gasômetro do Aterrado envia as suas canalizações para os mais remotos subúrbios, assim como através de muitos dos intrincados logradouros da Cidade Velha e da Cidade Nova".[116] Entre as cinco vias que recebiam o serviço logo que foi instalado, em 1854, estavam a rua do Sabão e a de São Pedro (antiga Aterrado).[117] A iluminação pública, é claro, ainda ocupava um lugar central no imaginário da época, ligada ao conceito iluminista do século XVIII de luzes como emblema da razão.[118]

Mais do que uma categoria da cidade partida ou dividida, ideia que permearia suas representações posteriores, um notável grau de conexões caracterizou os relacionamentos entre esses dois supostos lados. Além da principal estação ferroviária, abrindo-se para o lado da Cidade Nova do Campo, cujos serviços regulares para os subúrbios tiveram início em 1861,[119] o bairro também foi agraciado com transportes públicos fazendo a ligação com a Cidade Velha. Das cinco linhas regulares de gôndolas planejadas em 1838, três atendiam a região. As gôndolas eram veículos de tração animal que transportavam nove passageiros. Em 1846, duas dessas linhas já estavam em operação, uma delas passando pela Cidade Nova.[120] Em 1869, diversas linhas de bondes atravessavam a área em várias direções.[121] A Cidade Nova emergiu como um dos bairros mais acessíveis, bem conectado aos centros administrativo, comercial e político, assim como ao porto e aos florescentes subúrbios mais para o oeste e para o norte.

Da mesma forma, em 1857, o sistema de saneamento foi concebido para ser implementado em ambas as metades da cidade.[122] E, embora parecesse não haver critério discernível ou grande diferença entre quais ruas eram pavimentadas ou não,[123] as da Cidade Nova eram, de fato, tidas como mais agradavelmente espaçosas em comparação às infames ruas lotadas e sujas do Rio antigo: para um português, essas ruas eram "estreitas e desiguais", enquanto as da Cidade Nova eram "largas e direitas". Ele observa: "Em geral, todas as ruas são calçadas" e em maior parte "guarnecidas de passeios".[124] Na mesma linha, o viajante francês Dabadie considerou que a Cidade Nova era "mais bem edificada do que a outra, com ruas largas e bem alinhadas, e casas de aspecto aprazível",[125] mas não muito cheias, e, para sua surpresa, habitadas por uma população bastante pobre, em meio à qual predominavam os ciganos.

Com base na evolução da área, parece difícil imaginar que os mais destituídos, inclusive os ciganos vistos por Dabadie nos anos 1850, não fossem pressionados a se mudar cada vez mais para as margens das cidades, em direção aos subúrbios. Apesar de sua relativa centralidade geográfica e boa infraestrutura, como, então, a Cidade Nova não se tornou um bairro aristocrático ou de classe alta? Um fator imprevisto parece ter estimulado o movimento dos mais abastados em direção aos bairros do sul, mais próximos do oceano ou do ar das montanhas, e distantes dos pântanos da Cidade Nova: a partir de 1849, a cidade foi tomada por uma série de epidemias devastadoras de febre amarela.

Já em 1839, lemos que "não foi bem escolhido este local para se continuar a edificação da cidade" devido à condição pantanosa e à pouca circulação do ar, que o tornaria insalubre durante o verão.[126] Alguns anos depois, o dr. Sigaud, um dos fundadores da Sociedade de Medicina do Rio de Janeiro, incluiu "entre as causas da insalubridade da capital [...] a permanência do pântano da Cidade Nova, foco pestilencial, verdadeiro banhado pontino da Roma do Novo Mundo".[127]

Apesar dessas advertências, o historiador Sidney Chalhoub demonstra que a febre amarela era extremamente rara antes do verão de 1849-50.[128] Pouco depois, o Rio ficou conhecido como o "túmulo do estrangeiro" – e o esforço para se livrar do epíteto e eliminar a febre amarela e outras doenças acabaria por influenciar boa parte de seu planejamento e desenvolvimento urbano. Dois relatórios da Comissão de Melhoramentos da Cidade do Rio de Janeiro foram fundamentais para os planos de saneamento.[129] Dedicaram atenção à Cidade Nova, incluindo a recomendação de prolongar o canal do Mangue, que não havia produzido os efeitos desejados.[130] Essa intervenção, ao lado de outras – como a remoção dos morros do Castelo, Santo Antônio e do Senado, assim como o alargamento e alinhamento de diversas avenidas –, seria retomada anos depois, já na República.

Quando investiram na infraestrutura da Cidade Nova na primeira metade do século XIX, autoridades e elites não tinham em mente qual seria seu exato lugar na vida cultural da cidade ou quem seriam seus moradores: entre eles, trabalhadores de parcos recursos, funcionários públicos, negros, artesãos, imigrantes recém-chegados da Europa (especialmente camponeses de Portugal, Espanha, Itália e, mais tarde, judeus asquenazes) ou de outras regiões do Brasil, incluindo contingentes de negros libertos e escravizados fugidos, muitos de províncias do Nordeste, como a Bahia. A proximidade proporcionada pela área não apenas do centro econômico, mas também do porto, levou a um rápido crescimento da população, processo acompanhado por um declínio do padrão de vida. Muitas de suas residências foram divididas em unidades multifamiliares, com aluguel barato, e na segunda metade do século os cortiços começaram a proliferar.[131] Apesar do canal do Mangue e da construção de importantes prédios públicos, a centralidade da Cidade Nova acabaria sendo facilmente suplantada pela promessa de "melhores ares" das áreas litorâneas e dos bairros mais montanhosos. A ameaça da febre amarela, assim, acelerou o processo de consolidação de um bairro de pessoas com menor poder aquisitivo.

Por um lado, a Cidade Nova chegou à década de 1870 como uma espécie de corte transversal e encruzilhada do Rio de Janeiro: sua composição demográfica era bastante representativa da cidade como um todo, ficava no centro geográfico e chegava-se até lá facilmente de vários lugares diferentes;[132] por outro lado, estava destinada a ser o bairro dos "recém-chegados",[133] e reuniu algumas características peculiares que permitiram que sua população e seus espaços públicos tivessem um papel imensurável na vida cultural da capital. A Cidade Nova, apesar dos baixos aluguéis e da concentração de cortiços, oferecia melhores condições que as áreas superpovoadas da Cidade Velha.[134] Continuava a se beneficiar de investimentos sem muitos paralelos nos subúrbios, inclusive uma rede de bondes que a manteve bem conectada ao Centro.

A implementação de um sistema eficiente de transportes públicos, um dos desafios históricos do Rio de Janeiro, dificulta-se em parte devido à geografia montanhosa e irregular, em parte devido a questões políticas. O transporte público ineficiente e caro, sabemos, foi um dos fatores para a proliferação das favelas no século XX, uma vez que as distâncias entre locais de moradia e de trabalho podem ser proibitivas. A Cidade Nova da segunda metade do século XIX, portanto, em boa parte pelo "acidente" de sua localização central, foi uma raridade em meio aos bairros mais pobres na história da urbanização no Brasil: permitia não apenas deslocamentos mais eficazes, mas também acesso à infraestrutura e serviços públicos. O que resultava, podemos especular, em condições de vida mais dignas.

Uma série de coincidências ou condições urbanas locais, aliadas a inovações tecnológicas globais — como o desenvolvimento de transatlânticos a vapor comercialmente viáveis na década de 1870, permitindo que a imigração da Europa atingisse uma escala sem precedentes —, favoreceram encontros entre diversas culturas, algo típico do ambiente urbano das Américas então. Talvez qualquer coisa nesse "novo" mundo, e nessa Cidade Nova, onde o peso do passado não se fazia tão presente, aliviasse as pressões de costumes, tradições ou práticas hegemônicas. Também nesse sentido a Cidade Nova constituiu-se um espaço privilegiado, uma espécie de heterotopia.[135] Seus tantos indivíduos de alguma forma deslocados — como os portugueses das *Memórias de um sargento de milícias* ou os escravizados cantando em torno de um chafariz — muitas vezes chegavam com uma bagagem cultural de raízes profundas e, em diversos níveis, tiveram que negociar suas identidades e práticas culturais num ambiente urbano marcado pela pluralidade e pela mistura e sobreposição de línguas, interesses, aspirações, possibilidades e histórias pessoais.

Essas trocas – como ocorre com frequência – podem ter acontecido sem grandes pretensões artísticas e sem plena consciência do que se tinha em mãos ou do que estava em jogo, em termos da história da cultura. Os resultados, por vezes formidáveis, podem ser rastreados até algumas daquelas festas, procissões e encontros descritos por Manuel Antônio de Almeida. Alguns desses convívios, talvez por sua improbabilidade ou por serem contraintuitivos, escapam do olhar dos historiadores até serem revelados pelas intuições de um romance ou por um lampejo de memória, como a lembrança de um Pixinguinha já idoso. O célebre compositor e flautista, nascido Alfredo da Rocha Viana Filho, neto de escravizados e batizado na igreja de Santana, mencionaria ter frequentado festas ciganas nas proximidades da Cidade Nova quando criança.[136] Ele conta como Sinhô, outro genial pioneiro do samba, frequentemente "pegava" os temas melódicos deles.

Os debates intermináveis sobre quem ou o que influenciou o quê ou a quem não devem ser os beneficiários do ressurgimento dessas lembranças súbitas. Mais do que isso, acrescentam uma camada à história da cultura carioca e à nossa compreensão sobre como, no tecido sociocultural e literário daquela antiga e pouco lembrada Cidade Nova, encontra-se a paisagem palimpséstica a partir da qual emerge boa parte do que veio a ser considerado *brasileiro*.

2. Um mestre na periferia de uma periferia: Música popular, bondes e a República

Nem todos podem dizer que conhecem uma cidade inteira.
Machado de Assis, *Esaú e Jacó*

I

O Rio de Janeiro chegaria às últimas décadas do século XIX marcado pela porosidade. Ordem/desordem, colônia/metrópole, centro/periferia, preto/branco: pouca coisa parecia se adequar às linhas claras de uma dicotomia. Em nenhum outro lugar isso aparece mais nitidamente do que na formação dos primeiros gêneros musicais urbanos do Brasil, através de processos que rompem mais um binômio: popular/erudito. Muito já se escreveu sobre as trocas fecundas que as bandas marciais multirraciais e as orquestras relacionadas às igrejas criaram entre as chamadas música popular e erudita e seus representantes, a ponto de se tornar difícil (ou arbitrário) traçar uma distinção.[1] O Rio já era uma cidade de extremos entre a riqueza e a pobreza, mas esses extremos se mantinham em contato estreito e frequente. Se não há nada o que idealizar nas relações sociais – frequentemente eram brutais e predatórias –, elas ainda assim parecem ter tido consequências para o surgimento de expressões musicais como o maxixe, o choro e, por fim, o samba.[2]

Em seu ensaio "Machado maxixe", José Miguel Wisnik defende que o conto "Um homem célebre", de Machado de Assis, faz uma "curiosa e penetrante análise da vida musical brasileira em fins do século XIX".[3] Conta a história de Pestana, um compositor de polcas de sucesso, com títulos que evocam o maxixe, e que se mantém incapaz de realizar o sonho de compor música clássica nos moldes de seus mestres, Mozart e Beethoven. Para Wisnik, Machado de Assis percebe e articula, intuitivamente, como a música popular do Rio se apropriou de gêneros europeus, convertendo-os em padrões brasileiros com uma ampla base africana de ritmos sincopados.[4]

O ensaio prossegue para propor que as soluções rítmicas brasileiras são homólogas à oscilação entre a ordem e a desordem percebida por Antonio Candido em *Memórias de um sargento de milícias*. Podemos estender a observação a como alguns dos melhores escritores do Rio espacializam suas ficções, ou ficcionalizam os espaços da cidade. Wisnik ainda compara a condição musical brasileira à condição do "mulato", citando compositores como José Maurício Nunes Garcia e Ernesto Nazareth. Não por acaso, alguns dos mais talentosos e excepcionais escritores a serem discutidos neste e nos próximos capítulos também são afrodescendentes: Machado de Assis, o "mestre" no título deste capítulo, Lima Barreto, João do Rio e Mário de Andrade.[5]

Para Wisnik – ele mesmo um talentoso compositor, além de crítico literário –, a permeabilidade é a marca da música brasileira. O traço se relaciona à porosidade espacial, já discutida, como característica da paisagem urbana do Rio durante boa parte do século XIX. Além do número de negros nas ruas e da atordoante beleza natural da baía de Guanabara, outra característica da cidade constantemente mencionada por viajantes estrangeiros era a quantidade de pianos nos domicílios.[6] Com a chegada da corte, o Rio já havia desenvolvido uma vibrante cultura musical, ainda que suas formas musicais mais originais e duradouras fossem surgir da interseção entre as práticas típicas da Cidade Nova e a demanda por músicos populares do Centro.[7] Pestana, o protagonista de "Um homem célebre", mora na rua do Aterrado, na Cidade Nova, e, na abertura do conto de Machado, acaba de tocar num "sarau íntimo" na rua do Areal, endereço próximo ao palácio do Senado.

Em *A família Agulha*, de Luís Guimarães Júnior, de 1870, um romance que os críticos aproximam de *Memórias de um sargento de milícias*, encontramos o bairro apresentado como a fonte de músicos que tocavam em festividades por toda a cidade. Numa cena que descreve os preparativos para uma festa de batismo da família pequeno-burguesa do título, o músico contratado para animar a ocasião chega com seu violão. Já então o instrumento havia tomado o lugar da viola e, em virtude de sua mobilidade em relação ao piano, cada vez mais definiria a música popular brasileira. O músico é imediatamente apresentado como o Clementino da Cidade Nova, como se essas fossem suas credenciais. A descrição física do personagem — desdentado e mestiço — reforça a associação com a periferia:

> O violonista era um pardo alto, de olhos vesgos e com falta absoluta de dentes na gengiva superior. Um desses tipos que se encontram em dia de festa na roça, no meio da aguardente de uma porção de criaturas felizes que desconhecem a existência da gramática e preferem o *cateretê* e o *fado* às delícias de Jouvin e à tesoura da Dason!

Tinhorão observou a associação do fado com o cateretê, mais rural, como uma indicação de que ambos não estavam mais na moda.[8] Ainda que, no caso, não se trate do fado moderno português, vale notar a conexão entre essa forma de dança e música e a sugestão de uma origem rural. Afinal, a maioria dos imigrantes ibéricos (e europeus, de modo geral) que migraram para a América passou por uma transição abrupta do ambiente rural para o urbano. E, para Tinhorão, os pedidos dos festeiros tanto pelas polcas favoritas mais recentes quanto pelos fados fora de moda só foram possíveis de serem atendidos "por ser o violonista da periferia, ou seja, da Cidade Nova, onde coexistiam ainda com as modas novas os hábitos e costumes da velha estrutura colonial e da regência".[9] Eis outra dicotomia que a Cidade Nova desafiou: lá, o rural se justapunha ao urbano, e os repertórios de seus músicos reuniam novas e antigas formas musicais.

Essa qualidade porosa parece manifestar-se para além do domínio musical. Um desses casos excepcionais foi tema de *Dom Obá II d'África*, de Eduardo Silva,[10] sobre o tenente Cândido da Fonseca Galvão (?1845-90), nascido na Bahia, filho de pai africano liberto e conhecido em algumas partes do Rio como d. Obá. *Obá*, em iorubá, pode significar rei. Eduardo Silva documenta a presença de Obá — frequentemente o primeiro a chegar — nas audiências públicas concedidas pelo imperador d. Pedro II, em seu palácio de São Cristóvão.[11]

Voz ativa na imprensa (comprava espaço nos jornais para imprimir seus artigos), Obá era menosprezado por membros da elite branca. Era reverenciado como um verdadeiro príncipe, no entanto, por uma parcela considerável da população, especialmente por escravizados, pessoas libertas e pessoas de cor livres. D. Obá era homenageado por seus súditos e até pelo imperador.[12] Vendia livros de poemas nas livrarias da Cidade Velha, e seus escritos, repletos de iorubá e algum latim, eram recitados em encontros nas tavernas.[13] Exótico para alguns, uma figura típica para outros, tal personagem surge como mais improvável após a abolição e a Primeira República, por contraintuitivo que possa parecer. Proclamado em 1889, o novo regime foi instaurado, em parte, por interesses políticos que pretendiam, ao fim da escravidão, substituir os negros libertos por trabalhadores brancos da Europa.[14]

D. Obá morreu na rua Barão de São Félix, que ligava a Cidade Nova ao porto, conhecida por suas habitações superlotadas, algumas das quais serviam de refúgio para escravizados foragidos antes da abolição.[15] Obá reinou na região que ficou conhecida como Pequena África, que também compreendia os bairros da Saúde e da Gamboa. Delimitados por uma série de morros, esses bairros portuários se interligavam à Cidade Nova através de diversas ruas e um túnel, aberto em 1879.[16] O ponto fulcral de toda essa região era o Rocio Pequeno, a praça pública que, como já mencionado, foi renomeada como praça Onze de Junho em comemoração à vitória brasileira na Batalha do Riachuelo (1865), durante a guerra da Tríplice Aliança.[17] Podemos vislumbrar a importância da Festa do Divino para d. Obá, que então era comemorada anualmente na igreja de Santana, vizinha à praça. Seu "retrato oficial", ocasionalmente publicado ou reproduzido junto com artigos e cartas, continha uma imagem da pomba do Espírito Santo. Num testamento às misturas que ocorriam no Brasil da época, esse símbolo era identificado como Oxum, que aparecia no retrato de Obá ao lado de dois outros orixás, Ogum e Oxossi.[18]

O retrato também mostrava uma coroa real, encimada por uma cruz, e d. Obá em traje militar. A capacidade de Obá para servir de elo entre o mundo oficial do Império e o universo da

Pequena África poderia ser parcialmente atribuída ao respeito, da parte de d. Pedro II e de outros, por seus serviços prestados durante a Guerra do Paraguai.[19] Durante o conflito, e logo após seu término, há evidência de que muitos ex-combatentes negros obtiveram empregos públicos.[20] De forma parecida com o que ocorria nos círculos musicais, a vida militar foi marcada pela intensificação de interações entre raça, lugar de origem e classe social. As hierarquias e limitações do sistema, no entanto, mereceram a seguinte indagação de d. Obá: "Será que os brasileiros [brancos] só dão para serem doutores, padres e engenheiros, visto menos trabalharem em serviços braçais, e [...] que [...] os pretos e pardos só servem para cabisbaixos cornetas e soldados?". Doze anos após o fim da guerra, d. Obá — que frequentemente apoiava o Império — expressou sua indignação com a forma como "o governo [...] deu lugar a todos nós irmos para o teatro da guerra [...], hoje estamos vendo nossos irmãos morrendo a fome, sem termos o necessário para nossa subsistência".[21]

Veteranos de guerra, escravizados libertos, imigrantes europeus e outros vieram para a capital do país em busca de oportunidades e uma vida melhor. Não à toa, a população quase dobrou, de 274 972 (1872) para 522 651 (1890) pessoas. Em 1890, a população do Rio era cerca de três vezes superior à de Salvador e quase cinco vezes a de Recife, a terceira maior cidade do Brasil.[22] Cerca de metade dos habitantes da cidade era nascida em outro lugar. Aproximadamente um quarto era do interior do Rio de Janeiro ou de outras províncias (Bahia, Minas Gerais, Pernambuco e São Paulo, nessa ordem). Dos 23,7% imigrantes estrangeiros, a maior parte vinha de Portugal, Espanha e Itália. Embora a porcentagem de estrangeiros tenha sido maior em 1872, em torno de 30%, o número bruto mais do que dobrou, chegando a 155 202 em 1890, apesar das naturalizações em massa durante os primeiros meses da República.[23] A migração interna ainda maior explica a diminuição da sua participação no total da população.

O influxo massivo contribuiu para aumentar o número dos "sem profissão declarada" de pouco menos de um terço da população em 1870 para 44% em 1890.[24] Em outras palavras, as fileiras de pessoas sem emprego ou que trabalhavam à margem da economia oficial parecem ter crescido significativamente, uma vez desfeito o sistema escravista. Um número desproporcional de pessoas libertas e seus descendentes viu-se impossibilitado de se integrar ao mercado de trabalho. Ao mesmo tempo, se seguirmos a informação fornecida pelos censos, a percentagem de negros no Rio cai de 24,13% (1872) para 12,34% (1890), enquanto a de "*pardos*" aumenta de 20,66% para 24,94%. Essas mudanças refletem a chegada de imigrantes assim como a miscigenação, mas também resultam de imprecisões e preconceitos ideológicos nos critérios do censo.[25] Após a abolição, de qualquer modo, os negros continuavam no nível mais baixo da escala social. Muitos daqueles que, como d. Obá, vieram para o Rio em busca de uma vida melhor tiveram que se contentar com condições precárias de moradia e trabalho.

Se em *A família Agulha* (1870) ainda era possível se referir a partes da Cidade Nova como uma periferia semirrural, nas décadas seguintes o bairro começou a ser cercado por subúrbios florescentes e novos empreendimentos, incluindo indústrias, em ritmo acelerado. Devido ao transporte público de relativa boa qualidade e à localização estratégica perto do porto e do Centro, a Cidade Nova continuou a receber grande número de novos moradores. Esses recém-chegados se apertaram em habitações coletivas construídas havia pouco e em edifícios antigos de múltiplos andares, inclusive outrora confortáveis sobrados.

Embora a Cidade Nova tivesse uma elevada concentração de cortiços e estalagens em comparação ao restante da cidade, em torno de 1890, em termos gerais, a densidade de habitações parece ter sido menor que em outros lugares e, aparentemente, as instalações ofereciam condições sanitárias um pouco melhores.[26] Na alvorada do Brasil republicano, os moradores da área eram desproporcionalmente analfabetos e nascidos no estrangeiro.[27] A composição de gênero e raça se manteve comparável à da cidade como um todo, mas consideravelmente menos branca do que na Cidade Velha.[28]

Com base nas informações limitadas e por vezes contraditórias disponíveis para nós, é um desafio quase intransponível reconstruir o aspecto geral e a estrutura social da cidade. Tentativas de colocar em primeiro plano áreas específicas com base em elementos culturais, em vez de administrativos, podem se mostrar ainda mais evasivas. Vários estudiosos do Rio de Janeiro, no entanto, documentaram as duras condições encontradas em bairros operários, como a Cidade Nova, na virada do século.[29] Apesar de todas as dificuldades, e qualquer que fosse a opinião das elites letradas sobre eles, também sabemos que esses moradores não foram reduzidos à miséria: práticas religiosas pulsantes e plurais, aspirações econômicas e culturas musicais vibrantes e diversas enriqueceram a vida social de muitos. E nem todos os escritores contemporâneos e subsequentes que se ocuparam da cidade os manteriam ignorados e marginalizados em suas cartografias letradas.

II

Ainda que ficasse no centro geográfico da cidade e servisse de residência para tantos, a Cidade Nova raramente aparecia com destaque na literatura da época. E as representações do bairro vinham cada vez mais carregadas de preconceitos. Da pena de Aluísio Azevedo, autor de um romance importante ao qual retornaremos (*O cortiço*, 1890), junto com seu irmão, o dramaturgo Artur Azevedo, saiu *Fritzmac*, um grande sucesso nos palcos do Rio de Janeiro em 1889. Num subgênero do teatro de revista, com pitadas de vaudeville e cancã, o espetáculo incorporava números musicais, humor picante e sátira dos eventos e pessoas que haviam marcado o ano anterior.[30] A peça, portanto, trata da abolição, do aumento da imigração e de outras controvérsias mais pontuais ou menos memoráveis do período, além de certos temas "universais", como o amor e os sete pecados capitais. Tudo de maneira leve, numa série de esquetes frouxamente interligados.

Na segunda cena, mademoiselle Fritzmac — "fritzmac", na linguagem da época, denotava uma pessoa falsa ou artificial — e o barão de Macuco recebem alguns personagens cujos nomes se referiam a algumas das principais grandes sociedades carnavalescas.[31] Primeiro vem o Clube dos Fenianos tentando convencer mademoiselle a se juntar às suas fileiras. Logo depois chega o Clube dos Democráticos. Ambos eram sociedades tradicionais, localizadas em áreas mais centrais e associadas a uma população mais "prestigiosa". Aos gritos, disputam quem atrairá mademoiselle com mais dinheiro para que ela participasse de seu desfile. Então ouvimos a empregada anunciar que o Clube dos Progressistas da Cidade Nova também chegou.[32] A reação dos outros dois combina incredulidade com um senso de superioridade:

OS DOIS (levantando-se): Hein?

O CLUBE DOS DEMOCRÁTICOS: Pois a senhora dá confiança àquele tipo?

O CLUBE DOS FENIANOS: Até a Cidade Nova!...

Significativamente, o Clube dos Progressistas da Cidade Nova apresenta-se não numa simples *copla*, ou dístico, como os dois anteriores, mas numa *copla-lundu*, incorporando a forma musical de base africana aos seus versos.[33] O personagem encarna as qualidades gerais associadas ao bairro e se apresenta mais modestamente. Numa fala humorada, certamente apreciada pelo público, ele conclui com a oferta improvável de uma soma ainda maior que a dos outros.

Eu não sou nenhum gabola;
Sou modesto e faço bem;
Dar não pode o mais pachola
Mais do que tem.
Se a madama no meu carro
Quer ir cheia de ouropéis,
Imediatamente escarro
Trinta mil-réis. (Dança.)

Apesar da promessa monetária de 30 mil-réis, o contraste não poderia ser mais claro. O representante da Cidade Nova admite ser o mais "pachola", termo que pode significar pessoa simples ou brincalhona, mas também vadia. A linguagem coloquial e crua destinava-se, mais provavelmente, a provocar o riso debochado, sugerindo o bairro como algo a ser ridicularizado. Nos palcos, o Clube da Cidade Nova poderia contrastar com outras organizações mais elitistas e sofisticadas, mas, nas ruas do bairro, não eram as grandes sociedades que ditavam os ritmos do Carnaval. Este era dominado pelos desfiles de ranchos e entrudos, expressões das classes populares. No caso dos animados entrudos, que acabaram proibidos, sua condenação se deu lado a lado ao crescimento das festas em estilos mais próximos aos franceses e venezianos.[34] Já alguns dos primeiros blocos carnavalescos a serem registrados (numa variante menos estruturada dos ranchos) incorporaram o bairro ao nome, como os Guaranis da Cidade Nova.

Com a expansão da cidade em direção aos subúrbios e os primeiros barracos que formariam as futuras favelas começando a surgir nas encostas adjacentes à Cidade Nova, conceitos ligados à insalubridade e à negritude foram amplamente e cada vez mais associados a essas zonas e entre si – embora, como já vimos, os lugares mais pobres da cidade fossem racialmente bem diversificados, e assim se manteriam. Após a queda de d. Pedro II, São Cristóvão deixou de ser o bairro imperial e a Cidade Nova perdeu parte de sua centralidade geográfica entre os polos do poder imperial, tornando-se assim mais claramente delimitada como um espaço periférico nas cartografias letradas. Embora sua vida cultural ainda fosse marcada por justaposições, misturas, fluxos e circulação – ou talvez por isso mesmo –, as representações literárias tendiam a destacar diferenças por meio de uma polarização, frequentemente posicionando os escritores e seu público no lado do requinte e do gosto sofisticado, como vimos com *Fritzmac*.[35]

Nesse contexto, da perspectiva das elites, o antípoda da Cidade Nova era a rua do Ouvidor, amplamente celebrada pela imprensa e entre os círculos "sofisticados" como a via mais civilizada e cosmopolita do Rio. Foi lá, no epicentro dos estabelecimentos comerciais mais chiques e prestigiados da capital, aos quais aspiravam muitos dos residentes da cidade, que surgiram os primeiros cafés do país, locais onde nasceram vários movimentos literários e políticos.[36] Um artigo no *Jornal do Brasil* sobre a primeira exibição cinematográfica do Rio, em 1897, evidencia a relação antagônica mas complementar entre os dois espaços culturais, deixando pouca dúvida quanto ao papel desempenhado por cada um:

> Como um caso estupendo, conta a Bíblia que Josué fez parar o sol e, entretanto, o Cinematógrafo Super Lumière, no Paris-Rio, fá-lo dançar maxixe. Imagine-se o astro rei caído nos requebros exagerados da nossa dança, como qualquer turuna da Cidade Nova. É impagável![37]

A cultura moderna e os mais recentes avanços tecnológicos foram exibidos na sugestivamente batizada Paris-Rio da rua do Ouvidor. A vulgaridade excessiva de nossas danças pertencia ao terreno dos *turunas* da Cidade Nova. Essa foi uma associação que a própria produção cinematográfica reforçaria, com o filme de Antônio Leal *Os capadócios da Cidade Nova*, de 1908.[38] O turuna, quase sinônimo de capadócio e precursor da figura do malandro, evoca valentia, mas é neutralizado no artigo do jornal como uma caricatura, não ameaçador. A sugestão, no entanto, é a de que ele, ou melhor, *eles* lá da Cidade Nova impedem a *nós* aqui na Ouvidor de sermos civilizados como os parisienses. E o sol dançando o maxixe – *impagável!* – representa não só o cúmulo do absurdo, mas também os feitos milagrosos que a nova tecnologia permitia. À medida que a mídia visual começa a suplantar a primazia da escrita como meio de transmissão cultural, vemos o cinema como que se apropriando das potências mágicas ou feiticeiras, situadas poucas décadas antes naquela casa de caboclo do Mangue.

Também encontrávamos na rua do Ouvidor a Garnier, provavelmente a mais ilustre casa editorial do país. Um dos seus principais autores foi Machado de Assis, que, antes de se tornar uma referência literária indispensável, foi ajudado por Manuel Antônio de Almeida ao trabalhar, ainda adolescente, como aprendiz de tipógrafo e revisor na Tipografia Nacional, que ficava a poucos quarteirões da Ouvidor. O fundador e primeiro presidente da

Academia Brasileira de Letras mencionou a celebrada rua mais do que qualquer outra em suas crônicas de jornal.[39]

Não é difícil imaginar que o mesmo possa ser dito a respeito das crônicas da maioria de seus contemporâneos. Após a leitura dos relatos dos viajantes ao Rio, fica-se com certo mal-estar diante do orgulho inflado manifestado pelos habitantes locais sobre a rua.[40] Mas lembremos que, apesar da habilidade de uma figura como d. Obá para circular entre a nobreza e escrever em jornais do Rio de Janeiro, a Pequena África raramente aparecia nos escritos do período, e, quando aparecia, era para ser depreciada. Para inverter uma expressão bem conhecida de Roberto Schwarz, como faz José Miguel Wisnik noutro contexto, é como se a Cidade Nova fosse um "lugar fora das ideias".[41]

Talvez de maneira surpreendente até, as exceções mais reveladoras e relevantes podem ser encontradas na literatura de Machado de Assis. Filho de uma lavadeira portuguesa com um pintor de paredes, descendente de escravizados libertos, nasceu entre a Cidade Nova e o porto, no morro do Livramento, parte daquilo que estamos considerando como a Pequena África. Em algumas poucas ocasiões, especialmente nos textos iniciais de sua fase mais romântica, o bairro aparece na ficção de Machado de maneira bastante previsível, confirmando as expectativas dos leitores e as realidades sociais da área. É retratado como um lugar de aluguéis baratos e moradores de meios modestos, mas nunca com os tons zombeteiros dos jornais e das revistas, dos quais Machado era um crítico manifesto. Um bom exemplo pode ser encontrado no conto "O rei dos caiporas", de 1870, no qual somos apresentados a João das Mercês, um personagem tão perseguido pelo azar que fracassa em sua tentativa de suicídio.[42] Por fim, ele consegue uma trégua, após viver pelas ruas, na pobreza:

> Alcançou o rapaz um emprego que lhe dera com que viver pobremente. Alugou uma casinha na Cidade Nova, e assim passou alguns meses. Um dia reparou que havia defronte uma velha que não deixava de sorrir quando ele entrava ou saía de casa. João das Mercês cumprimentava-a cortesmente, mas não julgava que o riso fosse com ele. A casa da velha era a melhor casa da rua, e a moradora passava por ser rica.

Além da dinâmica entre o novo e o velho, o trecho parece sugerir que restavam alguns moradores abastados na Cidade Nova. João das Mercês viria a se casar com essa "velha", mas ela morreria antes de incluí-lo no testamento, azar que justifica seu título de rei dos caiporas.

Seis anos depois, quando *Helena* é publicado (1876), lemos outra passagem breve, mas cuja referência é significativa: "A febre reteve-me três dias de cama, numa pobre cama alugada em péssima estalagem da Cidade Nova". O romance apresenta uma narrativa relativamente convencional, e a descrição do bairro não oferece nenhuma grande surpresa. É feita por Salvador, o verdadeiro pai de Helena, que reaparece passados muitos anos. Ele conta do seu retorno ao Rio após visitar o pai convalescente na província do Rio Grande do Sul: encontra a mãe de Helena, Ângela, vivendo com outro homem numa "casa elegante" em São Cristóvão, ainda o bairro imperial. Chocado com a notícia, Salvador cai doente. O rico parceiro de Ângela, que desencadeia a ação do romance, deixa em testamento suas propriedades para Helena.

Através de referências espaciais específicas (ruas, bairros), aqui já encontramos a sutileza machadiana de apresentar cuidadosamente a paisagem social do Rio de Janeiro. Salvador, o homem que se viu reduzido a passar três dias numa "péssima estalagem" da Cidade Nova, tinha exercido algumas das profissões comuns aos seus moradores: "Fui mascate, agente do foro, guarda-livros, lavrador, operário, estalajadeiro, escrevente de cartório; algumas semanas vivi de tirar cópias de peças e papéis para teatro". Fica claro que a associação da área com as más condições de vida havia se sedimentado ainda mais, refletindo as mudanças que descrevemos.

Já numa outra obra de ficção, *Casa velha*, publicada em dez capítulos curtos em *A Estação*, entre 1885 e 1886, Machado adotou um procedimento recorrente em suas histórias, o de situá-las em tempos anteriores. A ação dessa se passa em 1839, quando o narrador, um padre de 32 anos, decide escrever um livro, "uma obra política" sobre o reinado de d. Pedro I. Para tal, precisa ter acesso à casa velha do título, onde a viúva de um ministro do Império mantém valiosos documentos, livros, jornais e manuscritos. Machado revela a localização da casa ao omiti-la, algo que se tornou mais comum em sua escrita: "A casa, cujo lugar e direção não é preciso dizer". O reparo implica naturalmente que, quando seus narradores optam por divulgar um endereço, isso não é irrelevante. Aqui, essa rara omissão dá à casa certa qualidade mítica, atemporal.

O padre penetra na intimidade da família da viúva e é apresentado a Lalau, uma órfã de dezessete anos que vive na casa como agregada. A instituição dos *agregados* atenuava parcialmente as distâncias socioeconômicas e pode ser interpretada como um dos fatores que emprestava certa qualidade porosa às relações sociais do século XIX no Rio de Janeiro e no Brasil.[43] Nesse caso, após perceber algo no ar, o padre tenta promover o casamento de Lalau com Félix, o filho da viúva. Por maior que seja seu afeto por Lalau, e a despeito da educação da menina, a matriarca opõe-se à união, incapaz de ignorar a origem modesta dela. Durante uma conversa com o narrador, a encantadora Lalau recorda essas origens nostalgicamente ao falar de sua falecida mãe:

— Oh! eu dava tudo para tê-la ao pé de mim, na nossa casinha da Cidade Nova! A casa era isto — continuou ela levantando as mãos abertas, diante do rosto, e marcando assim o tamanho de um palmo —, ainda me lembro bem, era nada, quase nada — não tinha lá tapetes nem dourados, mas mamãe era tão boa! Tão boa! Coitada de mamãe!

Escrito na década de 1880, a passagem se refere à memória da Cidade Nova como o lugar de uma infância perdida, mas também de moradores mais humildes e mais felizes. E isso ajuda a reforçar a "distância social" entre Félix, filho de um ministro do Império, e Lalau, filha de pais da periferia. Sua mãe era a "filha de um escrivão da roça" e o pai "exercia um ofício mecânico". A história se complica ainda mais, enredando-se numa teia de suspeitas incestuosas e equívocos de identidade, em cujas vicissitudes não precisamos entrar.[44]

III

Machado de Assis, cujas próprias origens eram tão humildes quanto as de alguns dos personagens que tratamos aqui, até esse momento parece partilhar da noção geral de um Rio de Janeiro dividido. Com suas produções posteriores, no entanto, fica claro que havia muito mais em jogo em seus textos do que nos de seus contemporâneos — e eles nos permitem uma compreensão mais dinâmica e complexa da cidade.

Vamos começar com uma leitura mais detalhada de um trabalho já de sua fase madura, "Conto de escola". Publicado pela primeira vez na *Gazeta de Notícias* (1894), é outro conto narrado na primeira pessoa que se passa num período anterior à maioridade de d. Pedro II.[45] A narrativa, também uma lembrança, começa em local e data precisos: "A escola era na rua do Costa, um sobradinho de grade de pau. O ano era de 1840". A rua do Costa certamente era familiar ao autor e, podemos imaginar, tinha algum significado pessoal para ele. Ficava bem perto da Cidade Nova, aos pés do morro do Livramento, onde Machado nasceu, em 1839, e onde sua família vivia como agregada. A história continua:

> Naquele dia — uma segunda-feira, do mês de maio — deixei-me estar alguns instantes na rua da Princesa a ver onde iria brincar a manhã. Hesitava entre o morro de S. Diogo e o Campo de Santana, que não era então esse parque atual, construção de gentleman, mas um espaço rústico, mais ou menos infinito, alastrado de lavadeiras, capim e burro soltos. Morro ou campo? Tal era o problema.

Na rua da Princesa, que cruzava a rua do Costa, o narrador ponderou se brincaria no Campo de Santana ou no morro de São Diogo, praticamente desabitado ainda, nos limites pantanosos da Cidade Nova. O contraste entre o Campo da infância de Machado e o "parque atual" é inequívoco e sugestivo. A lembrança de um espaço "mais ou menos infinito" evoca impressões da infância anteriores à decodificação do mundo através de medidas, definida por um senso de proporção material. Ao mesmo tempo, as dimensões do Campo se reduzem durante a vida de Machado, seus limites passam a ser cada vez mais bem definidos em relação às construções do entorno. A "construção de gentleman" refere-se às reformas iniciadas em 1873 e inauguradas em 1880, no aniversário da Independência do Brasil.[46] Foram baseadas num projeto de Auguste François Marie Glaziou, que também propôs um ambicioso boulevard de cinquenta metros de largura, ladeado de árvores, paralelo ao Mangue, um dos planos para a Cidade Nova que não saíram do papel, mas que circularam durante o

Império.[47] O Campo de Santana de Glaziou foi alterado de tal forma que ficou quase irreconhecível, urbanizado, ajardinado e decorado segundo o estilo romântico inglês e francês.

Entre o ainda rústico Campo e o morro, o narrador optou pela escola. Uma semana antes, ele explica, seu pai o havia punido com uma surra devido a um par de dias matando aula, e o medo de ser pego o manteve afastado das opções iniciais, mais atraentes. Da sala de aula, tomado de arrependimento por não ter ido brincar com os outros "meninos vadios", "a fina flor do bairro e do gênero humano", ele vê, para seu desespero, uma pipa voando acima do morro do Livramento. O pai, um velho empregado do Arsenal de Guerra, tem grandes expectativas para que o filho ascenda socialmente, um plano que exclui empinar pipa e fazer algazarras com as crianças do bairro:

> Sonhava para mim uma grande posição comercial, e tinha ânsia de me ver com os elementos mercantis, ler, escrever e contar, para me meter de caixeiro. Citava-me nomes de capitalistas que tinham começado ao balcão.

Na escola, Raimundo, colega de classe e filho do professor, discretamente diz para o narrador, Pilar, que quer conversar com ele. O conto logo estabelece uma comparação entre o intelecto de ambos os personagens. Raimundo se esforçava, mas demorava para aprender. Pilar, sem modéstia, confessa sua inteligência superior em relação aos colegas. A narrativa traça outro contraste: Raimundo é "pálido", Pilar tem "boas cores". É preciso supor, com cautela, que "boas cores" aqui não tem outra intenção do que dar uma impressão de vitalidade e saúde, e, de fato, Raimundo é caracterizado como enfermiço. Ainda assim, vale questionar se Pilar poderia ser afrodescendente. Se o texto não nos autoriza a chegar a essa conclusão, ela certamente não é improvável, dado os ecos autobiográficos e a localização geográfica da história. Numa escola com grande probabilidade de ser frequentada por crianças do morro do Livramento, da Cidade Nova ou das áreas portuárias próximas, a porcentagem de estudantes afrodescendentes seria significativa.[48]

Machado de Assis, por um longo tempo lido como um autor voltado para as elites e que evitava questões raciais, chegou a ser acusado de "visceralmente elitista".[49] Hoje, é difícil sustentar que ele não estava em sintonia com a centralidade da cor da pele e de tensões de classe na vida social da corte, como atesta uma descrição da já mencionada *Casa velha*, para citar apenas um exemplo: "Começaram a entrar na igreja algumas pessoas da vizinhança, em geral pobres, de todas as idades e cores". Machado jamais é alheio às relações raciais, ainda que as trate discretamente. Ficamos assim, em alguns casos, com leves suspeitas, em que é impossível afirmar se um personagem é afrodescendente — o que, por si só, fala da ambiguidade das classificações raciais numa sociedade profundamente miscigenada.

No nosso século, houve reavaliações críticas do papel da raça em suas obras, com publicações como a antologia *Machado de Assis afrodescendente*.[50] Além das histórias que fazem referência direta aos escravizados e seus descendentes, há outras ainda mais reveladoras para nós: as que contêm meros indícios (intencionais ou não), tratando as questões raciais de forma latente, muitas vezes através de referências espaciais que perderam o significado para os leitores de hoje mas que podem nos ajudar a mapear melhor as relações sociais e os espaços culturais, tanto dentro de sua literatura quanto dentro da cidade.

De qualquer modo, afrodescendente ou não — e isso parece não ter nenhuma consequência óbvia para a trama de "Conto de escola" –, Raimundo oferece uma "moeda do tempo do rei" para o narrador em troca de ajuda com um "ponto da lição de sintaxe".[51] Pilar passa as explicações em pedaços de papel enquanto o professor lê os jornais do dia "com fogo, com indignação",[52] completamente indiferente aos alunos. Um colega chamado Curvelo denuncia o acerto e eles são pegos pelo professor, cuja tarefa seria, presumivelmente, ensinar. A acusação do professor contra o narrador ironicamente descreve seu próprio trabalho, que ele negligencia de forma tão aberta: "Então o senhor recebe dinheiro para ensinar as lições aos outros?". Num gesto grandioso, ele pega a moeda de Pilar, joga-a pela janela e pune ambos os alunos com a palmatória, acompanhada de insultos que realçam a ironia da situação: acusa-os de "uma ação feia, indigna, baixa, uma vilania", e os chama de "sem-vergonhas, desaforados [...] Porcalhões! Tratantes!".

No dia seguinte, Pilar vai procurar a moeda, mas em vez disso depara-se com um batalhão marchando e é seduzido pelos tambores. Ele os segue, perde a aula e, mais tarde, volta para casa "sem pratinha no bolso nem ressentimento na alma". A história conclui: "E, contudo, a pratinha era bonita e foram eles, Raimundo e Curvelo, que me deram o primeiro conhecimento, um da corrupção, outro da delação; mas o diabo do tambor...". A atração do narrador pelos tambores militares não soaria deslocada na República, quando o conto foi publicado. Ao mesmo tempo, uma dialética reminiscente de *Memórias de um sargento de milícias* parece estar em ação aqui, pelo menos no que parece ser a lição final: a moral é relativa, se não neste mundo, certamente nesta cidade.

No volume de contos seguinte, *Páginas recolhidas* (1899), Machado voltou a situar, no centro da narrativa, espaços culturais identificados pelas cartografias letradas como periféricos – e revisitou a questão do narrador que, quando estudante, aprende suas lições fora da escola. Como no conto anterior, "Um erradio" retorna a um episódio da juventude de um dos personagens. Embora introduzida na terceira pessoa, a maior parte da narrativa consiste nas explicações do recém-casado Tosta a sua esposa sobre a identidade de um homem que ela descobre numa velha fotografia. Um artefato tecnológico de ainda recente invenção desencadeia uma série de lembranças de seus anos de estudante, quando morava na rua do Lavradio. A rua, que ainda preserva fachadas neoclássicas do século XIX, foi um dos primeiros endereços residenciais do centro da cidade. No texto, o narrador, mais burguês que boêmio, relembra sua juventude, mais boêmia que burguesa, quando morava numa "simples sala, sublocada por um alfaiate, que morava nos fundos com a família". Com ele "moravam cinco rapazes, mas apareciam outros, e todos eram tudo, estudantes, tradutores, revisores, namoradores, e ainda lhes sobrava tempo para redigir uma folha política e literária, publicada aos sábados". Apesar de não serem ricos nem poderosos, todos eram membros legitimados da cidade letrada.

Elisiário, o protagonista e fotografado, destoava do grupo. Vivia para os lados da Gamboa, já notória por abrigar escravizados libertos e seus descendentes.[53] O narrador sugestivamente o descreve como "moreno" — como sabemos, termo frequentemente utilizado como um cauteloso eufemismo para "mulato". Ele se recorda de perguntar aos colegas: "Onde morava [Elisiário]? Disseram-me vagamente que para os lados da Gamboa, mas nunca me convidou a lá ir, nem ninguém sabia positivamente onde era". A incerteza parece emblemática das relações da cidade letrada com os espaços marginais: bairros como Gamboa e Cidade Nova são vagos, distantes, quase indistinguíveis, em nítido contraste com a precisão das referências à Cidade Velha, como o endereço na rua do Lavradio.

"Professor de latim e explicador de matemáticas" – lembra o jovem Pilar da história anterior –, o erudito Elisiário não era o produto de uma educação escolar, "não era formado em coisa nenhuma". De acordo com o narrador, ele "seria um bom prosador, se fosse capaz de escrever vinte minutos seguidos; era poeta de improviso, não escrevia os versos". Elisiário, mais um contraponto do que uma antítese ao narrador letrado e seus amigos, aparece na casa da rua do Lavradio com sua opa e sua irreverência: "Entre a opa só", brinca um dos estudantes, referindo-se ao manto sem braços que ele vestia, típico das cerimônias das irmandades religiosas. Um outro colega propõe o desafio: "Não, a opa não pode, entre só o Elisiário, mas, primeiro, há de glosar um mote. Quem dá o mote?". Logo alguém faz a sugestão, e Elisiário "recitou uma glosa de improviso", deixando os presentes maravilhados com seu talento.

Elisiário, embora Tosta o descreva como sério, faz propostas dignas de um Leonardo, do livro de Manuel Antônio de Almeida, representativas da lógica da malandragem. Primeiro, ele sugere que vendam Chico, um "bonito crioulo", como escravo, mesmo sendo ele um homem livre. Como resultado, a artimanha permitiria aos estudantes lhe pagar um salário. Burla-se a lei, mas faz-se justiça. Em seguida, Elisiário zomba de Chico por entregar um recibo após receber dinheiro pela assinatura de uma de suas revistas literárias. Não tivesse ele feito isso, o assinante poderia ser cobrado novamente, conclui Elisiário, gracejando.

Elisiário, com pouco mais de trinta anos, tem estima pelo jovem Tosta, que também não deixa de ser um forasteiro nessa casa, tendo sido enviado do Ceará pelo pai para estudar na capital. Elisiário declara querer fazer de Tosta um homem e decide ajudá-lo nos estudos. À medida que o então estudante e narrador vai tendo reminiscências ao lado da esposa, começamos a descobrir a extensão da impressão profunda que aquele homem erradio deixou sobre ele. Um dia, Tosta o encontra na rua São José, no Centro da cidade, e diz que vai subir o morro do Castelo para visitar a igreja dos jesuítas, onde nunca esteve.[54] Elisiário acompanha o jovem amigo e, com a "imaginação evocativa" de um romancista somada ao conhecimento de um historiador, faz o Rio antigo ganhar vida. Um *flâneur* que "ia a toda parte" e poderia ser encontrado nos bairros mais distantes uns dos outros, Elisiário define-se como alguém em perpétuo movimento, uma espécie de *Orfeu extático na metrópole*, para tomar emprestado o título de um belo livro:[55] "Eu sou um erradio. No dia em que parar de vez, jurem que estou morto".[56]

Em outra ocasião, Tosta encontra Elisiário por acaso numa exposição de belas-artes. Ele se impressiona com o conhecimento de cultura clássica de Elisiário e com sua habilidade de não apenas explicar, mas também de encarnar a cultura da Grécia antiga:

> Que de coisas me disse a propósito da Vênus de Milo [...]. Falou da estética, dos grandes artistas, da vida grega, do mármore grego, da alma grega. Era um grego, um puro grego, que ali me aparecia e transportava de uma rua estreita para diante do Partenon. A opa do Elisiário transformou-se em clâmide, a língua devia ser a da Hélade, conquanto eu nada soubesse a tal respeito, nem então, nem agora. Mas era feiticeiro o diabo do homem.

A transfiguração só poderia ser reproduzida com uma linguagem que evoca o sobrenatural, e a referência a ele como um "feiticeiro", embora brincalhona, alude a um campo semântico que associamos não aos gregos, mas às figuras do universo ameríndio e afro-brasileiro, como o "caboclo velho" de *Memórias de um sargento de milícias*.

Após essa experiência, Tosta e Elisiário vão caminhar por um itinerário desconhecido do primeiro e familiar para o segundo, como descobriremos.

> Saímos; fomos até o campo da Aclamação, que ainda não possuía o parque de hoje, nem tinha outra polícia além da natureza, que fazia brotar o capim, e das lavadeiras, que batiam e ensaboavam a roupa defronte do quartel.

Em sintonia com a qualidade de palimpsesto da paisagem urbana, a narrativa de Machado recupera camadas submersas de seu passado. A descrição se refere a algumas das mesmas diferenças do Campo de Santana antes e depois da reforma de Glaziou, como aquelas evocadas no "Conto de escola". O chafariz e os tanques usados pelas lavadeiras, onde os escravizados se congregavam, foram removidos em 1873.[57] As reformas de Glaziou separam o passeio de Tosta e Elisiário, no final da década de 1860, da narrativa do conto, que se passa no período de sua publicação, três décadas depois. Quando Tosta e Elisiário dão sua caminhada, o Campo ainda estava mais próximo do espaço sobre o qual lemos em Manuel Antônio de Almeida — possível de ser imaginado a partir das representações como a aquarela de Augustus Earle, *Cena de fandango negro no Campo de Santana* (c. 1822).

Para além do escopo ordenador e anterior ao caráter aprumado e polido introduzido na década de 1870, o Campo de Santana se mantinha aqui como um tipo de fronteira, onde o Rio central "civilizado" se tornava a exótica Cidade Nova. Tosta usa a nomenclatura oficial, Campo da Aclamação, enquanto o narrador do "Conto de escola" prefere o nome anterior, mais coloquial, Campo de Santana, o que implica maior intimidade com o lugar.

Elisiário, mais tarde na história, também se refere ao Campo por seu antigo nome não oficial.

Nesses detalhes aparentemente insignificantes, os textos de Machado nos ajudam a estabelecer as relações divergentes entre cada um de seus personagens e narradores com a cidade. Ao fazer isso, eles nos permitem descobrir e explorar como sua ficção funciona frequentemente numa tensão dialética entre as cartografias concorrentes tanto da cidade letrada (dos jornais e seus leitores pressupostos) quanto dos moradores comuns do Rio de Janeiro — processo que, além de enriquecer nossa compreensão de sua literatura, informa a história da cidade.

Capaz de circular da Pequena África à Academia Imperial de Belas-Artes, Elisiário escapa das possibilidades do mapa de um cartógrafo — ele não pode ser fixado, e, de fato, sua vitalidade e seu poder criativo advêm de sua vida errante, do vagabundear. É como a inspiração e vigor de sua poesia, que, descobrimos ao final, estão intimamente atreladas à sua relutância em colocá-la no papel — e, portanto, fixá-la. Enquanto Tosta acompanha Elisiário em sua caminhada, temos um encontro casual revelador:

> Eu ia cheio do discurso do Elisiário [sobre os gregos], ao lado dele, que levava a cabeça baixa e os olhos pensativos. De repente, ouvi dizer baixinho:
>
> — Adeus, Ioiô.
>
> Era uma quitandeira de doces, uma crioula baiana, segundo me pareceu pelos bordados e crivos da saia e da camisa. Vinha da Cidade Nova e atravessava o campo. Elisiário respondeu à saudação:
>
> — Adeus, Zeferina.

Por que a quitandeira da Cidade Nova saúda Elisiário em voz baixa? Será que não quer interromper a conversa, ou terá receio de que ele recuse a saudação, por vergonha de admitir que a conhece? Terá ela imaginado que seu conhecido pode se sentir rebaixado? Ao contrário, Elisiário a cumprimenta pelo nome. O narrador se espanta, e a resposta de Elisiário o posiciona como um verdadeiro cosmopolita, que não subjuga o local ao "universal", o afro-brasileiro ao europeu.

> Estacou e olhou para mim, rindo sem riso, e, depois de alguns segundos:
>
> — Não se espante, menino. Há muitas espécies de Vênus. O que ninguém dirá é que a esta lhe faltem braços, continuou olhando para os braços da quitandeira, mais negros ainda pelo contraste da manga curta e alva da camisa.

A enigmática troca com a Vênus baiana pode ser lida de diversas maneiras. Não ficamos sabendo se o relacionamento entre o erradio e a quitandeira era de natureza comercial, erótica, religiosa ou coisa que o valha. De qualquer modo, a reação de Tosta revela — codificada em sua "discrição" — certos preconceitos que ele provavelmente compartilhava com seus colegas de quarto e com muitos dos leitores de Machado: "Eu, de vexado, não achei resposta. Não contei esse episódio na rua do Lavradio; podiam meter à bulha o Elisiário, e não queria parecer indiscreto".

O episódio aparentemente sem importância soa ainda mais relevante, pois o Elisiário de Machado propõe suas "muitas espécies de Vênus" não só em 1866, quando se passa a história, mas também em 1896, quando é publicada — precisamente quando os discursos de racismo científico se encontravam profundamente entranhados na sociedade brasileira, em especial entre as elites, e havia sido internalizada uma hierarquia cruel segundo a qual a maioria das coisas relacionadas ao negro era não apenas inferior, mas também eram influências deletérias.[58] Nesse contexto, Elisiário, afrodescendente ou não, torna-se uma espécie de par de d. Obá, que se apresentava acima de tudo como poeta e cujos versos ocasionalmente esposavam o valor da negritude: "Não é defeito preta ser a cor/ É triste pela inveja roubar-se o valor".[59]

Em outra ocasião, após saírem do teatro antes do final da peça, pois o "erradio" não conseguia ficar parado durante dois atos, os dois amigos sentam-se num botequim das redondezas. Depois de uma conversa na qual Elisiário "projetou mil jornadas ao sertão do Brasil inteiro", nas quais "colheria tudo, plantas, lendas, cantigas, locuções", Tosta ouve a seguinte proposta: "Você era capaz de ir daqui a pé até São Cristóvão, agora?". O estudante responde com um chocho "pode ser", que Elisiário interpreta como uma recusa devido ao cansaço. Então parte sozinho. Tosta resolve segui-lo:

> Ainda o apanhei na rua dos Ciganos. Ia devagar, com a bengala debaixo do braço, e as mãos ora atrás, ora nas algibeiras das calças. Atravessou o campo da Aclamação, enfiou pela rua de S. Pedro e meteu-se pelo Aterrado acima.

A data em que Machado situa a história nos leva a outra digressão. Essa trama peripatética se passa uns dois anos antes do que, para o geógrafo urbano Maurício de Abreu, foi um divisor de águas na evolução do Rio de Janeiro do século XIX: a ampliação dos serviços ferroviários para os subúrbios e a implantação de novas linhas de bonde a partir de 1868.[60] Os viajantes europeus pareciam impressionados com os serviços urbanos: o conde D'Ursel, em 1873, viu neles "a mais democrática igualdade",[61] e, uma década depois, Charles Hastings Dent — que, de resto, teve muito a reclamar do período de um ano que passou no Brasil — considerou que "o ubíquo sistema de bondes [...] é de tamanha excelência que seria mais fácil sugerir melhorias nos meios de locomoção existentes em Londres do que nos do Rio".[62]

Sabemos do papel desse sistema, privilegiando a futura zona sul, na especulação imobiliária.[63] A extensão da dependência dos bondes pelos moradores do Rio, ao mesmo tempo, explica por que, em 1880, um aumento de 10% nos preços das passagens foi recebido com uma reação pública violenta, mais tarde conhecida como a Revolta do Vintém.[64] Além de impactar a geografia socioeconômica da cidade, a utilização dos bondes para o deslocamento também alterou a experiência individual do espaço. Com o bonde, os passageiros ganhavam em velocidade, mas ficavam à mercê dos trajetos das linhas e tinham menos necessidade de recorrer aos seus mapas cognitivos, por meio dos quais os pedestres podem planejar seus itinerários ou compor seu caminho no espaço urbano.[65]

Os bondes atraíram suficiente atenção de Machado de Assis para justificar uma antologia de seus escritos relacionada ao assunto.[66] Considerando-os "essencialmente democráticos" numa crônica de 1883,[67] noutro texto, de 1889, apenas alguns anos antes da publicação de "Um erradio", ele revela um hábito e *ethos* próximo ao de Elisiário: "É meu costume, quando não tenho que fazer em casa, ir por esse mundo de Cristo, se assim se pode chamar à cidade de São Sebastião, matar o tempo. Não conheço melhor ofício [...] mormente se a gente se mete por bairros excêntricos".

Como uma prescrição para seus leitores, acrescenta, não sem um aceno para a cidade letrada: "Naturalmente, cansadas as pernas, meto-me no primeiro *bond*, que pode trazer-me à casa ou à rua do Ouvidor, que é onde todos moramos".[68] A redução do tempo necessário para viajar de um lugar a outro pode ter levado a certa democratização dos espaços urbanos, ou ao menos serviu para aproximar ainda mais a Cidade Nova e o Centro. Talvez isso possa nos ajudar a compreender a hesitação de Tosta ao seguir Elisiário quando este chega ao limite daquele bairro: "Eu, no Campo, quis voltar, mas a curiosidade fez-me ir andando também".[69]

Teria esse pensamento lhe ocorrido caso o sistema de bondes já estivesse implantado? Ou seria o desejo de dar meia-volta motivado mais pelo medo de cruzar a linha imaginária, de atravessar o limite onde terminava a cidade familiar, civilizada? Qualquer que seja a resposta, a decisão de Tosta de prosseguir não resulta em nenhum evento cataclísmico. A caminhada de Elisiário acaba por não revelar nenhum motivo utilitário, de maneira muito parecida com a de Machado. Após atravessar toda a Cidade Nova, Elisiário chega a uma pequena igreja junto ao mar e toma um bote para voltar para o Saco do Alferes, passando a noite numa hospedaria do Campo, como contaria para Tosta no dia seguinte. Tosta, por sua vez, percebe-se sem coordenadas familiares: "Também eu me achei perdido, longe da cidade e exausto". A "cidade" aqui se refere especificamente ao Centro, num deslocamento metonímico cujo uso se mantém até os dias de hoje. Mas mesmo antes dos bondes, Tosta não chegou a ter problemas para conseguir um tílburi e fazer o caminho de volta para a rua do Lavradio.

Machado de Assis, na época em que escreveu a história, morava no bucólico bairro do Cosme Velho. Diferentemente de Tosta, e muito similar a Elisiário, ele tinha o costume de circular pelas áreas menos prestigiadas da cidade, e talvez incluísse a Cidade Nova entre aqueles lugares "excêntricos". Podemos pensar que certos personagens de Machado passeavam em bairros do Rio de Janeiro aonde muitos dos seus leitores não se atreveriam a ir. Em pelo menos uma ocasião encontramos o próprio autor caminhando pelo bairro estigmatizado com uma mente atenta e o espírito aberto. Numa crônica de 1º de maio de 1892, após protestar contra um tapume colocado em torno de um chafariz no largo da Carioca por uma empresa particular, tira a seguinte lição: "Há dias, dei com um verbo novo na tabuleta de uma casa da Cidade Nova: 'Opacam-se vidros'. Digam-me em que dicionário viram palavra tão apropriada ao caso".[70]

IV

Machado de Assis fixa a trama no tempo passado em outro conto relevante para nossas discussões. O recurso, que Wisnik chama de "técnica dos contrapontos" e ao qual o escritor recorre em boa parte de sua ficção, foi objeto de uma pesquisa sistemática de John Gledson.[71] Relaciona-se à nossa metodologia aqui, de explorar as referências cronológicas e toponímicas numa tentativa de articular a maneira como os mapeamentos de determinado autor (ou de um texto) do espaço social ou cultural reproduzem, resistem, elaboram ou mesmo subvertem não só as representações cartográficas da dimensão física de uma cidade, como também as cartografias imaginadas pela cidade letrada, com seus (por vezes despercebidos) vieses, preconceitos e agendas.

Se cartógrafos e escritores do Rio tendem a compartilhar percepções tonalizadas pela consciência de que suas vozes vêm do centro de uma capital – ainda que da periferia de um sistema global capitalista, condição muito presente na consciência dos intelectuais latino-americanos da virada do século –, Machado desenvolveu uma capacidade de reordenar a cidade segundo a experiência de personagens oriundos da periferia e que eram, por vezes, muito diferentes de seus leitores implícitos.[72] O esforço para recuperar e entender as associações e sentidos suscitados pela referência a lugares que perderam significado para os leitores de hoje é especialmente produtivo no caso de "Uns braços", narrativa que pode ser lida, e assim o foi, como uma trama entre quatro paredes, restrita à esfera doméstica ou privada.[73]

"Uns braços" começa numa mesa de jantar. Logo somos confrontados com uma galeria de insultos não exatamente literários, emitidos pelo solicitador Borges contra Inácio: "Malandro, cabeça de vento, estúpido, maluco". Inácio, o suposto malandro, é um garoto de quinze anos tomado do pai para trabalhar como "agente, escrevente, ou que quer que era, do solicitador Borges". O narrador explica: o pai de Inácio, não muito diferente do pai de "Conto de escola", tinha "esperança de vê-lo no foro, porque lhe parecia que os procuradores de causas ganhavam muito". O texto oferece os seguintes detalhes: "O pai é barbeiro na Cidade Nova". O solicitador Borges morava na rua da Lapa, ao lado de d. Severina, a dos braços do título, com quem vivia "maritalmente". A história se passa em 1870.

Gledson destaca a importância da data — o final do auge do período conhecido na história brasileira como Segundo Reinado (1840-89) — não só para a realidade social do país, mas também para a ficção de Machado. Esses anos servem de pano de fundo para o romance *Quincas Borba* e para os principais episódios de *Dom Casmurro*, além de "Um erradio", e refletem para Gledson:

> O período de crise que mais fascinava Machado, qual seja, o do final da década de 1860 e início da de 1870, quando pela primeira vez se percebeu que ia acabar a escravidão, com uma nova classe comercial, ligada ao capital internacional, representando uma ameaça para o poder da tradicional classe dominante — ou, pelo menos, para a sua confiança.[74]

Os anos em torno de 1870, nos lembra ele, foram marcados por diversos eventos significativos, como "a Guerra do Paraguai, a

Lei do Ventre Livre,[75] a fundação do Partido Republicano". Também representaram um ponto de virada para o desenvolvimento das cidades tanto em nível local como global.[76] Parte do fascínio de "Uns braços" advém do fato de que seus personagens não são aqueles que, por representar os extremos da população, tendem a ser enfatizados: os escravizados e a elite governante. Borges, d. Severina e Inácio pertencem às amplas camadas intermediárias, que seriam igualmente afetadas por todas as mudanças em andamento. Ao mesmo tempo, já no primeiro parágrafo o narrador sutilmente caracteriza Inácio como "malvestido" e "filho de um barbeiro da Cidade Nova", indicando que pertence a uma classe socioeconômica inferior à do solicitador, morador da rua da Lapa. O contraste entre os dois endereços não passaria despercebido por um leitor da época e merece consideração. Próxima ao Passeio Público, um espaço elegante e aristocrático, a rua da Lapa detinha certo prestígio naquele tempo. A profissão do pai anônimo de Inácio, junto com sua afiliação com a Cidade Nova, nos permite algumas interpretações especulativas a mais: os barbeiros do Brasil imperial costumavam ser negros.[77]

Não estamos tratando aqui, no entanto, de um abismo intransponível: o jovem, afinal, foi enviado pelo pai para trabalhar com o solicitador porque tinha suas aspirações (ou ilusões) de que o filho adentrasse uma carreira legal e subisse na vida. Borges não era exatamente um homem rico: Severina expunha seus famosos braços não por "faceira", mas "porque já gastara todos os vestidos de mangas compridas" e, podemos presumir, não tinha dinheiro para repô-los. Mais adiante na história, o solicitador se esquiva de uma visita à comadre e ao compadre com a justificativa de que "trabalhava como um negro". A implicação, em outras palavras, é de que Borges encontrava-se pouco acima dos negros na escala social.

Numa dinâmica comum na ficção de Machado (e não rara nas relações humanas), exploração gera mais exploração. O "terrível Borges" submete Inácio a um regime de trabalho intenso e abusivo. A história começa com seus insultos e ameaças, irritado com os descuidos e o sono pesado de Inácio: "Amanhã hei de acordá-lo a pau de vassoura!". Diante de uma rotina desoladora, os braços de d. Severina tornam-se "as tendas de repouso". O jovem "aguentava toda a trabalheira [...], toda a grosseria do patrão, pela única paga de ver, três vezes por dia, o famoso par de braços". Borges continuava a "fuzilar ameaças" contra Inácio, mas o narrador o exime de qualquer grande culpa: era "incapaz de as cumprir, pois era antes grosseiro do que mau".

Desde o começo, o texto acentua o contraste entre d. Severina e Borges. Quando ele lançava impropérios contra Inácio, ameaçando castigo físico, ela, de maneira protetora, "tocou-lhe no pé, como pedindo que acabasse". A compaixão velada de Severina se estende por todo o texto, até finalmente se expandir numa mistura de sentimentos maternais e eróticos (sensuais, mais do que sexuais) em relação a Inácio. O clímax ocorre quando ela é levada a "deixar-lhe um beijo na boca", enquanto ele dorme. "Aqui o sonho coincidiu com a realidade", declara o narrador. Para Inácio, antes descrito com "olhos de rapaz que sonha", o beijo e a rua da Lapa são apenas isso ("E foi um sonho! um simples sonho!"), terminando sem a realização dos sonhos do próprio pai de vê-lo como procurador. O garoto tem que deixar a casa. E, para d. Severina, a autocensura após o ato retransfigura os sentimentos que brotaram inocentes: "Uma criança!, disse ela a si mesma, naquela língua sem palavras que todos trazemos conosco".[78]

A cena parede abordar o que Gledson chama de "o tema recorrente em Machado do amor ultrapassando fronteiras de classe".[79] Machado toca na condição subalterna de Inácio quando Severina se dá conta da admiração do jovem por ela: "Percebeu que sim, que era amada e temida, amor adolescente e virgem, retido pelos liames sociais e por um sentimento de inferioridade que o impedia de reconhecer-se a si mesmo". Ainda que a disparidade de idade entre os dois atue como um fator, é nas distinções latentes de classe que encontramos as tensões socioculturais do Rio de Janeiro do autor.

É evidente, afinal, que Inácio pertence a uma posição social subordinada em relação não apenas ao casal, mas também ao leitor da época. A transgressão real de "Uns braços", em outras palavras, é cruzar os limites sociais entre os personagens e o público. Podemos imaginar o *leitor implícito* da Primeira República como sendo restrito, dado o número relativamente pequeno de letrados. Os escritos de Machado eram, em boa parte, consumidos pelas elites, que, podemos presumir, não estavam necessariamente preocupadas com um drama entre quatro paredes em que o protagonista tem origem nas massas populares. Em certo sentido, "Uns braços" não apenas tenta transpor a distância entre a Cidade Nova e a rua da Lapa, como a aproxima da badalada rua do Ouvidor e de boa parte de seu público, para não mencionar sua editora. Sendo assim, o conto atua como um mediador entre os estigmatizados e aqueles que estigmatizam.

Em 1870, quando se passa "Uns braços", ainda estavam em processo de formação as associações entre a Cidade Nova e todo um leque de ameaças à civilização (negritude, práticas africanas bárbaras, cortiços, insalubridade etc.). Em 1896, data de publicação do conto, essa identidade já havia deitado raízes nas mentes dos leitores da Primeira República, como o próximo capítulo deixará claro. Os atributos pelos quais a Cidade Nova ficou conhecida eram precisamente aqueles que grupos de elite e autoridades queriam banir do centro da capital.[80] Dessa forma, os primeiros governos republicanos, dos quais Machado era um crítico ferrenho, exacerbaram uma era de políticas urbanas autoritárias que atingiram o ápice com as demolições que abriram lugar à monumental avenida Central. O bota-abaixo promovido por Francisco Pereira Passos, engenheiro nomeado como prefeito do Distrito Federal e arquiteto das ambiciosas reformas (1902-6), tornou-se um tópico intensamente discutido na história da cidade — outro tema para as páginas a seguir.

Já antes da publicação de "Uns braços", no entanto, para citar dois exemplos de grande repercussão em 1893, os populares quiosques do Centro do Rio foram condenados à demolição, e centenas de pessoas foram expulsas do Cabeça de Porco, um famoso cortiço entre a Cidade Nova e a zona portuária, e última moradia de d. Obá. Algumas pessoas desalojadas teriam usado materiais descartados da demolição para improvisar casas nas encostas dos morros próximos — não muito longe do local de nascimento de Machado de Assis. Assim começaram a ser formadas as comunidades que ficaram conhecidas como favelas.[81] Tão significativo quanto foi o episódio também fundante da retórica das reformas urbanas como uma guerra contra os "incivilizados", uma cura contra a ameaça das "classes perigosas", que cada vez mais equivaliam aos pobres.[82]

No intervalo entre o período em que "Uns braços" e "Um erradio" se passam e a época de sua publicação (e, provavelmente, escrita), observamos uma intensificação dos esforços para se segregar socialmente a cidade. Os mais pobres foram empurrados para as periferias e ainda mais marginalizados, objetivos que seriam articulados em termos bastante explícitos nos projetos dos primórdios do século XX. Essas intervenções frequentemente seguiam ou eram inspiradas por reformas no estrangeiro, em especial na renovação de Paris, liderada por Georges-Eugène

Haussmann, que o jovem Pereira Passos viveu em primeira mão quando morou na capital francesa entre 1857 e 1860.[83] Ao mesmo tempo que respondiam às mudanças globais das ideias sobre como as cidades deveriam funcionar, as medidas realizadas no Rio durante a Primeira República também buscaram minar as formas muito locais de porosidade espacial. Boa parte disso naturalmente não transparece na ficção de Machado de Assis, que precede sua execução. Mas, no caso dos desenvolvimentos mais amplos e incipientes relacionados aos objetivos dessas reformas, é possível que tenha adotado aquela estratégia bem conhecida de escrever sobre o passado para criticar o presente. Em "Uns braços", por exemplo, é possível identificar uma associação conspícua entre o solicitador Borges e os ideais do novo regime.

Intencional ou intuitivamente, Machado parece desmascarar a natureza de certos projetos políticos que ganharam força sob a república, como a propagação de uma espécie de fé cega nas virtudes da alfabetização. O texto, ironicamente, faz com que o grosseiro Borges seja um porta-voz em defesa da escolaridade. O narrador recorre ao recurso conhecido como discurso indireto livre para tornar conhecidos os pensamentos do personagem:

> [...] e descompôs a comadre, descompôs o compadre, descompôs o afilhado, que não ia ao colégio, com dez anos! Ele, Borges, com dez anos, já sabia ler, escrever e contar, não muito bem, é certo, mas sabia. Dez anos! Havia de ter um bonito fim: – vadio, e o covado e meio nas costas. A tarimba é que viria ensiná-lo.

A referência à vida militar da tarimba reforça o alinhamento de Borges com a tecnocracia e com os princípios positivistas da República – instalada por um golpe militar – e que professava a equação da alfabetização com a prosperidade, e da educação formal com o progresso.[84] Essa mentalidade, ou pelo menos a implementação acrítica de seus princípios, parece ser alvo de ironia em "Uns braços". A conduta de Borges como explorador e sua condição de explorado, para dizer o mínimo, expõe a hipocrisia da defesa da alfabetização por si só como instrumento de liberação em vez de um condicionamento social. A mesma crítica aparece incorporada ao professor de "Conto de escola", um sinal de que Machado talvez estivesse valorizando cada vez mais os *erradios* da cidade, ou até mesmo aquela "língua sem palavras que todos trazemos conosco" de d. Severina.

Wisnik comenta como o Machado de Assis dos anos 1870 se identificava com as atitudes de seus leitores sobre a superioridade da cultura escrita.[85] Na época em que escreveu "Conto de escola", "Um erradio" e "Uns braços", Machado havia desenvolvido um senso mais crítico e reflexivo de pertencimento a uma cidade letrada, algo que ecoa nas transformações percebidas em suas representações da Cidade Nova ao longo do tempo. Ao posicionar o olhar crítico sobre o apologista compulsivo da alfabetização, a ficção de Machado antecipa forças que seriam canalizadas pelos projetos regeneracionistas e reformistas que ainda estavam na infância na década de 1870.

Parte daquela que Marshall Berman chama de "primeira grande leva de escritores e pensadores que se dedicaram à modernidade", Machado de Assis parece compartilhar com Baudelaire e outros autores uma "percepção instintiva" para a "interdependência entre indivíduo e ambiente moderno".[86] Num contexto no qual a noção de uma cidade letrada predominantemente homogênea e estável começa a ser pulverizada em meio a diversos desenvolvimentos políticos, econômicos e tecnológicos, Machado delineia uma cidade que não mais meramente reproduz ou corresponde aos mapas mentais de um público contemporâneo elitista. Seus escritos capturam as relações sociais com precisão e sutileza, reconhecendo o que a experiência dos espaços do Rio deve ter sido a partir de uma variedade de perspectivas, não apenas daquelas de seus colegas da rua do Ouvidor. Suas cartografias das relações sociais do Rio de Janeiro, na verdade, prefiguram transformações que tomariam forma com as autoritárias reformas urbanas modernizadoras levadas a termo na primeira década do século XX.

Quando escreveu os contos que lemos aqui, durante os anos 1890, Machado de Assis projetou uma porosidade ameaçada para um Rio de Janeiro de passado recente. Certos encontros, práticas e situações retratados naquele passado recente — os períodos de tempo em que essas narrativas se passam — estavam entrando num processo de desaparecimento, tornando-se residuais e cada vez mais confinados a espaços como a Cidade Nova.

3. Além da belle époque: No limite de uma "cidade dividida"

Uma fronteira não é o ponto onde algo termina, mas, como os gregos reconheceram, a fronteira é o ponto a partir do qual algo começa a se fazer presente.
Martin Heidegger, "Construir, habitar, pensar"

Aqui dentro de um pedaço de terreno, a gente faz uma África.
Mãe Beata, ialorixá do Dê Omi Ojllarô[1]

I

Em 1890, Aluísio Azevedo publicou o hoje clássico *O cortiço*, um marco do naturalismo na literatura brasileira. O romance constitui um microcosmo da sociedade do Rio de Janeiro: o elenco de personagens inclui a burguesia, um vendedor ambicioso, trabalhadores explorados, erradios e músicos. Concentra-se em retratar a vida na moradia precária do título, habitada por dezenas de imigrantes portugueses e italianos, afrodescendentes e escravizados libertos, muitas vezes apresentados nas descrições zoomórficas comuns à estética naturalista. Na frase de abertura, Azevedo situa a ação em Botafogo, zona sul do Rio, onde João Romão se torna proprietário de uma venda que iria impulsionar o desenvolvimento de seu formidável cortiço, graças à labuta de Bertoleza, uma escravizada que vive como companheira de Romão e que ele acaba traindo, levando-a a um final trágico.

Com o avanço da trama, somos apresentados a outro de seus protagonistas, o português Jerônimo, trabalhador árduo e hábil, que convence Romão a contratar seus serviços por um preço mais alto que o usual para trabalhar numa pedreira atrás da propriedade. Quando Romão pergunta se ele iria morar no Cortiço, Jerônimo responde: "Naturalmente! Não hei de ficar lá na Cidade Nova, tendo o serviço aqui!...". Jerônimo é um homem honesto, dedicado à família e que destina a maior parte de seu tempo ao trabalho. Tem ambições sociais, que Azevedo aponta nas cenas em que ele e a esposa vão caminhar pelo Passeio Público com suas melhores roupas. Como os pais dos contos de Machado de Assis, Jerônimo quer que a filha tenha uma vida melhor que a dele:

> [...] ainda na Cidade Nova, logo que principiara a ganhar melhor, fizera-se irmão de uma ordem terceira e tratara de ir pondo alguma coisinha de parte. Meteu a filha em um colégio, "que a queria com outro saber que não ele, a que os pais não mandaram ensinar nada". Por último, no cortiço em que então moravam, a sua casinha era a mais decente, a mais respeitada e a mais confortável.

Numa reviravolta não surpreendente em uma narrativa determinista, uma vez seduzido pela mulata Rita Baiana, Jerônimo rapidamente abandona sua vida anterior e se entrega às irresistíveis tentações dos trópicos. Quanto às pistas deixadas pelo texto, as breves menções à Cidade Nova são notáveis precisamente por sua aparente desimportância. Diferente de *Fritzmac*, de Azevedo, aqui a referência é não mais do que um endereço alternativo plausível a um cortiço. Nesse sentido, funciona no romance como um espaço mais ou menos equivalente ao bairro de Botafogo, local onde a narrativa realmente se passa.

O fato é relevante porque perderia sua verossimilhança em apenas alguns anos. As reformas de Pereira Passos (1902-6) ajudaram a criar as condições que possibilitaram a emergência e consolidação da zona sul como a área mais rica da cidade. Numa época em que o número de carros licenciados ainda não chegara a dois dígitos, a importante avenida Beira-Mar, com o anúncio da proximidade ao mar no próprio nome, estabeleceu a ligação entre o Centro e Botafogo.[2] Da mesma maneira, concedido com poderes quase ditatoriais,[3] Passos fez o controverso Túnel Novo permitindo que os bondes de Botafogo pudessem chegar à remota e relativamente desabitada Copacabana. Também traçou uma avenida ao longo da orla de Copacabana, adequadamente chamada de avenida Atlântica, que se tornou um dos principais destinos turísticos da cidade. Usando as linhas de bonde como referência, a especulação imobiliária chegou às alturas,[4] e esses bairros passaram a receber obras de infraestrutura sem igual, tornando-os cada vez mais priorizados pelas classes mais altas.

O gesto mais dramático da presidência de Rodrigues Alves, no entanto, foi reservado à Cidade Velha. No início do século, o Rio de Janeiro era o terceiro maior porto das Américas, atrás apenas de Nova York e Buenos Aires. A reforma implicava uma modernização radical dessa área, combinada com medidas de saneamento e a construção da monumental avenida Central. Havia projetos anteriores para uma grande avenida que cruzaria as ruas coloniais do Centro, mas a direção escolhida para a avenida Central é significativa, pois conduzia precisamente para a zona sul.[5] Além de facilitar a circulação das mercadorias para fora do porto, o que as tortuosas e estreitas ruas do Rio antigo complicavam, a avenida pretendia simbolizar o avanço do Brasil republicano a uma nova era de modernização e civilização. Certamente podemos interpretar esse objetivo como um esforço para que o país concretizasse o slogan positivista impresso na bandeira: ordem e progresso. Não por acaso, a avenida foi inaugurada em 15 de novembro de 1905, com uma cerimônia grandiosa, para coincidir com o aniversário da Proclamação da República.

Os objetivos da reforma, sua relação com os ideais republicanos e as pressões capitalistas, assim como a resistência popular e as consequências a longo prazo, foram documentados e discutidos em vasta produção historiográfica. Trabalhos como *Belle époque tropical* (1987), de Jeffrey Needell, *Civilizing Rio* (1997), de Teresa Meade, e *Pereira Passos* (1999), de Jaime Benchimol, abordam o assunto de diferentes perspectivas críticas, e historiadores como Sevcenko e Chalhoub também colocaram o assunto no centro de seus escritos sobre o Rio.

Como resultado, temos uma melhor compreensão de como a demolição de quase seiscentas construções, no que ficou conhecido como bota-abaixo, levou a uma degradação das condições de vida de um grande número de pessoas e permanece profundamente interconectado com o crescimento das favelas. Hoje, entendemos mais claramente como a elite brasileira igualava a noção de civilização ao que vinha da França; e, como Needell coloca, de como "civilizar" significava deixar para trás certas práticas populares consideradas anacrônicas, perseguindo-as e reprimindo-as, em particular as de origem africana ou relacionadas a grupos de imigrantes, especialmente na esfera pública.[6] Também aprendemos como essas reformas e a mão pesada de ações das campanhas de vacinação que as acompanharam foram recebidas com protestos e levantes populares.

Entre 1890 e 1906, a população do Rio de Janeiro continuou a crescer em ritmo acelerado, passando de 522 651 para 805 335 segundo os números oficiais.[7] Na época, o município tinha uma das mais extensivas áreas urbanas do mundo, ocupando uma superfície maior que o dobro de cidades muito populosas, como Paris, Nova York e Berlim – todas consideravelmente mais densas.[8] Durante as reformas de Pereira Passos, cerca de um décimo dos moradores da Cidade Velha foi expulso à força.[9]

Os esforços para modernizar a cidade claramente impuseram uma redistribuição da população, inspirados nas influentes reformas de Haussmann em Paris. Podemos dizer que foi uma intervenção urbana de larga escala e sem precedentes no país, profundamente comprometida com a eliminação ou redução do contato entre classes sociais e grupos raciais, pressionando aqueles que não se enquadravam no molde de "civilizado" e "moderno" a se mudarem para as favelas ou áreas mais afastadas do centro.

Essas transformações se refletiram nas dinâmicas de crescimento da cidade. Se 52,7% da população morava nas áreas centrais (incluindo a Cidade Nova) em 1890, esse percentual caiu para 27,8% trinta anos depois. No mesmo período, o percentual da população da zona norte aumentou de 22,8% para 33,6%, e os subúrbios saltaram de 16,6% para 30,9%. A zona sul, no entanto, manteve uma proporção estável de habitantes: 7,7% em 1890 e 7,5% em 1920.[10] Com a expansão industrial dirigida para o norte e o oeste após as reformas de Pereira Passos, tanto os subúrbios quanto a zona norte absorveram uma quantidade desproporcional do crescimento da cidade. Enquanto áreas mais afastadas – desenvolvendo-se ao longo dos trilhos do trem – concentraram trabalhadores e as classes mais pobres, os bairros mais imediatamente ao norte se caracterizaram por uma combinação mais heterogênea das classes alta, média e baixa: misturas acentuadas pelas favelas que começavam a aparecer pela cidade.[11]

Fiel ao seu status de zona intermediária, a Cidade Nova parece não ter seguido nenhum dos padrões. Ainda que em menor ritmo que os subúrbios, a taxa de crescimento da região de Santana foi muito mais alta que em outras áreas centrais, já que compensava parcialmente a falta de moradias resultante das demolições na Cidade Velha.[12] Num relatório sobre as "casas populares" da cidade, de autoria do engenheiro Everardo Backheuser e publicado em 1906, as ruas da Cidade Nova – junto com as da Gamboa e da Saúde – foram consideradas as mais procuradas pelos pobres. Pintando um cenário de "promiscuidade horrorizante", o relatório descreve "vagabundos italianos" morando junto com "mulheres negras de cabelo oleoso", cantando modinhas enquanto lavavam roupa.[13] A região não deixou de ser afetada pelas reformas de Pereira Passos: o canal do Mangue foi estendido até o mar e a Praça Onze foi remodelada, por exemplo.[14] O bairro, no entanto, passava por transformações não apenas em termos de infraestrutura, mas também nos papéis que viria a adquirir tanto no imaginário local quanto nacional.

II

Outro fator importante por trás das reformas urbanas era a preocupação com a imagem do Brasil no exterior. Assim, o Rio de Janeiro, como vitrine que era, foi remodelado para projetar uma nova imagem, capaz de competir com as reformas de inspiração parisiense de outras capitais latino-americanas, em particular Buenos Aires.[15] Os viajantes do início do século XX continuaram a se incomodar com as ruas superlotadas e sujas da cidade, além de sofrerem o terror da febre amarela, pois eram os imigrantes e estrangeiros que morriam mais frequentemente.[16] Em comparação com o Rio imperial, quando a Cidade Nova era uma rota de passagem para os que iam visitar d. Pedro II em São Cristóvão, após a Proclamação da República os estrangeiros não tinham mais motivos tão fortes para explorar a cidade para além do Campo de Santana.

Uma das exceções foi João Chagas, jornalista e escritor, descendente de uma família de liberais, forçados a abandonar o Brasil por razões políticas. Nascido no Rio, foi para Portugal ainda jovem. Um ativo republicano em Lisboa e no Porto — a república portuguesa só foi declarada em 1910 —, Chagas enfrentou o presídio em mais de uma ocasião. De seu exílio em Angola, viajou para o Rio em 1895 para se encontrar com um ministro e outras figuras públicas.[17] Essa viagem o inspirou a escrever um livro breve, quase em forma de diário: *De bond: Alguns aspectos da civilização brasileira*. Foi publicado em 1897 e nunca mais reimpresso, apesar de João Pinheiro Chagas — como ficou conhecido — ter se tornado primeiro-ministro da recém-proclamada República de Portugal.[18]

De bond é um retrato do Rio de Janeiro antes das reformas de Pereira Passos, mas captura um momento de profundas mudanças no tecido urbano, com a proliferação dos bondes elétricos após 1892 — aos quais se refere no próprio título. Se esse período de intensa inovação tecnológica afetou as noções de tempo e espaço, a narrativa de Chagas torna-se um bom ponto de partida para a questão de como as mudanças de percepção transpiram nos textos literários. Seu itinerário tem o início muito previsível na rua do Ouvidor: "Foi aí pelas duas horas da tarde desse dia outonal de setembro que me encontrei subitamente nessa famosa rua do Ouvidor".[19] O contraste com Lisboa, então uma cidade com população de cerca de 350 mil, o leva a pensar: "A mim, vindo da monotonia da vida lisboeta, [parecia estar a rua] em plena festa [...]. Com efeito, uma multidão faladora e ruidosa".[20]

Como se previsse as reformas iminentes, Chagas vê a multidão na Ouvidor como "impaciente por civilizar-se".[21] Após descrever sua caminhada pela rua estreita, intercalada com comentários entusiásticos sobre as mulheres — "Ouvi dizer que o Brasil é o paraíso das mulheres"[22] — e observações sobre seus "estabelecimentos de luxo", Chagas olha para trás quando chega ao fim da Ouvidor:

> Olho então para trás e, repousadamente, livre dos encontrões e do burburinho, considero com pasmo essa ruela sem luz e pergunto a mim próprio por que razão escolheu a população de uma cidade tão bela um lugar tão feio e triste para passear, para se exibir e para conversar.[23]

Chagas sobe num tílburi para ir para a distante pensão onde está hospedado e, ao deixar a Cidade Velha, "não quis ver mais".[24] Fecha os olhos, e num instante, quando os abre, já está no capítulo seguinte: no Mangue da Cidade Nova. É como se, como afirma Franco Moretti, a metrópole demandasse "uma transformação não só espacial, mas também no fluxo do tempo".[25] Diferente do caminhante Elisiário, Chagas experimenta o espaço urbano de um veículo em movimento, e as consequências são articuladas em termos temporais, exageradas para fins de efeito dramático: "Quando abri os olhos rodava o carro ao longo de um canal de água negra e gordurosa, bordado de esguias palmeiras, e que me pareceu o mais fétido".[26] Com exceção das palmeiras, quase nada se reconhece daquela que fora uma das joias da Coroa das intervenções urbanas do Império. Agora, era uma parte negligenciada da cidade, e Chagas nos oferece não apenas a perspectiva renovada de um viajante recém-chegado, mas também o testemunho de seu cocheiro.

Essa, ainda que filtrada pela memória do jornalista, trata-se de uma rara voz não literária de alguém que muito provavelmente estava rotineiramente em contato com a Cidade Nova e que, ao mesmo tempo, conhecia a história recente da região. Como o cocheiro se refere ao passado daquele antigo pântano, Chagas pergunta sobre a febre amarela, sugerindo que aquele canal imundo, no centro de um bairro populoso, devia ser uma fonte permanente de infecção. O cocheiro o interrompe com um sorriso, assegurando que, pelo contrário, o canal era "excelente" para a saúde. Embora não possamos descartar a possibilidade de Chagas não ter percebido um comentário sarcástico, a extensão e os detalhes da resposta apontam para uma conversa sincera. O escoamento da fábrica de gás próxima, explica o morador local, tinha o poder de purificar a atmosfera.

Sem considerar a provável distância entre os efeitos colaterais do escoadouro de uma fábrica de gás e a crença popular em seus benefícios, os comentários do cocheiro são significativos por sugerirem como os discursos associando a Cidade Nova a condições insalubres pareciam ter se disseminado de cima para baixo. Na verdade, quando o viajante insiste — fosse com base em boatos ou não — que a área devia ser propensa à febre amarela, a resposta surpreende uma vez mais: "Refleti que um tal sítio devia ser terrível no tempo da febre, porque o recém-chegado nunca deixa de inquirir da febre, mas o cocheiro [...] respondeu simplesmente: 'É onde morre menos gente'. Pareceu-me extraordinário!".[27]

Estivesse a opinião do cocheiro correta ou não, a conversa sinaliza a dissonância entre os discursos higienistas e as medidas de saneamento voltadas para as áreas pobres — sendo o Mangue um de seus principais suspeitos — e a percepção popular de que a região do canal era, na verdade, a mais sadia da cidade.[28] A disjunção pode ajudar a explicar alguns dos eventos menos compreendidos da história do Rio de Janeiro, como a Revolta da Vacina, de 1904, que irrompeu na vizinhança do Mangue, no Campo de Santana, com muitos de seus moradores se rebelando contra a campanha da vacina obrigatória durante as reformas de Pereira Passos.[29]

Essa desconexão latente entre as elites letradas e a vida cotidiana nas periferias ganha contornos à medida que Chagas atravessa a Cidade Nova. Suas descrições estabelecem um contraste implícito com a tumultuada e aspirante a *civilisé* rua do Ouvidor:

> Pela longa rua que íamos seguindo passavam a cada momento tramways abertos, e carroças de transportes puxadas a três mulas. O movimento de peões rareava. À porta de mercearias, pretos descalços, sentados nos passeios, pareciam dormitar. Às portas das casas, guarnecidas de persianas, assomavam mulheres e crianças, em desleixo. Dir-se-ia que a cidade acabava aqui e que uma outra cidade ia começar.[30]

Mesmo antes das reformas de Pereira Passos, começamos a identificar o nascimento da ideia — ou pelo menos da hipótese — de que existiam "dois Rios de Janeiro".[31] Em relatos anteriores daquele século, o Campo de Santana serviu constantemente de fronteira entre Cidade Velha e Cidade Nova. Agora, a Cidade Nova era a fronteira entre a capital do Brasil e uma "outra cidade", um meio semissuburbano de "pretos descalços" que vivia num ritmo mais lento e sem pressa. A região exibia cenas impróprias para uma metrópole cujos governantes ansiavam por ordem e progresso. Se em meados do século XIX os viajantes observaram que suas ruas eram bem pavimentadas, agora estavam negligenciadas, como se as autoridades simplesmente desejassem, ou esperassem, que nenhum estrangeiro jamais as visse. Chagas ironiza: "No entanto, as ruas que eu vinha percorrendo não estavam simplesmente mal calçadas, mas no mais completo abandono".[32]

Depois de descansar na sua pensão, num ambiente bucólico e não nomeado próximo às montanhas, Chagas decide voltar para o Centro para conhecer a vida noturna do Rio. Chega lá no bonde do título, percorrendo algumas das mesmas ruas daquele "arrabalde pacífico" que viu durante o dia, sobre o qual ele observa:

> No interior de mercearias, encostados ao balcão, bandos de negros fumavam; em muitos bilhares instalados em salas ao rés do chão, com janelas para a rua, jogava-se à luz amarelenta de bicos de gás; à porta dos jardins, brincavam crianças vestidas de branco e, por entre as cortinas das janelas de certas residências ricas, lobrigavam-se interiores de salas de visitas e pessoas sentadas conversando. Dir-se-ia um bairro de província.[33]

O texto de Chagas é o inverso dos de Machado, que raramente descrevem paisagens e cujos conteúdos se mantêm latentes, ganhando significado através das relações internas entre topônimos mencionados sem alardeio no enredo. Aqui, temos descrições desprovidas de referências específicas, e o leitor precisa adivinhar o itinerário do autor, embora não se espere que isso seja importante. A certa altura, Chagas escreve: "Deixando a linha do canal [do Mangue], o tílburi penetrou num bairro pobre de arrabalde, sulcado de linhas americanas, mas quase deserto".[34] Não podemos marcar essa trajetória num mapa com precisão, mas é possível inferir que, para ele, o Mangue continuava a ser parte do centro, como a fronteira onde o "arrabalde" se anunciava.

As descrições de crianças brincando do lado de fora e as cenas de interiores de, ainda assim, caráter público, combinadas com a insinuação final, "dir-se-ia um bairro de província", nos permitem refletir sobre uma distinção traçada por Moretti: "Se compararmos a vida da cidade com outros tipos de comunidades, o significado [da "esfera pública" ou da ação de "estar na rua"] parece ter *diminuído* enormemente". A Cidade Nova do relato de Chagas se parece mais com uma vila ou província onde "quase que a totalidade da vida ocorria na rua, ou em locais de trabalho, ou mesmo nas casas, normalmente expostas aos olhos dos passantes". Prossegue Moretti: "Entretanto, em comparação à vila, a cidade certamente atribuiu um valor pleno à rua como canal de comunicação (e também de comunicação de informações, isto é, de estímulos) – mas isso, de maneira drástica e irreparável, desvalorizou-a como *lugar de experiência social* [...] simplesmente porque, na cidade, a experiência se dá *em outro lugar*".[35]

Chagas não teve nenhum problema para encontrar *estímulos*: nos arredores da praça da Constituição, antigo Campo dos Ciganos e área de concentração teatral do Rio, tudo era "movimento, animação, ruído". "Quis me parecer que alguma festa atraía a população do arrabalde ao centro da cidade, mas não era assim. Os brasileiros gostam muito de se divertir, e esse movimento de gente descendo à cidade é normal no Rio, todas as noites, depois do jantar."[36]

Após três teatros terem se mostrado decepcionantes a sua visita, a qualidade estética da experiência social o leva a lamentar ter deixado sua linda pensão. O Rio, afinal, não tinha passado pelos tipos de transformações implícitas nos comentários de Moretti – ao menos não total ou organicamente. Num sinal revelador, com o século XX já avançado, a cena teatral se mantinha predominantemente medíocre e imitativa, e boa parte das expressões mais vibrantes e criativas da vida cultural – notadamente, o Carnaval – jamais deixara as ruas e os espaços públicos, a despeito dos esforços daqueles primeiros regimes republicanos.

Se nos termos de Moretti e na descrição de Chagas a Cidade Nova mantinha características de vila, a proximidade com o centro da capital do país significava que não havia como o local escapar da vigilância de um Estado ávido por afirmar seu controle sobre a esfera pública. Foi esse o caso durante e após as reformas de Pereira Passos, quando houve tentativas de reprimir o maxixe, e aqueles que não estivessem vestidos de forma "decente" foram proibidos de circular pelas áreas centrais.[37] Costumes herdados do século XIX foram igualmente considerados ilegais, desde vender comida nas ruas até a descomedida, e por vezes violenta, prática carnavalesca do entrudo.[38] Além de medidas para regular os populares desfiles dos ranchos e dos cordões, o governo começou a organizar iniciativas mais "civilizadas" e mais fáceis de controlar, como um desfile de veículos decorados com flores pelo Campo de Santana, inspirado nas *Bataille des Fleurs* (Batalha das Flores) do Carnaval de Nice.[39]

As funções das ruas como locais de experiência social, no entanto, estavam por demais entranhadas na vida cotidiana para que fossem facilmente apagadas e refeitas. Diversas tradições malvistas do Carnaval persistiram, o comércio não regulamentado continuou a subsistir nos espaços públicos e alguns fenômenos então incipientes se consolidam, como o jogo do bicho, que continua a ser popular, ainda que ilegal, nas esquinas da cidade.[40]

Ainda assim, o impacto das mudanças associadas à belle époque não deve ser subestimado. Numa cidade com uma significativa população afro-brasileira, as práticas a ela associadas – reminiscentes daquelas que ocorriam no Campo de Santana havia apenas algumas décadas – passaram a ser cada vez mais perseguidas e forçadas para periferias e interiores.[41] Nesse contexto, as casas das chamadas tias baianas da Pequena África e da Praça Onze emergem como espaços onde culturas afro-brasileiras conseguem prosperar, adaptando-se a novas condições. Na Cidade Nova, rodeada pelo centro do poder financeiro e político, pelos subúrbios, favelas e região portuária, entre imigrantes e descendentes de escravizados que deixaram suas raízes em diversos lugares, as práticas culturais mais porosas do Rio de Janeiro encontraram um terreno fértil. Lá, onde Chagas notou, em construções vizinhas, residências abastadas recebendo convidados e mercearias com negros socializando entre baforadas, nas casas daquelas mulheres baianas, afetuosamente conhecidas como tias, estabeleceu-se um bastião da vida espiritual, cultural e social afro-brasileira.

Como d. Obá, as tias frequentemente vinham da Bahia, muitas de ascendência iorubá, mas também banto, e puderam alcançar status social em suas próprias comunidades devido ao seu papel tanto nas religiões afro-brasileiras como por criarem redes entre os negros brasileiros. Como nasceu uma grande competição entre elas, seu prestígio dependia muitas vezes da qualidade das festas, que atraíam pessoas de longe. Obtendo rendas das atividades rituais religiosas e da venda de quitutes nas ruas, elas mantiveram prestígio suficiente para escapar dos agentes da lei. Algumas eram casadas com policiais ou funcionários públicos com certa influência entre as autoridades, outras recebiam a proteção de políticos, até mesmo de senadores, que frequentavam suas casas.

Mulheres como Davina, Sadata, Tomásia, Fé, Bibiana, Carmem, Gracinda e Veridiana conquistaram autonomia nos espaços públicos. Suas casas proporcionavam redes de acolhimento para recém-chegados, atuando como lugares de tradição e criação. As "tias" eram chefes de uma "grande família", "verdadeiras líderes comunitárias", nos termos de Mônica Pimenta Velloso,[42] mas a importância delas na geografia cultural da cidade não se estendia às cartografias letradas, e são poucas as fontes contemporâneas.

Dessas tias, uma viria a adquirir uma dimensão mítica entre os músicos, artistas e escritores modernistas, recebendo grande atenção entre pesquisadores posteriores: a Tia Ciata, Hilária Batista de Almeida (1854-1924), nascida em Santo Amaro da Purificação, iniciada no candomblé. Veio para o Rio aos 22 anos. Sua casa, na Praça Onze, tornou-se ponto de encontro de pioneiros do samba, como Sinhô, Pixinguinha, Donga e João da Baiana. Roberto Moura reuniu valiosas referências sobre aquele *milieu* num livro chamado *Tia Ciata e a Pequena África no Rio de Janeiro* (1995), feito a partir de entrevistas com os descendentes de Hilária.[43] Seu livro popularizou a expressão Pequena África. Todavia, talvez as melhores fontes contemporâneas venham do trabalho de João do Rio, pseudônimo de Paulo Barreto.

III

A maioria dos proeminentes autores da belle époque — como Olavo Bilac, o "príncipe dos poetas", e Coelho Neto — era entusiasta dos ideais propalados pelas reformas de Passos e deu as boas-vindas às transformações que se seguiram, saudando o Rio como "Cidade Maravilhosa" e engrossando o coro dos que declaravam que finalmente o "Rio civiliza-se". Poucos, como Manuel Antônio de Almeida e Machado de Assis, dispunham-se a se aventurar pelos quarteirões "incivilizados" da Cidade Nova. Entre esses, destaca-se João do Rio, que tanto como cronista como escritor de ficção reuniu a curiosidade de um jornalista investigativo à habilidade para fazer a mediação entre um público mais de elite, leitor dos jornais, e os sujeitos de sua prosa.

Em 1902, ele foi rejeitado para o serviço no exterior no Itamaraty pelo barão do Rio Branco por ser "gordo, amulatado e homossexual", um início de carreira não muito auspicioso.[44] No ano seguinte, começou a escrever para a *Gazeta de Notícias*, onde permaneceu por mais de uma década. Em 1920, João do Rio fundou o jornal *A Pátria* e, num clima lusofóbico, tornou-se vítima de vários ataques por sua defesa da colônia portuguesa (havia morado em Portugal). Morreu em 1921, e mais de 100 mil admiradores compareceram ao seu funeral, segundo estimativas da imprensa.[45]

Um tanto negligenciado após sua morte, João do Rio voltou a ser comemorado a partir dos anos 1990, inspirando uma série de reedições, livros e dissertações.[46] Em seu estudo, Júlia O'Donnell o vê como um etnógrafo, e os acadêmicos repetidamente enfatizaram seu "olhar de *flâneur*", considerando-o o cronista *par excellence* da belle époque.[47] Parte do fascínio que ele exerce sobre os leitores de nosso tempo, no entanto, deriva-se precisamente pela maneira como sua narrativa revela o outro lado do rápido desenvolvimento daquela era, muitas vezes demorando-se em falar da vida urbana arcaica e miserável do Rio de Janeiro.[48] Ao mesmo tempo, diferentemente de um etnógrafo ou *flâneur*, tendo sido um dos primeiros escritores brasileiros a viver de publicações na imprensa, João do Rio lidou com as pressões diárias desse mercado: num certo nível, a necessidade de vender livros ou ajudar a vender jornais deve ter impactado de algum modo sua abordagem literária.

Como tal, as aventuras de João do Rio pela Cidade Nova — e pelos morros — devem ser lidas com alguma cautela. Em suas narrativas, jamais se tem certeza onde a reportagem dá lugar à dissimulação ou ironia. As habilidades camaleônicas e a perspicácia de João do Rio, no entanto, colocam-no na posição de estar intimamente sintonizado com a cartografia cultural da cidade e com os mapas cognitivos de seus leitores – incluindo seus preconceitos raciais, dos quais muitas de suas observações não estão imunes. Em pelo menos um texto – "A rua", publicado como introdução em *A alma encantadora das ruas*, de 1906 – ele dá a dimensão dos preconceitos contra a Cidade Nova e seus habitantes. "Nas grandes cidades a rua passa a criar o seu tipo, a plasmar o moral de seus habitantes, a inocular-lhes misteriosamente gostos, costumes, hábitos, modos, opiniões políticas. Vós todos deveis ter ouvido ou dito aquela frase: – Como estas meninas cheiram a Cidade Nova!"[49]

Embora, de certa forma ecoando Hippolyte Taine, afirme que o meio cria certos tipos ("Oh, sim! A rua faz o indivíduo; nós bem o sentimos"),[50] João do Rio parecia igualmente ciente de que a caneta pode induzir, salientar ou perpetuar certas associações. Naquele mesmo ano, por exemplo, foi capaz de celebrar o papel da Cidade Nova e dos bairros portuários vizinhos na preservação e revigoração de práticas amplamente condenadas pelas elites intelectuais e governantes, que as consideravam bárbaras, ultrapassadas e insalubres, quando não, perigosas:

> O Carnaval teria desaparecido, seria hoje menos que a festa da glória ou o "bumba meu boi" se não fosse o entusiasmo dos grupos de Gamboa, do Saco, da Saúde, de S. Diogo e da Cidade Nova, esse entusiasmo ardente, que meses antes dos três dias vem queimando como pequenas fogueiras crepitantes para acabar no total e formidável incêndio que envolve e estorce a cidade inteira.[51]

O comentário atribui aos grupos dos locais listados – e de forma positiva – um "entusiasmo ardente" que divergiria das aspirações cosmopolitas e refinadas do restante da cidade. Essas eram, afinal, algumas das tradições sincréticas – oriundas de expressões rurais ibéricas e afro-brasileiras – que foram mais tarde assimiladas à identidade nacional e ao "folclore".[52]

Esse juízo aparece nas palavras de um homem que João do Rio afirma tê-lo acompanhado pelas ruas durante o Carnaval, num diálogo da crônica "Elogio dos cordões", publicado originalmente na edição de fevereiro de 1906 da sofisticada revista *Kosmos*. Na abertura, ele situa o leitor num lugar familiar: "Era em plena rua do Ouvidor".[53] Na prestigiosa localização, o escritor pinta uma cena de pandemônio em meio ao desfile de um cordão.[54] Desconfortável com os esmagadores sons, cheiros e visões, ele procura abrigo da multidão, quando seu "companheiro" pergunta: "Por que foges?". O narrador não hesita em explicar: "Ah! Esses cordões! Odeio o cordão!". O interlocutor anônimo proclama que os cordões são como a fonte de vitalidade da festa: "Mas que pensas tu? O cordão é Carnaval, o cordão é a vida delirante, o cordão é o último elo das religiões pagãs". Essa conversa provoca uma defesa eloquente e apaixonada dos mais de "duzentos" grupos que existiriam da "Urca ao Caju": "São inconscientemente os sacrários da tradição religiosa da dança, de um costume histórico e de um hábito infiltrado em todo o Brasil".[55]

Em certo ponto, quando dois grupos separados se encontram, e o avanço da multidão que segue o desfile perde o impulso, nosso cronista é arrastado pela multidão: "Eu e meu amigo caímos na corrente impetuosa".[56] O escritor, inicialmente desconfiado de seu fervoroso companheiro, agora o chama de amigo. E não apenas ele se entrega ao apelo dos cordões, mas o "ódio" anterior contra eles se transforma numa aceitação paroxística – muito antes de isso entrar na moda – de que aquela forma popular de Carnaval seria a mais autêntica e profunda manifestação do espírito do país:

> Oh! Sim! Ele tinha razão! O cordão é o Carnaval, é o último elo das religiões pagãs, é bem o conservador do sagrado dia do deboche ritual; o cordão é a nossa alma ardente, luxuriosa, triste, meio escrava e revoltosa, babando lascívia pelas mulheres e querendo maravilhar, fanfarrona, meiga, bárbara, lamentável.[57]

O texto termina com João do Rio unindo-se ao "triunfo e à fúria" da procissão, completamente rendido após a resistência inicial. Claro que é concebível que a experiência tenha sido de fato transformadora, mas temos bons motivos para suspeitar de um interlocutor inventado. Ciente de que admirar os cordões com tanto fervor poderia não soar adequado para um escritor da elitista *Kosmos*, o autor sugere uma equivalência entre o Carnaval e a condição brasileira por meio do que parece ter sido uma narrativa construída de forma cuidadosa. Independentemente de ter se baseado ou não num acontecimento real, a crônica apresenta o diálogo em uma linguagem estilizada e literária. E, ao deliberadamente usar a voz de um amigo anônimo para apresentar posições que não seriam necessariamente palatáveis para as sensibilidades (ou aspirações) letradas de seus contemporâneos, João do Rio primeiro se alinha às visões dos leitores que não teriam simpatia pela expressão popular, para só depois celebrá-la — uma estratégia que visa seduzir seus leitores em vez de aliená-los.[58]

Esse tipo de dança, de parcialmente aceder às expectativas do leitor sem deixar de ser fiel às suas próprias experiências e impressões, não é diferente do que já observamos em Manuel Antônio de Almeida e Machado de Assis. É o que também define boa parte da escrita em *As religiões do Rio*, série de reportagens de grande sucesso publicada na *Gazeta de Notícias* entre fevereiro e março de 1904. Editadas em formato de livro no ano seguinte pela Garnier, a coleção de artigos de João do Rio sobre as religiões menos visíveis da cidade chegaria a 8 mil cópias vendidas antes do final da década, um recorde para a época.[59]

Todo o relato sobre o *bas-fonds* religioso do Rio opera com a noção de dois mundos, muito distantes, ocupando a mesma cidade. Nos meses entre a publicação da série no jornal e o lançamento em livro, as áreas centrais do Rio estavam sendo irrevogavelmente modificadas pelas reformas de Pereira Passos. A acentuação do contraste entre a cidade de seus leitores e aquela de seus sujeitos e personagens pode ter contribuído ainda mais para o triunfo editorial de *As religiões do Rio*. Embora não pareça ter planejado o projeto para coincidir com as reformas, João do Rio demonstrou habilidade para manipular a presumida falta de conhecimento de muitos leitores sobre a vida religiosa da cidade para além do catolicismo. No prefácio, ele afirma que o Rio não era muito diferente de outros centros urbanos: "O Rio, como todas as cidades nestes tempos de irreverência, tem em cada rua um templo e em cada homem uma crença diversa".[60] Ao aproximar a cidade de outros locais igualmente cheios de diferentes credos, o texto associa o seu apelo à ignorância dos leitores sobre essa pluralidade, e a jornada do autor teria o propósito de quebrar suas ideias preconcebidas sobre a religião na vida urbana contemporânea.

Ele atribui essas expectativas descabidas explicitamente à cidade letrada. Elas seriam produzidas pelos jornais, cujas versões do país se dissipam diante de um olhar mais atento e ativo, não apenas de um escritor, mas de qualquer leitor ou morador da cidade. Para tal, é preciso apenas disposição para abandonar os ritmos da rotina, a complacência, e observar o dia a dia, *interrogar* as esquinas da cidade, como ele coloca. O veículo de João do Rio para comunicar os resultados de suas interrogações e atingir aqueles que desconhecem as vibrantes e diversas religiões do

Rio continua a ser, naturalmente, a palavra escrita nos jornais. Ele chega a seus métodos, no entanto — ao menos segundo a introdução —, não através de fontes escritas ou literárias, mas pela experiência direta e pessoal.[61]

> Ao ler os grandes diários, imagina a gente que está num país essencialmente católico, onde alguns matemáticos são positivistas. Entretanto, a cidade pulula de religiões. Basta parar em qualquer esquina, interrogar. A diversidade dos cultos espantar-vos-á.[62]

Imbuído do impulso taxonômico de um naturalista, mas livre das aspirações enciclopédicas de um ilustrado, João do Rio se vê apto a passar de um lugar de adoração para outro, uma mistura de *flâneur* e detetive. Ele se infiltra nos círculos "exóticos" dos swendenborguianos, bebedores de sangue e babalaôs de Lagos, mostrando-se maravilhado por encontrar tais religiões que pareciam tão distantes nas ruas centrais de uma cidade "civilizada". Os relatos de João do Rio ainda assim se provam mais do que simples sensacionalismo. Chegam quase a celebrar essa "Babel de credos",[63] e perceber as diferenças e tensões entre, por exemplo, africanos muçulmanos e aqueles que assimilam elementos cristãos. *As religiões no Rio*, inclusive, tornou-se uma fonte para pesquisadores das religiões afro-brasileiras.[64] Ainda que impreciso e incorreto em vários detalhes, o texto registra diferentes divindades, linguagens, hierarquias religiosas, disputas internas e relações sociais entre povos e tradições originárias de várias partes da África, e que chegaram à capital brasileira por diferentes caminhos.

Por um lado, há muitos motivos para se acreditar que João do Rio escolheu reportar o que mais provavelmente provocaria a imaginação e as imagens prévias da cidade dos leitores — sem deixar de enfeitar, distorcer ou exagerar. Mas, como que para dar credibilidade às narrativas, por outro lado, frequentemente ele fornece o endereço exato dos lugares que visitou. Numa introdução a uma edição do livro, seu biógrafo, João Carlos Rodrigues, escreve sobre certo incômodo entre os seguidores das religiões afro-brasileiras da época, uma vez que temiam a repressão após nomes e lugares específicos terem sido divulgados na imprensa. Embora as Constituições republicanas garantissem a liberdade religiosa de todos os credos, o código penal proibia o uso comercial de superstições e a exploração da "credulidade pública".

Com base nisso, as religiões descritas por João do Rio eram, por vezes, enquadradas como ilegais pela polícia.[65] O livro não parece ter motivado um aumento desses casos, embora sugira que esses rituais envolviam uma série de transações financeiras e constituíam parte da economia não regulamentada. Ao contrário do século XIX, quando, conforme vimos, certos espaços públicos serviram de locais para as umbigadas e outros rituais, agora apenas durante festas específicas, como o Carnaval, as ruas e praças eram tomadas por manifestações do gênero — muitas das quais passaram a acontecer, confinadas, em casas particulares.

Já no primeiro de seus 23 perfis investigativos, João do Rio nos apresenta ao seu guia para o mundo escondido das religiões africanas do Rio: chama-se Antônio, muito provavelmente um personagem fictício e uma mescla de vários informantes. O fato de ele precisar de um acompanhante dá um ar aventuresco ao empreendimento do escritor, mas ele logo rebaixa Antônio, apresentando-o em termos desqualificantes e desmistificadores: "Ele só respeita o papel-moeda e o vinho do Porto". Com a ajuda do especialista, no entanto, ele conhece "as casas das ruas de São Diogo, Barão de São Felix, Hospício, Núncio e da América, onde se realizam os candomblés e vivem os pais de santo. E rendi graças a Deus, porque não há decerto, em toda a cidade, meio tão interessante".[66]

Nas cinco ruas destacadas por João do Rio, uma está no coração da Cidade Nova, duas chegam até lá vindas da região portuária, uma conecta o Campo de Santana à Cidade Velha e a última é a paralela mais próxima ao Campo pelo lado leste. Embora na primeira década do século a Cidade Nova continuasse a receber pouca atenção dos intelectuais, um grande número das mais singulares instituições religiosas da cidade ficava lá – além dos terreiros. Na mesma Barão de São Félix, como já mencionado, local da última moradia de d. Obá e do infame cortiço Cabeça de Porco até sua destruição em 1893, João do Rio encontra um famoso *alufá* – líder muçulmano de origem africana.[67] O bairro também abrigava templos dos *fisiólatras*, "que tem percorrido várias casas da Cidade Nova",[68] um sistema de crenças fundado por um descendente de islandeses; uma igreja presbiteriana[69] e uma batista;[70] uma YMCA (Associação Cristã de Moços);[71] algumas "sacerdotisas do futuro", videntes com alguma ligação com os ciganos, que um dos seus entrevistados chama de vigaristas;[72] assim como alguns dos "milhares" de centros de "exploradores", com a reputação de serem praticantes fraudulentos do espiritismo.

O ceticismo de João do Rio em geral cai mais forte sobre as religiões associadas às classes mais baixas. Curiosamente, ele direciona seu veneno contra aquelas figuras cuja influência seria perpetuada pelas narrativas orais do Rio e cujos nomes seriam incluídos na herança cultural do Brasil – presumivelmente, por inspirarem maior respeito em círculos que o autor via com cinismo. Ele se refere ironicamente ao "celebrado João Alabá, negro rico e sabichão da rua Barão de São Félix, 76",[73] e fala da Tia Ciata (ele escreve Assiata), que saiu do terreiro de Alabá, como "uma negra baixa, fula e presunçosa".[74]

Apesar da mistura de fascínio e desprezo na atitude de João do Rio em relação a esses sujeitos e seus rituais – lembrando a de Manuel Antônio de Almeida com o caboclo –, ainda assim eles emergem na sua obra como um espaço persistente de mistura numa cidade cada vez mais segregada. João do Rio parece ter prazer em repetir em suas crônicas que frequentemente encontrava famosos membros da alta sociedade nesses locais de adoração afro-brasileiros de má fama. A insinuação é de que esses rituais – como aquele solicitado por uma moça da sociedade suplicando por um casamento com um advogado – custavam caro aos visitantes e eram uma importante fonte de renda para os líderes dos terreiros. Em certo ponto, lemos:

> Eu vi senhoras de alta posição saltando, às escondidas, de carros de praça, como nos folhetins de romances, para correr, tapando a cara com véus espessos, a essas casas; eu vi sessões em que mãos enluvadas tiravam das carteiras ricas notas e notas, aos gritos dos negros malcriados que bradavam: – Bota dinheiro aqui![75]

Muito provavelmente, João do Rio incluía esses relatos para atiçar a curiosidade dos leitores, acostumados com cenas parecidas nos romances da época, que sem dúvida especulavam sobre as identidades dessas moças, dispostas a se submeter a tais tratamentos pelas mãos de negros "malcriados".[76] Ao mesmo tempo, o texto revela, inadvertidamente, um dos mecanismos pelos quais os afro-brasileiros podiam se manter economicamente e tentar preservar sua integridade sociocultural em um ambiente hostil.

Por mais assimétricas que fossem essas trocas interclasses e inter-raciais, estabelecer um relacionamento com um político poderia servir com uma valiosa proteção contra a repressão policial e assegurar a possibilidade de circular livremente pela cidade.

João Machado Guedes, o João da Baiana, um neto de escravizados que trabalhou como vendedor de rua e era um habitué da casa de Tia Ciata, lembra-se de sua juventude como auxiliar de carpinteiro e percussionista de um grupo de samba. Na época, por mais reprovável que o samba fosse, já era aceito o suficiente para que fossem convidados para tocar no palacete de Pinheiro Machado, um poderoso senador pelo Rio Grande do Sul. Em uma dessas ocasiões, o senador perguntou pelo jovem percussionista e explicaram que a polícia havia confiscado e quebrado o pandeiro de João da Baiana. Como resultado, segundo a história, Pinheiro Machado o convidou para visitar o Senado no dia seguinte, dando-lhe um novo pandeiro com uma dedicatória para assegurar que a polícia jamais o confiscasse novamente.[77]

O próprio João do Rio menciona uma mãe de santo, Xica de Vavá, como tendo proteção política. Ainda mais notável, e com consequências de longo alcance, foi um evento narrado por outro sambista, Bucy Moreira, neto de Tia Ciata, durante uma entrevista. De acordo com ele, o presidente Venceslau Brás teve um eczema na perna que os médicos não sabiam curar. De fato, durante seu mandato (1914 a 1918), Brás ausentou-se do gabinete por um mês, em 1917, devido a doença. Um investigador e chofer do chefe de polícia de nome Bispo sugeriu então os serviços de Tia Ciata, e, após usar o tratamento à base de ervas por ela recomendado, a enfermidade do presidente se curou. Como recompensa, Venceslau Brás nomeou o marido dela para o gabinete do chefe de polícia, posição que garantiria a Tia Ciata e seus numerosos familiares maior estabilidade financeira e social.[78] E, apesar de ela ficar mais famosa do que as demais tias, Ciata com certeza não foi a única a ascender socialmente. Diversas outras matriarcas são mencionadas em entrevistas posteriores com outros sambistas.[79]

Em meio às reformas de Pereira Passos, *As religiões do Rio* de João do Rio não demarca a Cidade Nova e sua Praça Onze como o centro afro-brasileiro da cidade; na verdade, apesar dos vários terreiros de candomblé da área, os endereços mencionados no texto estão relativamente espalhados pela cidade. Talvez tenha sido o papel que a casa de Tia Ciata desempenhou nos desfiles de Carnaval e na consolidação do samba que levou à identificação da Praça Onze como capital da Pequena África.[80] E, provavelmente, uma vez que o livro de João do Rio precede os plenos efeitos do rearranjo provocado pelas intervenções urbanas, as próprias reformas levaram a uma concentração ainda maior dos terreiros e dos espaços culturais afro-brasileiros no entorno da Praça Onze.

Além da construção da avenida Central, que eliminou cortiços e obrigou moradores de baixa renda a deixar o Centro, a modernização do porto exerceu pressões similares em outra área havia muito habitada por baianos e negros em geral, muitos também do interior fluminese e de Minas Gerais. A própria trajetória da Tia Ciata exemplifica esse processo: João do Rio a encontra na rua da Alfândega, que conecta o Campo ao Centro,[81] e não na casa pela qual se tornou famosa como o lugar onde foi criado o "primeiro" samba, em 1916, na Praça Onze.[82] Existem outros exemplos: o terreiro de candomblé de Cipriano Abedé foi transferido da rua do Propósito, próximo ao porto, no bairro da Gamboa, para a rua João Caetano, na Cidade Nova, perto do morro do Pinto.[83]

Em qualquer caso, apenas alguns anos após as reformas de Pereira Passos, a área em torno da Praça Onze entraria na memória de um de seus moradores mais ilustres como uma "África em miniatura", ou Pequena África, a expressão que prevaleceu.[84] A frase é atribuída a Heitor dos Prazeres, compositor de samba, cantor, faz-tudo e pintor autodidata, nascido na Praça Onze de pais baianos, numa casa que, como tantas outras, diz ele, tinha um piano.[85] Nas décadas seguintes, diversos pesquisadores viriam a "ressaltar a existência, nos primeiros anos do século XX, de laços estreitos entre a tradição dos ranchos e as celebrações e rituais dos baianos que se fixaram no bairro da Cidade Nova, estabelecendo naquela parte do Rio de Janeiro um reduto da cultura afro-brasileira".[86]

Mais do que um bairro em qualquer sentido convencional, a Cidade Nova adquiriu um significado simbólico que ecoaria para além de seus limites geográficos. Numa trama que deve algo às incursões de João do Rio na Pequena África – mas livre de seus preconceitos e incompreensões –, o músico e intelectual polivalente Nei Lopes, especialista em culturas africanas e afro-brasileiras, voltou à região no romance *Mandingas da mulata velha na Cidade Nova*, de 2009. Mas não vamos colocar a carroça na frente dos bois. O que não está em disputa, e não deveria ser subestimado, é que, à medida que novas formas musicais emergiam, seu desenvolvimento se mantinha inextricavelmente vinculado às práticas sociais e religiosas afro-brasileiras do ambiente da Praça Onze.

IV

Durante a República, a música e o serviço militar continuaram a propiciar algumas das poucas possibilidades de ascensão social e econômica na sociedade carioca. Ainda assim, se as cartas estavam marcadas contra os imigrantes recentes, os pobres e sobretudo os negros, também não era descomplicado alguém oriundo das camadas mais privilegiadas integrar as fileiras dos músicos populares, principalmente no caso de uma mulher. Francisca Gonzaga, mais tarde conhecida como Chiquinha Gonzaga, nasceu de mãe afrodescendente e pai militar, com pretensões aristocráticas. Casada aos dezesseis anos com um homem que a proibiu de seguir a carreira musical, ela rompeu os laços tanto com o marido quanto com o pai. Gonzaga viria a ser uma das compositoras e pianistas mais prolíficas da música brasileira. Frequentadora de lundus e umbigadas, é autora de dezenas de peças de teatro e, possivelmente, mais de 2 mil composições, entre elas valsas, polcas, maxixes, choros e tangos, e canções de enorme sucesso, como a marcha-rancho "Ô abre alas", tida por muitos como a primeira música escrita especificamente para o Carnaval.[87]

Embora oriunda de um ambiente relativamente afluente e tendo recebido uma iniciação erudita, como algumas figuras da Pequena África, ela circulava entre as casas modestas da Cidade Nova, assim como nos salões da elite carioca.[88] Chiquinha Gonzaga às vezes é comparada à princesa Isabel, que assinou a Lei Áurea, por seu papel de "libertadora" da música popular brasileira. Em 1914, Chiquinha Gonzaga provocou, involuntariamente, um escândalo de proporções nacionais quando sua "Corta-jaca" foi tocada no Palácio do Catete — sede da presidência.[89] No dia seguinte, o proeminente jurista Rui Barbosa reagiu com um virulento discurso no Senado:

> Diante da mais fina sociedade do Rio de Janeiro, aqueles que deveriam dar ao país o exemplo das maneiras mais distintas e dos costumes mais reservados elevaram o corta-jaca à altura de uma instituição social [...]. [O corta-jaca] a mais baixa, a mais chula, a mais grosseira de todas as danças selvagens, a irmã gêmea do batuque, do cateretê e do samba.[90]

Sugerindo tratar-se de uma indignidade, Barbosa usa a composição de Gonzaga para desqualificar a presidência, e suas conclusões dão ideia da intensa resistência enfrentada pelos músicos populares: "Mas nas recepções presidenciais o corta-jaca é executado com todas as honras da música de Wagner, e não se quer que a consciência deste país se revolte, que as nossas faces se enrubesçam e que a mocidade se ria!". Ficava claro que os sons e a dança do sensual maxixe não mais se restringiam a bairros como a Cidade Nova, fosse assim não incomodariam tanto Rui Barbosa, que afinal não estava sozinho na cruzada contra a disseminação do gênero.[91]

Desde aquele episódio, Chiquinha Gonzaga se tornou um ícone não apenas da música brasileira, mas também da emancipação feminina: por sua coragem de se separar de um marido controlador e adúltero, por sua participação ativa na luta pela abolição e por seus esforços pela proteção dos direitos autorais.[92] Em sua época, no entanto, provavelmente ficou mais conhecida do público em geral pelo estrondoso sucesso de *Forrobodó*, peça cujo nome sugeria algo como uma folia sem fim. Estreou em junho de 1912 e ficou em cartaz por umas 1500 noites consecutivas. Dois jovens e inexperientes autores, Carlos Bettencourt, repórter policial, e Luiz Peixoto, caricaturista, foram os responsáveis pelo texto, e Chiquinha Gonzaga criou os números musicais.[93]

Embora Chiquinha deva ser vista como uma dessas figuras mediadoras no cerne dos processos de formação cultural do Rio — circulando com desenvoltura entre as classes sociais e os gêneros musicais —, *Forrobodó* reflete em alguma medida uma crescente noção da Cidade Nova como detentora de uma identidade estática. Era um lugar celebrado por, ou reduzido a seus clubes de dança e o Carnaval. Para a cartografia cultural da cidade letrada, o bairro se tornava cada vez mais o lugar do maxixe e do Carnaval.[94] A associação já havia aparecido no teatro, em *Fritzmac*, e agora tinha um espetáculo de sucesso praticamente dedicado ao assunto.

O enredo da peça era quase secundário, já que a dança e a música eram seus principais ingredientes. Trata-se de roubo de galinha, das tentativas fracassadas do dono de um clube de dança para conseguir que os membros pagassem suas dívidas, de uma mulata sedutora que conseguia tudo que queria e de um bando de bons e maus malandros. Em vez da escrita gramatical "correta", a fala coloquial marca os diálogos, antecipando um aspecto da estética modernista. Toda a tensão conduz a um grande rebuliço, e a peça termina com todos no salão dançando maxixe.

A localização do cenário atraiu considerável atenção da imprensa e, por diversos aspectos, definiu o apelo cômico da peça. Uma crítica da edição de 18 de junho do *Correio da Manhã* destaca como "ela constitui um estudo muito bem-feito da vida nos nossos arrabaldes modestos, desenrolando-se o enredo num clube carnavalesco" e demonstra surpresa diante do interesse despertado pelo tópico: "Quem havia de dizer que um forrobodó da Cidade Nova levaria tanta gente ao teatro".[95] A peça ficou conhecida, incidentalmente, como o Forrobodó da Cidade Nova.

Outro crítico, no *Jornal do Brasil*, aproxima as práticas dos bairros ligados ao porto com os de *toda* a Cidade Nova: "A peça espelha os costumes da Gamboa, Saco do Alferes e toda a Cidade Nova, sendo tratados com verdade todos os choros, forrobodós e sambas daquelas paragens".[96] Uma vez mais, os espaços da assim chamada Pequena África são agrupados juntos no imaginário letrado. E a referência às reuniões musicais *daquelas paragens* denota tanto a familiaridade com aquela cena e uma vaga sensação de distância geográfica. Como o relato de João do Rio sobre as religiões não hegemônicas, *Forrobodó* proporcionou uma janela para as plateias do teatro assistirem às supostas vidas das classes baixas do Rio.

À medida que a cidade se tornava espacialmente mais segregada, parecia aumentar uma espécie de fascínio sobre como "a outra metade" vivia[97] — ao mesmo tempo, acentuavam-se também as tendências ou o gosto por representações caricatas e superficiais. Apesar das avaliações dos jornais de seu presumido realismo, a peça, na verdade, apresenta personagens bastante previsíveis: o indolente, o corrupto, o guarda mulherengo, a mulata irresistível mas perigosa ("dengosa feiticeira") e o tipo pretensioso, cujas ingênuas tentativas de imitar as elites o tornam ridículo. Os diálogos de fato reproduzem a fala do dia a dia, das ruas, com aparente fidelidade, mas os erros são grosseiramente exagerados para efeito cômico. Ao situar o objeto de sua sátira num bairro de fama reconhecível e relativamente próximo, os autores asseguraram que as paródias fossem familiares o bastante para entreter, mas também direcionavam o alvo para o "outro", de forma a não causar desconforto no público.

Ainda que se possa dizer que *Forrobodó*, semelhante à narrativa de João do Rio, explorou o apelo "exótico" da Cidade Nova, ao menos um outro autor contemporâneo, em vez de atrair o público com representações tendenciosas ou estereotipadas, criticou-o pelo desconhecimento de algo que ficava tão próximo. Afonso Henriques de Lima Barreto foi, provavelmente, o mais ativo crítico da Primeira República e das reformas de Pereira Passos entre os escritores brasileiros. Ele denunciou as hipocrisias da belle époque, evocando-a como nada mais do que uma fachada, simbolizada pela construção da avenida Central, após o que o Rio de Janeiro se transformou em outra cidade.[98]

Como um dos poucos autores que incorporaram locais e perspectivas dos subúrbios do Rio — onde ele viveu, parte do tempo num lar que apelidou de "Vila Quilombo" —, Lima Barreto poderia ser listado como mais um a integrar a galeria de afrodescendentes atuando como mediadores na sociedade carioca, circulando entre centro e periferia. Se podemos imaginar que ele reprovaria o título de mediador, a condição negra foi fundamental na sua experiência da cidade. Em *Lima Barreto: Triste visionário*, Lilia Moritz Schwarcz ressalta a dimensão racial de sua vida e obra, mostrando "como o autor buscava dar conta desse imenso e complexo mundo que se abriu no contexto e depois da data da abolição oficial da escravidão, em maio de 1888".[99]

A obra e a biografia de Lima Barreto servem de lição não apenas sobre a natureza relativa de conceitos como "exótico", mas também da inadequação e instabilidade das repisadas dicotomias entre centro e periferia. Morador do bairro suburbano de Todos os Santos, seus trabalhos eram ocasionalmente publicados pela reconhecida Garnier, da rua do Ouvidor, enquanto lidava com o sentimento de ser um estranho nos círculos literários ali centralizados. João do Rio, por exemplo, apesar de ter sido atacado algumas vezes com conotações raciais e homofóbicas por contemporâneos importantes (como Monteiro Lobato), foi aceito pela venerável e conservadora Academia Brasileira de Letras em 1910. O relacionamento de Lima Barreto com o establishment literário, pelo contrário, era bem mais turbulento: ele foi rejeitado três vezes pela ABL e era com frequência acusado de ser um "mau escritor," em parte devido a sua prosa coloquial.

Uma passagem especialmente tocante de seu diário, escrito entre 1919 e 1920, quando esteve internado num hospital psiquiátrico, dá algumas pistas sobre a complicada dinâmica de sua ambivalência quanto a pertencer à cidade letrada: "A princípio ninguém me procura. Da outra vez, fui muito. Sou muito estimado na rua do Ouvidor; mas quem não o é aí?".[100] O comentário parece expor um persistente sentimento de orgulho quanto à participação que um dia teve nos círculos literário e sociopolíticos da cidade. Pode também revelar um misto de ironia e ressentimento profundo quando ele faz a interpolação de um sujeito supostamente situado "aí", isto é, *onde ele não está*, tanto fisicamente quanto pelo sentimento de exclusão.

Os escritos de Lima Barreto de seu período internado são marcados pela fragmentação, um traço que Beatriz Resende identifica como definidor de sua experiência e representação da cidade, num estudo importante para sua gradual reabilitação crítica.[101] Ele perceberia mudanças durante a Primeira República que encontrariam ressonância em discursos sobre o Rio de Janeiro como uma cidade partida, ou dividida, onde a desigualdade social reflete nas cartografias letradas e na geografia cultural da cidade. Resende argumenta que

> o antagonismo que Lima Barreto estabelece entre sua escrita e aquela coelhonetista "para fazer brindes de sobremesa, para satisfação dos ricaços" corresponde ao antagonismo que cresce entre bairros "aristocráticos", "civilizados", de "gente fina" e os subúrbios com sua burguesia e operariado que a sociedade clânica, clientelista, onde o favor predomina, expulsou em nome do progresso de seu cenário de "cartão-postal" para uma periferia desatendida pelo Estado.[102]

Reflexões sobre as manifestações espaciais de condições sociais permeiam a obra de Lima Barreto. A atenção que ele dedica aos subúrbios, uma peculiaridade da literatura do período, torna-se um dos motivos para o interesse que sua obra desperta entre os críticos literáros e historiadores culturais, sociais ou urbanos. Enquanto situa os marginalizados abertamente no centro de sua literatura, no entanto, o autor busca o diálogo não com os pobres ou com o operariado urbano, mas com as elites letradas – muitas vezes de forma combativa. A própria Resende se refere ao "mito" de Lima Barreto como um autor preocupado, acima de tudo, com os moradores do subúrbio. O Centro talvez represente uma preocupação ainda maior na literatura dele.

A consciência dos mapas cognitivos dos leitores e a localização de suas narrativas dentro deles transpira por toda a sua obra, como em *Triste fim de Policarpo Quaresma*. O romance foi publicado como folhetim pelo *Jornal do Commercio* em 1911, e como livro, em 1915. Numa menção à Cidade Nova, cita as moradias precárias do bairro e evoca a descrição de Manuel Antônio de Almeida do Mangue: "O quartel ainda ficava no velho cortiço condenado pela higiene, lá para as bandas da Cidade Nova".[103] A Cidade Nova podia ficar *lá para as bandas*, assim como o Mangue do caboclo, e o romance de Lima Barreto pode operar de modo dialético, como as *Memórias de um sargento de milícias*, mas sem a noção equivalente de escrita a partir do centro, refletindo o ponto de vista de uma cidade letrada.

Especialmente no final de sua vida, Lima Barreto escreve contra isso, procurando articular a perspectiva daqueles que pagam um preço alto pelos projetos de modernização, mas que colhem pouco de seus benefícios. O autor, a despeito de todas as suas ambições literárias, alinhava-se com a população mantida às margens da "civilização": em justaposição à "cidade ideal" desejada por intelectuais como o poeta parnasiano e membro da Academia Brasileira de Letras, Olavo Bilac, ele se voltaria para a "cidade real", que se encontrava para além do Campo de Santana, distante dos bairros do Centro e da zona sul.[104] Queria, por exemplo, nomear uma de suas coletâneas de prosa de *Marginália* e criar uma revista com o mesmo nome.[105]

Em meio a esse antagonismo entre os "dois Rios" na visão de Lima Barreto, onde encontramos a Cidade Nova? Há uma resposta eloquente no romance *Numa e a Ninfa*. A narrativa afirma que não se trata mais da Cidade Nova dos princípios do século XIX, do sargento de milícias de Manuel Antônio, e projeta sobre seus espaços uma concepção do que constitui o próprio Brasil. Se João do Rio posiciona a si mesmo, cuidadosamente, como um forasteiro ao visitar o bairro, para facilitar um sentido de cumplicidade com o leitor voyeur, na ficção de Lima Barreto, pela primeira vez, vemos a região não apenas situada no centro de uma narrativa, mas como sendo o próprio sujeito.

Publicado durante o ano de 1915 num jornal de oposição, *Numa e a Ninfa* é uma sátira política *à clef* em que os nomes das cidades e dos estados brasileiros são alterados, mas não o das ruas do Rio de Janeiro.[106] O romance recria o ambiente da rua do Ouvidor, onde as notícias do dia têm rápida repercussão e onde os membros da elite ainda iam para trocar informações, para verem e serem vistos. A trama envolve um congressista fraudulento, Numa, cujos discursos são escritos pela esposa, Ninfa. Outro importante personagem é Lucrécio Barba-de-Bode, "mulato moço" que "não era propriamente um político, mas fazia parte da política e tinha o papel de ligá-la às classes populares",[107] através do qual o narrador se refere a um agitador profissional – parte do que Lima Barreto chama de "a indústria das manifestações".

Lá pela metade do terceiro capítulo o narrador inicia uma descrição que ocupa várias páginas. Ela dá ao leitor a sensação de uma intervenção autoral que impõe ao texto um tom jornalístico de não ficção, em que a voz em terceira pessoa se posiciona como autoridade em se tratando do dia a dia, da história e da importância simbólica da Cidade Nova. Inicia com as seguintes linhas:

> Lucrécio morava na Cidade Nova, naquela triste parte da cidade, de longas ruas quase retas, com uma edificação muito igual de velhas casas de rótula, porta e janela, antigo charco, aterrado com detritos e

sedimentos dos morros que a comprimem, bairro quase no coração da cidade, curioso por mais de um aspecto.[108]

O *quase* no coração da cidade, sugere ele, não permite que seja um centro: "Irregular como é o Rio, não se pode dizer que [a Cidade Nova] fique bem ao centro da cidade; é, porém, ponto obrigado de passagem para a Tijuca e adjacências, S. Cristóvão e subúrbios". Por um lado, Lima Barreto se prende aos atributos geográficos físicos do bairro; por outro, é como se quisesse lembrar às elites da rua do Ouvidor de que, embora periférica e distante deles, a Cidade Nova é um espaço central para um vasto número de suburbanos: pessoas que, como ele, chegam à estação da Central, cruzando o bairro para chegar a seus trabalhos ou compromissos no Centro. As representações do Rio de Janeiro, afinal, podem ter se tornado cada vez mais caracterizadas pela visão de uma cidade "dividida", mas seus moradores – algumas vezes de forma festiva, frequentemente de forma dolorosa – também a percebiam como um todo interconectado, em que as oportunidades e os direitos não eram igualmente distribuídos.[109]

O narrador prossegue para tratar da geografia e da história daquela "triste parte da cidade", mencionando o aterro de d. João, o Mangue e as ocasionais e devastadoras enchentes. No processo, a Cidade Nova vai se tornando gradualmente antropomorfizada, e o autor se identifica com suas agruras:

> A Cidade Nova não teve tempo de acabar de levantar-se do charco que era; não lhe deram tempo para que as águas trouxessem das alturas a quantidade necessária de sedimento: mas ficou sendo o depósito dos detritos da cidade nascente, das raças que nos vão povoando e foram trazidas a estas plagas pelos negreiros, pelos navios de imigrantes, à força e à vontade.

Em meio às metáforas sugeridas nesse comentário, há uma mudança sutil e vital na voz do narrador: ele adota a terceira pessoa do plural para se referir às múltiplas raças que "nos vão povoando". Comparar a mistura de raças com a mistura de detritos usados pela cidade para avançar sobre os pântanos dificilmente pode ser considerado uma celebração. Essa não é, portanto, uma expressão precoce do culto à miscigenação que, algumas décadas depois, viria a se tornar um componente integral dos discursos raciais brasileiros. A imagem de Lima Barreto transmite outra coisa: um *nós* implícito, as pessoas *destas plagas* emergem entre os excluídos, os aflitos, os descartados.

Lima Barreto não introduz a ideia de uma coletividade nascida da mistura racial como uma abstração. Em vez disso, seu narrador a situa nos espaços de um bairro em particular, conforme especifica, habitado por imigrantes há pouco chegados da Europa e por descendentes de escravizados. Num país ainda em processo de formação, o escritor propõe que o Brasil autêntico não seria encontrado no novo *boulevard* parisiense do centro da cidade, mas na Cidade Nova – e, por extensão, outros lugares onde misturas semelhantes ocorreram. O bairro não havia funcionado, até então, como metonímia para a nação no imaginário letrado. E, num contexto onde as tensões entre europeus imigrantes e negros pelo controle de sindicatos ou no mercado de trabalho não eram raras, a narrativa aproxima os diferentes grupos étnicos, ou raças, como escreve Barreto:[110] "A miséria uniu-as ou acamou-as ali; e elas lá afloram com evidência. Ela desfez muito sonho que partiu da Itália e Portugal em busca de riqueza; e, por contrapeso, muita fortuna se fez ali, para continuar a alimentar e excitar esses sonhos".[111]

Ao adicionar nuance e profundidade psicológica a suas populações, o texto desafia as representações usuais da Cidade Nova na imprensa e no teatro. Aqui, há o reconhecimento da solidariedade brotando das necessidades, das dificuldades compartilhadas e do anseio por dias melhores.

A passagem avança para contestar explicitamente a percepção distorcida do bairro nas cartografias letradas: "Para os imitadores, nas 'revistas' de ano e nos jornais, de velhos e obsoletos folhetins, a população da Cidade Nova é quase inteiramente de cor, no que se enganam e em tudo o mais que se segue". Seu esforço é no sentido de fazer com que o bairro deixe de ser visto como exótico, desmistificá-lo como local de negritude — o que ele afirma não ser inexato, mas ultrapassado. Como já vimos, o bairro havia sido racialmente diverso desde o princípio, e os dados do censo indicam que continuou a ser habitado por uma quantidade de imigrantes europeus desproporcional em relação ao total da cidade.[112]

Em *Numa e a Ninfa* e em outros textos, como tantos dos grandes autores da modernidade urbana, Lima Barreto reescreve a cidade com uma sensibilidade muito pessoal, sem deixar de ser fiel a realidades mais amplas. Sua consciência de estar escrevendo na cidade — dos espaços ocupados pela literatura numa certa geografia, próximo ao que Maurice Blanchot chamou de *l'espace littéraire*, em 1982 — estende-se a uma compreensão da cidade na escrita, da cidade narrada. Em termos mais diretos, as representações letradas de um bairro não refletem meramente algo sobre o lugar em si, ou sobre o respectivo autor; também podem ter um papel na sua construção, na percepção daqueles que ocupam o poder, e mesmo no tratamento pelas autoridades. Lima Barreto expôs como os discursos e "mitos" em torno da Cidade Nova, então, eram, em sua própria visão, tão "reais" quanto os dados do censo, uma vez que influenciaram diretamente a vida cotidiana pela reprodução e perpetuação de noções parciais ou preconceituosas. Numa época em que o meio intelectual ainda buscava a racionalização dos processos sociais que geram as desigualdades nas hierarquias raciais científicas, ele oferece uma explicação sociológica que vai além da raça e que também se aplicaria à expansão das favelas:

> As mesmas razões que levaram a população de cor, livre, a procurá-la, há sessenta anos, levou também a população branca necessitada, de imigrantes e seus descendentes, a ir habitá-la também. Em geral, era e ainda é, a população de cor, composta de gente de fracos meios econômicos, que [...] tem, portanto, que procurar habitação barata, nas proximidades do lugar onde trabalha.[113]

Lima Barreto, em contato tanto com as condições materiais dos moradores do bairro quanto com os interesses econômicos de seus leitores, sugere que aquelas casas aparentemente "frágeis", naquelas "ruas pobres", poderiam ser um bom investimento para o capitalista: "Porque não são tão baratos assim aqueles casebres e a pontualidade no pagamento é regra geral".[114]

A cada volta, a prosa evita um retrato romantizado, mas o escritor não se mantém imune aos próprios preconceitos e predileções. Uma porção significativa dessa crônica no interior de um romance se dedica a desfazer as associações cada vez mais persistentes entre a Cidade Nova, o samba e o maxixe. Ainda assim, ao refutar as acusações de que seus bailes eram "coisas licenciosas", Lima Barreto internaliza os critérios segundo os quais esses estilos eram considerados inferiores e menos refinados. Em sua defesa do bairro, ele perpetua algumas das arraigadas animosidades da época, tão bem representadas pelo discurso de Rui Barbosa no Senado quando condenou o "Corta-jaca", de Chiquinha Gonzaga. Ele diz que a Cidade Nova gosta não do cateretê, de matizes rurais, mas sim "dança à francesa ou à americana e ao som do piano", como que para ilustrar que seus moradores são mais sofisticados do que os leitores supunham.

No processo, entretanto, Lima Barreto registra a enorme diversidade musical do bairro, de "fiorituras" ao *schottisch*, passando pelas modinhas, a valsa, as polcas e o batuque. E não podemos deixar de imaginar, como muitos já o fizeram, que os novos ritmos urbanos do maxixe e do samba emergiram da síntese de todos esses encontros e interseções. Ironicamente, então, no Rio da belle époque, cada vez mais dividido, é precisamente naquele bairro onde o Brasil desejado pelas elites dominantes começa a chegar ao fim, que o Brasil imaginado e celebrado por uma geração seguinte de artistas modernistas começa a se fazer presente.

4. Bairro afro-judeu e marco modernista

De fato este salão de sangues misturados parece o Brasil...
Há até a fração incipiente amarela
Na figura de um japonês.
O japonês também dança maxixe:
Acugêlê banzai!
Manuel Bandeira, "Não sei dançar", *Libertinagem*

I

Em 1930, George Gershwin escreveu a introdução de um livro sobre Tin Pan Alley na qual afirmava que "numa palavra, trata-se de um fenômeno único, e não há nada comparável em nenhum outro país do mundo".[1] O grande compositor e pianista, nascido Jacob Gershowitz, estava coberto de razão, se considerarmos o número de editoras musicais e as somas financeiras em circulação no distrito de Manhattan.[2] Ao mesmo tempo, algo comparável, ainda que menos conhecido, poderia ser visto na capital brasileira, concentrando-se no ponto central da Cidade Nova, a Praça

Onze. Se Tin Pan Alley representou o auge da impressionante síntese entre músicos e produtores judeus com os sons de inflexão afro-americana do *cakewalk*, ragtime, jazz e blues, poderíamos afirmar que no Rio de Janeiro é como se os frequentadores da praça Congo, de New Orleans, e os imigrantes judeus e italianos de Nova York compartilhassem os mesmos prédios, os mesmos pontos de encontro e as mesmas ocasiões para dançar.

Em *Numa e a Ninfa*, Lima Barreto insiste em retratar uma Cidade Nova habitada não apenas por negros, mas também por europeus recém-chegados, principalmente italianos ("valentes napolitanos"), além de portugueses e russos. O "doutor" Bogóloff, um imigrante russo, é um dos principais personagens do romance, morando com Lucrécio numa modesta casa da Cidade Nova, em ascensão pelas fileiras da tecnocracia republicana por seus projetos pseudocientíficos e por sua aparência. Ser branco é quanto basta, sugere Lima Barreto. Seu protagonista mulato, por outro lado, sinaliza a chegada de um outro grupo de imigrantes que viria a acrescentar mais uma camada à paisagem sociocultural do bairro. Ao ouvir de sua esposa que o sr. Antunes, proprietário de uma pequena venda, não os deixaria mais comprar fiado devido às dívidas não pagas, Lucrécio perde a paciência. Num acesso de raiva, ele grita para a também afrodescendente esposa, de pele um pouco mais clara, e para o filho: "Vocês não sabem o que é ser mulato!". Em seguida, tira o dinheiro do bolso e diz ao jovem filho: "Vá pagar esse judeu, Lúcio!".[3]

Durante os anos 1920, a mesma Praça Onze da Tia Ciata e do popular Carnaval de rua do Rio se tornou o lar de milhares de judeus recém-chegados, principalmente do Leste Europeu.[4] Os judeus asquenazes começaram a chegar ao Brasil em números significativos durante o século XIX, fugindo do regime czarista.[5] Desde pelo menos 1910 eles se concentraram na Praça Onze e arredores.[6] Em 1916, foram abertas as primeiras sinagogas, Beit Yaakov e Beith Israel, e em meados dos anos 1920 a praça pública podia ser considerada o "centro nevrálgico" da vida asquenaze.[7]

A maioria das instituições civis e religiosas ficava na vizinhança da praça, e era onde diversos jornais judaicos circulavam, dos quais pelo menos três em iídiche. Em julho de 1917, uma dessas publicações, *A Columna*, fez uma enquete para decidir se adotaria o iídiche ou o hebraico como idioma. O jornal em questão jamais deixou de circular em português, mas, segundo as memórias de Samuel Malamud, o iídiche era o idioma que predominava no ambiente do "bairro judeu".[8] É de se notar aqui que Praça Onze e Mangue, comumente usados para designar a Cidade Nova, após aquela década passaram a ser a maneira mais comum de se referir ao bairro.[9]

Embora seja frequentemente mencionado como uma comunidade pela historiografia e memórias de seus antigos moradores, o ambiente asquenaze do Rio de Janeiro concentrou várias das correntes e tensões políticas que envolviam a vida judaica de outros lugares. Uma variedade de tendências ideológicas — tradicionalistas, esquerdistas, sionistas socialistas, sionistas revisionistas e assimilacionistas — era representada por diferentes instituições encontradas nas proximidades da praça. Numa cidade onde, em 1940, o censo incluiu a religião pela primeira vez, os judeus compunham apenas 1,1% da população total, mas eram 9,7% dos moradores da freguesia de Santana, que incluía a área da Praça Onze.[10] Algumas entrevistas realizadas com antigos moradores dão a ideia de um bairro quase exclusivamente judeu, sugerindo certo grau de isolamento: ouvimos que "havia poucos brasileiros, a maioria era de judeus" ou que "a vizinhança era majoritariamente de judeus".[11] De maneira semelhante, parece não haver registros de músicos afro-brasileiros falando sobre os imigrantes judeus, apesar de eles também terem a Praça Onze como ponto focal de suas comunidades.

Aqui e ali é possível encontrar indícios de uma convivência, de interseções e interações, talvez inevitavelmente produzidas pelo contato próximo e compartilhamento dos espaços públicos. Malamud observa que "o bairro da Praça Onze contava, também, com uma numerosa população de imigrantes italianos e portugueses, sem falar nos nativos que imortalizaram o bairro na sua poesia popular".[12] Recordando de estabelecimentos comerciais de proprietários judeus, ele escreve sobre como "todos admiravam o empregado de cor que desde menino trabalhava numa fábrica de capas e que falava fluentemente o iídiche".[13] A galeria de personagens excêntricos e memoráveis que foram influentes ou apreciados entre os judeus da Praça Onze inclui não mais do que um "gentio". O "doutor" Jacarandá, "espiritualmente culto" ainda que "desequilibrado", era um eterno candidato para qualquer cargo eleitoral. Um homem de "tez bem escura, cabelo caracolado", ele "estava diariamente no botequim que ficava dentro da Praça Onze, debaixo do Clube Juventude Israelita".[14]

Sabemos que negros e judeus estudavam juntos na escola pública Benjamin Constant, que ficava na Praça Onze.[15] Antigos moradores das diversas "vilas" da área falam de judeus, negros, portugueses, italianos e nordestinos "paus de arara" morando lado a lado em relativa harmonia.[16] Em uma dessas vilas remanescentes, o assim chamado "último judeu" da Praça Onze, o já mencionado Pinduca, declara numa entrevista de jornal que "aqui não tinha preconceito".[17] Outro morador sugere que pode ser que não houvesse um distanciamento baseado na cor, já que todos eram mais ou menos da mesma condição social,[18] ecoando a imagem de solidariedade na pobreza de Lima Barreto. A maioria dos judeus do Leste Europeu que migrou para o Rio era, de fato, pobre e desprovida de habilidades técnicas. A profissão mais comum dos recém-chegados era *klientelshik*, isto é, vendedor ambulante. Fridman estima que a atividade empregou cerca de 30% dos judeus que chegaram ao Brasil sem ocupação definida.[19]

Na introdução às memórias de Malamud, sem estabelecer distinções socioétnicas, o historiador Elias Lipiner evoca a rica tapeçaria de perfis que podem ser encontrados entre os frequentadores regulares da praça.

> A massa popular se compunha de silenciosos e dom-quixotes, boêmios sem lar e mascates bem situados, bobos e gozadores astutos, comediantes profissionais e amadores de arte, escritores principiantes eternos e poetas ingênuos, e, principalmente, de pessoas cheias de boa vontade e raivosas, solícitas e invejosas, puritanos e decadentes.[20]

Quando perguntado se havia mais brancos, mulatos ou negros nos primórdios do samba no bairro, um João da Baiana ligeiramente irritado responde que tinha "de tudo": "Os brancos daquele tempo gostavam do samba. Tinha branco capoeira, cantor de samba, compositor, batuqueiro e tudo. Não tinha seleção de raça, não". Para João da Baiana, era tudo misturado.[21]

Com base em documentação histórica um tanto escassa ou anedótica, é preciso resistir à tentação de pintar um refúgio idílico de pluralismo étnico multicultural. A menos de três quilômetros da praça, na Academia Nacional de Medicina, que sediaria o Primeiro Congresso Brasileiro de Eugenia em 1929, tinha classificação de raça, sim. Nas memórias do sambista, entretanto, a praça surge como um laboratório, na contramão das cada vez mais poderosas ciências civilizatórias e modernizantes, inclusive do urbanismo, que definitivamente não queriam tudo misturado.

Restam poucos registros das relações afro-judaicas durante a década de 1920 na Cidade Nova. Mas também faltam evidências de conflitos sérios, e ao que tudo indica jamais houve um paralelo à violência das gangues entre grupos étnicos como em Nova York, por exemplo.[22] Sabemos que numerosas indústrias – incluindo a cervejaria Brahma, fundada por um judeu suíço na Cidade Nova – empregaram trabalhadores de diversas raças e proveniências,[23] mas mesmo assim parece ter havido tanta competição no seio de grupos sociais específicos quanto entre eles. O Rio de Janeiro, de qualquer modo, era diferente de outras metrópoles americanas que receberam grandes levas de imigrantes, como Nova York, Buenos Aires e São Paulo, por não ter bairros associados a um único grupo étnico.[24]

Diferentemente de outras grandes cidades, onde os endereços das ruas serviam como indicadores de redutos étnicos ou nacionais, na Cidade Nova parece ter havido um grau considerável de sobreposições na maneira como os espaços físicos foram ocupados – uma maior porosidade, podemos dizer. Não muito longe do endereço de Tia Ciata, na rua Visconde de Itaúna, 117, encontrava-se o Iuguend Bund, Clube Juventude Israelita, fundado em 1919, no 203; a pensão de Sarah e Jaime Verger, no 151; a gráfica Horowitz e Cia. Ltda., no 78; o Centro Obreiro Morris Wintschevsky, que em meados dos anos 1920 sediava um grupo de teatro amador, no 155; a organização zionista Tiferet Tizón, instalada naquela rua desde 1913 (número desconhecido), para mencionar apenas algumas das dezenas de sinagogas, clubes sociais, organizações políticas e filantrópicas, escolas e restaurantes localizados em endereços importantes ao longo da Pequena África.[25]

E no que pode parecer a mais improvável das combinações, do outro lado da Praça Onze, na rua Senador Eusébio, a biblioteca judaica Bialik dividia um prédio de vários andares com uma lendária gafieira, a Kananga do Japão, onde pessoas como Sinhô — que ficou conhecido como o "Rei do Samba" — eram presenças constantes.[26] Entre o grande número de gafieiras, bares, boliches e salões de sinuca (21 em 1926),[27] a Kananga tinha especial importância devido as suas origens em um cordão e sua conexão com os músicos que se congregavam na casa da Tia Ciata. A partir de 1917, o Grupo do Caxangá, que, entre seus membros, teve Donga, Pixinguinha e João Pernambuco, ensaiava no clube.[28] Seu repertório, além de muitos dos gêneros musicais já mencionados, também incorporou formas e ritmos musicais do Nordeste brasileiro.

A partir de uma sugestão de um judeu ucraniano, Adolfo Bloch (1908-95), a Kananga do Japão tornou-se o título de uma grande produção televisiva em 1989. Adolfo Bloch chegou ao Rio adolescente e era frequentador da gafieira. Veio a ser o fundador e presidente da Rede Manchete, e sugeriu ao escritor Carlos Heitor Cony que escrevesse uma novela, passada nos anos 1920 e 1930, girando em torno da Kananga do Japão.[29] Ao longo de seus 208 episódios, misturando eventos históricos e ficcionais, aparecem personagens como Sinhô, interpretado por Paulo Barbosa, e o pai de santo João Alabá, interpretado por Antônio Pompeu. Além do babalorixá, cujo terreiro de candomblé ficava na rua Barão de São Felix, há também a figura de um rabino, interpretado por Jitman Vibranovsky, com menor destaque.

Em meio a diversos outros encontros não documentados, quais terão sido as consequências desse espaço "afro-judeu" para a formação da cultura do Rio de Janeiro? As respostas devem se manter especulativas até certo ponto. Não parecem existir pesquisas musicológicas equivalentes no Brasil àquelas realizadas nos Estados Unidos, traçando as contribuições da música iídiche e das sinagogas para Tin Pan Alley. Ainda assim, sabemos que os judeus da Cidade Nova cultivaram uma animada cena cultural que ia além das atividades diretamente relacionadas às práticas religiosas. Afora diversos grupos de teatro amador, peças, melodramas e comédias musicais também se apresentaram durante os anos 1920 no Cinema Centenário, onde estrelaram artistas profissionais como Eva Polanski e o casal Lustil. As lembranças de Samuel Malamud de judeus notáveis incluem "uma das figuras mais populares dos anos 20", Zisman, um músico que interpretava melodias tradicionais do Leste Europeu no violino ou no clarinete, além de ser maestro de uma orquestra, o que o tornava "parte integrante do ambiente da Praça Onze".[30]

Embora os potenciais intercâmbios musicais mereçam maiores estudos, o próprio Malamud recorda com nostalgia a "folia extraordinária" do Carnaval da Praça Onze. E é possível encontrar vários exemplos dessa instituição carioca penetrando a vida judaica: em 1928, um grupo de dissidentes de esquerda do Clube Juventude Israelita tentou formar uma entidade paralela e levantou fundos organizando um baile de Carnaval que Malamud descreve como um sucesso.[31] Naquele mesmo ano, o periódico *O Novo Mundo*, publicado quase inteiramente em iídiche, anunciou, em português, uma "paródia musical, humorística e crítica, utilizando música carnavalesca brasileira, relacionada à comunidade judaica". Um boletim de 1930 do Centro de Moças Israelitas registra que seu baile à fantasia "teve a maior animação".[32] Já o envolvimento de italianos da Cidade Nova no Carnaval, por exemplo, não escapou à atenção de Jota Efegê: ele menciona o Cruzeiro do Sul, com sua sede próxima da casa da Tia Ciata, liderado pelos irmãos Baroni e conhecido como "o rancho da italianada".[33]

Até que ponto indivíduos e culturas judaicas penetraram ou influenciaram a vida cotidiana da Cidade Nova como um todo parece um pouco difícil de asseverar, já que não era o tipo de pergunta que os entrevistadores tendiam a fazer para as nossas principais fontes primárias não judias que lá viveram, os pioneiros do samba. Entre as pouquíssimas letras de samba a mencionar os judeus, duas são do celebrado e prolífico Noel Rosa. O compositor, de quem trataremos no próximo capítulo, era morador de Vila Isabel, bairro de classe média, mas assíduo frequentador dos círculos musicais de toda a cidade, incluindo o morro de São Carlos, próximo à Praça Onze. Gravada em 1931, "Cordiais saudações", canção que remete ao samba de breque, na forma de uma carta, menciona de passagem um judeu em termos não muito enaltecedores: "Estou empenhado nas mãos de um judeu". Escrita para o teatro naquele mesmo ano, a bem-humorada "Quem dá mais?" faz uma referência igualmente estereotipada a um judeu que compra um violão quebrado num leilão, "posto no prego por José Bonifácio", para vendê-lo a um museu pelo dobro do preço. Essa relativa ausência de referências, no entanto, é contrabalançada por encontros entre indivíduos que tiveram grandes consequências para o desenvolvimento da cultura brasileira.

Uma vez mais, é a música que abre a arena da permeabilidade numa sociedade com profundas desigualdades: a convergência ocorre seja por um compositor fundamental, como Jacob do Bandolim, seja por uma figura dos bastidores, como Isaac Frankel. Jacob Pick Bittencourt, o Jacob do Bandolim, filho de uma polonesa judia com um farmacêutico capixaba, dominava o instrumento de origem italiana que se tornou parte de seu nome, adaptando-o aos sons daquele incipiente gênero do Rio de Janeiro, o choro. Jacob, que não contava com músicos na família e cresceu na Lapa, entrou para a música através de experiências distintivamente urbanas: quando criança, ele ouvia um vizinho francês tocar violino e um cantor de modinhas que frequentava sua rua. E ouvia cantigas da terra de Raquel Pick, sua mãe, que lhe presenteou com o primeiro instrumento. Mais tarde, já adolescente, Jacob acompanharia os tocadores de fado portugueses e escapuliria para a Praça Onze para participar das rodas de partido-alto, em que os sambistas desafiavam uns aos outros com rimas improvisadas — e às vezes, segundo Jacob, as coisas esquentavam a tal ponto que era preciso a intervenção da polícia. Jacob não era judeu praticamente, mas chegou a planejar uma valsa para uma orquestra de violinos, tendo em mente músicos italianos e judeus, os "reis do arco".[34]

A figura de origem judaica mais influente na infância da música popular brasileira foi Fred Figner, que imigrou da Boêmia. Sua Casa Edison comercializaria milhares de canções, desde os lundus cantados por Manuel Pedro dos Santos, o Baiano, até o legendário "Pelo telefone". Isaac Frankel, uma figura menos conhecida, foi o gerente do Cine Palais, que em 1919 criou o grupo Oito Batutas e os contratou para tocar no saguão do prestigioso cinema, rompendo assim barreiras raciais. À frente desse grupo multiétnico estavam os ex-membros do Grupo de Caxangá, vinculado à gafieira Kananga do Japão e às tias baianas: Donga e Pixinguinha.

Entrevistado anos depois, Pixinguinha não diminui o significado, no contexto de uma sociedade racista, do convite para tocar no chique Palais, na avenida Rio Branco com a Sete de Setembro, no coração do Centro da cidade: "Fiquei surpreso, pois convites desse tipo só costumavam ser feitos a músicos brancos".[35] Os Oito Batutas passaram seis meses em Paris, em 1922, quando muitos músicos de jazz afro-americanos também estavam na capital francesa.[36] Eles causaram forte impressão, na esteira do impacto que a música brasileira havia tido sobre compositores como Darius Milhaud, também de origem judaica, cujo balé surrealista de 1920, *Le boeuf sur le toit* (O boi no telhado), coreografado por Jean Cocteau, encontrou inspiração no maxixe.[37]

Esses exemplos e encontros podem ter sido circunstanciais, ou relativamente restritos aos círculos musicais, para que se possa falar de um ambiente afro-judeu. Ainda assim, podemos falar de ao menos uma união duradoura entre afro-brasileiros e judeus asquenazes, resquício ou relíquia daquele improvável meio: o casal com o qual abrimos este livro, Celi e Pinduca, assim como seus descendentes. E onde foi que Celi e Pinduca se conheceram? Eles relatam orgulhosamente o encontro: dançando numa das muitas gafieiras da Praça Onze.

II

Além da estadia dos Oito Batutas em Paris, no ano de 1922 aconteceu outro evento tido como divisor de águas na história da cultura brasileira. No Rio, o grande evento parecia ser a monumental e impressionante exposição do centenário da Independência. Em fevereiro daquele ano, porém, ocorreu na cidade de São Paulo a Semana de Arte Moderna, que passaria a atuar como marco da inauguração do movimento modernista e das vanguardas estéticas no Brasil. Realizada no Teatro Municipal e patrocinada por membros da elite de São Paulo, serviu de vitrine para alguns dos jovens escritores, músicos e pintores brasileiros que viriam a se tornar as principais vozes da modernidade artística brasileira.

O mito da modernidade, que David Harvey, em seu *Paris, Capital of Modernity*, de 2003, classifica como a ideia de uma "ruptura radical com o passado", aplica-se ao modernismo brasileiro canonizado. Muitos de seus participantes cultivaram cuidadosamente a noção de que suas inovações representavam uma ruptura com o passado colonial do país e com as preferências estéticas do romantismo, parnasianismo ou academicismo. A partir de estudos como *Orfeu extático na metrópole*, de Nicolau Sevcenko, é possível compreender melhor as origens da Semana de Arte Moderna e dos movimentos artísticos interligados em um contexto sócio-histórico mais amplo.[38]

Nos anos seguintes ao evento, a Cidade Nova surge como locus privilegiado para poetas, romancistas e pintores direta ou indiretamente envolvidos com o modernismo brasileiro. Se, como vimos, a maioria dos intelectuais e artistas da virada do século ignorou ou menosprezou o bairro, o que levou a nova geração de modernistas a se tornar fascinada por ele, a ponto de abraçá-lo como representativo de um Brasil sincrético e mais "autêntico"? A diversidade e a complexidade da Cidade Nova, antes negligenciadas, passam a exercer certo protagonismo para diversos autores e pintores, o que nos suscita uma série de questões: como essa modernidade artística — ou talvez, sua versão mais carioca — relaciona-se com os acelerados processos de modernização e urbanização, e como esses artistas envolvem expressões culturais e/ou grupos étnicos vistos até então como predominantemente atrasados, incivilizados e obstáculos para o progresso do país?

Não existem respostas simples, é claro, e para começar a investigá-las primeiro precisamos tentar compreender algumas transformações que ocorreram naquela década e que são, em geral, menos consideradas. As reformas de Pereira Passos, como vimos, procuraram conduzir o crescimento do Rio em outras direções. Uma das mudanças simbólicas dessa reorientação espacial ocorreu em 1925, quando o Senado foi transferido do palácio Conde dos Arcos, que ficava no lado da Cidade Nova do Campo de Santana, para o palácio Monroe, junto à avenida Central — já então chamada de avenida Rio Branco. O palácio em estilo eclético francês, como boa parte da nova avenida, recebeu o nome de James Monroe, em homenagem ao presidente dos Estados Unidos por trás da doutrina Monroe, que se opunha ostensivamente à influência europeia nas Américas. Um monumento à belle époque, servira como pavilhão brasileiro da Feira Mundial de St. Louis, em 1904, formalmente Lousiana Purchase Exposition, onde ganhou o Grande Prêmio de Arquitetura de pavilhão estrangeiro.[39]

Durante as administrações seguintes a Pereira Passos, intervenções urbanas e investimentos públicos e privados privilegiaram amplamente o Centro e a zona sul. Junto à avenida Rio Branco, o morro do Castelo foi posto abaixo em 1922, eliminando um dos últimos redutos de pobreza, "atraso" e "negritude" do centro da cidade, além de liberar uma área valiosa para a construção de novos edifícios.[40] A visita do rei Albert e da rainha Elizabeth da Bélgica à capital brasileira, em 1920, deu ao prefeito Carlos Sampaio a oportunidade de completar a demolição do morro,[41] e de dar continuidade aos projetos anteriores para "civilizar" o Rio. Conforme demonstra a historiadora Sueann Caulfield, a ocasião engendrou mobilizações de grande escala, servindo para exibir o progresso do país e "ilustrar o alvorecer de um novo espírito de otimismo nacionalista no Brasil do pós-Primeira Guerra Mundial".[42]

As reformas que se seguiram ao bota-abaixo de Pereira Passos, ainda que mais modestas, também tiveram consequências não planejadas para a vida cultural da cidade e para a Cidade Nova em particular. Em 1910, a derrubada do morro do Senado, iniciada em 1891, foi finalmente concluída. A avenida que ocupou seu lugar, a Mem de Sá, aproximou a Praça Onze da Lapa, então um bairro boêmio cada vez mais popular entre os artistas. Antes separados pelo morro, a distância entre eles agora não passava de uns dois quilômetros, conectados diretamente por uma linha de bonde. Outra nova e importante avenida, a Salvador de Sá, ajudaria a integrar essas duas regiões a ainda outro bairro importante para o desenvolvimento da música na cidade, o Estácio.[43] Embora a Lapa continue a ser um destino popular e animado da cidade, e talvez por isso ainda faça parte dos mapas mentais de moradores e historiadores, seu papel inicial na cultura do Rio estava inextrincavelmente vinculado ao da Cidade Nova. Diversos escritores, pintores e músicos associados à região nas décadas de 1920 e 1930 também eram frequentadores da Praça Onze e, especialmente, do Mangue.

Durante e após as reformas de Pereira Passos, houve pressões significativas para forçar a prostituição para fora do Centro. O movimento chegou ao ápice com a visita dos monarcas belgas, quando as autoridades designaram o Mangue – seguramente fora do itinerário da realeza – para ser a zona de meretrício da cidade.[44] Embora os cabarés da Lapa também fossem famosos pela prostituição, eram lugares mais sofisticados do que o Mangue, cujo nome virou sinônimo de zona do meretrício. Enquanto um lugar adquiria a reputação de Montmartre tropical, outro foi reduzido a casas de prostituição no imaginário coletivo. Muitas das figuras cujos nomes são ligados à Lapa dos anos 1920 e 1930 também eram familiares ao Mangue e à Praça Onze.[45] O cantor, compositor e radialista Henrique Foréis, mais conhecido como Almirante, observa, na biografia de seu amigo Noel Rosa, que o famoso compositor de samba preferia o Mangue à Lapa. O pintor Emiliano Di Cavalcanti, outro cujo nome ficou associado à Lapa, relembra com carinho as soirées na Cidade Nova em seu *Reminiscências líricas de um perfeito carioca*, de 1964.

Enquanto as autoridades marginalizavam o Mangue cada vez mais, a região surge como uma espécie de tropo, incluída no imaginário estético e representada nas cartografias culturais de uma geração de modernistas, que fizeram de lá o ambiente ou o tema de uma série de poemas, romances e pinturas. Em meio aos bairros judeus e do "Carnaval africano" da vizinha Praça Onze, era o Mangue das casas de prostituição que comandava a atenção de importantes pintores, como Di Cavalcanti, Oswaldo Goeldi e Lasar Segall. A prostituição foi um tema importante para artistas modernistas de vários países, e as representações do meretrício da Cidade Nova prosperaram. Na mesma época aproximadamente, Oswald de Andrade, uma das figuras centrais por trás da Semana de Arte Moderna de São Paulo, começou a escrever seu longo poema dramático "O santeiro do Mangue", que se manteve inédito até 1991. A história se passa no Mangue e contém um ataque aos valores burgueses, à exploração das mulheres e à ortodoxia católica.

Antes de avançarmos para a leitura de obras específicas, é prudente colocar outras coisas em perspectiva. Em *Viena fin-de-siècle* (1988), Carl Schorske afirma que, diferente do caso da capital da Áustria, em cidades como Londres, Paris e Berlim, os intelectuais de várias comunidades mal se conheciam. O Rio de Janeiro dos anos 1920, sob esse aspecto, certamente se comparava a Viena – mesmo que suas peculiaridades de misturas étnicas e raciais não encontrassem paralelo em nenhum ponto do continente europeu. A semelhança, assim, pode ser explicada a partir de uma questão de escala. A população do Rio cresceu de 1157873 em 1920 para 1764141 em 1940. A Viena de 1923 tinha uma população de cerca de 2 milhões, enquanto outros centros urbanos como Berlim, Paris, Nova York e Londres tinham pelo menos o dobro de habitantes.[46] Como em Viena, os artistas e escritores citados neste capítulo frequentemente mantinham relações pessoais entre si, conheciam os trabalhos dos demais e com eles costumavam colaborar ou discordar – por vezes, competindo com veemência.

Isso, que pode ser visto como uma forma de porosidade ou provincianismo, até certo ponto pode ser estendido aos músicos das classes trabalhadoras. Uma das contribuições do livro *O mistério do samba*, de Hermano Vianna, de 1995, foi lançar luz sobre os contatos usuais que havia entre intelectuais da elite e músicos populares. O primeiro capítulo do livro, "O encontro", recupera um encontro em 1926 entre o então jovem antropólogo Gilberto Freyre, o historiador Sérgio Buarque de Holanda, o jornalista Prudente de Moraes Neto, o compositor Heitor Villa-Lobos e o também músico Luciano Gallet com aqueles que Freyre – lembrando-se do evento em seu livro *Tempo morto e outros tempos*, de 1975 – descreve como "brasileiríssimos": Pixinguinha, Patricio e Donga.[47]

Dos presentes naquele encontro, o primeiro estudou na Universidade Columbia, onde foi aluno de Franz Boas, e, ao voltar de uma viagem subsequente para a Europa, organizou uma Conferência Regionalista em Recife, sua cidade natal. Os dois seguintes fundaram e dirigiram a revista modernista *Estética*, em 1924, enquanto Sérgio Buarque de Holanda havia sido também nomeado como representante do Rio de Janeiro para outra publicação do movimento, a revista *Klaxon*, de São Paulo, que circulou em 1922-3.[48] Villa-Lobos, que já era um músico proeminente, havia sido o destaque da última noite da Semana de Arte Moderna, e Gallet fora aluno de Darius Milhaud, quando o compositor modernista francês esteve no Brasil, em 1917. Entre os outros três, todos ilustres representantes da Pequena África, dois estiveram à frente do grupo Oito Batutas, após voltarem ao Rio de uma bem-sucedida temporada parisiense, quatro anos antes.[49]

A noção de Freyre dos três sambistas negros como "brasileiríssimos" ganha um significado especial no contexto dos debates intelectuais e mudanças culturais em andamento na época. Parte do que animou o que podemos chamar de projeto modernista foi a busca por um Brasil "autêntico", e o desejo de separar o país de seu passado colonialista, assim como das influências europeias. Paradoxalmente, a articulação de um "Brasil brasileiro" era, até certo grau, inspirada, ou legitimada, pela sensibilidade de artistas europeus. Uma maneira de compreender o processo pode ser destacando a gênese de outro tropo dos modernistas brasileiros, relacionado à Cidade Nova: a favela carioca. No início dos anos 1920, o termo ainda se referia a um morro específico, o morro da Favela, o qual, como vimos, foi inicialmente ocupado por, entre outros, moradores expulsos de um dos mais populosos cortiços da Cidade Nova.[50]

Os morros espalhados pela cidade — diversos no entorno da Cidade Nova — estavam sendo progressivamente ocupados em condições, em geral, muito precárias. Além dos moradores mais pobres, eles também herdaram o papel reservado aos cortiços do século XIX. Segundo as categorias binárias predominantes nos discursos da imprensa e entre as autoridades — primitivos, atrasados, insalubres, perigosos, pobres versus civilizados, modernos, ordem e progresso —, as favelas encarnavam o indesejável.[51] Nesse quadro polarizado, também vieram a significar algo positivo na representação de certos escritores e artistas: a favela vira fonte de um Brasil mais puro, primitivo e autêntico. Em 1924, Oswald de Andrade abre seu "Manifesto da poesia pau-brasil" listando o morro da Favela, entre outros, como símbolo nacional em sua busca de um senso de "brasilidade": "A poesia existe nos fatos. Os casebres de açafrão e de ocre nos verdes da Favela, sob o azul cabralino, são fatos estéticos".[52]

Um ano depois, o escritor da vanguarda de São Paulo publicou uma coletânea de poemas com o título *Pau-brasil*, na qual procura pôr em prática os princípios lançados no manifesto. Publicado na capital francesa, recebeu o prefácio de Paulo Prado, membro da aristocracia cafeeira de São Paulo e patrono da Semana de Arte Moderna. Ele declara que Oswald, "numa viagem a Paris, do alto de um atelier da Place Clichy – umbigo do mundo – descobriu, deslumbrado, a sua própria terra".[53] O próprio poeta dedica o livro a Blaise Cendrars, poeta nascido na Suíça, "por ocasião da descoberta do Brasil".

Em 1920 e novamente em 1923, a talentosa pintora Tarsila do Amaral foi estudar em Paris e acabou, ela mesma, "descobrindo" o Brasil. Também de São Paulo, ela desenvolveu um relacionamento com Oswald de Andrade que levou a várias colaborações, até que se casaram, em 1926. No ano de seu "Manifesto da poesia pau-brasil", entre outras pinturas de temas similares, ela retrata o morro da Favela como um estrangeiro poderia tê-lo visto: colorido, idílico e onde todos são negros. Na França, tornou-se amiga de Blaise Cendrars e de Constantin Brancusi, dois dos principais promotores da arte negra na cena parisiense.[54] Tarsila percebeu, com muita perspicácia, que Paris estava cansada da arte parisiense (como escreve numa carta aos pais), e parece ter procurado o exótico em seu próprio país.[55] Suas representações das cenas cariocas, no processo, exageram a presença de afro-brasileiros.[56] A seu favor, ela parece não ter tido a pretensão de documentar a favela de forma realista, e desenvolve uma linguagem estética original em sua representação de um lugar do qual os brasileiros de sua classe social tendiam a se envergonhar. Com efeito, a favela se transformou num elemento central de sua recém-encontrada utopia tropical.

Durante os anos 1920, o morro da Favela despertou o interesse de alguns proeminentes visitantes da cidade, como Blaise Cendrars, que se tornou amigo de Donga e cujo interesse na cultura afro-brasileira tem sido amplamente explorado. Num episódio menos discutido, o futurista italiano Marinetti também esteve lá durante uma viagem ao Rio em 1926.[57] E, pela primeira vez desde os tempos do Império — e com propósitos muito diferentes —, a antiga estrada do Aterrado, agora o Mangue, novamente voltou a ser parte do itinerário de viajantes. Stefan Zweig escreveu sobre sua experiência na zona do meretrício numa passagem de seu diário de 1936 de que trataremos no próximo capítulo, e o poeta Vinicius de Moraes levou seu amigo Waldo Frank até lá, um incidente com consequências que analisaremos em breve. Nem a favela nem o Mangue, ou qualquer coisa além do Campo de Santana, apareciam nos mapas dos guias turísticos publicados na época.[58]

Simultaneamente, com a aceitação crescente do Carnaval como expressão da nacionalidade — Oswald de Andrade prossegue sua evocação da favela em seu "Manifesto da poesia pau-brasil" com a seguinte afirmação: "O Carnaval no Rio é o acontecimento religioso da raça" —, as celebrações de rua da Praça Onze emergem como fator agregador, um habilitador temporário, mas estimulante das trocas culturais. A festa atraía pessoas como Samuel Malamud, moradores da favela e Heitor Villa-Lobos, presença constante nos blocos de sujo, grupos ruidosos e improvisados de foliões que tomavam a Praça Onze nas segundas de Carnaval.[59] O Carnaval da praça foi pintado por Alberto da Veiga Guignard, que em sua representação inclui as palmeiras do Mangue. Darius Milhaud também as associou aos sons das culturas populares afro-brasileiras, com "ritmos tão maleáveis quanto as enormes folhas das palmeiras imperiais balançando a uma altura de sessenta metros".[60] No início dos anos 1930, o Carnaval da Praça Onze seria institucionalizado no calendário de festas da cidade, se transformando numa presença indelével na cartografia cultural do país, e uma atração para estrangeiros em visita — outros tópicos para o próximo capítulo.

III

São Paulo chegou ao fim da segunda década do século XX como uma das cidades de crescimento mais rápido do mundo — um fato que deixava a imprensa local exultante.[61] Em 1928, a cidade chegaria a 1 milhão de habitantes e se consolidaria como centro político, industrial e econômico, em grande parte movida por uma economia nacional dependente das exportações de café: naqueles anos, aproximadamente 78% da produção de café do mundo veio do Brasil.[62] Não surpreende, pois, que a cidade tenha sediado a Semana de Arte Moderna, nem que seus jovens escritores estivessem tão fascinados pela tecnologia e tão profundamente afetados pelo ritmo alucinante das mudanças em andamento em sua cidade. No entanto, se São Paulo foi a sede do evento que se tornou o catalisador do modernismo, e se a nova metrópole foi, de inúmeras maneiras, a encarnação das forças por trás do movimento, a capital ainda atuava como o centro cultural do país, uma espécie de caixa de ressonância. Como tal, foi testemunha da confluência das correntes modernistas de vários estados: não apenas de São Paulo, como começamos a ver, mas também de Minas Gerais e de Pernambuco.

O Rio era, de fato, uma cidade "pan-brasileira", nos termos de Gilberto Freyre. Numa definição famosa do poeta Manuel Bandeira, outro pernambucano, o carioca é "um sujeito nascido no Espírito Santo ou em Belém do Pará".[63] Apesar das gritantes injustiças sociais e disparidades econômicas, uma mitologia poderosa e um etos de inclusão se tornaram parte da identidade do Rio de Janeiro. Olhando para trás, para aqueles anos de intensa imigração, as memórias de Di Cavalcanti — que o apresentam como um "perfeito carioca" — ecoam algumas das contradições da maneira como a cidade pensa sobre si mesma. Ele reclama que "inúmeros [...] nordestinos, os gaúchos, gente do Oeste e da Amazônia, instalados nesta cidade, unidos aos judeus, árabes, portugueses, espanhóis, italianos e muitos outros estrangeiros, vivam todos atolados num arrivismo que nada tem com as velhas virtudes do autêntico carioca".[64] Mas a cidade logo abrandaria as ambições dos forasteiros, e Di Cavalcanti fornece a imagem de uma urbe generosa e acolhedora: "Esta cidade que nada repele, recebe a todos e a todos dá um cantinho". No Rio, ele sugere, todos viram cariocas, descartando suas origens: "Ainda haverá lugar para aqueles que vão chegar, cada um trazendo uma bagagem para jogar fora".[65]

Diante dessas considerações, vamos agora reformular nossa questão: como a Cidade Nova entra no imaginário estético e é incluída nos mapas cognitivos de uma geração de modernistas que mantinham um contato relativamente constante uns com os outros e que, ainda que oriundos de várias regiões do país, se sentiam, em graus diversos, em casa no Rio de Janeiro?

Um que veio de fora e explorou a potência embriagadora da cidade, capaz de embaralhar até as expectativas mais refinadas, foi o poeta mineiro Murilo Mendes, que, no poema "Noite carioca", declara que "Tudo perde o equilíbrio nesta noite", quando

> sonatas de Beethoven realejadas nos pianos dos bairros distintos
> não são mais obras importantes do gênio imortal,
> são valsas arrebentadas...
> Perfume vira cheiro,
> as mulatas de brutas ancas dançam o maxixe nos criouléus suarentos.[66]

O termo *criouléu*, com óbvias conotações raciais, designava os bailes populares que em geral ocorriam aos sábados, em que boa parte dos frequentadores era de afro-brasileiros. A descrição das "brutas ancas" das "mulatas" remete ao zoomorfismo, parecendo reproduzir os discursos científicos racistas. De forma análoga, a referência à música dos "bairros distintos", adjetivo empregado não sem ironia, sugere uma degradação do grande Beethoven, e pode ser lida como um verso horrorizado de alguém que se pretende um guardião da civilização. Todavia, no poema, essas características não são usadas para desqualificar ou desprezar a cultura popular ou os negros; pelo contrário, são justamente os atributos que seduzem a voz poética e estabelecem o tom de celebração. A noite da cidade, "tão deliciosa" para o poeta, distingue a cidade como sua baía, personificada como "camarada", receptiva e amigável.

Murilo Mendes mudou-se para a capital em 1920, vindo de Minas Gerais, e, mais tarde naquela década, começou a colaborar com as primeiras revistas modernistas, como *Terra roxa e outras terras*, *Verde* e a *Revista de Antropofagia*. Em 1930, seu primeiro livro, *Poemas, 1925-9*, recebeu o prestigioso Prêmio Graça Aranha da Academia Brasileira de Letras. O fato de que um dos principais prêmios da instituição tenha sido concedido a um livro de poemas em versos livres mostra até que ponto os critérios estéticos haviam se transformado desde a belle époque. Além dos aspectos formais, os temas de Murilo Mendes também divergiam significativamente das urnas e estatuária do repertório parnasiano. Aquele volume, ao lado de "Noite carioca", inclui uma sequência de outros poemas que evocam a Cidade Nova, sua população e práticas culturais. O primeiro a fazer isso diretamente é "Biografia do músico". Um poema em 21 versos livres, nenhuma pontuação a não ser o ponto final, que fala de um menino de uma favela que segue todos os passos para se tornar um músico aclamado, mas que não é contemplado com a principal honraria do conservatório por não ter conexões com grupos poderosos:

O guri nasceu no morro aniquilado de sambas
bebeu leite condensado
soltou papagaio de tarde
aprendeu o nome de todos os donatários de capitania
esgotou os criouléus da Cidade Nova
bocejou anos e anos no Conservatório
não tirou medalha de ouro
coitado
porque não tinha pistolão[67]

O poema aponta os limites da porosidade como canal para a ascensão social, mesmo no meio musical. Mas o tom do poeta soa mais bem-humorado do que indignado, e tudo termina bem, já que nosso músico anônimo chega ao céu, onde é saudado pelos anjos com um concerto de ocarina que o faz desmaiar de comoção. Mais uma vez Murilo Mendes refere-se aos criouléus, dessa feita os situando explicitamente na Cidade Nova.[68]

Em "Marinha", o poema seguinte, nomeando uma das instituições poderosas da República no título, nos deparamos com outra instituição, o Carnaval, que subverte os exercícios militares no processo de tornar-se aceito como uma das características mais emblemáticas do Brasil:

A esquadra não pôde seguir pros exercícios
porque estava nas vésperas do Carnaval.
Os marinheiros caíram no parati
e nos braços roliços e cheirosos
de todas as mulatas que têm aí pela cidade.[69]

Além do Carnaval, a estrofe inclui o "parati", sinônimo de cachaça, e as "mulatas" como o suficiente para seduzir os marinheiros. No poema, mesmo depois do Carnaval, "o pessoal caiu de repente no maxixe". A esquadra da Marinha acaba por ser vendida para o embaixador inglês, e o governo envia metade do dinheiro para os "órfãos turcos" e usa a outra metade para dar "um bruto baile" e depois cair "na vadiagem". A dose de ironia do episódio carnavalesco não se perderia para o leitor da época, especialmente se considerarmos a memória ainda fresca do evento que entrou para a história como a Revolta da Chibata. Em 1910, um marinheiro se envolveu em uma briga com o cabo que o denunciou por levar cachaça a bordo. A punição do marinheiro, 250 chibatadas diante da tropa e com o acompanhamento de tambores militares, deflagrou um motim. Liderados por João Cândido, que se transformaria em um herói popular, os marinheiros, a maioria afrodescendentes, revoltaram-se contras as condições precárias e o uso de castigos corporais pelos oficiais, de maioria branca, ameaçando bombardear a cidade.[70]

A força do Carnaval e da música popular para provocar mudanças irreversíveis não se limita ao poeta, ao "guri" da favela ou aos marinheiros. No poema seguinte, "Família russa no Brasil", estende-se aos recém-chegados oriundos de terras distantes. O "sr. Naum", observa o poeta, não abriu sua vendinha de esquina num daqueles bairros onde os imigrantes acabavam indo parar, preferindo o "bairro chique" de Botafogo. Passado um ano, o russo assimilou-se, "já sabe que tem Rui Barbosa, Mangue, Lampião./ Joga no bicho todo dia, está ajuntando pro Carnaval". Da mesma forma, "as filhas dele instalaram-se na vida nacional./ Sabem dançar o maxixe/ conversam com os sargentos em bom brasileiro". Podemos imaginar que, como o jovem Adolpho Bloch, "Nos sábados todo janota ele vai pro criouléu" e, como o Bogóloff de Lima Barreto, o "Seu Naum inda é capaz de chegar a senador". É improvável, por inferência, que os negros do criouléu pudessem encontrar o mesmo destino.

Em "Casamento", do mesmo livro, a voz lírica de Murilo Mendes trata de temas similares, mas adota um tom mais crítico, do qual os mais irreverentes "Marinha" e "Família russa no Brasil" não se eximem:

O povo deixa a revolução no meio
e toca a dançar o maxixe,
carnes morenas se esfregando pra darem poetas e operários,
dança minha gente, no crioléu, na planície, na usina e no dancingue,
que a música é gostosa, todas as mulheres saem pra rua
e os homens vão bancar o estivador pras pequenas terem vestido de seda.[71]

A "deliciosa" vida noturna carioca, os irresistíveis criouléus da Cidade Nova, portanto, não pertencem somente a algum tipo de plano mítico, nos domínios dos prazeres sensuais ou na formação da festiva identidade nacional. Eles têm consequências políticas também e podem ter um efeito alienante, embora, no caso da poesia de Murilo Mendes, não haja certeza se a "revolução no meio" deve ser lida como algo negativo ou positivo.

Não seria demais sugerir que a maioria de artistas brancos de classe média ou alta do movimento modernista olhavam para lugares como esses criouléus em busca do tipo de inspiração "primitiva" que artistas europeus como Picasso encontraram nas máscaras africanas ou polinésias – e podemos argumentar que uma pintora como Tarsila do Amaral fez algo semelhante, embora seu espírito criativo e talento multifacetado certamente mereçam maior crédito.

A poesia de Murilo Mendes, representando a voz de um espectador-participante, capaz de se deixar envolver pelos aromas e suores dos corpos dançantes, com efeito evoca a cena musical dos bailes populares do Rio de Janeiro como algo que, de alguma forma, convoca forças sociais que constituíam parte integral de uma "autêntica" experiência brasileira. A localização (ou descoberta) por Murilo Mendes dessa autenticidade em práticas culturais nas margens da cidade não apenas antecipa um tropo dos anos 1930 e 1940, mas faz isso sem tentar promover um programa ideológico do Brasil como um país livre de tensões raciais. Ao mesmo tempo, ainda que alinhado com o tratamento que alguns poucos outros escritores da época dispensavam à Cidade Nova e à cena musical popular do Rio, essas representações entravam em contradição com aquelas disseminadas pela imprensa e por outros meios, segundo as quais esses bailes ainda encarnavam os aspectos bárbaros, e até mesmo violentos, da cidade. Sinais de uma "cidade letrada" cada vez mais fragmentada.

Em torno da mesma época de *Poemas* de Murilo Mendes, outro escritor com grande interesse pela música, o já mencionado Mário de Andrade, situou no Mangue um dos capítulos de seu experimental *Macunaíma, o herói sem nenhum caráter* (1928), que não chamou de romance, mas de rapsódia.[72] Natural de São Paulo, Mário foi uma das principais figuras por trás da Semana de Arte Moderna, ao lado de Oswald de Andrade, e permaneceu como um participante ativo do modernismo. Mário dá ao capítulo o título de "Macumba". Num texto que notoriamente suspende os confins temporais e dissolve as limitações espaciais, o narrador situa o ritual da macumba precisamente no Mangue: "A macumba se rezava lá no Mangue, no zungu da Tia Ciata, feiticeira como não tinha outra, mãe de santo famanada, e cantadeira ao violão".[73] O protagonista, Macunaíma, comparece à macumba pelo desejo de se vingar do Venceslau Pietro Pietra, gigante ganancioso que se recusa a devolver sua "muiraquitã" — um amuleto que ganhou de sua amante, Ci. Assim como Leonardo recorreu ao caboclo "feiticeiro" *lá para as bandas do Mangue*, Macunaíma procura a "feiticeira" Tia Ciata *lá no Mangue*.

No mapa de um cartógrafo, é claro que a casa de Tia Ciata não ficava no Mangue, mas na vizinha Praça Onze. Talvez, na medida em que o Mangue se tornara um marco dos espaços modernistas, os dois espaços confluíssem nos mapas cognitivos dos artistas e escritores. Ou então podemos interpretar o local da macumba em *Macunaíma* como um aceno às *Memórias de um sargento de milícias*, romance que Mário de Andrade admirava e conhecia muito bem. Numa introdução ao livro, ele considera digno de nota que, "devendo o romancista descrever uma cerimônia de feitiçaria, não prefira candomblés, se esqueça dos negros e vá buscar um 'caboclo' nos mangues da Cidade Nova".[74]

Mário de Andrade, que viria a se tornar um notável folclorista, admirava a capacidade para "observação folclórica" de Manuel Antônio de Almeida e a "documentação de costumes nacionais" em seu romance. *O próprio Macunaíma*, devedor de boa parte de suas alusões à mitologia ameríndia ao trabalho do etnólogo alemão Theodor Koch-Grunberg, dedica-se, no capítulo "Macumba", a "documentar" os negros que o romancista do século XIX havia "esquecido". O trecho dedica cuidadosa atenção aos detalhes da cerimônia, oscilando entre o interesse folclórico pelo pitoresco e uma dose de autoparódia. Com Pixinguinha como fonte, Mário de Andrade reproduz a linguagem dos cantos em versos repletos de termos iorubá e especifica alguns costumes: levar uma garrafa de "pinga", tirar os sapatos, saudar os santos, sacrificar um bode.[75]

Numa expressão residual de porosidade aparente no romance de Manuel Antônio de Almeida, a cena da macumba em *Macunaíma* oferece um microcosmo da cidade, unindo pessoas de diferentes origens e profissões. Encontramos "marinheiros marcineiros jornalistas ricaços gamelas fêmeas empregados-públicos, muitos empregados-públicos!" e "advogados taifeiros curandeiros poetas o herói gatunos, portugas, senadores, todas essas gentes dançando e cantando a resposta da reza".[76] Duas páginas adiante, temos "médicos padeiros engenheiros rábulas polícias criadas focas assassinos", e então "vendedores bibliófilos pés-rapados acadêmicos banqueiros", todos reunidos na dança e nos cantos do candomblé.[77] O narrador usa essas listas aparentemente aleatórias e as ocasionais ausência de vírgulas para transmitir a ideia de uma atmosfera intoxicante e avassaladora, tomada pelos cheiros dos corpos suados, não muito diferente da "Noite carioca", de Murilo Mendes. O recurso também atende o efeito cômico e a sátira. Ao eliminar a vírgula entre "deputados" e "gatunos", por exemplo, o segundo termo pode ser lido como substantivo, mas também como adjetivo: "tinha muita gente lá, gente direita, gente pobre, advogados garçons pedreiros meias-colheres deputados gatunos".

Para Mário de Andrade, portanto, a macumba da Tia Ciata não era, de maneira alguma, um assunto exclusivo dos afro-brasileiros. Além dos "portugas" e dos numerosos profissionais que pressupunham alguém de ascendência europeia, no centro do "zungu" temos uma jovem "polaca" dançando nua — um termo que frequentemente denotava uma prostituta.[78] Essa "polaca" ruiva recebe o orixá Exu, uma entidade ambivalente nas práticas religiosas afro-brasileiras. Sem considerar até que ponto o texto documenta uma realidade, a cena ativa um discurso cada vez mais prevalente sobre o Brasil como território de três raças, uma tendência emergente que encontra eco na ideologia da "democracia racial".[79]

O capítulo termina com uma das festas embaladas pelo samba pelas quais a casa de Tia Ciata ficou famosa, identificando os participantes, uma lista de poetas, artistas e amigos de Mário de Andrade: "E os macumbeiros. Macunaíma, Jaime Ovalle, Dodô,

Manu Bandeira, Blaise Cendrars, Ascenso Ferreira, Raul Bopp, Antônio Bento, todos esses macumbeiros, saíram na madrugada".[80] Entre esses, encontramos um morador da rua do Curvelo, próxima à Lapa, o poeta Manuel Bandeira, a quem Mário de Andrade considerava o João Batista do modernismo brasileiro.

Os jovens poetas de São Paulo leram com entusiasmo o segundo livro de poesias de Bandeira, *Carnaval* (1919), precursor da geração modernista em diversos aspectos. Avesso a escolas literárias, mas devedor da tradição – inclusive da poesia parnasiana frequentemente atacada pelos vanguardistas –, ele optou por não participar da Semana de Arte Moderna, embora seu poema satírico "Os sapos" tenha sido lido no evento. O quarto livro de Bandeira, *Libertinagem* (1930), constitui um divisor de águas da literatura brasileira, no qual ele parece se libertar de certa "ansiedade da influência" para abraçar a estética modernista mais integralmente. O livro incluiu um poema chamado "Mangue", que originalmente recebeu o título de "Cidade Nova".[81] Em 53 versos livres, evoca boa parte da história do bairro, atento à profundidade cultural e à dimensão humana que pulsam sob a paisagem desgastada e decadente do seu dia a dia:

> Mangue mais Veneza americana do que o Recife
> Cargueiros atracados nas docas do Canal Grande
> O Morro do Pinto morre de espanto
> Passam estivadores de torso nu suando facas de ponta
> Café baixo
> Trapiches alfandegados
> Catraias de abacaxis e de bananas
> A Light fazendo crusvaldina com resíduos de coque
> Há macumbas no piche
> Eh cagira mia pai

Eh cagira
E o luar é uma coisa só
Houve tempo em que a Cidade Nova era mais subúrbio do que todas as Meritis da Baixada
Pátria amada idolatrada de empregadinhos de repartições públicas
Gente que vive porque é teimosa
Cartomantes da rua Carmo Neto
Cirurgiões-dentistas com raízes gregas nas tabuletas avulsivas

Mostra-se um cenário urbano de simultaneidade, interseções e multiplicidade, que aparentemente só pode ser apreendido por meio de listas, como aquelas usadas nas poesias sobre Nova York por Walt Whitman, pioneiro do verso livre. No entanto, o poema de Bandeira apresenta uma justaposição peculiar de natureza e tecnologia, indústria e ócio, num tipo de harmonia muito diferente, por exemplo, da São Paulo de Mário de Andrade retratada em *Pauliceia desvairada*, de 1968, como ao mesmo tempo frenética e melancólica.

Já na primeira linha encontramos uma interseção de referências a locais. Bandeira subverte o clichê de seu Recife natal como a Veneza brasileira, afirmando que o Mangue pode ser uma Veneza americana, não só meramente nacional.[82] Considerando como seu prefácio ao álbum *Mangue*, de Lasar Segall (sobre o qual falaremos em breve), na verdade ridiculariza as pretensões imperiais de construir uma segunda Veneza, podemos imaginar que a voz lírica do poema saúda não o único canal do Mangue, menos parecido com Veneza do que aqueles do Recife, mas sim o caráter cosmopolita da região. É como se Bandeira percebesse, intuitivamente, que o Mangue e sua vizinhança se manteriam como o coração cosmopolita negligenciado da vida cultural da cidade — e não as monumentais, caras e imitativas avenidas do centro da capital.

Essa Cidade Nova de "estivadores", "macumbas", "empregadinhos de repartições públicas", "cartomantes" e "cirurgiões-dentistas com raízes gregas" é uma parcela de um Brasil que ele invoca, por metonímia e talvez com uma dose de ironia, citando um verso do Hino Nacional: "Pátria amada idolatrada".

Luís Martins, entusiasta da Lapa e um dos grandes cronistas dos círculos boêmios do Rio do período entreguerras, elevaria o Mangue a símbolo nacional de forma ainda mais explícita em "Canção do exílio". Foi sua versão do hino romântico de mesmo nome à terra natal, poema escrito por Gonçalves Dias no século XIX, e que diversos escritores do século XX tentaram reescrever, a maioria sob forma de paródia. Aqui, Martins insere as palmeiras do Mangue entre os icônicos versos iniciais do original: "Minha terra tem palmeiras,/ tem as palmeiras do Mangue,/ onde canta o sabiá". Na versão de Luís Martins, no entanto, ele parece não estar exilado na Europa, mas sim em São Paulo, onde morou por quase toda a vida, boa parte dela na companhia de Tarsila do Amaral.[83] É o Rio de Janeiro pelo qual ele anseia, em especial, a cidade de sua juventude.

Com um espírito diferente daqueles versos mais festivos, Bandeira não idealiza o Mangue. Ele reconhece o lugar também como local de pobreza e desolação. Sobre aquelas palmeiras plantadas no tempo de d. João VI, há muito desaparecidas, o poeta escreve que cometeram suicídio, e a população continuava viva por teimosia. "Mangue" cita um canto de macumba numa espécie de colagem e fala nos sambas de Tia Ciata. Bandeira dedicou uma crônica a Sinhô na ocasião de sua morte, aos 41 anos, em 1930.[84] Ele elogia o compositor por ser o "traço mais expressivo ligando os poetas, os artistas, a sociedade fina e culta, às camadas profundas da ralé urbana". Isso, para Bandeira, explicava "a fascinação que despertava em toda gente quando levado a um salão".[85] Quando "levado" a um salão, Sinhô era um hábil mediador entre a classe alta e as massas urbanas: uma distância socioeconômica traduzida pelas categorias hierarquizadas da alta cultura e da cultura popular.

Partindo da direção oposta, o "Mangue" de Bandeira parece buscar uma mediação similar, aproximando a poesia formal da linguagem das favelas e da Cidade Nova. O poema pergunta, numa frase coloquial evocativa das origens baianas e rurais do ambiente: "Cadê mais Tia Ciata". E, mais do que descrever, performa as raízes sincréticas dos desfiles de Carnaval com um diálogo ensaiando cheganças, em referência a uma prática ibérica que pode ter sido absorvida nos atuais Angola e Congo antes mesmo de os europeus e os escravizados africanos atravessarem o Atlântico.[86]

No Brasil, essas manifestações, parte das festividades natalinas, figuraram na lenta evolução até os desfiles de Carnaval modernos do século XX.[87] O diálogo curto e fragmentado da chegança, como se entreouvido pelo poeta, adota a linguagem de seus participantes com precisão fonética. Lemos, por exemplo: "O menino Jesus – Eu sou o fio da Virge Maria./ O preto – Entonces como é fio dessa senhora, obedeço". "Mangue" desconsidera as normas ortográficas num procedimento comum em *Libertinagem* e na escrita de contemporâneos, inclusive o Mário de Andrade de *Macunaíma*. Bandeira, conforme ele mesmo articula num célebre poema daquela coletânea, "Evocação do Recife", buscou a língua que "Vinha da boca do povo, na língua errada do povo/ Língua certa do povo/ Porque ele é que fala gostoso o português do Brasil". Podemos dizer que numa reviravolta completa, a cidade letrada agora presta tributo à palavra falada em detrimento da palavra escrita – e começa a flertar com a palavra cantada de novas maneiras.

Num tom bastante diferente daqueles dos historiadores, musicólogos e músicos que polemizam sobre onde, exatamente, o samba e o Carnaval nasceram, em "Mangue" o poeta declara: "Era aqui que choramingavam os primeiros choros dos carnavais cariocas".[88] Diante das representações literárias anteriores da área como *lá para as bandas*, a adoção do advérbio "aqui" é digno de nota. Na voz poética de Bandeira encontramos a antítese da exotização das imagens do Mangue: ao estabelecer uma intimidade com os morros do entorno, personificando-os – o espantado morro do Pinto –, e ao se referir, autobiograficamente, a sua saúde no verso "casinhas tão térreas onde tantas vezes meu deus fui funcionário público casado com mulher feia e morri de tuberculose pulmonar". Bandeira nunca se casou, trabalhou como professor do colégio D. Pedro II e da Universidade do Brasil e, apesar de ter morrido de outras causas, de fato foi tuberculoso.

Manuel Bandeira conhecia bem o lugar, e o verso alude, muito provavelmente, a sua experiência em primeira mão nas casas de prostituição da área. A prostituição é o principal tema do álbum *Mangue*, de Lasar Segall, e o texto de Bandeira que o acompanha aborda o assunto. A série incluía três xilogravuras, uma litografia com retoques manuais e 42 reproduções de desenhos. A maioria data dos anos 1920, e o álbum foi publicado em 1944, numa edição de apenas 135 cópias, também incluindo textos de Mário de Andrade e Jorge de Lima. O poeta pernambucano abre seu "O mangue" com uma visão geral sobre a história inicial da região, quando ainda era um pântano, e cita uma descrição da inauguração do canal em 1860. Depois de debochar do fracasso das pretensões venezianas e relembrar como a área foi escolhida para ser o centro da prostituição carioca por um chefe de polícia republicano, Bandeira passa a detalhar a rica cena musical:

> O Mangue teve então a sua grande época. Os primeiros anos da prostituição ali foram uma festa de todas as noites. Aquilo era uma

> cidade dentro da cidade, com muita luz, muito movimento, muita alegria, e quem quisesse conhecer a música popular brasileira encontrava-a da melhor [...]. Que grupinhos de choro apareciam por lá, que flautas, que cavaquinhos, que pandeiros! [...] As mulheres tinham toda a liberdade: mostravam-se em camisa de fralda alta e cabeção baixo nas portas escancaradas.

Com reminiscências dos anos 1920, Bandeira sugere um espaço que opera segundo suas próprias regras internas, separado do marasmo do resto da cidade pela permissividade, pela música e pelas mulheres. Suas lembranças exibem uma aparente falta de consideração pelo bem-estar das mulheres, como leitores contemporâneos exigiriam.

O destino dessas mulheres era a principal preocupação de Lasar Segall. Bandeira, evocando a linguagem do sagrado, compreende as motivações do pintor como diferentes dos demais: "Lasar Segall também fez a peregrinação [...] mas o que o atraía ali não era o pitoresco dos costumes, não era o sabor da música popular em primeira mão, nem era o formidável desrecalcamento dionisíaco". Nesta passagem, Bandeira refere-se ao Mangue como *ali*, mais próximo, portanto, do que *lá*. Ele prossegue com uma mudança de tom: Segall, "alma séria e grave, ia ali para debruçar-se sobre as almas mais solitárias e amarguradas daquele mundo de perdição, como já se debruçara sobre as almas mais solitárias e amarguradas do mundo judeu, sobre as vítimas dos *pogroms*, sobre o convés de terceira classe dos transatlânticos de luxo".

O *Mangue* de Segall, quer estivesse ou não ciente disso, representa outro local de convergência na cultura brasileira — embora não se junte ao coro dos que exaltam a miscigenação do país e sua suposta harmonia racial. Os temas judeus e negros estiveram entre os interesses iniciais do pintor de origem lituana, e ambos, ainda que separadamente, ocuparam a atenção da academia para o seu trabalho. Lasar Segall, que veio para o Brasil em 1923, ele mesmo sendo judeu, sobrepõe condições de abandono e destituição ao retratar as mulheres do Mangue. Parece haver uma ambiguidade étnica em muitas das representações em preto e branco: algumas das mulheres podem ser identificadas como negras, ou como judias da Europa oriental.

Na verdade, a prostituição no Mangue era um espaço de convergência entre afro-brasileiros e judeus asquenazes: um outro aspecto da porosidade do bairro e, talvez, até mais fácil de atestar do que as trocas musicais e entre outras formas culturais. Segundo estatísticas da polícia e da saúde pública, de 1923 a 1924, cerca de um terço das prostitutas do Mangue era estrangeira, aproximadamente 70% dessas oriundas da Europa oriental, em comparação a 40% na Lapa. E, embora os registros policiais não considerem raça, durante o mesmo período o relatório de Betty Rice, enfermeira americana, classifica cerca de metade das prostitutas no Mangue como negras, pardas ou mestiças.[89]

No início do século, ao notar a diversidade das comunidades judaicas na capital, João do Rio havia escrito sobre como o número de "mulheres da vida airada e *cáftens*" cresce e aumenta.[90] Ele encontra "essa gente" morando na vizinhança do antigo campo dos Ciganos, atual praça Tiradentes. Em *Numa e a Ninfa*, ao chegar ao porto do Rio de Janeiro, Bogóloff, o personagem russo, precisa enfrentar a suspeita de ser um cafetão ou um anarquista, revelando o tipo de expectativa oficial sobre os imigrantes do Leste Europeu. Mais especificamente, Malamud expressa sua insatisfação, a partir da segunda metade dos anos 1920, com a "vizinhança desagradável e perturbadora", e lamenta que um expressivo número de judeus atuasse naquele "submundo".[91] Fridman dedica uma seção de seu livro ao envolvimento de judeus com a prostituição.[92]

A historiadora Beatriz Kushnir documenta a vida de algumas dessas mulheres através de suas associações para assistência mútua. Seu *Baile de máscaras*, de 1996, lança um olhar comparativo sobre os "espaços de sociabilidade" no Rio de Janeiro, em São Paulo, em Santos, em Buenos Aires e em Nova York, afirmando que, apesar de integradas à vida local, as assim chamadas "polacas" cultivavam as práticas judaicas e um sentimento de identidade, sem jamais serem integralmente assimiladas. As representações de Segall da zona de meretrício, de maneira similar, parecem preocupadas em imaginar, ou tentar expressar, suas subjetividades: muitas das mulheres devolvem o olhar para o observador, e não são representadas como objetos de desejo. Algumas parecem abatidas, outras não têm rosto, existem as maternais e ainda as escondidas atrás das persianas. Ele retrata uma paisagem humana deserotizada, evocando um páthos que contrasta com as formas sensuais e coloridas do Mangue de Di Cavalcanti, por exemplo.[93]

Nos anos 1930, a prostituição e seus dramas se tornaram tema recorrente também na literatura brasileira, começando pelo apropriadamente intitulado *Mangue*, de Otávio Tavares, de 1933.[94] Outros artistas visuais importantes, como Oswaldo Goeldi, também representaram o meretrício de meados da década de 1920.[95] O renomado gravurista produziu xilogravuras sombrias para ilustrar um livro chamado *O mangue*, do jornalista Benjamin Costallat, que se mantém inédito. No entanto, em sua introdução para *Mangue*, de Segall, Bandeira não o compara a obras sobre o tema nas artes visuais, mas a um poema de Vinicius de Moraes. Como ele diz, "outro espírito de humanidade igualmente fraternal". A "Balada do Mangue", ao mesmo tempo lírica e perturbadora, começa assim:

> Pobres flores gonocócicas
> Que à noite despetalais

As vossas pétalas tóxicas!
Pobre de vós, pensas, murchas
Orquídeas do despudor,
Não sois Loelia tenebrosa
Nem sois Vanda tricolor:
Sois frágeis, desmilinguidas
Dálias cortadas ao pé
Corolas descoloridas
Enclausuradas sem fé.
Ah, jovens putas das tardes
O que vos aconteceu
Para assim envenenardes
O pólen que Deus vos deu?[96]

O poema termina com uma nota dramática, perguntando às mulheres por que "Não ateais fogo às vestes/ e vos lançais como tochas/ Contra esses homens de nada/ Nessa terra de ninguém!". Dessa forma, para Bandeira, Vinicius "vingou [as mulheres] do desamparo social".

A visita ao meretrício teve um impacto profundo sobre o homem que viria a compor "Garota de Ipanema". Muito antes de participar em clássicos da bossa nova, Vinicius foi um cristão neossimbolista bastante conservador. Anos depois, numa conversa, ele se lembra de levar Waldo Frank à favela durante a excursão do autor pela América Latina, em 1929. A visita foi seguida por uma experiência no Mangue que Vinicius posicionou no centro de um despertar político — se não uma conversão espiritual — que, de diversas formas, se tornou sua missão de vida:

O dia de são Jorge (Xangô, pelo sincretismo) é muito importante no Rio, e nós o passamos na rua das mais aguerridas prostitutas. Eu vi

> crime, degradação sexual e pobreza pela primeira vez. Foi também a gestação de um de meus poemas mais conhecidos, "Balada do Mangue". Passados trinta dias eu não era mais um menino, não era mais um cidadão da classe média alta preparado pelo sacerdócio para me tornar um bom representante da direita. Foi uma virada em minha vida. Minha visão jamais voltou a ser a mesma.[97]

Ao contrário de Murilo Mendes e, especialmente, de Mário de Andrade e Manuel Bandeira – em outras palavras, a contrapelo da estética modernista –, Vinicius de Moraes não poetiza o Mangue reproduzindo uma linguagem que condiz com a dos seus frequentadores e residentes. "Balada do Mangue" adota um estilo enobrecedor, erudito e antiquado, usando a segunda pessoa do plural (vós), em geral reservada para circunstâncias mais formais.[98] Dessa forma, ele desfamiliariza e eleva as mulheres: sua tragédia se torna compreensível apenas em termos de antecedentes, encapsulada na forma poética arcaica da balada. Ao mesmo tempo, o poema alterna a musicalidade dos versos heptassílabos e expressões de afeto com termos científicos e técnicos relacionados à botânica ou a patologias. O resultado é um tipo de estranhamento também encontrado nas gravuras de Lasar Segall e de Oswaldo Goeldi sobre o Mangue. Combinando traços expressionistas com técnicas tradicionais de xilogravura do Nordeste brasileiro, os dois artistas visuais emprestam um efeito similar às ilustrações para os *Poemas negros*, de Jorge de Lima – no caso de Segall – e no de Goeldi, para as capas de diversos livros da literatura regionalista do Nordeste, boa parte na chave do realismo social, denunciando as duras condições de vida das camadas mais pobres do país.

Além de servir de palco para dramas universais sobre a exploração e a dignidade humana em face da miséria, o Mangue de

Vinicius, como o de Lasar Segall, captura uma realidade social particular. A pluralidade étnica e racial das gafieiras da Cidade Nova, reunindo russos, judeus, afrodescendentes e até mesmo asiáticos, se estende à zona de prostituição. Em "Balada do Mangue", encontramos as "polacas" e vemos "Louras mulatas francesas". Em "Não sei dançar", de Bandeira, do livro *Libertinagem*, a voz poética festeja como "O japonês também dança maxixe". O poema evoca as forças assimilacionistas da dança com a frase sincrética que combina o africano "acugêlê" com "banzai", uma exclamação tradicional do Leste asiático que significa "10 mil anos". Duas vezes, como num refrão, o poema saúda a cena como "Tão Brasil!".

Música e dança de fato constituem esferas da vida brasileira que permitem essa porosidade. Em seus melhores momentos, esses encontros podem até mesmo concretizar as promessas de diversidade cultural e do sincretismo tão festejado como uma característica nacional. Frequentemente relegada na nossa história cultural, no entanto, a prostituição também proporcionou uma arena para as interações afro-judaicas, aproximando dois dos grupos sociais mais marginalizados do Rio de Janeiro. É preciso que isso também seja reconhecido como "tão Brasil".

5. Escrevendo o "Berço do Samba": Raça, rádio e o preço do progresso

Carnaval não é nem mais nem menos do que rua.
Donga[1]

As ruas são uma noção obsoleta.
Le Corbusier, *Ville Radieuse*

I

Depois de tantos artistas e escritores modernistas terem voltado a atenção para a Cidade Nova durante os anos 1920, o bairro deixou de ser um espaço central apenas para grupos étnicos e sociais marginalizados. Seu papel nas cartografias letradas do Rio de Janeiro como um local habitado pelos pobres, como já vimos, estava cimentado, mas nos anos 1930 a Praça Onze assumiu um papel privilegiado nas narrativas que começavam a definir o samba como gênero nacional e o Brasil como "o país do Carnaval".[2] Isso foi acompanhado por um desdobramento interconectado, com amplas implicações para todo o país: a mistura racial, anteriormente temida e condenada, começou a ser cada vez mais valorizada por cientistas sociais, músicos e jornalistas, entre outros. O caso da Cidade Nova, nesse contexto, pode elucidar uma contradição que ainda não foi estudada de forma adequada: no momento em que a ideia de uma identidade nacional fundada na mistura começava a ganhar proeminência e aceitação durante a década de 1930 e início da de 1940, uma combinação de forças políticas, urbanísticas e tecnológicas levou a uma cidade mais dividida.

Mas não vamos nos antecipar, já que nada disso ocorreu da noite para o dia. Por meio de uma análise cuidadosa de fontes, como revistas e jornais, Maria Clementina Pereira Cunha traçou a construção de uma equivalência entre Carnaval e identidade nacional, revelando o processo pelo qual a festa foi legitimada e amplamente aceita nos anos 1920. Nem todas as celebrações de Carnaval foram criadas da mesma maneira, no entanto. Depois das reformas de Pereira Passos, o Carnaval do Rio de Janeiro se dividiu ao longo de linhas sociogeográficas: os bailes de máscaras particulares, com pretensões europeias, eram frequentados pelas elites e realizados em locais como o Teatro Municipal; havia os *corsos*, carros motorizados que desfilavam pela avenida Rio Branco; e, dependendo a quem se consultasse, as reuniões anárquicas e bárbaras das "classes perigosas" *ou* as expressões espontâneas e autênticas das populações "africanas" do Brasil, na Praça Onze.

O Carnaval da Praça Onze ficou mais popular entre as classes mais baixas não só devido ao seu status simbólico na "Pequena África", mas também pela proximidade das favelas – cada vez mais populosas e sem espaços públicos adequados –, e da Central do Brasil, que a conectava aos subúrbios. Apesar da mudança de importantes instituições políticas para longe da Cidade Nova, o bairro se manteve bem atendido pelas redes de transporte, facilmente acessível de diferentes cantos da cidade.[3] A Praça Onze, como afirma Muniz Sodré, "tornou-se ponto de convergência da população pobre dos morros de Mangueira, Estácio, Favela, favorecendo a expansão territorial de blocos e cordões carnavalescos, além de rodas de samba".[4]

A importância da Praça Onze para o desenvolvimento da música no Rio transcende o Carnaval. Além das rodas de samba e festas nas casas das matriarcas baianas, uma balança de pesar carga, localizada atrás da Escola Benjamin Constant, que dava para a praça, proporcionou um raro espaço ao ar livre onde os sambistas podiam se reunir o ano inteiro. Os compositores Carlos Cachaça e Cartola, entre os fundadores da escola de samba da Mangueira, em 1928, olham para trás nostalgicamente no famoso "Tempos idos", de 1968: "Uma escola na Praça Onze/ testemunha ocular/ e perto dela uma balança/ onde os malandros iam sambar". A Mangueira não ficou conhecida incidentalmente como "estação primeira" – de lá, para chegar ao Campo de Santana, bastava uma rápida corrida de trem de pouco mais de cinco quilômetros, e podemos imaginar seus moradores circulando pela área frequentemente. É de se supor que a visibilidade da balança pública, combinada com a presença de trabalhadores do porto, igualmente próximo, esperando em fila para usá-la, tanto animavam a cena quanto inibiam a repressão policial dos que iam lá para cantar e dançar.[5]

Embora exista um vasto número de pesquisas sobre o Carnaval, poucos autores resistem ao tom nostálgico ou comemorativo ao tratar da Praça Onze das primeiras décadas do século: ela ficou conhecida como o "berço do samba". A sugestão é que esse bastião da brasilidade deva sua existência à praça pública da Cidade Nova. O processo pelo qual a Praça Onze obteve esse status simbólico ou mítico, no entanto, exige um olhar atento.

Seu lugar no imaginário da época era bem mais complexo, e seu papel na etiologia da moderna identidade brasileira foi bem mais ambíguo do que poderíamos supor.

Uma das primeiras descrições detalhadas do Carnaval da Praça Onze pode ser encontrada no clímax de *A viagem maravilhosa*, de Graça Aranha, autor nascido em 1868 no Maranhão, em uma família rica. Tornou-se juiz ainda jovem e, em 1902, publicou o romance *Canaã*, que alcançou grande sucesso. Baseado em Paris como diplomata, no auge das vanguardas, Aranha frequentemente recebeu o crédito de força motriz por trás da Semana de Arte Moderna, aberta por ele com uma palestra chamada "A emoção estética na arte moderna". Membro da Academia Brasileira de Letras desde sua fundação, em 1897, o já mais velho e reconhecido Aranha contribuiu para dar certa validade aos modernistas nas primeiras fases do movimento. Seu apoio e envolvimento com aquela geração não ficou livre de controvérsias e, em 1924, ele renunciou a sua vaga na Academia.

O esperado segundo romance de Aranha, *A viagem maravilhosa*, saiu em 1929 e não foi tão bem recebido pela crítica. A única reimpressão parece ter sido em 1930, e o livro ficou praticamente esquecido desde então. Nas páginas finais, no entanto, ele oferece algumas das mais sugestivas representações do Carnaval da Praça Onze da época:

> Alguns dias depois explode embaixo o Carnaval. Maravilha do ruído, encantamento do barulho. Zé Pereira, bumba, bumba. Falsetes azucrinam, zombeteam. Viola chora e espinotea. Melopeia negra, melosa, feiticeira, candomblé. Tudo é instrumento, flautas, violões, reco-recos, saxofones, pandeiros, latas, gaitas e trombetas. Instrumentos sem nome inventados subitamente no delírio da improvisação, do ímpeto musical. Tudo é canto.[6]

A prosa rompe com a sintaxe para dar uma impressão de atmosfera delirante: todos os sentidos são mobilizados e *tudo* está sujeito à cacofonia arrebatadora. Dos instrumentos tocados simultaneamente de forma dissonante surge certo tipo de sincronicidade. Mas há ainda mais em jogo nessa passagem: "Dentro dos sons e das cores movem-se os cheiros, cheiro negro, cheiro mulato, cheiro branco, cheiro de todos os matizes".[7] Tais cheiros não são diferentes daqueles que Murilo Mendes encontra nos maxixes que se dançavam em seu "Noite carioca". Ambos formam parte de uma associação persistente na literatura do período entre as experiências musicais e o sentido do olfato; e, não por coincidência, no limiar do processo em que o rádio e a indústria fonográfica viriam a tornar a música popular já não mais inseparável da presença física, de corpo presente, em determinados ambientes geralmente "suarentos". As novas tecnologias permitiam que a pessoa escutasse samba ou maxixe sem precisar se locomover a um local onde músicos estivessem tocando ao vivo. Isso traz consequências para a experiência da música e da cidade. Aqui, pela maneira como esses cheiros são sinestesicamente associados a termos raciais, também se revela o interesse teórico de Aranha pelos discursos incipientes do Brasil como uma "terra de três raças".[8]

Num tratado de bastante influência após sua publicação em 1921, *A estética da vida*, o autor explora a "alma" brasileira como uma combinação do realismo e melancolia portugueses, a "perpétua infantilidade" dos africanos e a "metafísica do terror" dos indígenas.[9] O que ele chama de "metafísica bárbara", resultado hereditário dos "elementos psíquicos selvagens das primitivas raças formadoras da nação", deve ser subjugado para que a alma brasileira obtenha uma "unidade essencial com o cosmos".[10] Nesse longo ensaio, Aranha apresenta um programa para que seus compatriotas superem os legados dos ancestrais "bárbaros" e da natureza em sua formação espiritual, entre outras coisas, apelando à subjugação da animalidade.

Em *A viagem maravilhosa*, essas tensões são dramatizadas sem muita sutilidade no Carnaval da Praça Onze, o expoente dos elementos negros e "bárbaros" do caráter brasileiro. Se a passagem citada anteriormente invoca um meio multirracial, a narrativa logo começa a se deter naqueles que Aranha considerava os aspectos primitivos, femininos e africanos da cena:

> Carnaval. Tudo efemina-se. Glória da mulher. Ela, para ela e por ela. Inversão universal. Homens-fêmeas. Mulheres-macho. Retorno ancestral ao culto lunar, ao mistério noturno. [...] Triunfa a negra, triunfa a mulata. Música, fanfarra, préstito, maxixe, samba.[11]

Na inversão bakhtiniana do Carnaval, o texto traça uma clara correlação entre irracionalidade, mulheres e negritude. Quanto aos méritos estéticos do que ele ouve, se o poeta Manuel Bandeira louvava as qualidades líricas das composições de Sinhô, e Villa-Lobos apreciava a música popular, esse narrador não o tem em tão alta conta: "Música de coreto. Bateria. Cantoria infinita, confusa, das bocas pretas, abismais. Melopeia plangente para palavras canalhas". Mais do que uma posição excêntrica, essa é uma voz que refletia as opiniões de muitos — se não da maioria — das elites intelectuais.

Os criadores daquele "ritmo bárbaro" da narrativa de Aranha não são indivíduos, mas uma massa negra, retratada metonimicamente por copiosas listas de artefatos, denominações étnicas e comidas de origem africana.[12] No auge do frenesi que o texto conjura, um grupo de baianas dança sensualmente. Retratadas e percebidas como objetos sexuais, elas seduzem homens cujas descrições vão se fazendo cada vez mais zoomórficas. Enquanto estão "dançando, cantando [e] saracoteando a grossa luxúria negra", são "farejadas, seguidas por gorilas assanhados de beiços compridos, tocando pandeiros, pulando lascivos". Apesar das descrições abertamente racializadas, numa indicação de que essa não é uma cena exclusivamente afro-brasileira, ouvimos de um imigrante português que sucumbe à animalidade da mesma forma que aqueles "gorilas assanhados": "Se em Portugal houvesse baianas, eu não saía de lá!". O homem predador tem direito à animalidade, reduzindo a mulher a presa.

Após a vinheta ruidosa, uma voz autoral intervém para então elevar as baianas a uma esfera religiosa. Com uma mudança abrupta de tom, é como se Aranha estivesse consagrando o Carnaval primitivo da Praça Onze como uma expressão legítima da alma brasileira — do alto de sua posição de escritor. Agora, as baianas "suspendem as saias rodadas e dançam", mas "a sensualidade é religiosa". O ritmo dos ranchos é um drama "sacro, grave e profundo". Em vez de desclassificado e vulgar, o "Carnaval espiritualiza-se", e "no seu imenso manancial recebe as correntes das crenças, dos cultos, que se transformam em festas". O autor direciona sua atenção para as manifestações carnavalescas que frequentemente passavam em branco na imprensa da cidade, que preferia cobrir os bailes de máscaras dos clubes particulares, ou os carros enfeitados que desfilavam pelo boulevard central do Rio no Carnaval dos corsos. Aqui, o lugar que a Pequena África assume nessa visão sacralizada de autenticidade cultural é tão imanente quanto a conclusão do trecho é explícita: "Também aí deságuam os cantos e as melodias de todo o povo do Brasil".

Nem todos numa cidade letrada cada vez mais fragmentada concordam com a interpretação de Aranha sobre o Carnaval da Praça Onze — cuidadosamente construída de acordo com preceitos nacionalistas e ideológicos, mas, ainda assim, encantada.

Um escritor do *Jornal do Brasil* apresenta uma visão mais cética, representativa dos relatos da época na imprensa: "O Carnaval da Praça Onze é privativo da Cidade Nova. E tem, por isso, atrativos e motivos exclusivamente seus".[13] Naquele mesmo dia, o jornal transcreveu um convite para um baile pré-carnavalesco numa gafieira da Praça Onze, com o qual os Triunfadores carnavalescos pretendiam levantar fundos para Belisário Joaquim Rodrigues, que estava preso e não tinha meios de se defender. O artigo afirmava que o homem em questão era um assassino e reproduziu o convite como sinal da omissão policial, permitindo que as "classes perigosas" agissem livremente e sem repressão. E cita outro exemplo de violência: segundo o jornal, no mesmo salão de dança, um certo Vicente Leôni (um imigrante?) assassinara a amante e cometera suicídio com dois tiros na cabeça, tudo isso enquanto as festividades, supostamente, prosseguiam imperturbáveis. O artigo declara: "O maxixe macabro continuou até o raiar do dia".

A Praça Onze pode ter servido a propósitos muito diferentes em cada uma dessas narrativas. Todos, no entanto, optam por enfatizar um tipo de "alteridade" em vez da mistura. A insistência nas baianas, por exemplo, serve para distorcer seus números reais: como os imigrantes judeus, a população baiana compreendia uma pequena parcela da população total da cidade, 1,49% segundo o censo de 1920. O termo *baiana* pode muito bem ter sido usado de forma abrangente (como acontece, ocasionalmente, ainda hoje), e é provável que sua visibilidade também derive das tradicionais vestes usadas como fantasia durante o Carnaval. Graça Aranha, no entanto, apresenta um "outro" africano, transformado em brasileiro através da Bahia: "África. Bahia. Brasil", escreve. Aquela fonte de autenticidade, ainda assim, aparece removida do resto da cidade "civilizada", de algum modo imune ao seu dia a dia e exótica para os leitores.

II

No intervalo de menos de três anos entre *A viagem maravilhosa* e o artigo do *Jornal do Brasil*, ocorreram algumas tantas mudanças na paisagem carnavalesca e política do país. O romance de Aranha toma o partido dos 18 do Forte de Copacabana, a primeira de uma série de revoltas lideradas por jovens tenentes insatisfeitos, reivindicando vários tipos de reformas militares e sociais. Felipe, o personagem mais próximo do autor, identifica-se como comunista e considera o capitalismo uma forma de opressão. O vilão, Radagásio, "amante da ordem" e ambicioso, mas, ultimamente, um arrivista parasitário, encarna os valores e hipocrisias da Primeira República. Os ataques abertos de Aranha à "antiga ordem", em certa medida, antecipam a assim chamada Revolução de 1930, parcialmente em consequência da insatisfação sinalizada pelas revoltas tenentistas de 1922, no Forte de Copacabana.[14] Com o presidente Washington Luís e as oligarquias cafeeiras governantes ainda mais enfraquecidas pela quebra da Bolsa no ano anterior, o gaúcho Getúlio Vargas ascende ao poder com um golpe militar em 1930, rompendo com o controle e a alternância de Minas Gerais e de São Paulo na presidência.

A não ser por um intervalo entre 1945 e 1951, Vargas não deixaria o cargo até seu suicídio, em 1954. Durante seu regime, o país passou por mudanças profundas, incluindo uma industrialização acelerada da economia, centralização do Estado-nação e a implantação de direitos trabalhistas, o que lhe valeu o epíteto de Pai dos Pobres. Uma figura grandiosa e polarizadora, ele presidiu como ditador no primeiro período e como presidente eleito a partir de 1951. O presidente brasileiro de maior permanência no poder, Vargas se tornou personagem frequente na cultura popular de sua época e objeto de incontáveis pesquisas acadêmicas desde então.[15]

Enquanto isso, em 1932, o jornal *O Mundo Sportivo* introduzia outra mudança de consequências duradouras – algo que evidentemente não desperta uma atenção comparável por parte dos estudiosos, mas que teve repercussões significativas para a história cultural da cidade. Sob o comando de Mário Filho, o diário recém-criado institucionalizou a prática até então esporádica de tratar os desfiles de Carnaval como competições.[16] Assim, iniciava-se oficialmente a era das escolas de samba. A maioria dos pesquisadores e sambistas considera a Deixa Falar, do bairro do Estácio, a primeira dessas organizações: seus fundadores chamavam a si próprios de "escola", pois, jocosamente, consideravam-se professores, e também devido à existência de uma escola normal nas redondezas. Ismael Silva, um de seus líderes, explicou que a motivação para se organizarem como grupo nasceu do desejo de não serem mais vítimas da violência policial.[17] Independentemente de diferenças técnicas entre a Deixa Falar e os ranchos, a contribuição desses sambistas do Estácio teve mais a ver com inovações na forma musical do que com a organização dos desfiles de Carnaval.[18]

No final da década de 1920, os jornais promoveram uma onda de concursos relacionados ao Carnaval.[19] Comentando sobre esses eventos décadas mais tarde, alguns dos fundadores da Mangueira diminuem o papel da cidade letrada. Eles destacam os princípios num concurso realizado na Praça Onze, com a ajuda de um "turco" (referindo-se a alguém do Oriente Médio, talvez descendente de judeus) que permitiu que seus troféus fossem expostos na frente da loja dele.[20] O Carnaval de 1931, o primeiro após Vargas tomar a presidência, foi considerado "fraco" pela imprensa, marcado por uma lei seca e sinalizando a exaustão das formas anteriores de organização das festividades – por mais contraintuitivo que possa soar a ideia de "organizar" o Carnaval. Percebendo a oportunidade, no ano seguinte, *O Mundo Sportivo* coordenou os desfiles das escolas de samba. O evento aconteceu na Praça Onze e representou um ponto de inflexão. A Mangueira – escola que Cartola e Carlos Cachaça ajudaram a criar – saiu vencedora. Eles voltaram a ganhar em 1933, quando os jornais estimaram que 40 mil pessoas acompanharam os desfiles na Praça Onze.[21]

Ao lado da criatividade de seus membros e da sagacidade de Mário Filho, as escolas de samba foram beneficiadas pelo apoio institucional de Pedro Ernesto, nomeado prefeito do Rio por Vargas em setembro de 1931. Em 1934, o evento homenageou o prefeito e foi realizado no Campo de Santana. Nos anos seguintes, os desfiles tornaram-se oficiais, e as escolas receberam apoio financeiro do governo.[22] Novamente foram realizados na Praça Onze, e foram mantidos lá até a inauguração da avenida Presidente Vargas, em 1944. O Carnaval e o samba haviam percorrido um longo trajeto desde os fundos das casas das tias, e agora estavam em vias de se tornar uma indústria importante, envolvendo dezenas de milhares de participantes, capturando os olhos e ouvidos da nação em todo fevereiro ou março. Antes olhadas de cima e perseguidas, expressões afro-brasileiras agora, indiscutivelmente, pertenciam à esfera pública, e foram definitivamente incorporadas à imagem do Brasil para si próprio e para o mundo. A canção "Tempos idos" alude à transformação: "Já não pertence mais à Praça [Onze]/ já não é samba de terreiro/ vitorioso ele partiu para o estrangeiro".

Nem todos os admiradores do samba aprovaram o papel atribuído ao Carnaval e o prestígio que o gênero adquiriu – mesmo entre aqueles que mais ganharam com sua crescente importância, havia desconforto e críticas. *Na roda do samba*, livro de 1933, de autoria de Francisco Guimarães, por exemplo, expressa o presciente temor de que a popularização do samba em meio à elite cultural representasse uma ameaça à sua autenticidade e vigor. Seu autor, mais conhecido como Vagalume, foi testemunha dos primeiros dias do gênero na "velha Cidade Nova", "onde quase sempre se realizava o baile na sala de visitas e um sambinha mole no quintal".[23] Alinhando-se com os discursos do Rio como uma cidade dividida, ele leva a imagem ainda mais longe. Com uma meia ironia, Vagalume sugere a imagem não apenas de duas cidades, mas de dois países inteiramente separados: escrevendo sobre o poeta, artista e músico Eduardo das Neves, declara que "na roda do samba, Eduardo pertenceu sempre à Cidade Nova, porque se julgava estrangeiro lá para os lados de Botafogo".[24]

Vagalume, que se identificava como um homem negro, como Eduardo Neves — o "artista negro que tanto honrou a raça a que me orgulho de pertencer"[25] — muito claramente escolhe um lado. Ele se ressente do fato de que o "samba foi adotado na roda 'chic'",[26] e que, enquanto "antigamente era repudiado, debochado, ridicularizado", hoje "já é cogitação dos literatos, dos poetas, dos escritores teatrais e até mesmo de alguns imortais da Academia de Letras!".[27] Como se para distanciá-lo das classes literárias, ele localiza a origem num passado de pureza, "sem ambição de ouro",[28] onde os sambas eram criados em morros míticos e tornavam-se conhecidos somente após descerem até a casa de Tia Ciata[29] e para a Praça Onze durante o Carnaval.[30]

É difícil afirmar se Vagalume direcionou sua crítica para alguém em particular. Donga fala de algumas ocasiões em que os músicos da Praça Onze e escritores ilustres reuniam-se para recitar poesia e improvisar sambas até o amanhecer.[31] Além de outros exemplos já vistos, autores como Oswald de Andrade recorreram a citações de músicas populares em textos como o seu "Manifesto Antropófago", de 1928.[32] *Na roda do samba* por vezes adota um tom protetor que viria a caracterizar a abordagem da cultura popular por intelectuais e jornalistas posteriores: "Que venham os poetas, mas que respeitem a tradição".[33] Os próprios sambistas, no entanto, jamais parecem muito preocupados com a ameaça da cidade letrada e, na verdade, muitas letras sugerem uma via de mão dupla.

Enquanto poetas como Oswald de Andrade ou Bandeira buscavam a vitalidade do vernáculo, os compositores populares mostravam disposição em se cobrir com o manto da poesia. Quer esse tipo de referência possa ou não ser compreendido como uma expressão da porosidade entre o popular e o erudito na música brasileira, permanece o fato de que os sambistas cantavam a si mesmos como poetas: Noel Rosa em "Palpite infeliz", por exemplo, não faz distinção entre os dois métiers: "Fazer poema lá na Vila é um brinquedo/ Ao som do samba dança até um arvoredo"; em outros versos famosos, o compositor mangueirense Nelson Cavaquinho e seu parceiro Guilherme de Brito cantaram sobre como a favela tem os poetas, como eles, em alta conta: "Em Mangueira/ quando morre/ um poeta/ todos choram./ Vivo tranquilo em Mangueira porque/ Sei que alguém há de chorar quando eu morrer".

O descontentamento de Vagalume com o estado do samba, no entanto, apontava para outra mudança de consequências bem maiores, trazida pelo desenvolvimento do rádio, pela indústria fonográfica e pela profissionalização que se seguiu. No final dos anos 1930, os aparelhos de rádio tornaram-se cada vez mais acessíveis para as famílias de trabalhadores, e, em 1945, cerca de 85% dos lares do Rio de Janeiro e de São Paulo contavam com um.[34] A indústria fonográfica passava por um boom similar, com corporações multinacionais abrindo afiliadas locais no final dos anos 1920, importando tecnologias caras e aptas a investir na distribuição nacional.[35] Ambas as indústrias instalaram as filiais sobretudo no Rio de Janeiro e, diferentemente de outros países latino-americanos, priorizaram a produção de música nacional. O rádio, por extensão, tornou-se arena para projetos culturais concorrentes durante o governo Vargas. No entanto, como demonstra Bryan McCann em *Hello, Hello Brazil*, enquanto o regime era capaz de "levar adiante projetos efetivos de persuasão cívica e cultural", a música popular "mostrava-se relativamente imune à manipulação burocrática direta".[36]

Além de fomentar um conceito mais estrito de autoria vinculado aos direitos autorais e a um grau mais alto de profissionalismo entre os sambistas, a disseminação das músicas pelo rádio modificou os fundamentos da experiência musical no cotidiano. Com o novo meio, como já sugerimos, a presença corporal, e com ela a geografia cultural, torna-se bem menos integral: não era mais necessário estar numa casa cheia de gente, ou nos suados salões de dança de bairros específicos, para ouvir samba. Era possível fazer isso em casa. E em *mais* casas, espalhadas pela cidade e pelo país. E, nesse sentido, as formas musicais ganharam mobilidade, mas a experiência individual não estava condicionada a uma realocação física. Termos como samba e maxixe, por exemplo, não mais seriam indissolúveis do ato de dançar, passando a referir-se apenas aos gêneros musicais e tornando-se independentes de práticas corporais. Samba ou maxixe não mais implicavam um "evento" que pressupunha a participação: em vez disso, estávamos a caminho do que Guy Debord viria a chamar de "sociedade do espetáculo".[37]

O rádio adiciona uma nova camada aos processos de transmissão e circulação cultural, uma camada de mapeamento cognitivo superposta àquelas produzidas e projetadas por uma cidade letrada. Essas dinâmicas devem ser compreendidas como inter-relacionadas, e seriam para sempre alteradas — o rádio, exigindo equipamento, mas não alfabetização, acelera a velocidade com a qual viajam as criações culturais (um ritmo, uma canção, uma expressão), que passam a ser transmitidas de forma imediata e mediadas pelas novas tecnologias.

Produtos de assimilação e fermentação cultural que ganharam forma ao longo de gerações, envolvendo diásporas transatlânticas e regionais, agora se deslocavam por ondas aéreas quase que instantaneamente, capazes de alcançar territórios antes remotos. Se a própria cidade sem dúvida permite uma intensificação dos encontros sociais e trocas culturais ao reunir pessoas de várias origens em espaços concentrados, a aceleração desses processos por novas tecnologias deflagra uma cadeia de reações sem precedentes, com consequências que causaram a preocupação de todos os tipos de comentaristas: de jornalistas como Vagalume a teóricos como Marshall McLuhan.[38]

O potencial político do novo meio não escapou da atenção de membros do governo brasileiro, assim como no resto do mundo: Lourival Fontes, diretor do Departamento de Propaganda e Difusão Cultural (DPDC), exprime tal consciência numa entrevista de 1936, exortando seus compatriotas a não "desestimar a obra de propaganda e de cultura realizada pelo rádio [...] basta dizer que o rádio chega até onde não chega a escola e a imprensa, isto é, aos pontos mais longínquos do país e, até, à compreensão do analfabeto".[39] O rádio representa um golpe no quase monopólio da palavra escrita na disseminação de informações "oficiais" centradas na capital e grandes cidades, produzidas de um ponto que se mantinha como um local físico e familiar nos mapas mentais dos receptores. Para uma audiência mais ampla e inclusive rural, a música e as notícias originavam-se na capital, praticamente uma abstração quase fora do mapa para ouvintes espalhados pelo vasto país. Podemos dizer que o rádio fraturou a cidade letrada ainda mais profundamente, a ponto de deixar a metáfora ultrapassada.

Se Manuel Antônio de Almeida escrevia tendo em mente leitores familiarizados com o Rio de Janeiro, o rádio se dirigia a uma nação de proporções continentais.

Ao mesmo tempo, considerando o quanto o desenvolvimento do samba deve ao ambiente da Cidade Nova, para um observador ativo o bairro de periferia de novo se vê na situação de uma espécie de centro acidental: não apenas geograficamente, como no século XIX, mas como o local a partir do qual se irradia uma forma musical ao mesmo tempo nacional e cosmopolita. Em 1935, Arthur Ramos tenta articular os processos diante dele:

> Mas o "malandro", o "mulato bamba", a "crioula" e a "moreninha" não se contentam mais com a Praça Onze. Tomaram de assalto a avenida, no Carnaval; invadiram o broadcasting; inspiraram compositores populares; empolgaram a cidade, o Brasil inteiro [...]. O trabalho de sincretismo continental completou a obra.[40]

Embora, como vimos, o papel da Praça Onze na formação da cultura popular do Rio deva-se, em boa parte, a sua interconectividade com outras partes da cidade, Ramos, como Aranha, privilegia a noção de um espaço heterotópico. Na leitura de Ramos, esses personagens arquetípicos das ruas, listados entre aspas, subitamente não mais estão restritos aos confins da Praça Onze: para ele, é como se houvessem despertado de um isolamento e sono profundos para tomar a capital e o país, graças ao Carnaval anual e às novas tecnologias.

O médico alagoano Arthur Ramos iniciou a carreira na medicina forense, mudou-se de Salvador para o Rio em 1934, onde lecionou psicologia social na Universidade do Distrito Federal e dirigiu a seção de Ortofrenologia e Higiene Mental do Instituto de Pesquisas Educacionais (IPE). Entre diversos outros programas criados pelo Instituto, um deles, coordenado por Anísio Teixeira, explorou o rádio e o cinema como meios para difundir lições básicas sobre saúde e educação para o interior, chegando a "analfabetos e indivíduos desajustados" antes que se mudassem para as cidades.[41]

Um dos mais ativos e renomados intelectuais dos anos 1930 e 1940, Ramos foi o primeiro a tentar escrever sobre a Praça Onze a partir da perspectiva de um cientista social. Seu *O folclore negro do Brasil: Demopsicologia e psicanálise* integra uma série de estudos influentes sobre assuntos similares realizados pelo autor, um dos quais foi traduzido para inglês como *The Negro in Brazil*, em 1939, poucos anos após ser lançado. A maioria de seus livros saiu de catálogo após a primeira publicação. Ramos ficou associado à retórica ou ao etos da "democracia racial", como seu contemporâneo, Gilberto Freyre. Em seu trabalho, ele buscou "um método de exploração científica [...] do inconsciente coletivo [dos negros]".[42] Ramos propõe um confronto com os preconceitos raciais já no prefácio, determinado a compensar a falta de estudos sobre os negros no Brasil e condenando a destruição deliberada dos registros da escravidão após a abolição.[43]

No momento em que a cultura moldada na Cidade Nova e bairros vizinhos como Gamboa, Estácio e Mangueira começava a ser afetada cada vez mais intensamente pela tecnologia e pela indústria do entretenimento, Ramos procurou explorar seu papel putativo como repositório das práticas africanas antigas e "primitivas": ligada a cerimônias totêmicas, danças de guerra e de caça, e ritos sexuais cujos significados haviam se perdido, mas que o autor, enquanto etnólogo, afirmava recuperar. "A Praça Onze, no Rio de Janeiro, guardou muitas tradições africanas", escreve. A necessidade de esclarecer que a praça ficava no Rio de Janeiro reforça a ideia de que Ramos não estava se dirigindo a um público local, ou necessariamente contemporâneo, mas que escrevia conscientemente a partir da tradição acadêmica, para a qual ele supunha que seu trabalho se tornaria uma contribuição duradoura. É, portanto, um registro diferente daquele dos romancistas, músicos, escritores de viagens ou jornalistas que estivemos lendo até agora.

Assim como Vagalume, Ramos inverte a cronologia e ecoa o truísmo nascente de que o samba nasceu nas favelas, onde se manteve supostamente obscurecido e intocado até as escolas de samba descerem com ele para a Cidade Nova: o "Carnaval desentocaiou o samba dos morros", escreve ele, e "a Praça Onze começou a assistir aquilo que até então vivia escondido em recessos ignorados".[44] Enquanto o samba na realidade sintetiza inúmeras tradições musicais díspares, Ramos reforça a narrativa de que seu valor derivaria de algum tipo de pureza encontrada nas favelas, que seriam isoladas. A institucionalização dos desfiles, sugere ele, enfraquece essa pureza ancestral, levando à pressuposição de que o "samba começou a ser estilizado nas escolas de samba", uma noção desgastada, mas bastante repetida.[45]

A súbita fama da Praça Onze e sua proeminência nas cartografias das elites intelectuais e culturais deveu-se quase que inteiramente ao Carnaval. Ramos conclui seu *O folclore negro do Brasil* invocando a praça pública durante as comemorações. A relevância do livro para nosso estudo justifica as longas citações:

> Todos os anos, a Praça Onze de Junho, no Rio de Janeiro, recebe uma avalanche dessa catarse coletiva. Ali, o Carnaval é apenas um pretexto. [...] O Carnaval é uma visão espectral da "cultura" de um grupo humano. Os civilizados explodem a sua vida instintiva reprimida. Mas o primitivo apenas se mostra na sua espontaneidade de origem. É o caso da Praça Onze, conglomerado de todo um incons-

ciente ancestral. Ali se reúnem periodicamente, velhas imagens do continente negro, que foram transplantadas para o Brasil.

Essas catarses podiam ser coletivas e envolver brancos tanto quanto negros, mas, subjacente ao texto de Ramos, podemos identificar uma dicotomia racial rígida: "primitivo", "espontaneidade", "ancestral" e "velhas" são expressões associadas ao "continente negro". Tratar-se-ia de uma cultura entre aspas. Por outro lado, os instintos que precisam ser "reprimidos" no dia a dia e o "civilizado" são agrupados sob uma brancura normativa e implícita.

Diferente de outros teóricos da raça na época, do Brasil e de fora, Arthur Ramos não subscreve o princípio de uma inferioridade negra por natureza. Num panfleto de 1934, destinado aos pais de crianças do sistema escolar do Rio, ele escreve sobre não existirem raças superiores ou inferiores, mas grupos sociais culturalmente avançados ou atrasados.[46] Nesse contexto, suas descrições deixam claro quais práticas sociais deveriam ser consideradas menos avançadas, em conformidade com sua teoria da cultura afro-brasileira como pré-lógica. As influências da macumba e do fetichismo, diz ele em outra parte, eram impedimentos contra os "verdadeiros" valores científicos e deveriam ser combatidos através da política educacional.[47]

Uma dicotomia inter-relacionada mas latente no texto de Ramos mostra-se ainda mais reveladora: o enquadramento racial alcança até o modo como os espaços urbanos são internalizados. As práticas africanas ancestrais são encontradas nas margens, nas favelas ou na Praça Onze durante o Carnaval. Coerentemente, por metonímia, "avenidas" denotam o centro modernizado, assim como os bairros mais "civilizados" das classes abastadas. Essa separação funciona como precursora do uso pós-fordista de "asfalto" para significar a parte da cidade que não é favela. Não se deve considerar coincidência que a vasta maioria das elites educacionais e políticas da Era Vargas é composta de moradores da zona sul.[48]

No relato de Ramos, lemos que "o folião das avenidas passa por aquele lugar e não compreende o que vê". Para ele, a Praça Onze é o espaço onde dois polos se encontram e se sobrepõem temporariamente, mas o intrépido forasteiro que frequenta a praça uma vez por ano, durante o Carnaval, se mantém alheio a todos os seus códigos internos. O autor, assim, posiciona-se como o interlocutor informado, pairando acima, apto a explicar esse "outro" exótico através das lentes treinadas do cientista. "Mas o etnógrafo vai registrando", escreve. Trata-se de um sujeito situado *lá*, nas margens das cartografias letradas: em meio a "cerimônias de guerra e caça", onde os negros "se digladiam, terçando armas, brandindo lanças, dançando pantominas imitativas". O Carnaval torna-se domínio dos "desfiles totêmicos", de "fragmentos mágico-religiosos" encontrados nos "cantos da macumba", nas "invocações", nos "ensaios preliminares de 'possessão'", permeando a música e a dança.[49]

Por mais forçosas e ridículas que pareçam essas associações hoje em dia, Ramos estava se posicionando à frente dos discursos não só da etnografia, como também da psicanálise. Seu texto frequentemente mobiliza conceitos ainda em desenvolvimento naquelas disciplinas para analisar a Praça Onze:

> É uma fantasmagoria. Num tempo absolutamente restrito, assistimos à recapitulação de toda uma vida coletiva. Instituições que se fragmentam, se esboroam e se diluem. Os seus remanescentes são recolhidos pela Praça Onze. A Praça Onze é uma grande trituradora, mó gigantesca, que elabora o material inconsciente e prepara-o

para a sua entrada na "civilização". A Praça Onze é o censor do inconsciente negro-africano. Todo um trabalho semelhante ao da elaboração onírica (*Traumarbeit*) encontramos ali: condensações, simbolismos, disfarces, sublimações, derivações...

Na parte VI de *A interpretação dos sonhos* (1900), Freud adota o termo *Traumarbeit*, traduzido como elaboração onírica, para descrever os mecanismos envolvidos nos sonhos e seus significados latentes. Se os sonhos funcionam como interface entre os processos conscientes e inconscientes, a Praça Onze para Ramos funciona como uma interface entre o Brasil "primitivo" e o "civilizado" — é onde o legado africano pré-lógico seria filtrado para o mundo moderno. A praça torna-se não apenas o "censor" do "inconsciente negro-africano", mas também o filtro entre um Brasil do passado que perdura e o desejado país do futuro.

No que se refere ao bairro em si, com uma cultura e um cotidiano evidentemente não limitado ao Carnaval, ele é suprimido, em certo sentido, quando sua praça principal é transformada num local mítico. Removida do tempo e do espaço do resto da cidade, ela é elevada (ou reduzida) a um símbolo da mistura racial que caracteriza o país. Aquele processo fica claro quando Ramos pluraliza a Praça Onze, imaginando espaços similares por todo o Brasil:

> A Praça Onze é a fronteira entre a cultura negra e a branco-europeia, fronteira sem limites precisos, onde se interpenetram instituições e se revezam culturas. Mas a Praça Onze, por sua vez, já é um símbolo de todas as praças Onze disseminadas pelos focos de cultura negra, no Brasil. [...] O inconsciente folclórico é uma síntese do inconsciente ancestral e do inconsciente interpsíquico. É um conteúdo estrutural, um *Paideuma*.

A referência ao termo *Paideuma*, de Leo Frobenius – cunhado pelo etnólogo alemão para descrever uma gestalt, a criação de sentido típico de certas estruturas sociais –, sugere que o Carnaval da Praça Onze é a expressão suprema e mais significativa da população negra do Brasil. Assim, o estudo de Arthur Ramos culmina com a imagem da mistura num ambiente urbano e soma-se a uma onda de discursos – em especial de Gilberto Freyre – celebrando a miscigenação como um traço valioso da sociedade brasileira.[50]

Procurando privilegiar o ambiente e a cultura acima da raça, Ramos fazia parte dessas novas tendências que buscavam desfazer a ideia de inferioridade dos brasileiros não brancos.[51] Sua visão de culturas interpenetrantes e fronteiras fluidas, no entanto, precisa ser desvencilhada do atual apreço pela pluralidade e hibridismo, e não pode ser confundida com a busca modernista pela autenticidade ou pela inspiração artística no "primitivo". Afinal, nos discursos e práticas dos cientistas sociais e médicos da época, as misturas raciais eram comumente percebidas como meios de diluição do "outro", uma solução para os problemas de um país ávido por modernidade, mas mantido em atraso por um grande número de afrodescendentes – e, não esqueçamos, pelos judeus, que, apesar do número muito menor, eram cada vez mais visados no final dos anos 1930.

Mesmo com a variedade de agendas e estratégias entre os que propunham ser a miscigenação no Brasil um traço nacional positivo, enquanto essas visões se disseminavam, o Carnaval despontou como uma vitrine de harmonia sociorracial, com a Praça Onze em seu epicentro. Em 1939 – num tom bem diferente do artigo do *Jornal do Brasil* de sete anos antes –, a revista ilustrada semanal *O Cruzeiro* considerava as festividades da praça um "desfile coreográfico de tipos exóticos, mistura de raças e de classes na confraternização de alegria. Apoteose da mestiçagem, Carnaval sem preconceito". Declarações celebratórias similares, com uma notável falta de nuance, proliferaram na imprensa local e entre os intelectuais. Não muito depois, o poeta, pedagogo e articulista português João de Barros publicou um volume sobre os recursos, história e atrações turísticas do Brasil, no qual elogia "a mistura, a heterogeneidade de povo, de camadas, de nacionalidades".[52]

João de Barros, amigo de João do Rio e um entusiasta das relações luso-brasileiras, fora eleito para a Academia Brasileira de Letras em 1920. Em sua excursão à Praça Onze, ele destaca o "espetáculo de maravilha pelo colorido, pela animação e pela música" dos ranchos e reitera a noção da praça como heterotópica, um espaço sem igual e, ainda assim, sintetizando o país. Para o autor, ela tem um aspecto "diferente". Em meio a um ambiente de "volúpia singular" e "alegria sem par", para ele "se confundem na mesma alegria doidejante, infernal, baianas nos seus trajes pitorescos [...] índios vestidos de penas de mil cores, lavadeiras do Minho com suas vestes tão características".[53] Essas descrições testemunham a pluralidade do Carnaval, e, como em relatos anteriores, parece haver uma dialética entre a Praça Onze como o "outro" e o "familiar" em operação aqui. Em outras palavras, os escritores experimentam o frenesi através de filtros particulares e tendem a relatá-lo segundo seus próprios interesses, ou presumíveis interesses de seus leitores, projetando desejos e vieses. Enquanto o acadêmico do "folclore negro" destaca o que ele identifica como os resquícios de rituais africanos, João de Barros percebe nas mulheres os trajes típicos do Minho, de seu país de origem.

Barros mostra-se uma fonte útil, e não apenas para corroborar a disposição aparentemente sobre-humana dos foliões que "não há fadiga nem sono que os derrote". Ele registra a proximidade entre a praça e a Central, que descarrega milhares de pessoas em trens "apinhados" vindos dos subúrbios. Sabemos que um influxo significativo de moradores do subúrbio durante o Carnaval remonta ao final do século XIX, com base em registros de passageiros.[54] Barros nos permite pintar um quadro um pouco mais completo, que nos ajuda a explicar incongruências nos dados: muita gente passava as noites na praça e só voltava para casa ao final dos quatro dias de folia.

Além de ver sua principal praça pública tomada de gente durante o Carnaval (e, talvez, se envolvendo na folia), é difícil saber como a vida se transformava na Cidade Nova para seus habitantes durante os outros meses do ano. Com o coração do bairro solidificado nas cartografias letradas como o local brasileiro de maior expressão "africana", pode ser motivo de surpresa que o percentual de negros autodeclarados da região da Praça Onze caiu para números bem abaixo das médias da cidade. De acordo com o censo de 1940, 11,3% da população total do Rio de Janeiro se declarava preta e 17,3%, parda, em comparação a apenas 4% e 9,8% na área de Santana, respectivamente. As estatísticas do censo, portanto, contradizem as expectativas criadas pelo lugar da Pequena África na geografia cultural do Rio. No período entreguerras, os subúrbios e favelas parecem ter concentrado o crescimento da população entre os afro-brasileiros.[55]

Quando o número de habitantes do Rio de Janeiro chegou a 1759 277, em 1940, uma distribuição racial desigual da população foi acompanhada por diversos desequilíbrios de gênero. Embora a cidade como um todo fosse equilibrada (50,3% de homens), a região de Santana contava com 12 342 homens em comparação a 7948 mulheres, o que podemos inferir como resultado de um número maior de imigrantes homens. Em outra mudança populacional, bairros como Copacabana agora tinham um número desproporcional de negras (6719 versus 2410 negros), muitas das quais, presumivelmente, mudaram-se para as emergentes áreas da zona sul para trabalhar como empregadas domésticas nas residências das classes mais abastadas. Aparentemente, os filhos e filhas dos imigrantes que se instalaram na Cidade Nova estavam deslocando os afro-brasileiros que moravam lá antes, além do que, o bairro também continuava a receber europeus recém-chegados. Enquanto 38% da região de Santana era habitada por estrangeiros, segundo os censos de 1906 e de 1920, esse número só caiu para 36% em 1940, mesmo que os nascidos estrangeiros totalizassem apenas 12% da população na cidade como um todo (em comparação a pouco mais de um quarto em 1906 e um quinto em 1920).

Apesar de as diferenças de cunho étnico e social serem refletidas na distribuição espacial da cidade, o Rio de Janeiro dava a vários viajantes a impressão de ser uma cidade sem barreiras raciais. Em certo sentido, a impressão se justificava, especialmente em comparação a outras grandes cidades com bairros étnicos quase que exclusivos: devido aos diversos acidentes geográficos e à ocupação dos morros, áreas com valores imobiliários e condições de vida muito díspares mantinham-se próximas. Os moradores, em muitos casos, compartilhavam os mesmos espaços públicos. Num diário mantido durante sua primeira viagem ao Brasil, em agosto de 1936, Stefan Zweig comenta sobre as ruas do Rio: "Aí se revela a mesma extraordinária miscigenação, que se confirmará a mim em todos esses dias como a coisa mais extraordinária do nosso tempo: a absoluta ausência de preconceito entre as raças – uma observação já à primeira vista".[56] Talvez um segundo olhar fizesse com que o escritor austríaco percebesse que essa aparente falta de preconceito manifestava-se principalmente entre as classes mais baixas ou socialmente marginalizadas, com mais mistura de raças do que entre as elites, com raros afrodescendentes de pele escura.

Zweig, um dos escritores de maior sucesso entre as décadas de 1920 e 1930, viria a ser o autor de *Brasil: Um país do futuro*, de 1941. Um entusiasmado tributo ao potencial econômico e humano do país, publicado em diversas línguas, o livro repetidamente exalta como todas as raças "vivem juntas em total harmonia", contrastando essa "mistura livre e desimpedida" com as tensões e divisões encontradas em outras partes.[57] Em meio às impressões que levaram o autor a mais tarde desenvolver uma visão utópica da harmonia racial no Brasil, fica claro em suas descrições feitas no diário que o Mangue desempenhou um papel crucial e formativo:

> Essa Ioshiwara [zona de meretrício, em Tóquio] do Rio é inacreditável [...] as mulheres são expostas como em vitrines [...] uma mistura colorida como jamais vi. Negras, escuras como breu [...] olham secas e indiferentes como estátuas de madeira; francesas maquiadas, em blusas sumárias de cores gritantes ou shorts provocantes, cantam e gritam, aliciando clientes; judias da Europa do Leste prometem as mais excitantes perversidades; e, entre elas, as mulatas em todos os tons de café com leite; cerca de quinhentas mulheres [...] como uma ilustração de todas as raças e classes.[58]

A visita, narrada como fascinante, perturbadora e inesquecível no diário, reaparece em *Um país do futuro* numa passagem à qual o autor não dá grande destaque, numa seção sobre "coisas que amanhã talvez tenham desaparecido". Especulando que o Mangue em breve será "vítima da ambição civilizatória", ele o introduz no livro como "um trecho de rua que não é discutido".[59] Embora fora dos mapas, como já vimos, a zona de meretrício não era segredo para as elites, e, de alguma forma, é compatível que uma visão fundante da "democracia racial" ocorra a partir de uma experiência justamente lá: "para nós [europeus]", escreve em seu diário, "o mais impressionante é a total mistura, a ausência de preocupações com qualquer ideia de raça, o que é tão característico deste país. Negros escolhem as brancas, brancos dirigem-se a negras, a rua vibra com o intenso movimento".[60]

Zweig, ele mesmo de origem judaica, explorou o Mangue na companhia de seu editor, Abrahão Koogan, judeu natural da Ucrânia que chegou ao Brasil em 1912. Numa entrada do diário escrita a caminho da América do Sul, partindo de Lisboa, Zweig – que havia tentado manter o anonimato entre os demais passageiros – observa que apenas os imigrantes judeus que viajavam na terceira classe o interessavam, em meio a uma "monótona atmosfera". Um deles o reconheceu como "o mais grande escritor". Uma vez nos trópicos, o autor recebeu uma atenção considerável das autoridades e do público em geral – e, ao mesmo tempo, viu-se em um meio que despertava seu interesse. Quando Zweig volta para a Cidade Nova após visitar o meretrício, não é para ver o coração do bairro judeu: "À noite, mais uma vez para o Mangue, onde alguns músicos tocam música brasileira".[61] Até onde sabemos, ele pode ter visto um show com alguém como Luiz Gonzaga, o futuro Rei do Baião, nascido em Pernambuco, que começou a vida artística na capital tocando seu acordeão na zona do meretrício.[62]

Uma vez mais, é nas esferas da prostituição e da música popular (e ambas frequentemente se entrelaçavam) que o Rio de Janeiro oferece cenas que permitem a um visitante como Zweig elogiar "como as raças se misturam com naturalidade", referindo-se ao público que dançava no clube Elite.[63] Segundo as anotações de seu diário, "os melhores músicos negros do Brasil" foram convidados a tocar devido a sua visita. O flautista e o ganzá impressionaram Zweig. Entre esses "músicos da macumba" ele sente, intuitivamente, como "motivos antigos são misturados impetuosamente com novos elementos".[64] O clube Elite em questão foi uma famosa gafieira dos anos 1930, localizada na rua Frei Caneca, próximo ao Campo de Santana. Apesar do número reduzido de afro-brasileiros morando na região, ainda é na Cidade Nova que encontramos muitos dos espaços da cidade do Rio onde há sociabilidade multirracial: o Carnaval da Praça Onze, a zona do meretrício e os salões de dança.

III

Stefan Zweig foi um pacifista notável durante a Primeira Guerra Mundial, ao lado de outros como o escritor Romain Rolland. Ele deixou a Áustria em 1934, após Hitler ascender ao poder. Morou na Inglaterra e nos Estados Unidos antes de se mudar para o Brasil em 1940, onde se suicidou menos de dois anos depois. O país que Zweig saudou como a terra do futuro de forma alguma se manteve imune ao crescimento do nazifascismo na Europa. Em 30 de setembro de 1937, quase quatro meses antes da data marcada para as eleições presidenciais, setores do governo denunciaram uma conspiração comunista que foi chamada de Plano Cohen. A denúncia seria usada para justificar a instalação do autoritário e ditatorial Estado Novo, comandado por Getúlio Vargas.[65] A trama foi forjada muito provavelmente por integralistas ultranacionalistas de influência fascista, reunidos em torno da Ação Integralista Brasileira (AIB), um partido político que tinha Plínio Salgado entre seus líderes, um escritor que também esteve envolvido com a Semana de Arte Moderna de São Paulo.

A fundação da AIB, em 1932, coincide com a atenção pela imprensa brasileira ao "problema judeu".[66] Em lugar do temor de que pudessem tomar o controle do país, os ataques aos imigrantes judeus se concentraram em sua suposta inabilidade de se juntar à mistura, se assimilando. Em seu eugenista *Raça e assimilação*, Oliveira Viana concluiu que o grupo judeu era "infusível".[67] Viana viria a ser eleito membro da Academia Brasileira de Letras em 1937, e, apesar de suas teorias raciais terem sido questionadas anos depois, elas não eram, de forma alguma, excepcionais nos anos 1930.[68] O livro de Henry Ford, *O judeu internacional*, apareceu traduzido para português em 1933, e o livro de Anor Butler Maciel, com o revelador título *Nacionalismo: O problema judaico no mundo e no Brasil, o nacional socialismo*, foi publicado em 1937. Os judeus, novamente, eram vistos, por definição, como sendo incapazes de assimilação, "uma raça que se exclui da comunhão nacional".[69] Maciel propõe leis de imigração seletivas para excluir sua entrada no país.

Existe a possibilidade que Zweig tenha publicado *Um país do futuro* sob a pressão do regime Vargas, para agradar o Estado Novo, que estava impondo políticas mais rígidas para a concessão de vistos em relação aos judeus e expulsando alguns alegando status irregular.[70] A associação sistemática das comunidades judaicas do Rio de Janeiro ao comunismo – assim como a identificação mais ampla entre imigrantes e agitadores – foi direcionada contra a Cidade Nova, levando Fania Fridman a adotar a expressão "Praça Onze vermelha".[71] Ela documenta diversas facetas das atividades políticas do bairro, incluindo uma ação policial para reprimir um protesto contra a perseguição alemã aos judeus, em 1933. Noutro episódio, a supressão da revolta comunista, que havia começado nas cidades de Natal e Recife, em novembro de 1935, levou a uma incursão policial num restaurante popular na Praça Onze ligado ao Brazkor (organização judaica análoga à Cruz Vermelha, com orientação de esquerda).[72]

Luís Martins, cronista da noite do Rio, escreve sobre uma orquestra alemã que tocava sambas e de um bar alemão com uma garçonete judia, cheio de "homens de cor", mesmo após Hitler assumir o poder.[73] Ainda que os espaços de lazer pudessem causar uma impressão diferente, a perseguição aos judeus suspeitos de vínculos comunistas tornou-se implacável e, muitas vezes, brutal. Em meio a esse ambiente, uma exposição de 260 trabalhos de Lasar Segall, no Museu Nacional de Belas-Artes, no Rio, organizada pelo Ministério da Educação, em 1943, trouxe à tona acusações familiares contra a "arte degenerada", assim como as categorias correspondentes "russo, judeu e comunista".[74] A exposição continha muitos dos trabalhos que viriam a ser reproduzidos no álbum *Mangue*, alguns meses mais tarde. Embora a repercussão na imprensa tenha sido amplamente positiva, uma carta aberta a Gustavo Capanema, então ministro da Educação, dizia que "não é dissolvendo caracteres em tontices rabiscadas ou trazendo o Mangue para o Museu de Belas-Artes que se trabalhará pelos nossos ideais".[75] Ao mesmo tempo, os integralistas de inspiração nazifascista afirmavam contar com centenas de milhares de membros e eram proprietários de diversos jornais no país.[76] No que deve ter sido um gesto carregado de simbolismo, eles promoveram uma marcha na Praça Onze, em 25 de julho de 1937.[77] O sobrenome judeu do apócrifo Plano Cohen, assim, não deve jamais ser considerado arbitrário ou insignificante.

Capitalizando a instabilidade gerada pela tentativa de golpe comunista dois anos antes, Getúlio Vargas instituiu seu próprio golpe após as notícias sobre o assim chamado Plano Cohen terem se espalhado. Em 10 de novembro de 1937, ele decretou "estado de emergência", fechando o Congresso, banindo os partidos políticos e decretando o Estado Novo. A medida de banir os partidos afetou os integralistas, que se juntaram à oposição a Vargas, mas a proibição de organizações políticas racialmente específicas também representou um revés para os movimentos negros.[78]

Embora as atividades políticas de afro-brasileiros estivessem longe de se estabelecer como uma presença unificada, nos meses que antecederam o Estado Novo havia alguns sinais promissores de organização. Em janeiro de 1937, por exemplo, o Congresso Afro-Brasileiro da Bahia terminou com a redação de um texto pedindo "o reconhecimento" das religiões afro-brasileiras, até então "perseguidas como feitiçaria".[79] Tentativas de mobilização se tornaram cada vez mais difíceis.[80]

Sob o Estado Novo, Vargas concedeu poderes ditatoriais a si mesmo e, em 1939, ordenou a criação do Departamento de Imprensa e Propaganda para substituir o Departamento de Propaganda anterior e instituir uma censura mais ampla à imprensa e às artes.[81] As perseguições políticas tornaram-se mais comuns, embora não fossem desconhecidas antes do golpe: o benfeitor das organizações do samba, Pedro Ernesto, foi preso duas vezes, por exemplo.[82] Provavelmente o prefeito cuja administração causou mais impacto na vida social e cultural após Pereira Passos, Pedro Ernesto figura de maneira menos proeminente nas histórias da cidade, mesmo sendo uma figura central para se compreender algumas das tensões e mudanças nas relações entre o governo local e a política nacional.

Nomeado interventor do Distrito Federal em 1931 – como o cargo ficou conhecido –, Pedro Ernesto participou da criação do Partido Autonomista do Distrito Federal em 1933. Após o grande sucesso do partido nas eleições municipais, o recifense foi escolhido para ser o prefeito do Rio pelos vereadores da cidade em 1935, tornando-se o primeiro prefeito da capital brasileira a ser eleito, ainda que não pelo voto direto. Envolvido com a Aliança Nacional Libertadora (ANL), uma organização antifascista e anti-imperialista próxima a movimentos de esquerda, ele foi preso em abril de 1936, acusado de participação na revolta comunista para derrubar o governo meses antes. Ao ser libertado, em 1937, Ernesto foi aclamado pela população e tornou-se um crítico eloquente do regime Vargas: naquele mesmo ano, foi preso novamente por três meses e, em seguida, deixou a vida pública. Nesse ínterim, Olímpio de Melo ocupou a prefeitura da cidade, mas, no dia seguinte à instituição do autoritário Estado Novo, Getúlio Vargas indicou para interventor no Distrito Federal um de seus apoiadores mais próximo, Henrique Dodsworth. Ele se manteria no cargo durante todo o Estado Novo, até 1945.

O Estado Novo, no entanto, acarretou consequências ainda mais profundas para o futuro do Rio de Janeiro e para a Cidade Nova em particular. Para compreender o processo que leva à construção da avenida Presidente Vargas, precisamos retroceder cerca de uma década. No final de 1926, o presidente Washington Luís indicou Antônio Prado Júnior como interventor do Rio, seu bom amigo, oriundo de uma próspera família de São Paulo. Ele era irmão do Paulo Prado, patrono dos modernistas paulistanos. Engenheiro por formação, como os dois prefeitos anteriores, Prado Júnior não tinha outra experiência administrativa além de seu envolvimento com um clube de futebol. Meses depois de assumir o cargo, ele contratou Alfred Agache para um projeto de "extensão, remodelação, e embelezamento" da capital brasileira, conforme o subtítulo da publicação do plano. Urbanista de influência positivista, cofundador da Sociedade Francesa de Urbanistas, em 1912, Agache não perdeu a oportunidade.[83] Ele pertencia a uma geração de urbanistas franceses ávidos por colocar suas teorias em prática e que viam as cidades das antigas colônias da África e da América Latina como convenientes campos de testes. O escritório que abriu no Rio produziu um extenso relatório sobre as condições da cidade, publicado em 1930, juntamente com suas propostas de projetos.

Ainda que incorporasse compreensivos estudos demográficos, extensa análise do escoamento da água e cuidadosas tabelas estatísticas, o Plano Agache trata a cidade, em boa medida, como uma tábula rasa. A visão de Agache está em conformidade com os ideais preconcebidos de como uma cidade *deveria* ser. O plano foi elaborado para ser concluído num prazo de trinta a cinquenta anos. Propunha leis de zoneamento rígidas e segregação social quase absoluta: bairros residenciais aristocráticos e uma cidade universitária na zona sul; zonas hoteleira, consular e financeira no centro; uma zona comercial ao norte; e mais além, nos subúrbios, uma zona industrial e áreas residenciais para os trabalhadores. Embora o plano demonstrasse alguma preocupação com as razões sociais impulsionando o crescimento das favelas, incluindo questões de direito à propriedade, Agache promovia a ideia de que eram habitadas por "uma população meio nômada, avessa a toda e qualquer regra de higiene".[84] A implicação óbvia é que, uma vez que eram de inclinação nômade, a realocação forçada não deveria causar incômodo.

O planejamento da cidade naquela época ainda era intrinsecamente vinculado ao higienismo. Agache escreve na introdução do plano que ele deseja ser visto como uma espécie de médico, e adota metáforas médicas por todo o projeto. As atitudes do século XIX em relação aos cortiços eram agora aplicadas às favelas, as quais, como o Mangue, eram vistas frequentemente como uma "cidade dentro da cidade".[85] O plano de Agache parece ser o primeiro a tratar diretamente das favelas, e marca uma mudança. Representa um dos primeiros usos do termo no plural, significando uma tipologia em lugar do assentamento específico da Favela no morro da Providência. Para o "problema das favelas" — uma "lepra", como consta no plano —, Agache defendia a "destruição total".[86] Seus moradores seriam transferidos para "vilas-jardins" de "habitações simples e econômicas, porém higiênicas e práticas", submetidos a uma "primeira etapa de uma educação que os há de preparar a uma vida mais confortável e mais normal".[87] Grandes parcelas da Cidade Nova, incluindo o Mangue e a Praça Onze, seriam niveladas, segundo o plano, que previa uma avenida monumental, perpendicular à avenida Rio Branco.[88]

Como muitas outras áreas niveladas durante as reformas do século XX, o bairro apresentava vários elementos atualmente valorizados por planejadores e movimentos como o *new urbanism*: áreas de uso misto, diversidade de moradia, espaços públicos acolhedores e acessíveis, proximidade a locais de trabalho, adequação aos pedestres e integração com o resto da cidade por uma rede de transporte público. No Plano Agache, o bairro diversificado, com uma variedade de opções comerciais, culturais e de entretenimento, seria transformado em não mais do que uma área de "comércio secundário", irrelevante para os "homens de negócios" que, embora representassem menos de 2% da população, eram uma preocupação central das propostas: "Nada há aí [na região do Mangue] que possa se preservar".[89] O bairro seria substituído por um "grande Mercado", estacionamentos e pela avenida do Mangue.[90]

Notícias sobre as propostas de mudanças circularam antes mesmo da publicação do plano e foram recebidas com descontentamento pelos frequentadores da Praça Onze. Em meio a debates cada vez mais polarizados sobre as favelas — como vimos no capítulo anterior —, uma das vozes mais comedidas pode ser encontrada nas opiniões de um habitué da casa da Tia Ciata. Ao saber dos planos de demolição da Providência, ou morro da Favela, Sinhô compôs um samba para anunciar a medida e registrar seu protesto:

Minha cabocla, a favela vai abaixo
Quanta saudade tu terás deste torrão
Da casinha pequenina de madeira
Que nos enche de carinho o coração.

A canção "A favela vai abaixo" foi gravada em 1928 por ninguém menos do que o Rei da Voz, Francisco Alves, acompanhado pela prestigiada orquestra do Cassino Copacabana. O sucesso foi tamanho que às vezes se acredita que Sinhô interviu nos debates entre as autoridades, influenciando na decisão de não destruir o morro. Dirigindo-se à "cabocla" — o que torna impossível não evocar mais uma vez a excursão de Manuel Antônio de Almeida, no século XIX, ao Mangue —, a letra de Sinhô não necessariamente idealiza a favela, mas com certeza contesta a avaliação de Agache de que os moradores eram uma espécie de nômades. Em vez disso, a canção afirma sua dignidade, senso de pertencimento e vínculo ao lugar.[91] No final, declara: "Vou morar na Cidade Nova/ pra voltar meu coração para o morro da Favela". Brodwyn Fischer vê a canção como um "manifesto radical, virando de cabeça para baixo os preceitos usados para justificar a expulsão dos pobres da paisagem central do Rio de Janeiro".[92]

Um senso de pertencimento similar sobre os espaços da Cidade Nova pode ser encontrado em reação publicada pela imprensa judaica. Um texto de 1927, publicado em iídiche, começa com a declaração de que "fomos atingidos por uma grande infelicidade". Sem mencionar o Plano Agache pelo nome, o autor explica que "dizem que vão instalar, no local [da Praça Onze] um mercado". O artigo lamenta a perda da praça pública, onde, sob as grandes árvores, "os namorados encontravam refúgio", um lugar que serviu de "pouso para muitos notívagos ou para numerosos imigrantes recém-chegados, e mesmo para alguns veteranos sem recursos e sem lar". Evocando a ideia de um bairro judeu, o cronista teme que vá "surgir uma página branca na história da nossa comunidade" e conclui: "Que pena!".[93]

O mal-estar diante das transformações iminentes parece confundir os planos de Agache para o Mangue com uma reforma realizada na praça meses depois, quando são derrubadas as tão apreciadas casuarinas. Mas a sensação de perda não foi exclusiva dos semanários judeus: os grandes jornais da cidade receberam a remoção das árvores da praça com críticas duras, chamando de "crime que não se justifica".[94] Se a remoção indiscriminada das casuarinas causou indignação, o mesmo não pode ser dito das mortes de pedestres no bairro. Algumas das revistas do Rio mal podiam disfarçar o desprezo pela Cidade Nova: uma narrativa sobre um passeio de automóvel pela cidade concentra-se em seus "aspectos velhos" sem muita simpatia. O Mangue, observa o texto, "sempre obscuro e sujo, a passar imune no trabalho maravilhoso de remodelação da cidade, continuando a servir apenas para fotografias". Outro artigo, dedicado àqueles locais onde ocorriam mais desastres, mortes e suicídios no Rio, menciona como os veículos, "na sua fúria imensa", cruzavam a Praça Onze a caminho da rua ao longo do "canal sinistro". O texto cita estatísticas dizendo que, no ano anterior, 25 pessoas morreram e 101 foram feridas por atropelamentos no local.[95]

De fato, uma das principais preocupações que guiava as reformas propostas era a circulação dos automóveis: prédios projetados, por exemplo, contavam com pátios internos para estacionamento. Esse modelo de urbanização inevitavelmente remete a Le Corbusier, que também priorizou os automóveis. Rival de Agache, cujos planos para o Rio ele desqualificava por pertencer à "escola clássica", Le Corbusier visitou a capital do Brasil na mesma época, em 1929. Ele também manifestou interesse pela favela e concebeu os planos de um avião, desenhando sua própria visão de pistas elevadas cortando boa parte da cidade.[96] A perspectiva de uma cidade planejada em torno do automóvel animava boa parte da imprensa e da elite local. O próprio prefeito do Rio à época, Prado Júnior, era um entusiasta das corridas de automóveis, que cada vez mais se tornavam uma expressão de poder e modernidade.[97]

A revista *O Cruzeiro*, em sua edição de estreia, afirmando-se "contemporânea dos arranha-céus" e "a mais moderna revista brasileira", recebeu com entusiasmo as ideias do "professor Agache", que faria do Rio uma cidade "em tudo digna da humanidade hipercivilizada do século XX".[98] Seu editorial inaugural posicionou a nova publicação como herdeira das reformas de Pereira Passos, que, com linha reta da avenida Central, havia apressado o Brasil colonial para o futuro. O artigo sobre Agache sugere que a visão dele indicaria os próximos passos, contendo os "esboços da magnífica capital de amanhã". Embora o morro da Favela jamais tenha vindo abaixo, o urbanista francês provou-se influente entre os urbanistas brasileiros.[99] No Rio de Janeiro, como escreve Brodwyn Fischer, "o Plano Agache serviu de referência para algumas das mais importantes iniciativas legislativas e de obras públicas" de meados do século, aprofundando algumas das desigualdades sociais que já caracterizavam a cidade.[100]

Na esteira da revolução de 1930 que levou Getúlio Vargas ao poder, os projetos monumentais de Agache foram, em sua maioria, postos de lado. O novo regime desconfiava da Primeira República e procurou se distanciar de qualquer coisa relacionada a ela, e Pedro Ernesto era crítico do plano.[101] Mas era apenas uma questão de tempo para as ideias do plano ressurgirem. Os urbanistas daquela primeira geração, afinal, podiam ser acusados de qualquer coisa, menos de humildade, e inseriram-se no centro dos debates estéticos, sociais e políticos, assumindo a função de uma "elite social" em larga medida alinhada com as primeiras autoridades republicanas, influenciadas pelo positivismo.

Agache considerava o urbanismo "uma Ciência e uma Arte, e sobretudo uma Filosofia social".[102] Esse status triplo, que os urbanistas reivindicaram e até certo ponto adquiriram, também aponta para uma crescente distância entre os tecnocratas modernos e os poetas da modernidade, coincidente com a diminuição da influência desses últimos no que vínhamos chamando de cidade letrada. Embora tenha se tornado extremamente difícil falar em produção centralizada de conhecimento no século XX, a afirmação do urbanismo como arte e ciência de certo modo buscava o monopólio das forças criativas e técnicas que moldavam o significado de se viver em uma cidade. Quando lemos a poesia de Manuel Bandeira expressando o valor da fala coloquial ("língua certa do povo"), ou referindo-se ao Mangue como *aqui* e não *lá*, podemos interpretar isso como a aceitação da linguagem oral e de espaços culturais marginais pela cidade letrada. Poderia também, no entanto, sinalizar a voz cada vez mais marginalizada do poeta e seu deslocamento do centro: finalmente expulso da *polis* ou pelo menos tendo a voz abafada pelos urbanistas.

IV

Após o estabelecimento do Estado Novo, sob a administração de Henrique Dodsworth, a intenção de construir uma avenida cortando a Cidade Nova foi revisitada. Em relação a propostas anteriores, a via do Estado Novo seria ainda mais monumental, mais ambiciosa e mais centrada no automóvel. As justificativas oficiais eram, primariamente, de ordem funcional: buscava-se facilitar o tráfego em um período de rápido crescimento e malha urbana em expansão. Mas havia também um forte componente ideológico por trás de sua rápida construção, aparente na cobertura da imprensa, em discursos de autoridades e no aparato comemorativo dos nomes das avenidas e datas simbólicas escolhidas para cerimônias de inauguração.

A avenida Presidente Vargas construída ostentava a largura impressionante de noventa metros e um comprimento de quatro quilômetros, partindo da posição central da igreja da Candelária até a praça da Bandeira. Inicialmente se chamaria avenida 10 de Novembro, em homenagem ao aniversário do Estado Novo,[103] mas prevaleceu o nome do ditador. A construção e as demolições começaram em abril de 1941, com uma grande inauguração em 7 de setembro de 1944, programada para coincidir com os desfiles militares do dia da Independência.

O projeto foi concebido em 1938, seis anos após a conclusão em Roma da Via dell'Impero, de Mussolini, e contemporâneo aos planos igualmente ambiciosos de Hitler para a construção de um eixo cortando Berlim. Assim como a Presidente Vargas, ambas eram avenidas monumentais projetadas em linha reta, concebidas para servir de palco para a performance militar.[104] Apesar das afinidades ideológicas do Estado Novo com as forças do Eixo, o Brasil alinhou-se com os Aliados, incluindo os Estados Unidos, oficialmente entrando na Segunda Guerra Mundial em 22 de agosto de 1942. Em um clima de nacionalismo exacerbado, não pareceria adequado localizar as influências mais imediatas no desenho da avenida em modelos estrangeiros — ainda mais tratando-se dos agora inimigos italianos e alemães. Portanto, o precedente ao qual mais se recorria na imprensa era a avenida Central (já oficialmente renomeada Rio Branco).

A escala das intervenções certamente remonta às reformas de Pereira Passos, e a imprensa estabeleceu a conexão entre ambas com avidez. Um editorial do *Diário Carioca* datado de 1º de setembro de 1944, uma semana antes da inauguração, intitulado "Da avenida Central à Presidente Vargas", relaciona a rejeição às reformas anteriores a "elementos conservadores", "reacionários tradicionalistas" que acreditavam que a rua do Ouvidor "resistiria indefinidamente à concorrência". Ressaltando ainda um parentesco entre Paulo de Frontin e Dodsworth, o jornal não faz referência a críticas específicas à nova avenida, descartando-as por antecipação. Outro editorial do mesmo jornal, dois dias mais tarde, pondera que "nem sempre esse esforço do poder público é devidamente compreendido", e que "há mesmo quem lhe faça críticas severas, nem sempre pensadas e justas". O raciocínio insiste na associação com a avenida da Primeira República: se Passos — e, por implicação, Dodsworth — "fosse deter ante as acusações e a campanha que contra ele se moveu, o Rio ainda estaria talvez cheio de becos e ruas sórdidas, incompatíveis com a sua qualidade de capital de uma grande nação". O texto termina com elogios à nova avenida como herdeira e atualização da primeira: "Dessa forma, o Rio vai se revestindo de novas roupagens, toma aspectos majestosos e vê seu progresso tomar um ritmo forte e decisivo".

Com as fachadas da Rio Branco — variações do ecletismo francês da École des Beaux-Arts — em um estilo já considerado ultrapassado, os novos prédios públicos precisavam acompanhar o ritmo dos avanços em outras áreas. Acontece que, nos anos 1930, uma nova geração de talentosos arquitetos brasileiros estava na vanguarda da modernidade arquitetônica, transpirando confiança e determinada a não ficar para trás nas tendências mais recentes. Três arquitetos que viriam a ser alguns dos mais influentes do país — Lúcio Costa, Affonso Eduardo Reidy e Oscar Niemeyer — participam do projeto para o Ministério da Educação e Saúde. Trata-se do edifício de catorze andares que viria a ser conhecido por Palácio Capanema, sede do Ministério da Educação e da Cultura (MEC), órgão criado durante o regime Vargas.

A obra seria canonizada ainda na década de 1940 pela exposição *Brazil Builds* (1943), do Museu de Arte Moderna de Nova York. O prédio, concluído em 1942, mas inaugurado somente em 1945, ficava na área arrasada antes ocupada pelo morro do Castelo. Em concreto armado, foi um dos primeiros a arriscar elementos ousados de estilo moderno, como seu famoso *brise-soleil* – e a incorporar os cinco pontos da "nova arquitetura" propostos por Le Corbusier: fachada livre, janelas horizontais ("em fita"), pilotis, plantas livres e terraço-jardim (nesse caso, com paisagismo de Burle Marx). O uso modernista dos tradicionais azulejos, por Candido Portinari, introduzia uma referência ao legado português. Embora a extensão do papel direto de Le Corbusier sobre o célebre projeto final tenha sido objeto de controvérsia, sua influência permanece inegável.[105]

O Estado Novo, porém, também apostava em outros estilos arquitetônicos menos experimentais, mas que também estavam em voga, e que, depois desprestigiados, receberam consideravelmente menos atenção dos historiadores da arquitetura. O imponente quartel-general do Exército, hoje conhecido como Palácio Duque de Caxias, e a nova estação da Central do Brasil foram inaugurados pouco antes da Presidente Vargas, na altura do Campo de Santana. Assim como o MEC, ambos foram patrocinados pelo Estado Novo, receberam ampla cobertura da imprensa e tinham o propósito de projetar a imagem de uma nação moderna. Os dois arranha-céus, no entanto, compartilham certos elementos arquitetônicos que imediatamente os afastava da estética do MEC, que ficava do outro lado do Centro, próximo à baía e a outros ministérios. Os dois edifícios da nova avenida representavam uma versão concorrente do que se entendia por moderno e proporcionam uma chave para a compreensão das tensões internas que atravessavam a vida política e social do Brasil durante a chamada Era Vargas.[106]

Diferente das construções ligadas às reformas de Pereira Passos, os projetos da Presidente Vargas não tomam a arquitetura parisiense como norte principal. Em seu projeto para a sede do Exército, Cristiano Stockler das Neves, formado na Universidade da Pensilvânia, procurava aliar elementos clássicos das belas-artes ao espírito prático norte-americano. Evelyn Furquim Werneck Lima, referência fundamental no estudo do assunto, sugere a influência de *The Metropolis of Tomorrow*, de Hugh Ferriss, publicado em 1929, que concebe numerosas torres semelhantes a zigurates tomando os céus de Manhattan.

O quartel-general, projetado e construído antes de o Brasil se juntar aos Aliados, tem elementos que guardam semelhança com os projetos de Albert Speer e Wilhelm Kreis para o Terceiro Reich da Alemanha, indícios de vínculos ideológicos do Estado Novo com as forças do Eixo. A imponente fachada simétrica do quartel – composta por uma torre central de 23 andares e vastas alas de dez pisos – pretendia evocar um general marchando diante de suas tropas.[107] O leiaute e a posição do prédio em relação à avenida levou em conta seu uso como palco para desfiles militares; uma função destacada durante a semana do 7 de Setembro por semanários com alcance nacional, que cobriram com redobrada atenção os primeiros desfiles após a entrada oficial do Brasil na guerra. Publicações como a *Revista da Semana* e *O Malho* dedicaram várias páginas para fotografias de soldados marchando, tendo, frequentemente, a fachada maciça do prédio e sua torre como fundo.

A outra importante construção concomitante à avenida Presidente Vargas, a nova estação da Central do Brasil, também já havia sido proposta por Agache. O médico José Marianno Filho, importante expoente do movimento de arquitetura neocolonial no Brasil, criticou o fato de o projeto manter o novo prédio no mesmo lugar da antiga estação ferroviária, em vez de deslocá-lo para a praça da Bandeira, como o urbanista francês havia sugerido em seus — como Marianno Filho enfatiza — caríssimos planos.[108]

O novo prédio da Central do Brasil parecia fazer referência ao vizinho através da torre icônica, da disposição, da escala e do uso de materiais similares.[109] Iniciado em março de 1936, o projeto do prédio foi radicalmente alterado durante o Estado Novo para aumentar suas proporções e monumentalismo, resultando numa torre art déco de 29 andares.[110] Adornada nas quatro faces com relógios enormes, que ocupavam seis dos andares do topo, o novo prédio foi o mais alto arranha-céu do Rio de Janeiro e o segundo do Brasil, ficando abaixo somente do edifício Martinelli, em São Paulo. As faixas de janelas horizontais corridas, evocando os prédios industriais, constavam dos cinco pontos de Le Corbusier para a arquitetura moderna. A obra foi inaugurada em 29 de março de 1943, para coincidir com o 85º aniversário da estação. Na imprensa, ressaltava-se o fato de os relógios estarem entre os quatro maiores do mundo.

Todos os aspectos da avenida Presidente Vargas se revestiam de valor simbólico. Em seu trabalho sobre o assunto, Evelyn Furquim analisa como atributos específicos da arquitetura e planejamento tinham como alvo projetar a ideia de poder e permitir o controle social.[111] A retórica oficial associava as intervenções urbanas aos objetivos do DIP de substituir a cultura da boemia e a celebração dos malandros pela exaltação da disciplina, destacando a importância de uma ética do trabalho.[112] Isso ecoa na linguagem dos políticos e na imprensa. A *Revista da Semana*, por exemplo, saúda a nova Estação Central com uma "demonstração brilhante do trabalho e do progresso" em sua edição de 10 de abril de 1943. Num discurso para comemorar a abertura da primeira porção da avenida em 1941, Dodsworth enfatiza "o valor [...] do trabalhador nacional".[113]

Naquela mesma ocasião, o interventor chamou a atenção para os aspectos supostamente práticos da nova avenida, numa tentativa implícita de desencorajar a aproximação com as preocupações estéticas da avenida Central, fruto da belle époque. As justificativas apresentadas, apesar de fugirem da linguagem do embelezamento da qual o próprio Plano Agache estava imbuído, estavam em conformidade com práticas usuais do planejamento urbano: "Não se trata de um espetáculo de aformoseamento da cidade, mas de realização de um programa que procura resolver problemas econômicos e de saneamento da cidade".[114]

O termo "saneamento", onipresente em discursos urbanísticos do século XIX, ganha novos contornos no contexto das políticas urbanas adotadas na Europa durante os anos 1940. Aqui, evoca não só a demolição dos cortiços, mas também a linguagem adotada pelo regime de Vichy para legitimar as demolições de prédios habitados principalmente por judeus no bairro da Marais em Paris, por exemplo. Ambos os planos anteriores para uma grande avenida ligando o Centro do Rio à zona norte – o de Carlos Sampaio, em 1922, e o de Agache, em 1930 – poupavam o coração do bairro "afro-judeu", e a localização exata da via do Estado Novo levanta questões perturbadoras.

O principal fator para demolir mais de quinhentos prédios no Rio de Janeiro, vários dos quais constituíam o assim chamado bairro judeu, no entanto, parece relacionado principalmente a pressões econômicas. O papel que a especulação imobiliária exerceu não poderia ser mais evidente. Vários quarteirões tiveram suas casas desapropriadas e arrasadas para que seus lotes, revendidos a preços mais altos do que o das indenizações, ajudassem a financiar a construção da nova via. Em 1940, em discurso para a Associação Brasileira de Imprensa (ABI), o engenheiro Edison Passos anuncia que a "avenida será elemento de valorização".[115] Anúncios de jornal de quatro anos depois de fato capitalizam a valorização dos terrenos. Um deles, na edição de 6 de setembro de 1944 do *Diário Carioca*, dá o tom: "Edifício Prefeito Frontin em construção na maior artéria do mundo hoje inaugurada, a avenida Presidente Vargas é o logradouro mais valorizado do Brasil".

Em retrospecto, porém, talvez ainda mais que os interesses privados, impressiona a carga ideológica dos discursos que impulsionavam a intervenção. De acordo com as narrativas que encontramos na imprensa, a avenida deveria ser entendida como o grande gesto dramático através do qual o Estado Novo afirmava o seu lugar no futuro do país, assim como o lugar do país no palco mundial. Ela encarnava o compromisso da nação com a modernidade, a ordem e o progresso. Já que a melhora no tráfego de veículos e a valorização de lotes beneficiava de maneira tangível uma parcela pequena da população, anunciavam-se ganhos de ordem sobretudo simbólica. Os custos não anunciados, para os muitos que viram suas casas e seus bairros desaparecerem, eram, é claro, de ordem tangível, assim como simbólica. Mas das perdas e dos que perdiam, pouco se falava.

O ímpeto para construir a avenida foi animado pelo desejo quase obsessivo de competir com outras metrópoles — com a capital argentina, em especial. O *Diário Carioca*, em 1º de setembro de 1944, louva Dodsworth, "que achou, em verdade, que o Rio precisava possuir qualquer coisa de grandioso como Buenos Aires, tão orgulhosa de sua avenida de Maio, como Paris com a sua maravilhosa avenida de Champs Elysees". Dois dias depois, o mesmo jornal saúda "um dos maiores melhoramentos realizados no Rio de Janeiro [...] de acordo com a programação traçada pelo chefe da nação". A avenida, prossegue o texto, "dota esta capital de uma via pública no estilo das mais famosas das grandes metrópoles do mundo", concluindo que "não há quem não sinta prazer em percorrê-la, admirando a rapidez e a perfeição com que foi levada a efeito a sua abertura". Uma página depois, uma grande foto acompanha a manchete triunfante, em letras garrafais: "Segunda entre as maiores avenidas do mundo".

O jornal *A Manhã*, dirigido pelo escritor modernista Cassiano Ricardo, juntou-se ao coro com especial devoção. Numa época em que a guerra mundial dominava as primeiras páginas, o jornal, em sua edição de domingo, estampava na capa uma foto da nova avenida, com a legenda: "Uma das mais importantes do universo [...] vem dar à cidade uma fisionomia digna da sua natureza grandiosa". Para ilustrar suas dimensões, o diário publicou um diagrama comparando a largura da nova avenida com as de outras "grandes artérias modernas" em Berlim, Buenos Aires, Paris e Santiago. Imagens idênticas aparecem em matérias de outros jornais ao longo da semana de inauguração, levantando a hipótese de envolvimento do DIP. A cobertura, alinhada aos discursos do Estado, em seu entusiasmo desenfreado em alguns momentos, revela certa desconexão com a realidade empírica, em particular onde simplesmente reproduziam a ortodoxia urbanista de então. O mesmo *A Manhã* aprova a destruição de uma "parte considerável da velha cidade, escura e acanhada", expressando a gratidão por finalmente dar adeus à "velha fisionomia tradicional do Brasil colônia [...] onde casarões baixos e escuros impediam a circulação do ar". Presumimos que prédios mais altos e claros estimulariam a circulação do ar.

Mais significativa é a contradição entre a descrição negativa dos quarteirões arrasados e a perspectiva de vozes menos parciais. Apenas alguns anos antes, o arquiteto português Raul Lino, num livro sobre suas viagens ao Brasil, desafia as expectativas produzidas pela Cidade Nova como bairro decadente: "Becos escuros, vielas, alfurjas? De modo nenhum. É uma rede de ruas largas, rectilíneas e regulares [...]. É um bairro inundado de sol. Não se poderia aplicar aqui portanto grande parte da adjetivação usual com que é da praxe ensombrar a descrição de tais sítios". Dados do censo confirmam que a infraestrutura do distrito de Santana, que compreendia boa parte da área afetada pelas reformas, de fato superava em muito as médias da cidade. Todas as ruas eram pavimentadas, 87,5% tinham acesso ao transporte, a taxa de alfabetização era de 84,1%, e apenas 8% das construções não eram de tijolo. Entre os lares, 100% tinham esgoto, água e eletricidade.[116]

Mas não havia como impedir a marcha do progresso. Poucas inovações tecnológicas encarnavam tão fielmente os ideais da modernidade como o automóvel. O automóvel, afinal, também fazia parte integral das ideologias do progresso, e foi a seu serviço que a avenida ganhou existência. Em 3 de setembro de 1944, um comentário no *Correio da Manhã*, acompanhando os supracitados diagramas que comparavam a largura das diversas avenidas, revelou o raciocínio definitivo: explicava que a avenida Presidente Vargas não poderia ser considerada a mais larga do mundo devido ao jardim central, que reduzia o seu "espaço útil". O "útil", assim, pertence exclusivamente aos veículos, e só eles importavam.[117]

Na derradeira cena de *A viagem maravilhosa*, um sombrio Radagasio chega à Praça Onze de automóvel, a caminho da estação de trem para escapar do Carnaval. Podemos imaginar a cena, os foliões forçando o veículo a parar. O romance termina com o protagonista rico sendo engolido pela multidão de baianas e pelo "ritmo bárbaro" das multidões.[118] Décadas mais tarde, durante o Carnaval, as pessoas continuam tomando conta das ruas. Ainda assim, menos de vinte anos após o romance de Aranha, os automóveis seriam demasiado numerosos e potentes, e, em seu nome, a própria Praça Onze foi atropelada para abrir caminho à monumental avenida Presidente Vargas. O bairro que deveu seu desenvolvimento a uma estrada que dava acesso às residências reais e ao centro administrativo encontraria o seu fatídico destino com uma grandiosa avenida superposta à antiga estrada do Aterrado, pois agora entramos na era dos automóveis. Suas demandas e velocidade irão superar com grande vantagem qualquer coisa que se pudesse imaginar "no tempo do rei".

6. É (quase) tudo verdade: A morte de um bairro e a vida dos mitos

I

O que teria acontecido se os planos para construção de três grandes avenidas em Manhattan, na cidade de Nova York, em 1960, tivessem ido adiante?[1] Ainda que possamos somente especular sobre as consequências para Nova York, em certo sentido algo equivalente aconteceu no Rio de Janeiro duas décadas antes. A avenida Presidente Vargas cortou o coração do bairro judaico, a Pequena África, um bastião sírio, e eliminou a Praça Onze, um dos poucos espaços públicos desfrutado pelos moradores das favelas próximas, assim como pelos muitos imigrantes europeus, cidadãos naturalizados e brasileiros nativos que moravam na vizinhança.[2]

O que o Rio de Janeiro perdeu nos anos 1940 tem relação com uma história familiar do urbanismo moderno, planejado de cima para baixo, e com o nascimento da era do automóvel. A própria cidade de Nova York tinha diversas comunidades no Bronx e noutros lugares que foram destruídas ao longo dos anos 1950 e 1960 para dar lugar a novas *freeways*. Mais ou menos na mesma época, uma rodovia interestadual cortou o bairro de Tremé, em

New Orleans, e Joanesburgo perdeu uma de suas poucas áreas não segregadas com a destruição do bairro de Sophiatown, durante o apartheid.[3] Atualmente, em cidades como Pequim e Nova Delhi, populações incontáveis continuam a ser expulsas de seus bairros em nome do progresso. Mesmo com sua centralidade geográfica e papel vital na vida cultural da capital, a Cidade Nova encontrou seu destino relativamente cedo para o que acabou virando um fenômeno global. A avenida Presidente Vargas, de um lado, seguiu aquelas intervenções do final do século XIX e início do XX inspiradas nos *boulevards* parisienses do barão Haussmann e experimentadas em muitas das grandes cidades do mundo — incluindo, é claro, o Rio da belle époque. Por outro lado, também se alinhava, como sugerimos, com as influências do nazifascismo, sinalizando um momento de urbanismo sintonizado com as estéticas e objetivos totalitários, assim como com o planejamento da cidade em função do automóvel.

Se as áreas urbanas europeias reconstruídas conforme os novos preceitos foram, no geral, aquelas devastadas durante a Segunda Guerra Mundial,[4] nas cidades americanas grandes porções do tecido urbano foram rasgadas não por bombas, mas por retroescavadeiras abrindo caminho para "artérias" e edifícios modernos. É evidente que o funcionamento de nossos centros metropolitanos contemporâneos depende dos resultados de algumas dessas intervenções. A avenida Presidente Vargas, por exemplo, atua como uma importante conexão para o tráfego entre o Centro do Rio e seus subúrbios e a zona norte. Mas o estado persistente de desolação e abandono de boa parte da Cidade Nova e áreas adjacentes, muito tempo depois de sua construção, dificilmente serve de cartão-postal para as reformas de meados do século XX.

O Brasil dos anos 1940 não contava com alguém como um Camillo Sitte, de uns cinquenta anos antes, ou uma Jane Jacobs, de uns vinte anos depois, para criticar o então ortodoxo planejamento urbano ou para galvanizar o descontentamento e ajudar a impedir um urbanismo moderno cada vez mais ambicioso e autoritário.[5] E uma tal postura crítica, muito provavelmente, de pouco iria servir durante os anos repressivos e controladores do Estado Novo. Ainda assim, apesar da censura, a avenida Presidente Vargas enfrentou alguns protestos, uma vez que músicos populares e poetas encontraram meios de expressar seu descontentamento. Quando a construção começou, as demolições foram concentradas no meio da avenida, na seção entre a Praça Onze e o Campo de Santana. A historiadora Lúcia Silva[6] defende que a ideia era subjugar a área de maior valor simbólico, onde, provavelmente, haveria maior resistência.[7] Como ela observa, a inauguração desse primeiro trecho – o corte cerimonial de árvores em 1942 – ocorreu discretamente numa noite de sábado, como se os políticos não estivessem querendo chamar atenção para o projeto naquele estágio.[8] Praticamente só a crítica à destruição do patrimônio colonial ganhou voz na imprensa, pois uma série de igrejas (incluindo a barroca São Pedro dos Clérigos) estava no caminho da avenida.

Em meio ao apoio aparentemente quase unânime ao projeto, o samba registra a insatisfação com o desaparecimento do espaço público. A canção "Praça Onze", de Herivelto Martins e Grande Otelo, foi um grande sucesso no Carnaval de 1942.[9] Anos depois, o ator Grande Otelo comentou ter lido sobre o fim da praça num artigo que dizia que um busto de Getúlio Vargas seria colocado em seu lugar.[10] Ele escreve a letra sobre o assunto, lamentando a destruição da praça, mas saudando a homenagem ao ditador.[11] Otelo mostrou a letra para alguns sambistas, que não se interessaram. Depois de muita insistência, o compositor e intérprete Herivelto Martins – com quem ele trabalhou no Cassino da Urca – manteve o tema, mas alterou a letra:

Vão acabar com a Praça Onze
Não vai haver mais escola de samba, não vai
Choram os tamborins
Chora o morro inteiro
Favela, Salgueiro
Mangueira, Estação Primeira
Guardai os vossos pandeiros, guardai
Porque a escola de samba não sai.
Adeus minha Praça Onze, adeus
Já sabemos que vais desaparecer
Leva contigo a nossa recordação
Mas ficarás eternamente em nosso coração
E algum dia nova Praça nós teremos
E o teu passado cantaremos

A letra de certa forma reduz o local a suas funções carnavalescas, acentuando que quem "chora" são os amantes e praticantes do samba, e os foliões. O tom é elegíaco e resignado, embora ao final preserve uma ponta de esperança, revelando o anseio por um futuro mais justo, "algum dia". A música deixa claro que aqueles que perdem com a construção da avenida são os habitantes das favelas, os morros de alguns dos descendentes e herdeiros da Pequena África.

O "Berço do Samba", como a praça ficou conhecida na cartografia cultural da cidade, foi raspado da paisagem do Rio de Janeiro pelo mesmo governo que usou a música como instrumento de unificação nacional.[12] Enquanto a música popular penetrava a "alta sociedade", superando o estigma e aumentando a aceitação pelas elites culturais, parte importante do ambiente que favoreceu e possibilitou, de muitas maneiras, a sua formação foi destruído, e aqueles grupos sociais ali ancorados foram, novamente na história do Rio, forçados a se mudar para ainda mais longe do centro da cidade, para os subúrbios e para as precárias favelas.

Como tantos deslocados pelas forças da modernização, o samba também precisou encontrar maneiras de se adaptar às novas condições. Herivelto Martins e Grande Otelo, por exemplo, que circulavam pelos pontos mais "nobres" da capital, se apresentando nos cassinos, sentiram que, para ser ouvida e cantada pelo público de elite, para se tornar um sucesso de Carnaval sem atrair a atenção dos censores, a música teria que destoar do tom de lamento da letra. Como líder sindical, Herivelto era escolado na arte das negociações. A gravação do Trio de Ouro, então, cria um clima de empolgação típico das escolas de samba, privilegiando o tamborim, o surdo e, pela primeira vez, adotando o apito como elemento rítmico.[13]

A música ajuda a refutar o lugar-comum da cooptação do samba pelo Estado Novo, demonstrando não só as complexidades da produção cultural nos anos 1940, mas também sugerindo que os sambistas da Era Vargas merecem parte do crédito normalmente atribuído aos compositores de classe média do final dos anos 1960, que foram capazes de driblar a censura e fazer críticas veladas aos regimes autoritários. Seus repertórios exibem uma série de táticas para subverter as expectativas do mercado e do aparato cultural do Estado Novo. Exemplos análogos de resistência criativa às restrições do regime abundam por toda a vida cultural do Brasil, incluindo na imprensa judaica local. Após a proibição de publicações em línguas estrangeiras, o primeiro número da *Imprensa Israelita*, por exemplo, comemorou o aniversário do Estado Novo em bom português, mas escrevendo da direita para a esquerda, como nas versões em iídiche.[14] Sem infringir a lei, o jornal judaico manifestou sua oposição a ela.

Outro samba em reação à construção da avenida parece em conformidade com a ideologia do Estado Novo, mas se mostra mais sutil e ambivalente. A canção composta por Gastão Vianna, frequentador da Pequena África, e pelo talentoso flautista Benedito Lacerda evidencia o sucesso (parcial) das intenções do DIP de subjugar as expressões culturais aos ideais de uma nação unida e produtiva: "Desapareceu a Praça Onze/ Mas o samba se faz em qualquer local/ Vem surgindo a avenida Getúlio Vargas/ Que será o orgulho desta linda capital".[15] No nível da palavra escrita, os objetivos propagandistas do governo parecem ser atingidos, mas o ritmo da percussão e das vozes de fundo (das pastoras) evocam os antigos terreiros da Praça Onze. Ao contrário da versão do Trio de Ouro para "Praça Onze", a dissonância em "Vem surgindo a avenida" é entre a letra higienizada e o ritmo das cerimônias religiosas afro-brasileiras. A flagrante contradição entre o som e o sentido como que aponta a contradição dentro do próprio programa de um governo que, de um lado, legitima a música popular e, de outro, tira do mapa um de seus locais mais significativos.

II

É espantoso que um estrangeiro tenha conseguido captar o significado do samba na sociedade brasileira e as consequências do desaparecimento da Praça Onze. Mas Orson Welles tinha uma sensibilidade única. O diretor chegou ao Rio em fevereiro de 1942, ano seguinte ao seu primeiro longa-metragem, o hoje quase unânime, mas então bastante polêmico *Cidadão Kane*. Nomeado embaixador especial durante a guerra, ele viajou para a América Latina enviado por Nelson Rockefeller, na época principal acionista e membro do conselho da RKO Pictures. O esforço era parte da chamada "política de boa vizinhança", para contrabalançar a influência das forças do Eixo na América Latina e promover os interesses dos Estados Unidos. Por motivos geopolíticos era importante, sabemos, que o Brasil se juntasse à causa aliada. O estúdio de Hollywood financiaria um filme de Welles, com a Agência para Assuntos Interamericanos (Office of Inter-American Affairs) cobrindo os potenciais prejuízos. Durante os seus mais de seis meses no país, Welles parece perceber que as potenciais contribuições brasileiras não se limitavam ao acesso à borracha, minério de ferro ou a base aérea de Natal.

Com o mundo mergulhado na Segunda Guerra, o jovem cineasta, como a cidade, se encontrava em uma encruzilhada. Após *Cidadão Kane*, enquanto dirigia *Soberba*, título brasileiro para *The Magnificent Ambersons*, Welles estava considerando uma série de projetos, incluindo uma história do jazz. Ele supervisionou a filmagem de uma cerimônia de batizado de animais no México e um episódio chamado "My Friend Bonito" (Meu amigo Bonito), que iria integrar o longa *It's All True* (É tudo verdade), o título do filme inacabado. Natural do estado norte-americano do Wisconsin, Welles chegou ao Rio em meio aos festejos de Carnaval, e a experiência lhe causou forte impacto. Pelos meses seguintes, Welles cultivaria seu fascínio pelo samba e pela cultura popular brasileira, de onde sairia um dos episódios de *It's All True*, dedicado ao Carnaval. Mesmo depois de sua partida da América do Sul, o diretor continuaria a tentar produzir um filme de ficção chamado *Samba*, sobre histórias de amor intercaladas envolvendo uma mulher americana de ascendência irlandesa, o brasileiro com quem ela fica no final e o americano que a perde — papel que seria desempenhado pelo próprio Welles. A locação seria na "cidade mais linda do mundo", durante "o estranho, o fabuloso, o violento, o indescritivelmente belo Carnaval do Rio". O projeto, para o qual ele chegou a escrever o argumento, o tratamento e o esboço de produção, não parece ter convencido os executivos de Hollywood.[16]

Enquanto esteve no Rio, Welles gravou cenas de Carnaval em preto e branco e em Technicolor – mais de novecentos metros deste, segundo matérias da imprensa brasileira. Os jornais o citam dizendo que "o Carnaval carioca é a única instituição em todo o mundo completamente despida de espírito comercial".[17] Numa transmissão de rádio, Welles descreveu a experiência como sendo semelhante a "tentar capturar um furacão". O empreendimento envolveu uma equipe de 27 pessoas, tanto da RKO quanto da Mercury, a empresa de Welles, e as filmagens se estenderam até junho de 1942. Também mobilizou as autoridades, ao menos inicialmente: registros do período próximo ao Carnaval mostram que o chefe da polícia e admirador do nazismo Filinto Müller ofereceu seu apoio, e diversos jornais publicaram fotos de Welles e do vice-presidente da RKO, Phil Reisman, encontrando-se com Getúlio Vargas e com o diretor do DIP, Lourival Fontes, entre outros.[18]

Os preparativos para o filme envolveram extensas pesquisas sobre o Brasil, como já fora o caso em outros países da América Latina. Centenas de páginas foram escritas sobre importantes figuras históricas e literárias, eventos e questões culturais ou socioeconômicos, incluindo uma variedade de tópicos como Amazônia, positivismo, relações raciais e a Igreja.[19] Porém, durante o tempo que Welles passou no país, ficou claro que seus verdadeiros interesses estavam voltados para outra coisa: o ambiente da Praça Onze parecia ser o que mais o atraía. O cineasta não mediu esforços para compreender o contexto social do samba e a história do Carnaval. Além da equipe de pesquisa que já havia sido reunida para produzir os relatórios gerais, especialistas locais foram contratados para escrever especificamente sobre cultura e música popular. Entre eles, encontramos personagens do rádio, músicos, escritores e jornalistas, como Almirante e Haroldo Barbosa.

Essa iniciativa sem precedentes nos deixou um substancial conjunto de textos, a maior parte inexplorada, com artigos como "Samba Goes to Town" (O samba vai para a cidade), por Alex Viany, com o título "Praça Onze" escrito a lápis, e "The Truth about the Samba" (A verdade sobre o samba), "Formation of the Carnival Spirit" (Formação do espírito do Carnaval), "How Different Races and Peoples Contributed to Carnival" (Como diferentes raças e povos contribuíram para o Carnaval) e "The Whys of Rio's Carnival" (Os porquês do Carnaval do Rio), por Rui Costa, e ainda uma outra série sobre o Carnaval por Giuseppe Ghiaroni.[20] Num memorando de pouco mais de vinte páginas para Welles intitulado "The Genealogy of Samba and other Aspects of an Unquiet Life" (A genealogia do samba e outros aspectos de uma vida inquieta), o roteirista Robert Meltzer sintetizou diferentes opiniões e teorias sobre o desenvolvimento do fenômeno musical. Depois de entrevistar autoridades em atividade, folcloristas, músicos e "velhos amigos e companheiros de bar" – incluindo um representante máximo da Pequena África, Patrício Teixeira –, Meltzer, um músico de jazz amador, escreveu um artigo bem fundamentado e perspicaz sobre temas como a conexão do choro com a "polca" brasileira e a controvérsia causada pelo maxixe de Chiquinha Gonzaga no palácio presidencial. Ele termina absorvendo, em suas próprias palavras, um "resíduo" do que "poderia se chamar 'A verdade sobre o samba'". Passagens desses estudos e testemunhos pioneiros jamais publicados atribuíram uma grande importância à Praça Onze, sem reproduzir o olhar condescendente dos escritos de Arthur Ramos e Graça Aranha sobre o local.

Orson Welles também recorreu à ajuda dos dois compositores por trás de "Adeus Praça Onze". Ele contratou Herivelto Martins como diretor assistente, coreógrafo e compositor. Grande Otelo, a estrela principal, foi escalado para o papel de malandro e do "espírito do Carnaval". O relacionamento próximo de Welles com os dois se transformaria numa grande amizade, e mais tarde os dois brasileiros descreveram as várias noites que passaram juntos com o norte-americano em sua estadia no Rio.[21] Otelo teria sido um personagem no longa-metragem *Samba*. Mesmo já de volta aos Estados Unidos, Welles tentou apresentá-lo para os executivos de Hollywood no tratamento de roteiro como "uma mistura negra de Mickey Rooney e Chaplin", um artista "com tanto talento quanto qualquer outro [grande] artista que eu conheça". Nenhum dos projetos chegou às telas, no entanto, e *It's All True* foi cancelado após mudanças na direção da RKO, apesar de todo o tempo e recursos investidos, e sem levar em conta os apelos de Welles para que o deixassem concluir. A maioria dos rolos de filme foi deliberadamente jogada no oceano Pacífico, embora, numa mensagem aos seus "bons amigos do Brasil", o diretor afirme ter comprado o filme em sua integridade da RKO.[22] Ele queria incorporar a filmagem existente da Praça Onze, por exemplo, ao projeto *Samba*.

Fica claro, assim, como o pesquisador de cinema Robert Stam já demonstrou, que a experiência de Welles no Brasil representou bem mais do que uma "aventura" nos trópicos. Da mesma forma, como também mostra Stam, fica claro que a direção tomada por *It's All True* e a atração do cineasta pelas expressões afro-brasileiras incomodaram tanto as autoridade locais – não muito interessadas na promoção de uma imagem de negritude no exterior – quanto os executivos norte-americanos, cientes de que uma grande parcela de seu público doméstico não receberia bem um filme com protagonistas negros.[23] A recepção brasileira à viagem do diretor de *Cidadão Kane* foi, de início, muito positiva. Ocasionalmente, alguns comentários expressavam certo desconcerto diante da atração peculiar do estrangeiro pelas classes populares, pressupondo que o interesse pela Praça Onze não haveria de ser mais do que algo passageiro. Numa edição de fevereiro da revista *Dom Casmurro*, por exemplo, lemos:

> Esse gigante está agora no Rio. Que aspecto do Carnaval o seu gosto bizarro registrará no "Technicolor"? Irá ele assistir à despedida da Praça Onze? [...] Ou achará a Praça Onze muito excitada e perigosa, trocando o cheiro acre da cachaça pelo aroma sutil da "champagne" grã-fina dos cassinos deslumbrantes!

A cultura afro-brasileira já se tornara parte do repertório através do qual o país se dava a conhecer ao mundo, mas parece que *It's All True* passou do limite.[24] Em abril, a maré tinha virado. A cobertura da imprensa começou a reclamar das filmagens nas favelas, e os conselheiros de Welles foram responsabilizados pelo fato de que – proclamava a manchete – "O Carnaval carioca vai ficar muito escuro na tela". O jornal *Meio Dia* lamenta que a equipe de Welles estivesse contratando "artistas" negros dos morros, cometendo assim uma grave "injustiça" contra o Brasil, "como se o Rio fosse um outro Harlem".

O jornal alega que isso aconteceu sem o conhecimento do DIP, que evitaria as embaraçosas filmagens de pessoas negras. Os norte-americanos obviamente eram sensíveis a essas acusações, traduzindo tais artigos. Um executivo da RKO reclamou sobre Welles diretamente com o DIP.[25] Seu tributo ao samba dá protagonismo a negros, trabalhadores pobres, morros, bairros de má reputação, festas populares. Não era esse o Brasil moderno que o Estado Novo queria projetar e não era esse o Brasil que alguns norte-americanos queriam como aliado.

O racismo e o desconforto com questões raciais se estenderam a ponto de qualquer noção do samba como um fenômeno válido ou representativo ser posta de lado. No que se tornou uma batalha pela identidade nacional, Vinicius de Moraes, escrevendo para *A Manhã* em 1942, chamou Welles de "um grande brasileiro", alguém que "começa[va] a conhecer o Brasil ou pelo menos um lado importante da alma do Brasil, melhor que muito sociólogo, que muito romancista, que muito crítico, que muito poeta brasileiro que anda por aí". Já no *Cine Rádio Jornal*, dizia-se que o filme diminuiria o Brasil, distorcendo sua qualidade enquanto "nação civilizada", acusando os colaboradores de Welles pela participação em filmagens de morros, danças de negros e outros aspectos "negativos" do país. Um terceiro crítico colocou da seguinte forma, resumindo a atitude relativa ao samba entre muitos das elites governantes: "Se ao menos fosse cultura".[26]

Uma das grandes virtudes de *It's All True* fora seu "esforço autoconsciente de se dirigir ao público latino-americano, tanto quanto aos norte-americanos".[27] Paradoxalmente, isso se transformou num dos motivos que inviabilizou o projeto. Um episódio central do filme, afinal, focava num Brasil urbano que causava constrangimento a uma porção significativa do público letrado e figuras poderosas, e que permaneceu desconhecido para muitos daqueles que simpatizariam com a ideia. Sem nem considerar os que desabonavam o samba, a Praça Onze e seu entorno eram opacos até mesmo para os pesquisadores que exaltavam o seu lugar no imaginário nacional. Percebe-se isso nos textos não publicados, escritos a pedido de Welles, embora sejam, ainda assim, fontes valiosas de informação sobre a região e sobre como ela era percebida por observadores letrados, que também faziam as vezes de participantes. Ghiaroni, um poeta e jornalista de origem humilde, via a Praça Onze como o "fígado do Carnaval, se não for o próprio coração", e considerava que "nossa música popular, sendo algo simples, é feita por gente simples". Ele enfatiza que a praça era dominada por negros, e escreve que durante as festividades o povo dormia na soleira das portas, já que os bondes não passavam tarde da noite. Para Ghiaroni, nos salões de dança de São Paulo, as raças eram separadas por "leis pessoais e morais", enquanto no Rio "os clientes são uma multidão misturada de brancos, negros e mulatos".[28]

Alex Viany, que viria a ser correspondente de *O Cruzeiro* em Hollywood entre 1945 e 1948, pinta um quadro similar da praça, evocando a sugestão de Lima Barreto de um vínculo de classe que ultrapassa a identificação racial. Ele também se aproxima do tom laudatório ao evocar a função da praça para a cidade:

> É como se a Praça Onze fosse a embaixada africana no Rio durante o Carnaval. Suas festas são os maiores eventos sociais para o negro carioca. As festas são gigantescas sessões de *jam-and-swing* do Harlem elevadas ao mais alto grau. São realmente únicas em todo o mundo. E não podem ser imitadas. [...] Os trabalhadores brancos também vão para a Praça Onze durante o Carnaval. Lá, entre seus irmãos negros, são mais felizes e livres do que nos locais de Carnaval da classe média, na avenida Rio Branco ou então na bela porém esnobe Copacabana.

Viany ecoa algumas das declarações de Ghiaroni sobre as misturas raciais, mas adiciona uma perspectiva diferente para as já familiares representações da Pequena África. Ao contrário de outros autores, ele percebeu que a praça não funcionava apenas como força centrípeta para negros durante o Carnaval. Ela também desempenhava um papel centrífugo, funcionando como "centro de irradiação" que "pode ser tido como um símbolo democrático". A Praça Onze, que Viany constantemente vincula às favelas, diverge, desse modo, da dinâmica de um gueto. Para o autor, ela molda o cotidiano da cidade, exercendo influência até mesmo sobre a linguagem: "A gíria nasce lá e leva apenas alguns dias para tomar a cidade", escreve, acrescentando que "lá se encontra a mais genuína liberdade de pensamento e de fala".[29]

Contrapondo-se à visão de um espaço que ganha vida apenas durante o Carnaval, Viany especula — não sem boa dose de paternalismo — sobre a vida social do bairro e a atuação política de seus moradores:

> A psicologia da Praça Onze é, natural ou complexamente, baseada na força. Os trabalhadores, negros ou brancos, estão acostumados a lutar por seus direitos, mesmo sem ter conhecimento suficiente para distinguir o certo do errado. Mas tiveram que lutar para viver, para conseguir trabalho, para comer — e continuam lutando.

Segundo ele, as reações à construção da avenida Presidente Vargas foram de resignação, e as pessoas também esperavam pela demolição de seus morros. Eles acreditavam no progresso, escreveu Viany, e aceitavam as intervenções urbanas com a expectativa comedida de que "irão ter casas melhores e melhores condições". O obelisco de Vargas, a ser erguido no lugar da antiga praça, seria um lembrete para o governo de suas promessas. O obelisco, como sabemos, não foi construído, e muitas das promessas não foram cumpridas.

III

Embora jamais venhamos a saber como seria o filme *It's All True*, é possível ter uma ideia do que Welles imaginou para *The Story of Samba* (A história do samba). O projeto inconcluso gerou dois documentários do diretor Rogério Sganzerla – *Nem tudo é verdade*, de 1986, e *Tudo é Brasil*, de 1997 –, assim como *It's All True: Based on an Unfinished Film by Orson Welles* (É tudo verdade: baseado num filme inacabado de Orson Welles), de 1993, dirigido por Richard Wilson, Myron Meisel e Bill Krohn. Com base nos filmes recuperados e entrevistas, além do trabalho já mencionado de Stam, o *It's All True: Orson Welles's Pan-American Odyssey*, de 2007, de Catherine Benamou, e descobertas em arquivos, podemos tentar reconstruir algumas das intenções e ideias do diretor.

A seção sobre o Carnaval deveria ser acompanhada por outro episódio filmado no Brasil sobre um grupo de jangadeiros que viajou por mais de sessenta dias pelo mar, saindo do Ceará para a capital com o objetivo de levar suas queixas ao presidente.[30] O trecho urbano, na mesma linha, buscava mais do que ilustrar a natureza "simples" e festiva de seus personagens. Welles frequentemente tomava cuidado para dissipar a ideia de que "os brasileiros não levam nada a sério a não ser dançar, cantar e aproveitar outros aspectos do Carnaval".[31] Ao mesmo tempo, seu projeto reconhecia as complexidades e a pluralidade contidas na música, e incluiria uma "anatomia do samba", apresentando alguns de seus instrumentos e variantes.[32] O que salta aos olhos aqui, no entanto, é o contraste entre o lugar unidimensional da Praça Onze nas cartografias letradas – como o locus do Carnaval popular – e a textura mais rica adquirida sob a perspectiva do diretor. E embora o filme reproduza discursos do governo ao falar da construção da avenida Presidente Vargas, Welles rompe o silêncio oficial relativo às perdas implicadas pela constantemente proclamada marcha do progresso.[33]

Como Stam e Benamou também mostraram, o filme de Welles se inseria em certas tradições cinematográficas enquanto propunha uma abordagem extremamente original para as relações entre som e imagem, assim como entre ficção e documentário. À maneira de *Berlim: Sinfonia de uma metrópole*, dirigido por Walter Ruttman, de 1927, e outros filmes sinfônicos urbanos, *It's All True* transmitia impressões visuais num estilo de semidocumentário, com tomadas externas em movimento combinadas com um olhar, por vezes, antropocêntrico, na linha de Flaherty. Se os trabalhos do gênero das sinfonias urbanas criam continuidade entre as imagens e chegam a sugerir um tipo de narrativa com o uso de partituras ou acompanhamentos improvisados, o filme de Welles parecia ter na música um componente ainda mais integral de sua estrutura formal. Em suas próprias palavras: "A música precisa fazer mais do que complementar a imagem – precisa ditar o que era para ser visto".[34] Grande Otelo conta que o Cassino da Urca cedeu seus artistas, e que várias canções, inclusive sucessos de Carnaval de 1942, também foram gravadas ao vivo, em sincronia com os estúdios Cinédia, ou em playback em sessões de estúdio na Odeon.

Samba na tela não era algo especialmente novo ou revolucionário: nos anos 1930 e 1940, a música popular brasileira foi um dos principais ingredientes das lucrativas e populares chanchadas. Elas absorviam elementos do teatro de revista, tinham cenas com estrelas do rádio, e eram claramente influenciadas pelos musicais de Hollywood. *Alô Alô Carnaval*, de 1936, um grande sucesso, tinha no elenco nomes como Almirante, Noel Rosa e Carmen Miranda. Também incluiu o Bando da Lua, um dos primeiros grupos de samba a harmonizar suas vozes conforme o estilo em voga nos Estados Unidos. Eles acompanhariam Carmen Miranda em Hollywood e participariam de vários de seus filmes. Produzido pela Cinédia em parceria com a Waldow Film, *Alô Alô Carnaval*, como as demais chanchadas, tinha o objetivo de entreter, acima de tudo: entre diálogos cômicos, cenas de ação e números musicais, arriscava algumas paródias ou críticas de coisas como a predileção brasileira pela cultura estrangeira, sem jamais ameaçar as sensibilidades nacionalistas.

O trecho sobre o Rio de Janeiro de *It's All True*, de Welles, contou com a colaboração dos estúdios Cinédia e artistas associados a eles. As chanchadas, como o rádio, não se fecharam para artistas negros: Otelo, afinal, tinha presença quase que cativa. No entanto, músicos negros em geral recebiam menos dinheiro do que os brancos, e o reconhecimento público frequentemente era revestido de racismo.[35] Algo semelhante ocorreu na indústria cinematográfica: os negros eram relegados a papéis caricaturais, e suas cenas eram desproporcionalmente menores. O Bando da Lua, rotineiro nas telas, era composto apenas por membros brancos. Antecipando os neorrealistas e o Cinema Novo, e em parte simplesmente pelo fato de filmar cenas externas, como Ruttman ou Dziga Vertov, nas filmagens de Welles negros e negras apareciam com destaque. Sua lista de músicos e bandas incluía luminares da Pequena África, como Pixinguinha, e canções como "Lamento negro", além de outros artistas afrodescendentes, incluindo Ataulfo Alves, Horacina Corrêa e Carmen Costa. A princípio, Welles tinha dificuldade para contratar extras negros, já que apenas brancos respondiam aos anúncios de jornal pedindo pessoas "de boa aparência".[36]

Um contraponto contemporâneo pode ser ilustrativo. Em 24 de agosto, apenas dois dias após o Brasil se juntar ao esforço de guerra aliado, Walt Disney lançou no Rio de Janeiro o seu sexto longa-metragem de animação, *Saludos amigos*. Encomendado pelo Departamento de Estado dos EUA como parte da política de boa vizinhança, foi também uma parceria com a RKO. No filme que lançou o personagem Zé Carioca, novamente vemos o samba no centro do palco. Além de usar alguns de seus melhores animadores, Disney incluiu músicos importantes do Brasil, como Aloysio de Oliveira, que cantou "Aquarela do Brasil", de Ari Barroso. *Saludos amigos* recebeu indicações para o Oscar por melhor som, trilha de música original e melhor música. Embora contornando a questão racial, o antropomorfizado papagaio Zé Carioca incorpora diversos traços do malandro, e o filme combina sequências animadas com imagens em Technicolor do Carnaval. Diferente de *It's All True*, dessa vez estamos praticamente num Carnaval só de branco, de uma cidade igualmente dominada por brancos.[37]

Welles, dando uma alfinetada na indústria cinematográfica de seu país, escreveu que o Carnaval do Rio "desafia a representação em estúdio", "impossivelmente além do alcance de qualquer espetáculo de Hollywood".[38] Em uma das versões do roteiro de *It's All True*, é definido como um "4 de Julho multiplicado por 1 milhão". Ainda assim, além das filmagens feitas durante o Carnaval, ele tentou recriar a Praça Onze num estúdio da Cinédia, em Technicolor. De acordo com Herivelto Martins, Welles seguiu de perto o conselho de sua equipe, montada com sambistas locais para procurar não fazer uma versão estilizada e obter assim o máximo de realismo,[39] o que incluía técnicas como o uso de câmeras falsas. As tentativas de reproduzir o Carnaval da praça contaram com uns 229 figurantes brasileiros. Certo dia, quando uma dessas cenas estava sendo filmada, Waldo Frank visitou Welles na companhia de Oswald de Andrade. O escritor baseado em Nova York descreveu o "fabuloso" *setting* e o "fabuloso" pagamento que "mulheres e homens escuros" receberam para estar lá. Mas, quando começaram a cantar, escreveu ele: "Num instante, a hora, o lugar, o dinheiro, são esquecidos". Os figurantes e o diretor estão "possuídos". Frank parece compartilhar do deslumbramento: "Eu poderia ouvir a música do povo brasileiro para sempre. É indescritivelmente bela e indescritivelmente profunda".[40]

Orson Welles pareceu compreender ou intuir o que significaria o desaparecimento da Praça Onze para a vida cultural e o futuro da cidade. Em entrevista, anos mais tarde, Grande Otelo se lembrou do seguinte episódio: "E depois também teve uma cena muito bonita [...] que era como se fosse na Praça Onze, e um menino [...] vinha caminhando por uma passarela comprida, ele olhava para um poste e tinha uma placa: Praça Onze". Nostalgicamente, ele concluiu: "Quando o menino olhava, a placa caía, significando que era o fim da Praça Onze".[41] Com algumas pequenas diferenças, a cena foi descrita no diário de filmagem de Richard Wilson, acrescentando que seria entrecortada com Otelo dando adeus para a praça, enquanto a música "Adeus, Praça Onze" tocaria como um eco. Após um fade out, o filme mostraria Welles no telhado de um edifício prestes a ser demolido, olhando a praça do alto com um representante do governo anunciando novos projetos residenciais: "casas-modelo" tanto para os que seriam removidos para a construção da avenida Presidente Vargas, quanto para os moradores das favelas. Welles chegou a fazer filmagens nos morros próximos, e só podemos especular se a edição final teria dado destaque às incongruências da fala oficial.[42]

Em outro episódio carregado de significados que provavelmente não escaparam aos envolvidos com o filme, a música "Batuque no morro" foi tocada simultaneamente em dois espaços simbólicos que representavam polaridades sociorraciais: Linda Batista, uma mulher branca, cantava no Cassino da Urca, e Grande Otelo, um homem negro, cantava na Praça Onze, ambos cantando sobre uma expressão cultural das favelas. A montagem em contraponto da cena musical fazia a ponte entre a cidade dividida: ainda que não saibamos como a filmagem e a edição teriam feito o contraste entre o cassino das classes altas com o público humilde da praça, a atuação dupla juntou os pontos da Cidade Nova e da zona sul no estúdio. Uma justaposição de lugares separados pela geografia e pelas classes sociais que apenas o cinema e talvez a música seriam capazes de realizar. Como se para aprofundar a integração cinematográfica dos extremos da cidade, a cena aconteceu na zona norte, onde estavam localizados os estúdios da Cinédia.

A montagem poderia ser caracterizada como uma celebração da miscigenação e como proponente do mito do Brasil como uma terra de harmonia racial — caso os envolvidos no filme não estivessem cientes das consequências da destruição da praça, especialmente para a maioria não branca dos moradores das favelas. Durante os tratamentos nos meses seguintes, Welles escreveu sobre a cena em que "o contraste não é apenas de vozes, mas de orientações". Comentando sobre a tendência do Carnaval "para os ambientes fechados dos bailes e do cassino", ele explica que "o Carnaval tradicional é uma festa exclusiva das ruas".[43] Welles parecia consciente do simbolismo daqueles espaços, e a representação deles lado a lado desconsidera o roteiro usual dos estrangeiros, as convenções cinematográficas e, talvez, até mesmo subverta as hierarquias que levavam urbanistas e políticos a privilegiar a zona sul do Cassino da Urca em detrimento de áreas como a Cidade Nova. A cena, de certo modo, rompe, ou aproxima, o *aqui* e o *lá* da narrativa do século XIX de Manuel Antônio de Almeida.

Essa já era uma Praça Onze imaginária, recriada segundo as lembranças de seus frequentadores, todos cientes de que a praça real — em obras, na época — logo desapareceria. *It's All True* provavelmente foi o primeiro a transpor o samba para as telas de forma a articular uma ansiedade coletiva, uma consciência política, ou, ao menos, algo para além do entretenimento.[44] Cerca de duas décadas mais tarde, um teatro mais experimental e politizado e o Cinema Novo seguiriam o exemplo, fazendo da música popular uma peça central de suas estéticas. Ainda assim, nos anos 1940,

Welles parece capturar algo que escapou à imprensa, aos políticos e aos urbanistas por trás da construção da avenida Presidente Vargas. Ainda que o filme parecesse tocar ou encontrar inspiração na porosidade cultural, as demolições resultantes da nova reforma teriam um papel decisivo no aprofundamento da segregação espacial no Rio de Janeiro ao longo de linhas socioeconômicas. É como se Welles tivesse percebido as mudanças iminentes, situando a paisagem urbana ameaçada num passado recente e num plano imaginário, retomando os procedimentos de Machado de Assis algumas décadas antes.

Algumas dessas transformações urbanas eram familiares para Welles, com paralelos próximos na história dos EUA, e estavam em sua mente antes de sua chegada ao Brasil. No imaginário pan-americano de Welles, como sugere Stam, Grande Otelo e Pixinguinha substituiriam Duke Ellington e Louis Armstrong, que eram personagens centrais de seu jamais realizado *Story of Jazz* (História do jazz).[45] Se o samba e o jazz poderiam funcionar num continuum, o mesmo valia para a agressiva corrida pelo progresso no Brasil, concretizada na construção da avenida, idêntico processo que a sociedade norte-americana atravessava ao adotar o automóvel. Era esse o subtexto de *The Magnificent Ambersons*, um filme para o qual os executivos da RKO determinaram um final feliz, já que Welles teve que abrir mão do controle editorial após a viagem para o Rio. Para um crítico perspicaz, a questão central do filme "era a própria infância da América: o tempo gentil antes da chegada do automóvel". Em meio às agressivas reformas urbanas do Rio, é como se Welles visse o Brasil seguindo o mesmo caminho.

O próprio *It's All True* é palimpséstico. "Apagado" pelos executivos de Hollywood e parcialmente recuperado mais tarde por cineastas, pesquisadores e pelas lembranças pessoais dos envolvidos com o projeto, o filme integra e lança luz sobre as diversas camadas do tecido urbano da Cidade Nova e do Rio de Janeiro. Inconcluso, jamais circulou em seu tempo, e, dessa forma, só nos resta especular se o filme teria sido capaz de inserir a Praça Onze nos mapas cognitivos de espectadores do Brasil e de fora; e, talvez, quem sabe, atingisse aqueles tomadores de decisões cuja opinião sobre o bairro e suas gentes era tão rasteira.

IV

A desfiguração da Cidade Nova foi motivada não apenas pela especulação imobiliária de curto prazo e pelas pressões para melhorar a circulação dos carros, mas também por razões ideológicas, desconsiderando aspectos de caráter humano e práticos de longo prazo.[46] Em um dos diálogos escritos para *It's All True*, Orson Welles fala sobre como a Praça Onze deixaria "saudades", o que ele define como "*heartache* (dor no coração) — algo assim — uma memória sentimental, solidão — um anseio da memória por algo que já passou, ou de alguém que foi embora". Mais de dez anos após a inauguração da avenida, um livro de Henrique Dodsworth sobre suas realizações não reconhece nenhum aspecto do preço que foi pago. Ele começa de forma desafiadora: "A necessidade de violento surto do progresso não aboliu, ainda, no Brasil, o espírito de resistência às realizações que excedem o padrão comum".[47] Há apenas uma única menção à praça pública, de passagem.

Hoje em dia, qualquer ideia da Cidade Nova como um lugar central para a história cultural brasileira parece ter se perdido. Quando o nome do bairro é mencionado para moradores de longa data do morro da Providência, antigo morro da Favela, as expressões são de desconcerto. Menções à Praça Onze, no entanto, em geral despertam boas lembranças dos carnavais da infância e dos cinemas a preços acessíveis.[48] Em meio a uma mistura mal resolvida em que temos a reprodução de opções arquitetônicas por caixotes de vidro – frequentemente pouco integrados ao entorno –, o monumental Sambódromo, estruturas dilapidadas, um canal poluído, terrenos baldios, é muito difícil que alguém possa imaginar como a área foi no passado. Diante disso, valeria perguntar se algum dos escritores, músicos e artistas que vimos neste livro não teria tido uma maior sensibilidade para as consequências de longo alcance da construção da avenida do que os tecnocratas e ideólogos por trás da obra.

Em vez de embalar a crítica ao urbanismo moderno em argumentos sobre os limites da objetividade e os perigos do empirismo científico, talvez devêssemos atribuir suas falhas mais gritantes precisamente por desconsiderar o tangível, as contingências e possibilidades cotidianas da vida num ambiente urbano. As metáforas privilegiadas nos discursos da imprensa e dos planejadores nos anos 1940 participavam de uma longa tradição de falar da cidade como um corpo humano (da Renascença à Escola de Chicago). Lemos em um jornal do Rio de Janeiro, em 1944, que "com a evolução da mentalidade, sob o influxo de princípios renovadores, o coração da cidade também devia evoluir". Outro sustentava que "dentro em pouco suas pistas de concreto conterão toda a palpitação e vida da metrópole".[49] Referências às vias largas e modernas como artérias abundam, incluindo nos escritos de Alfred Agache. Nesse caso, as imagens orgânicas ocultam processos desumanizadores: nas artérias não corriam pessoas, mas máquinas, automóveis, unidades militares, mercadorias, traduzidos em controle do capital e poder concentrado nas mãos de uma minoria.[50]

Em meados dos anos 1940, não se podia alegar a inocência do fascínio do início do século XX pela tecnologia. Já não podemos mais escusar tão facilmente as crenças contemporâneas nos poderes civilizatórios do progresso tecnológico. Precisamos historicizar, não inventar desculpas. De acordo com uma edição de *A Manhã* do dia 3 de setembro de 1944, semana anterior à inauguração, a nova avenida respondia à

> necessidade de dar ao centro da cidade maravilhosa um aspecto condizente com a sua crescente importância comercial, com a elevação vertiginosa da sua cultura, com o prestígio que o país conquistava fulminantemente como nação ao nível das maiores e mais poderosas do mundo civilizado.

Quando essas palavras foram impressas, *mundo civilizado* se referia a um continente mergulhado na carnificina da Segunda Guerra Mundial.

Em 1942, num programa de rádio, Orson Welles se refere a seu tempo no Rio de Janeiro como "o fim da civilização tal qual a conhecemos", soltando em seguida uma de suas típicas e estrondosas gargalhadas.[51] A princípio, ele parece repetir o cansado clichê sobre a exuberância e o atraso dos trópicos. Mas sua fala ganha um novo sentido ao considerarmos como a "civilização" se encontrava mergulhada numa guerra brutal. Podemos entrever uma ironia trágica da qual Welles parecia ter plena consciência. Numa cena de *Cidadão Kane*, o protagonista, baseado livremente em magnatas como William Randolph Hearst, explica sua descrença de que a guerra era iminente, declarando para a imprensa que os líderes europeus eram inteligentes demais para embarcar num conflito que significaria "o fim da civilização tal qual a conhecemos".

Após duas grandes guerras devastadoras, Welles insinua que "o fim da civlização" não seria algo tão indesejável assim, contanto que o termo preservasse suas conotações geopolíticas (significando o hemisfério Norte), reificadas pela imprensa e até certo ponto na vida intelectual brasileira. "Aprisionar o significado das palavras de uma vez por todas, é isso o que o Terror quer", declara Jean-François Lyotard em *Rudiments Païens*.[52] De forma muito modesta, talvez o comentário bem-humorado de Welles resistisse aos desejos do Terror. Não seria demais dizer que Welles percebeu nas culturas e sociabilidades afro-americanas e ali na Praça Onze um modelo civilizatório alternativo.

Welles, porém, não foi o único a intuir que certos caminhos ficavam para trás com a marcha do progresso. Mesmo às vésperas do Estado Novo, nem todos haviam se entregado por inteiro às forças ideológicas de projetos modernizadores. Muitos afirmaram um sentido de pertencimento ao nível concreto e local do bairro, preterindo os valores abstratizantes da modernidade nacional. Noel Rosa, na contramão do desenvolvimento urbano, no qual a praia de Copacabana assumia justamente o status de símbolo da modernidade,[53] escreve em "O x do problema":

> Nasci no Estácio
> Não posso mudar minha massa de sangue,
> Você pode crer que palmeira do Mangue
> Não vive na areia de Copacabana.

A canção, na voz de Aracy de Almeida, apresenta a perspectiva de uma diretora de escola de samba convidada para virar estrela de cinema. O título refere-se ao dilema de deixar o bairro do Estácio. Lugar crucial para o surgimento do "samba moderno", o Largo do Estácio ficava a poucos minutos de caminhada da Cidade Nova. A personagem da canção, "independente, conforme se vê", diante da escolha, prefere o bairro menos glamouroso, com suas rodas de samba, do que "ser rainha de um grande palácio/ e dar um banquete uma vez por semana". Em meio ao turbilhão da modernidade, do nacionalismo e do progresso, a canção de Noel é uma forma de reconhecimento das afiliações, afetivas e territoriais (como às palmeiras do Mangue), que podiam caracterizar a vida cotidiana do Rio de Janeiro em lugares que certa lógica urbanística repudiava. Noel Rosa celebra as particularidades do familiar, sem qualquer sinal de intransigência diante do novo. Copacabana tinha seus charmes, mas simplesmente não era para todos e todas.

Num mundo aparentemente cada vez mais tomado pelo culto à eficiência e ao lucro financeiro, com ações ditadas por objetivos de curto prazo, nossos mais criativos artistas, músicos e cinegrafistas podem ser considerados irrelevantes para a vida diária, sonhadores desconectados da seriedade do "mundo real" das tabelas estatísticas e planilhas. No entanto, no Brasil da década de 1940, enquanto as metáforas dos urbanistas e da imprensa controlada pelo Estado Novo eram frequentemente enganadoras e inadequadas, os versos de um compositor popular estavam bem mais sintonizados com as complexidades e contradições da vida numa cidade em rápida transformação.

Orson Welles foi presciente, assim como Herivelto Martins e Grande Otelo. A Praça Onze acabou, enterrada sob uma avenida como tantos outros espaços públicos e referências afetivas de nossas cidades: atropelados pela marcha do tempo. Os compositores estavam enganados, no entanto, por achar que não haveria mais escolas de samba ou desfiles de Carnaval. Ambos estavam por demais entranhados na cartografia cultural e na "consciência" do Rio de Janeiro. Quer alguns puristas concordem ou não, o samba se fortaleceu desde então, o próprio gênero um palimpsesto, retendo elementos do passado e adquirindo novas formas.

Numerosas canções de meados dos anos 1940, ao tematizarem o fim da Praça Onze, na verdade proclamam sua resiliência. Além da versão mais famosa, que dizia que a Praça Onze se manteria "eternamente em nossos corações", diversos outros sambas menos lembrados sugerem um destino similar, representando a Praça Onze como um estado de espírito que teimava em persistir: "Não morreu nem morrerá [...] quem nasceu na Praça Onze é difícil esquecer", canta um deles. Outro clama que "perdeu seu tempo quem chorou a sua morte, pra nós nunca há de acabar/ [...]/ a praça continua a existir". E um terceiro, apesar da perda: "Quem te viu, quem te vê Praça Onze/ retalhada em ruas bem largas/ não se cansa de olhar com saudades/ a avenida Presidente Vargas" – reafirma no refrão: "Praça Onze/ Praça Onze/ Guardo no peito a tua placa de bronze".[54]

Todas essas canções, como a Praça Onze que Orson Welles incluiu em sua visão para *It's All True*, conectam a memória e a música ("e seu passado iremos cantar"). Música e, por extensão, poesia, dança e outras formas culturais e artísticas tornam-se não apenas um mecanismo para descobrir camadas submersas, mas também instrumentos para resistir aos "apagamentos". Uma garantia de que as lutas atuais e futuras (o que quer que elas nos reservem) são capazes de manter vínculos com passados invisíveis, com lembranças queridas e compartilhadas, enquanto alguém cantar. Pelo menos parece ser essa a sugestão dos sambas.

Conclusão

O futuro revisitado: Para onde foi e para onde irá o passado?

Brasil
Tua cara ainda é o Rio de Janeiro
3 x 4 da foto e o teu corpo inteiro
Precisa se regenerar.
Aldir Blanc, Moacyr Luz e Paulo César Pinheiro,
"Saudades da Guanabara" (1989)

I

O futuro imaginado com a construção da avenida Presidente Vargas não aconteceu, pelo menos não de acordo com os planos. Erguida durante a Segunda Guerra, abraçando um estilo que poderia ser associado ao lado perdedor, a avenida pode ser incluída no que Beatriz Jaguaribe chama de ruínas modernistas, a "alegoria fraturada de um ethos prévio que não se realizou ou que se tornou datado".[1] Muitos dos arranha-céus imaginados para a região jamais foram construídos. Postulada como símbolo de um novo futuro moderno, a avenida seria considerada pela geração seguinte de arquitetos e urbanistas modernistas como "a mais feia do mundo".[2] Ela também deixaria o Rio uma cidade mais partida.

Não devemos menosprezar o impacto da avenida para as populações da região portuária e morros da Providência e do Pinto, para quem a Praça Onze era um espaço público importante, e que agora estavam separados do "outro lado" da cidade pela vasta pista. A Cidade Nova, com a perda de tantos imóveis, moradores e espaços de referência, entra em decadência com a abertura da avenida. Os bairros da região portuária foram capazes de manter vivas as ligações com a Pequena África em locais como a Pedra do Sal. Já a Cidade Nova jamais recuperou seu protagonismo. Por um lado, a sua importância reduzida na cartografia simbólica do Rio deve ser vista no contexto de uma cidade cuja população praticamente triplica na primeira metade do século XX, passando de 2,3 milhões em 1950, número que mais do que dobraria até 1980, e superando 6,3 milhões de habitantes em 2010 (considerando apenas os limites municipais). A escala inédita das nossas metrópoles talvez não permita que um só local tenha tamanha importância na vida cultural de uma cidade.

Num quadro mais amplo, a avenida acelerou um processo de espraiamento populacional, com o crescimento da zona sul, da zona norte e da Baixada Fluminense. Em termos de visibilidade, o centro de gravidade da cartografia cultural da cidade migra rumo à orla da zona sul, no sentido contrário ao da avenida Presidente Vargas. O código de obras de 1937 começa a estabelecer áreas centrais da cidade como zona comercial, pavimentando um processo que esvaziaria o Centro de usos residenciais e reduziria sua diversidade e vitalidade, algo que só começou a ser revertido nesse século. A derrubada do morro de Santo Antônio, nos anos 1950, permitiu a construção do aterro do Parque do Flamengo, mas também liberou novos espaços para construções no Centro, deixando o entorno da avenida Presidente Vargas menos importante para o desenvolvimento.[3] A zona portuária sofre alguns reveses: em 1936, o aeroporto Santos Dumont foi inaugurado na entrada da baía de Guanabara, levando para lá o mais nobre portão de entrada da cidade. O porto de Santos passa a ser o principal do país. O uso de contêineres para o transporte de cargas acabaria por reduzir o número de trabalhadores, alterando irremediavelmente as dinâmicas sociais portuárias.

Um dos grandes investimentos favorecendo a zona norte foi o estádio do Maracanã, construído para a Copa do Mundo de 1950. A partir dos anos 1950, ao mesmo tempo, uma série de viadutos privilegiou a zona sul e afetou negativamente os bairros que um dia haviam feito parte da "grande Cidade Nova".[4] Nos anos 1970, perpendicular à avenida Presidente Vargas e paralelos ao Sambódromo, o viaduto São Sebastião e a avenida 31 de Março rasgavam parte do que restara da malha urbana da Cidade Nova e Catumbi.

A via tinha intenção de melhorar o tráfego do Centro para a florescente zona sul, através do túnel Santa Bárbara, inaugurado no início dos anos 1960. Ao seguirmos para o túnel Santa Bárbara hoje, podemos nos lembrar de "A ponte e a porta", de Georg Simmel. De um lado, encontramos o próspero bairro das Laranjeiras. Do outro, o Catumbi, visivelmente mais pobre, menos arborizado, como se fosse outra cidade. Como a Cidade Nova, essa área sofreu com a construção do viaduto e também se mostra uma sombra do que já foi. Antes do túnel, os dois bairros tinham arquiteturas e configurações socioeconômicas relativamente similares. A intervenção urbana os deixou mais próximos, mas também os separou. Como as pontes e portas de Simmel, das quais falamos como uma pedra de toque analítica por trás do conceito de porosidade, o túnel separa tanto quanto conecta. Algo semelhante pode ser dito sobre a avenida Presidente Vargas.

Todas essas novas redes de transporte facilitaram o acesso dos subúrbios e da zona sul para o Centro, mas também resultaram numa cidade mais espalhada e desigual. Ao mesmo tempo, a legislação contra usos residenciais nas antigas Cidade Nova e Velha foi consolidada em meados dos anos 1970.[5] À medida que o Rio ficava menos compacto e a infraestrutura continuava a priorizar as classes mais altas e os proprietários de carros, a segregação espacial cresceu. No processo, a Cidade Nova tornou-se mero lugar de passagem para a maioria dos habitantes do Rio. Para os moradores remanescentes, virou um lugar desvalorizado no mercado imobiliário. Ainda que crucial no passado da cidade, o bairro foi em larga medida mantido ausente de como esse passado foi contado, narrado, celebrado. Apesar de seu papel na história cultural e urbana, a Cidade Nova ficou relegada, na maioria das vezes, às notas de rodapé.

Enquanto isso, o lugar da zona sul no itinerário dos turistas e no repertório dos cartões-postais já estava assegurado havia um bom tempo. O bonde do Pão de Açúcar começou a funcionar em 1912, seguido da estátua do Cristo Redentor no Corcovado, inaugurada em 1931. Nos anos 1950, o surgimento da Bossa Nova e da cultura de praia alterou irrevogavelmente a imagem do Rio de Janeiro. Copacabana e Ipanema eram agora símbolos poderosos nas cartografias culturais do Brasil. Ao mesmo tempo, algumas das favelas localizadas nas regiões mais ricas da cidade também ganharam visibilidade. *Orfeu negro*, de Marcel Camus, de 1959, baseado numa peça de Vinicius de Moraes, catapultaria o morro da Babilônia, em Copacabana, para as telas do mundo.[6] Quando Michael Jackson e Spike Lee filmaram um vídeo no Rio para a canção "They Don't Care About Us", em 1996, optaram pela favela Santa Marta, em Botafogo. Orson Welles pode ter sido o último estrangeiro ilustre a se interessar mais profundamente pela Providência.[7]

A Cidade Nova, no entanto, nunca deixou de ter um lugar especial no Carnaval carioca. Após a desfiguração da Praça Onze, as escolas de samba desfilaram pela avenida Rio Branco por três anos. Em 1946, o primeiro Carnaval depois da guerra, os desfiles foram realizados na Presidente Vargas. Em 1948, uma lei estabelece que os temas dos desfiles tinham que ser "nacionais". Reinventava-se o passado de diversas formas em músicas, carros alegóricos e fantasias. Em 1966, a Portela ganhou com *Memórias de um sargento de milícias*; em 1970, o Salgueiro homenageou a Praça Onze.[8] Durante as décadas de 1950 e 1960, a competição entre escolas de samba gera um interesse crescente da imprensa, dos turistas e do estado, amplificando sua presença para fora do Rio.[9] No início dos anos 1970, a Rede Globo passou a transmitir os desfiles em cadeia nacional. À medida que ganham proeminência na publicidade, passam a ser peça central na programação de duas grandes emissoras de televisão.[10] Na segunda metade dos anos 1970, as arquibancadas temporárias construídas ao longo da avenida Presidente Vargas já recebiam um público de mais de 100 mil pessoas.[11] Novamente, o futuro não correspondeu ao planejado, pois esse era um espetáculo bem diferente dos desfiles militares imaginados para o local.

Em resposta a pressões da indústria do entretenimento, das escolas de samba e de outros setores da população, o governo do estado construiu o Sambódromo a tempo do Carnaval de 1984, durante o primeiro mandato de Leonel Brizola. A pista de desfile pode ser usada como uma via comum, e seus camarotes, concebidos como Cieps, serviram à educação pública até 2011. A estrutura maciça, entretanto, se destaca na paisagem: a combinação entre a funcionalidade e o uso do concreto armado, bem como o icônico arco da Praça da Apoteose revelam o toque inconfundível do arquiteto que Brasília transformara numa referência mundial, Oscar Niemeyer. A um quarteirão da avenida Presidente Vargas, a localização fazia sentido do ponto de vista logístico: as principais escolas de samba, da zona norte ou dos subúrbios, estavam acostumadas com o local, o metrô inaugurado em 1979 melhorou o acesso, e aquele trecho da Cidade Nova vinha recebendo outras obras importantes.[12] Pela relativa proximidade da antiga Praça Onze, o Sambódromo também poderia invocar o peso simbólico de sua memória.

Com frequência comenta-se que o Sambódromo "domestica" os desfiles, transformando a experiência transgressiva do Carnaval num produto assimilável pela indústria cultural. De fato, a televisão tornou-se uma parte inseparável do espetáculo. Em 1986, quando cerca de 50 mil pessoas desfilaram, mais de mil profissionais da televisão já estavam na cobertura dos eventos.[13] Hoje, os desfiles atingiram outra escala, envolvendo centenas de milhares de pessoas e muitas centenas de milhares de dólares.[14] Embora a maioria dos participantes seja oriunda das classes trabalhadoras e tenha ligações com as comunidades de escolas de samba, grande parte da produção profissionalizou-se, o turismo avançou, e a cobertura costuma girar em torno de artistas famosos e celebridades televisivas. Não é nossa intenção aqui entrar nos debates sobre a perda de "autenticidade", ou a transformação do Carnaval numa indústria gigantesca. No entanto, é válido explorar de que forma o Sambódromo pode ajudar a compreender algumas das transformações urbanas pelas quais o Rio passou.

A historiadora Amy Chazkel analisa o papel da regulamentação dos espaços públicos e da criminalização de certas práticas — como o jogo do bicho — na construção de uma nova relação entre os moradores da cidade e o estado. Referindo-se a discussões em torno da "tragédia dos comuns", Chazkel elabora o conceito de *urban enclosure*, enclave ou cercado urbano, para explicar o processo de privatização, regulação e monetização da vida pública, especialmente nos primórdios da Primeira República. Seu livro trata em uma medida da porosidade que esse "cercamento" ganhou no Rio, onde, a despeito da "expropriação de recursos e de direitos", os "deixados de fora da cerca metafórica (ou físicas) não foram meramente varridos para longe". Os cercados ou enclaves passam a ser compreendidos como "parte de um ciclo de informalização". Embora ilícitas, as loterias sobre as quais ela escreve se mantiveram como um fato cotidiano do Rio.[15]

Deixando de lado a conexão direta entre o jogo do bicho e os desfiles de Carnaval, o conceito de "cercado urbano" pode ser útil para nos ajudar a compreender o papel do Sambódromo na festa mais popular do Brasil e no desenvolvimento urbano da cidade. Nesse caso, os meios de comunicação de massa tornam-se árbitros cruciais. Eles se apropriam das formas e dos lucros, determinando a duração dos desfiles, assim como criando e refletindo as expectativas de espectadores.[16] Enquanto o extraordinariamente criativo e exuberante evento transforma o espaço numa espécie de "estúdio a céu aberto", as cercas metafóricas (ou físicas) reproduzem uma familiar ordem capitalista: mesmo existindo um "setor popular" com preços mais baixos, as arquibancadas são acessíveis apenas para quem pode pagar ingresso, e são poucos os que podem comprar fantasias para desfilar. Mas quem deseja acompanhar ou participar pode encontrar soluções informais para driblar os preços proibitivos.[17]

O Sambódromo, assim, parte de processos culturais que remontam a pelo menos o final do século XIX; não é mera reprodução dos "cercados" — ou muros — bem menos metafóricos que surgem em cidades latino-americanas desde os anos 1980. O paradigma no título do livro de Teresa Caldeira, *Cidade de muros*, com foco em São Paulo, aplica-se a diversas metrópoles. O Rio não é exceção. A partir dos anos 1980, uma grande quantidade de edifícios residenciais instalou grades e portões, com frequência avançando pelas calçadas. Um boom imobiliário, incentivado pelo poder público, empurrou a cidade em direção à zona oeste, onde no bairro da Barra da Tijuca prevaleceu o modelo composto por shopping centers e condomínios particulares fechados.

Mais dependente dos carros, mais cercado, esse não é o mesmo Rio no qual Lévi-Strauss desembarcou em 1935. O antropólogo francês escreve: "[...] percebo, nessas ruas estreitas e sombreadas que cortam a avenida principal, um ambiente particular; a transição entre as residências e a rua é menos marcada do que na Europa. [...] Na verdade, a rua não é mais apenas um lugar por onde se passa: é um local onde se fica".[18] Ainda temos em alguns bairros do Rio uma sociabilidade onde "se suprime a oposição [...] entre a casa e a rua", que para Lévi-Strauss era uma das constantes da "civilização" europeia.[19] Mas quando não pelo medo gerado por ciclos de violência, as atuais pistas, dominadas por carros em velocidade ou por engarrafamentos, não são espaços convidativos para a vida social. Nesse sentido, o Rio passa a ser cada vez mais como qualquer outra metrópole moderna que, em algum momento, respondeu ao apelo de Le Corbusier para a "morte da rua", de meados dos anos 1920. Na visão do franco-suíço, o plano era favorecer as vias expressas e os automóveis em vez de calçadas ou pedestres, que faziam das ruas algo obsoleto. Produz-se uma cidade onde as vias públicas não são lugares onde se fica, mas por onde se passa, de preferência o mais rapidamente possível.

Mas, como já vimos, na história do planejamento urbano, as consequências não planejadas são recorrentes. Até mesmo a Presidente Vargas, um divisor de águas nos esforços em prol do rodoviarismo, não resistiu às subversões de pedestres. Quando uma conhecida canção de Caetano Veloso dos anos 1960 diz

"Vamos passear na avenida", nomeando a Presidente Vargas, há uma dose de ironia em sua letra. Na época, em plena ditadura, aquelas "ruas largas" serviam como pistas para os desfiles militares e das escolas de samba. A canção parece se referir à clandestinidade ("Vamos passear escondidos") e aos passados soterrados mas ainda acessíveis pela cultura popular ("Vamos desfilar pela rua onde Mangueira passou/ Vamos por debaixo das ruas").[20]

Hoje em dia, ninguém que caminhe pela avenida sentiria falta de companhia, ao menos não em alguns trechos e horários. Temos ali, adjacente à via de várias pistas, um popular Camelódromo. Em frente à Central do Brasil, não são raros os artistas de rua e ambulantes – de palhaços a vendedores de produtos de limpeza – disputando a atenção dos pedestres. A avenida continua sendo um espaço para os blocos de Carnaval e grandes manifestações políticas. Como mostra o filme de Sérgio Bloch sobre a Presidente Vargas, seu ambiente caótico conta tanto com críticos quanto com entusiastas.

Táticas do cotidiano, por necessidade, costumam prosperar na vida urbana brasileira. Mesmo em Brasília, utopia da eficiência modernista por excelência, os espaços planejados rapidamente adquiriram usos não previstos. No exemplo citado com frequência, as fachadas das lojas, projetadas para abrir de frente para os gramados das superquadras, rapidamente foram revertidas para a configuração tradicional: os fundos, voltados para as ruas, foram adaptados para servir de entrada. O antropólogo Hermano Vianna, que cresceu em Brasília, aponta usos inusitados que grupos punks fizeram da cidade planejada.[21] Também não se previa que skatistas e patinadores fossem tomar conta de parte da marquise do parque do Ibirapuera em São Paulo. Não faltam exemplos análogos no Rio: o Baile Charme no viaduto de Madureira, e até o Réveillon de Copacabana, não estavam nos planos. Improvisações e usos surpreendentes de espaços urbanos não apontam fracassos do planejamento *top-down*, de cima para baixo, mas sim sinalizam sucessos na apropriação *bottom-up*, de baixo para cima. Essas subversões ou manipulações criativas de espaços urbanos de forma alguma são especificidade do Rio ou do Brasil. Estamos, afinal, seguindo os rastros de críticos como Michel de Certeau em seu *A invenção do cotidiano*, e exemplos comparáveis abundam nas pesquisas contemporâneas sobre as culturas urbanas.[22]

Existem outras formas, no entanto, pelas quais as dinâmicas culturais do Rio poderiam, de fato, ser consideradas descomunais: muitas pessoas, entre os mais pobres e os mais ricos, vivem em áreas com relativa proximidade, compartilhando espaços públicos, gírias, cantos de torcidas de futebol e gostos musicais. Essas áreas de contato, no entanto, coexistem com disparidades gritantes quando se trata do acesso a direitos, serviços básicos, bens e oportunidades. O desenvolvimento da cidade a partir dos anos 1940 acentua as divisões espaciais, mas o Rio não deixou de contar com uma tradição de "mediadores culturais", para citar uma categoria utilizada por Hermano Vianna. Trata-se, ainda, de uma posição marcada por privilégios de gênero, raça e classe.

Mas neste livro mesmo vimos Manuel Antônio de Almeida, João do Rio, Tia Ciata, Chiquinha Gonzaga, Noel Rosa, Orson Welles e vários outros construírem pontes sobre separações sociais, raciais, políticas ou espaciais. Houve outros, desde então: de artistas visuais como Hélio Oiticica, que morou na favela da Mangueira, a Zeca Pagodinho, músico cuja popularidade não conhece fronteiras. E muitos e muitas que não receberam reconhecimento comparável.

A delicada dinâmica do Rio de Janeiro entre seus extremos — morro e asfalto, Vigário Geral e Leblon — tornou-se insustentável com a explosão da violência urbana nos anos 1990. Quando traficantes de drogas armados começam a controlar territórios no seio de muitas favelas, a ideia de "cercado urbano" adquire novos significados para o cotidiano da cidade. Enquanto os mais abastados têm a opção de se mudar para complexos murados, os moradores das comunidades não podem evitar a exposição às guerras entre gangues rivais, que frequentemente, como sabemos, envolvem forças policiais corruptas. Quando irrompem conflitos armados, moradores se veem impossibilitados de retornar para suas casas. No contexto dessas crises, durante a década de 1990, num ambiente onde se tornou comum falar de um apartheid brasileiro, intervenções urbanas como o programa Favela-Bairro, com fortes investimentos em infraestrutura, foram concebidas para amenizar as transições dos "morros" para o "asfalto".[23]

Depois dos massacres da Candelária e de Vigário Geral em 1993, o Rio parecia ter chegado ao fundo do poço. Nesse contexto, o livro *Cidade partida*, de Zuenir Ventura, foi corajoso não apenas por expor as divisões da cidade, ou a atividade interna de traficantes. Pelo contrário, talvez tenha sido ainda mais ousado pela insistência em ser esperançoso. O livro termina com um diálogo entre Zuenir e um traficante, dando a entender que aqueles que de fato organizam e lucram com o negócio das drogas não vivem nas favelas. Houve alguns sinais positivos, no entanto, após um ano e meio de pesquisa, visitas a Vigário Geral e participação na resposta da sociedade civil aos trágicos massacres. Na época em que Zuenir Ventura concluiu o livro, três projetos ambiciosos, concebidos durante sua gestação, pareciam seguir caminhos promissores: a já mencionada ONG Viva Rio; a Casa da Paz, um centro de artes e organização comunitária no local onde aconteceu o massacre de Vigário Geral; e a Fábrica da Esperança, uma ONG oferecendo uma série de serviços na favela de Acari.

Antes do final da década, apenas o movimento baseado na zona sul seguia firme. O criador da Casa da Paz, o sociólogo Caio Ferraz, de Vigário Geral, fugiu para os Estados Unidos após sofrer ameaças de morte pelos perpetradores da chacina. A Fábrica da Paz, que chegou a receber diversos prêmios, acabaria por fechar depois que a polícia, supostamente, encontrou grandes quantidades de cocaína lá, e seu diretor fundador se envolveu num escândalo policial não relacionado às drogas. Um outro movimento iniciado por jovens em Vigário Geral, o AfroReggae, crescia. Na virada do século, o Brasil caminhava em sua redemocratização após a ditadura militar e já passara por um impeachment em 1992. Uma nova Constituição democrática (1988), um plano econômico que controlou uma inflação em ascensão (o Plano Real, 1994), uma sociedade civil fortalecida e uma imprensa livre, tudo parecia apontar para melhores dias para o país. No entanto, a antiga capital do Brasil, e sua cidade mais visível, permanecia mergulhada na crise.

E a Cidade Nova, onde se encaixa nesse cenário? Se o bairro havia sido uma encruzilhada decisiva, ponto de partida para a reflexão sobre a história cultural da capital nacional, após os anos 1940 deixou de ser qualquer coisa próxima disso. A primeira construção de porte na Cidade Nova após a nova avenida, o conjunto de 22 andares apelidado de "Balança-mas-não-cai" devido a boatos sobre uma falha estrutural, inspira o nome de um popular programa humorístico na Rádio Nacional. Algumas instituições importantes investem na área. Em 1954, o jornal *O Globo* se muda para lá. Pouco depois, a Sociedade Propagadora das Belas-Artes constrói um icônico edifício com fachadas em cobogó nas redondezas. Mas é o setor público que predomina. O Hospital Escola São Francisco de Assis, ligado à Universidade do Brasil (atual UFRJ), no local do Asylo da Mendicidade do

Império, passa por uma expansão significativa. A construção do viaduto São Sebastião acarreta uma série de demolições. Já na década de 1970, parte do antigo bairro passa por transformações drásticas, culminando com a chegada de uma das estações da primeira linha de metrô da cidade e edifícios notáveis. Além do já citado Centro de Artes Calouste Gulbenkian, a Cidade Nova recebeu o Arquivo Geral da Cidade do Rio de Janeiro (AGCRJ), sedes dos Correios e Telégrafos e da Telerj, bem como o prédio da prefeitura.[24] Prevalecia o uso do concreto armado e traços da arquitetura brutalista, influente na época.

Segundo dados do censo, a área agora demarcada como Cidade Nova tinha 8077 moradores em 1980, uma pequena fração das populações de final do século XIX e início do XX. O bairro que fora um espaço onde várias experiências sobrepunham-se, um ponto de contato entre partes diferentes da cidade, agora passaria a sediar uma prefeitura isolada e desconectada do resto da cidade. No que fora um bairro de ruas, o Centro Administrativo São Sebastião, edifício sede do governo municipal, inaugurado em 1982, encontra-se rodeado por jardins e estacionamentos, com seis pistas de asfalto de múltiplas faixas a sua frente. Não deixa de ser emblemático de mudanças sofridas por cidades modernas. Afastado da Presidente Vargas por uma pouco utilizada praça, o prédio de dezessete andares apresenta o recuo típico de obras modernistas, num procedimento cujo objetivo em geral é liberar espaço. Mas, nesse caso, em vez de calçadas cheias de vida, o recuo produz a sensação de um prédio isolado, de uma torre inacessível e ilhada em uma região onde poucos se aventuram.

Enquanto a Cidade Nova perdia relevância cultural, as favelas de áreas centrais tornavam-se cada vez menos marginais e mais visíveis, a ponto de ameaçarem profundamente a ordem estabelecida da cidade. Pouco tempo depois de *Cidade partida* ser publicado, um samba de Wilson das Neves e Paulo César Pinheiro deu voz às ansiedades do "asfalto". "O dia em que o morro descer e não for Carnaval", diz a música, "ninguém vai ficar pra assistir o desfile final." Na melhor tradição do samba, misturando protesto e humor, a voz de Wilson das Neves descreve um cenário de "guerra civil", em que cada ala da escola de samba seria uma quadrilha; as alegorias, um arsenal; e os fogos na entrada, tiros e explosões. O tema: "a cidade partida".

A noção do Rio de Janeiro como "cidade partida" entranhou-se profundamente, e embora a porosidade jamais tenha deixado de coexistir com as desigualdades e com a divisão, a tradição de circulação, de trocas e de territórios comuns da cidade parecia ameaçada. O jornalista Tim Lopes, que trabalhava na Rede Globo de televisão, foi uma das incontáveis figuras que apreciava a contínua e renovada presença da música no cotidiano do Rio. Diferentemente de muitos outros cariocas, ele trabalhava para uma poderosa organização de mídia, e sua história foi amplamente divulgada, causando grande comoção. Criado a partir dos oito anos na favela da Mangueira, Lopes estava escrevendo um livro sobre o samba. Ele foi premiado em 1994 por uma reportagem sobre o funk carioca, outro dos gêneros musicais surgidos nas margens e que depois tomam conta de toda a cidade. Em 2002, Lopes foi à favela da Vila Cruzeiro com a intenção de gravar, disfarçadamente, imagens de um baile funk onde se dizia haver exploração sexual de menores e tráfico de drogas. Ele foi descoberto. Chefes do tráfico o torturaram e cortaram seu corpo em pedaços com uma *katana*, uma espada japonesa.[25]

II

As conversas sobre o declínio e a crise do Rio de Janeiro tornaram-se quase um esporte nacional nos anos de crise mais aguda. Em geral, as especulações situavam o início da derrocada em 1960, quando a cidade deixou de ser a capital nacional com a inauguração de Brasília. Após essa transição, o município adquiriu status de estado da Guanabara. Em 1975, a cidade foi incorporada ao estado do Rio de Janeiro, e muitos culpam a fusão pela decadência.[26] De qualquer maneira, em meados da década de 1990, embora o Rio de Janeiro ainda fosse a cara do Brasil, como diz o samba "Saudades da Guanabara", isso já não poderia ser dado como certo.

A Era Vargas foi marcada pelo esforço de tornar "brasileiras" as histórias regionais ou locais e promover uma linguagem de brasilidade, que incorporaria uma visão moderna para o país. Iniciativas endossadas ou criadas pelo governo federal — envolvendo arte, arquitetura, museus, monumentos históricos e exposições no exterior — tinham um alcance bem além da capital federal. Mesmo após o Estado Novo, havia um sentimento de que "as reivindicações hegemônicas à brasilidade se mantinham elusivas".[27] Nas décadas seguintes, o Rio de Janeiro perdeu espaço político, econômico e cultural na paisagem brasileira. São Paulo tornou-se a maior cidade do país e seu principal centro industrial. Brasília tornou-se a capital. O samba, viria a cantar Vinicius de Moraes, "nasceu lá na Bahia".

Sempre houve disputas pelos símbolos nacionais no Brasil, mas mesmo depois de todas essas mudanças, na virada para o século XXI ainda era difícil contestar que o Rio de Janeiro fosse a cidade mais associada ao país no exterior e o lugar onde a maioria dos brasileiros identifica símbolos nacionais. Beatriz Jaguaribe se referiu à cidade uma "sinédoque para um éthos cultural brasileiro".[28] O Rio é uma parte que define um todo, mas o inverso também se aplica. O Brasil é vasto, diversificado e heterogêneo. Pode haver pouco em comum entre pessoas que moram na mesma cidade, que dirá entre quem mora na bacia amazônica, no interior de São Paulo, no sertão nordestino ou em cidades onde ainda se fala alemão, no Sul. Os discursos e práticas culturais, ainda assim, cultivaram denominadores comuns que, até certo ponto, traduzem um éthos do Rio de Janeiro em narrativas particulares sobre a nação.

Quando se fala sobre o Brasil, a tríade samba, novela e futebol é um clichê, mas são fenômenos reveladores e significativos. Os principais clubes de futebol do Rio ainda são nacionais. Encontramos vascaínos fanáticos em Manaus, Brasília e no interior do Paraná.[29] As novelas, famosamente seguidas por empregadas domésticas e seus patrões, se passam e são filmadas desproporcionalmente no Rio de Janeiro. E o samba carioca continua a atuar como um "agente unificador nacional".[30] Embora cada região ou cidade comemore o Carnaval de maneira diferente, existem estruturas similares ao Sambódromo da Marquês de Sapucaí e escolas de samba em São Paulo, Florianópolis, Macapá e outros locais por todo o país. Não podemos subestimar a influência da Rede Globo sobre esses fenômenos — a organização baseada no Rio é o maior conglomerado de mídia da América Latina. Mas o fato é que certos símbolos e práticas culturais foram irradiados com tanto sucesso que se tornaram nacionais, e não apenas cariocas.

A centralidade do Rio para as narrativas nacionais seria reafirmada logo após a cidade perder seu status de capital federal. Na década de 1960, o novo estado da Guanabara escolheu como hino oficial a marchinha "Cidade maravilhosa", de André Filho, composta para o Carnaval de 1935. É difícil imaginar outra cidade tendo a ousadia de se declarar o "coração do meu Brasil". No fim da introdução de *Cidade partida*, o mineiro Zuenir Ventura escreve que Vigário Geral, onde ocorreu a chacina de 1993, é uma "metonímia do Rio, assim como o Rio é a parte que pode ser tomada pelo todo chamado Brasil".[31] Mais à frente, Zuenir sugere que certa pretensão carioca pode ser uma faca de dois gumes. Os representantes da cidade no Congresso tendiam a falar para a nação, negligenciando os interesses locais. Essa ambição se manifestaria nos nomes de seus jornais. Em outros locais, referem-se a suas localidades: a *Folha de S.Paulo*, o *Estado de Minas*, o *Diário de Pernambuco*. No Rio, referem-se ao país como um todo, ou mesmo além: o *Jornal do Brasil* e *O Globo*.[32] Já no século XXI, os megaeventos reforçaram a ideia do Rio de Janeiro como vitrine e até "coração" do país. Mas podemos estar lidando com o fim de um ciclo.

Então o que tudo isso tem a ver com a Cidade Nova? De certo modo, muito pouco. O bairro, como vimos, desempenhou um papel importante no desenvolvimento das formas musicais que passaram a ser amplamente saudadas como nacionais, como o choro, o samba e o Carnaval. Essas manifestações, no entanto, continuaram a evoluir em várias direções e mantêm poucos laços diretos com o Campo de Santana, a Praça Onze ou o Mangue. Em outro sentido, no entanto, os espaços urbanos estudados aqui são cruciais. A história da Cidade Nova pode ser compreendida como paradigmática dos tipos de misturas que serviram de fontes para a vitalidade cultural carioca e, também, para uma parte fundamental da formação cultural brasileira. Os processos pelos quais práticas culturais marginalizadas passaram a ocupar o centro das cartografias letradas, ou onde determinados círculos letrados abraçam a oralidade, também ocorreram em outras partes. Mas se essas relações foram moldadas por formas comparáveis de porosidade em outros contextos, a história da Cidade Nova ilumina expressões particulares dessa qualidade.

O samba, as escolas de samba e, em menor extensão, figuras como a Tia Ciata se moveram da margem para o centro, resultando numa configuração cultural que teria sido impossível de antecipar no século XIX: até hoje, em alguns casos, mesmo elites brancas se explicam e demonstram suas identidades coletivas como brasileiras recorrendo a um repertório cultural historicamente vinculado à pobreza, à marginalidade e aos não brancos. Hoje chamaríamos isso de apropriação, mas o que se pretende aqui é chamar a atenção para as complexidades históricas e as dimensões urbanas e espaciais de processos culturais. Enquanto a cidade se partia, o samba se tornava algo compartilhado, "uma espécie de denominador comum musical entre vários grupos", como afirma Hermano Vianna, não sendo mais visto "como propriedade de um único grupo étnico ou uma classe social".[33] Devemos ter cuidado para não superestimar o papel da Cidade Nova nessa história. A própria formação do samba foi muito mais complexa, como destacam outros trabalhos sobre o tema.[34] E, além do samba, processos análogos aconteceram com outras práticas culturais, como o forró, a capoeira, a feijoada, o funk carioca.

A Cidade Nova, outra vez, se faz relevante tanto por seu papel paradigmático, quanto por sua excepcionalidade. Dentro da história urbana do Rio, as heterogêneas populações pobres e de classes trabalhadoras jamais foram exclusivas da região, embora sua particular diversidade encontre poucos paralelos em outros lugares. Não era incomum que os espaços marginais do século XIX fossem representados como ameaçadores, inferiores ou atrasados. Mas a combinação da Cidade Nova de habitantes com menor poder aquisitivo, localização central e uma infraestrutura razoável, durante o mesmo período, era uma coisa rara.

As graduais inversões que seus espaços produziram e refletiram, como vimos, revelam muito sobre transformações mais amplas em como a cultura é disseminada, e sobre o que é considerado cultura. De um local marginalizado pelas cartografias letradas, mas central para geografias culturais específicas, a Cidade Nova tornou-se central para cartografias letradas específicas, mas foi praticamente obliterada da geografia cultural. Após a construção da avenida Presidente Vargas, prevalece a obliteração, e o bairro, salvo exceções, se manteve ausente das narrativas históricas e deixou de gerar experiências pessoais como no passado.[35] Em 2010, segundo o censo, eram apenas 5466 moradores na área designada como Cidade Nova.

Mesmo seu passado, podemos dizer, deve ser considerado poroso. A própria história do bairro enquanto espaço concreto acabou absorvida por discursos que poderiam ter pouco a ver com a vida cotidiana de lá — o Brasil como um país de misturas; o progresso com uma avenida de seis pistas. São narrativas que, de maneiras diversas, afetaram como se imaginou o futuro, para o bem ou para o mal. Tudo isso continua a servir de lembrete de que há vencedores e perdedores na modernidade urbana. Boa parte do que se escreveu sobre as cidades nas últimas décadas enfrenta o desafio de identificar quem é beneficiado e quem sofre sob a modernização. Quanto a isso, o Rio de Janeiro não é exceção. Estudos contemporâneos em geral reconhecem a imensa dívida histórica relativa aos descendentes de escravizados, por exemplo. A "democracia racial", exposta como mito e cada vez menos válida entre os círculos políticos e intelectuais, talvez tenda a ser esgotada enquanto éthos.

Alguns insistem em concluir que onde vemos inclusão cultural, a exclusão social ou a discriminação racial não devem ser vistas como um problema. Poucos, ao mesmo tempo, afirmam a inexistência de guetos raciais no Rio do passado, pelo menos nos moldes europeus ou da América do Norte. Que isso é consequência de contingências sociopolíticas, geográficas e históricas – e não de uma predisposição dos cariocas à tolerância e à miscigenação –, fica exaustivamente esclarecido nessa história cultural, mas que certas diferenças identitárias possam ser transponíveis também deve ser considerado como parte do que temos em mãos, ao menos se não quisermos perder algo que temos de valioso.

O Rio de Janeiro mudou de diversas maneiras no período estudado neste livro, e esse continuou a ser o caso durante o período de pesquisa, gestação, escrita e reescrita – assim como entre a publicação em inglês e a tradução para o português. Em fevereiro de 2013, quando saiu a versão original, mesmo em face de desafios gigantescos, o acúmulo de certas conquistas (locais e nacionais) parecia estar se acelerando. Um dos slogans oficiais da prefeitura para novas iniciativas urbanas parecia buscar uma resposta ao título de Zuenir Ventura: cidade integrada. Com as UPPs e os preparativos para a Copa do Mundo de 2014 e para os Jogos Olímpicos de 2016, alguns achavam que o Rio tinha superado as crises da década de 1990 e entrado em uma nova fase de sua história. Ainda assim, de formas muito concretas, a cidade como palimpsesto ficara evidente: em meio a obras, escavações revelaram o Cais do Valongo, ponto de chegada de escravizados africanos.[36]

Não resta dúvida de que a década de 2010 trouxe transformações importantes. Acentuou-se a desconexão entre a Cidade Nova e a região portuária, que foi objeto do Porto Maravilha. A demolição do Elevado da Perimetral, a implantação do Veículo Leve sobre Trilhos (VLT) e ambiciosos equipamentos culturais (do Museu do Amanhã, projetado por Santiago Calatrava, ao AquaRio) conferiram visibilidade e colocaram o porto em itinerários turísticos. As intervenções tanto aproximaram os bairros históricos do porto ao Centro, facilitando a circulação, quanto os afastaram. Moradores de longa data sofreram com remoções, desapropriações e desalojamentos.

Na década de 2010, a Cidade Nova recebeu uma estação do metrô com seu nome e uma série de edifícios comerciais e institucionais, como o Centro de Operações Rio, a nova sede da Cedae, a sede do InfoGlobo e a Universidade Petrobras. Por razões compreensíveis, dada a descaracterização da Cidade Nova e a maior continuidade social e histórica nos bairros da região portuária, os discursos sobre uma Pequena África em geral privilegiam Saúde, Santo Cristo e Gamboa, ignorando o outro lado da avenida Presidente Vargas.[37]

Embora consequências de longo prazo jamais possam ser previstas, parece claro que as áreas das quais este livro trata voltaram a ser centrais para o futuro da cidade e para sua relação com o passado. Ecos dessa história cultural estiveram presentes na abertura dos Jogos Olímpicos de 2016. Em um Maracanã reconstruído e irreconhecivelmente elitizado, a cerimônia homenageou a tradição de misturas e diversidade que gera tanto do melhor da cultura brasileira, incluindo referências aos africanos escravizados, à imigração, às favelas, e culminando com um desfile de escolas de samba. A recorrente tensão entre práticas culturais inclusivas e práticas urbanas exclusivistas parecia chegar a um paroxismo.

Precisamos reconhecer também que numa região metropolitana com mais de 12 milhões de moradores, quase o dobro do município em si, não há coesão cultural capaz de se reconciliar com as profundas desigualdades e diferenças entre suas partes. E que independentemente de símbolos e dinâmicas culturais, muitos dos principais legados dos processos de urbanização relacionados às Olímpiadas remetem a uma escala metropolitana que guarda pouca relação com as áreas do Rio abordadas aqui.

É possível argumentar que a extensão do metrô e as novas de linhas de BRT (Bus Rapid Transit) de fato deixaram o Rio de Janeiro mais integrado. Mas é muito difícil sustentar que a cidade ficou mais inclusiva. Não há dúvida de que o conjunto das ações relacionadas aos jogos privilegiou a zona oeste, que recebeu ambiciosos empreendimentos imobiliários, como os da chamada Barra Olímpica, assim como o Parque Olímpico. Ao mesmo tempo, as vias da TransOlímpica, TransOeste, TransCarioca e TransBrasil, servidas por ônibus, promovem ligações muito mais eficazes entre bairros da zona norte, zona sul e zona oeste. Trata-se de uma das mais consequentes reorganizações espaciais na história da cidade. Sabemos que o crescimento da zona oeste antecede as Olimpíadas, mas ao investir tão maciça e desproporcionalmente no eixo leste-oeste, em paralelo à orla, o Rio de certa forma dobrou a aposta elitizante das reformas de Pereira Passos, preterindo os outros vetores históricos de seu desenvolvimento, que acompanham a baía de Guanabara e as linhas de trem. A cidade fica mais dependente do automóvel e do ônibus e, assim, mais segregada espacialmente.

O que fazer, então, da nossa cidade porosa, entre a cidade maravilhosa, a cidade partida e a cidade integrada? Até certo ponto, o conceito de porosidade procura ser disruptivo, ao abarcar as misturas, circulações e fluidez do Rio, assim como suas desigualdades, divisões e assimetrias. O conceito, ao mesmo tempo, conversa com uma longa tradição de interpretações nacionais que ressaltam a coexistência de forças antagônicas: da cordialidade ambivalente de Sérgio Buarque de Holanda à dialética da malandragem de Antonio Candido e o veneno remédio de José Miguel Wisnik. Não sabemos de que formas as novas condições urbanas serão capazes de sustentar, superar e renovar as dinâmicas culturais históricas cariocas. Sabemos que a história da Cidade Nova teve enormes consequências para o Rio de Janeiro como um todo. Seu passado, independentemente de para onde tenha ido ou possa ir, continua a dialogar com as histórias culturais brasileiras e com as diversas maneiras de se estar no mundo, um mundo urbano.

Que este autor possa então concluir com uma nota mais pessoal: meus caminhos se cruzaram com a Cidade Nova devido a uma experiência musical. Quando criança, ouvindo "Bum Bum Paticumbum Prugurundum", a música contagiante parecia algo enigmática. O samba-enredo do Império Serrano foi escrito para o Carnaval de 1982, o primeiro após meu nascimento. A letra de Beto Sem Braço e Aluísio Machado contém uma crítica devastadora das proporções que os desfiles alcançaram, cada vez mais encarados como um negócio, "escondendo gente bamba". O título se refere à explicação onomatopaica de Ismael Silva para o ritmo do samba. Nada disso eu entendia quando criança, mas o refrão produziu um mistério: "Ó Praça Onze/ tu és imortal/ teus braços embalaram o samba/ a tua apoteose é triunfal".

O que e onde seria esse lugar? Suas complexidades em várias camadas (afro-judaica-brasileiras e daí por diante) se revelaram desde então através de uma combinação de encontros fortuitos, experiências musicais ou literárias e pesquisa exaustiva. Inscrito na própria etimologia de palimpsesto, encontramos o termo grego *palin* (novamente). A Cidade Nova e sua Praça Onze talvez não sejam *imortais* como diz a música — e é improvável que isso seja suficiente —, mas que seus passados possam aflorar novamente como lembrança de onde estivemos e do que somos capazes.

Um dos muitos cartões-postais do canal do Mangue em circulação nas primeiras décadas do século XX (c. 1914). *Acervo Biblioteca Nacional.*

Cidade Nova vista do morro da Favela, atual Providência. Para seus moradores, a Praça Onze era um lugar facilmente acessível. *Acervo Museu da Imagem e do Som*, RJ [s.d.].

Lasar Segall representou com frequência a prostituição no Mangue – um dos espaços de "mistura" da cidade. "O Mangue", 1943, xilogravura em papel, 20,5 x 20 cm. *Acervo Museu Lasar Segall, Ibram/MinC*.

A Praça Onze passou por reformas em 1928, quando perdeu o coreto e as árvores. *Acervo Museu da Imagem e do Som*, RJ [s.d.].

Centenas de edifícios e a Praça Onze deram lugar à monumental avenida Presidente Vargas, vista aqui com a igreja da Candelária ao fundo e dois dos primeiros arranha-céus da cidade, os atuais Palácio Duque de Caxias e a Estação Central do Brasil. *Acervo Instituto Moreira Salles* [s.d.].

Eduardo Francisco Mariscal propôs um projeto de ajardinamento do canal do Mangue em 1875. O plano foi um dos que não saiu do papel durante o período imperial. *Acervo Arquivo Nacional, Fundo Ministério da Agricultura, Comércio e Obras Públicas.*

Construção da extensão do canal do Mangue durante o mandato do prefeito Pereira Passos. A ambiciosa obra aliviou o impacto das enchentes. *Acervo da Biblioteca de Obras Raras do Centro de Tecnologia da Universidade Federal do Rio de Janeiro* [s.d.].

O cortejo fúnebre de Pereira Passos, em 1913, passou pela Praça Onze, Campo de Santana e Mangue. Encontramos maior número de seguidores na parte mais central da cidade do que aqui. *Acervo Instituto Moreira Salles.*

Na imagem da festa de rua, as mulheres e o universo afro-brasileiro assumem o protagonismo e as misturas prevalecem. *Acervo Biblioteca Nacional*, c. 1900-3. *Foto de Aliwu*.

Orson Welles tenta capturar a energia do Carnaval popular carioca, algo que Hollywood não conseguiria. Universidade de Indiana. *Coleção Orson Welles*, 1942.

Avenida Presidente Vargas em construção, vista do alto, em 10 de novembro de 1941, com a Praça Onze ainda presente e o gasômetro ao fundo. *Arquivo Geral da Cidade do Rio de Janeiro, Coleção Augusto Malta. Foto de Uriel Malta.*

A remodelação da década de 1870 tenta transformar o Campo de Santana em um espaço europeizado. *Acervo Biblioteca Nacional, Coleção Thereza Christina Maria, 1880. Fotos de Marc Ferrez com a colaboração de Auguste Glaziou.*

Agradecimentos

Um livro pode renovar nossa conexão com pessoas que já não estão entre nós e, ao mesmo tempo, tenta alcançar leitores e leitoras em um futuro desconhecido.

No processo de pesquisa, escrita e publicação, acumulamos inúmeras dívidas e gratidão. Eu gostaria de mencionar algumas pessoas que estiveram diretamente ligadas a esta edição. Daniela Duarte reúne todas as melhores qualidades que poderíamos esperar de uma editora: gentileza, competência e argúcia. Ainda na Objetiva, foi imprescindível o trabalho da Luíza Côrtes, da Paula Souza e do Neto Gonçalves. Na confecção dos mapas, da Sonia Vaz. Daniel Estill traduziu com elegância e delicadeza. E agradeço, por fim, a Luiz Schwarcz.

Alguns leitores da edição original fizeram apontamentos que influenciaram na revisão desta versão traduzida: Amy Chazkel, Barbara Weinstein, Beatriz Jaguaribe, Brodwyn Fischer, Bryan McCann, Daniel Bitter, Farès el-Dahdah, Fernando Atique, Flora Thomson-DeVeaux, Fred Coelho, Gabriel Duarte, Graziella Moraes da Silva, Hermano Vianna, Jim Green, João Moreira Salles, José Marcelo Zacchi, José Miguel Wisnik, Josiah Blackmore, Julia

O'Donnell, Leonardo Pereira, Márcia Castro, Maria Alice Rezende de Carvalho, Mariana Cavalcanti, Mariano Siskind, Marta Peixoto, Nelson Vieira, Piers Armstrong, Renata Bertol, Sidney Chalhoub, Tom Conley. Trata-se de uma lista incompleta, e peço desculpas por omissões.

Permaneço imensamente grato pelo papel que Sergio Bloch e Paulo Fonseca tiveram na origem deste livro. E pelo acolhimento dos moradores da vila Dr. Alberto Sequeira e do morro da Providência, nem todos e todas citados nominalmente no livro. Eduarda Araújo ajudou com uma ida aos arquivos do MIS na reta final, e Pedro Henrique Torres, com a revisão.

Agradeço as universidades de Harvard e Princeton pelo apoio financeiro. Quando eu fiz doutorado em Harvard e começava esta pesquisa, Joaquim-Francisco Coelho, Nicolau Sevcenko, Svetlana Boym e Kenneth Maxwell foram inspirações acadêmicas (mas não só) cruciais para este projeto. Agora, como professor na mesma instituição, agradeço xs estudantes que participaram de discussões refletidas no prefácio à edição brasileira. Nos anos que passei na Universidade de Princeton, também foram muitas as pessoas que de alguma forma me ajudaram a escrever este livro, entre elas Germán Labrador Méndez, Rachel Price e, de maneira muito especial, Pedro Meira Monteiro. Durante o convívio por lá, Lilia Schwarcz se transformou num modelo de atuação profissional (mas não só). Vivo em gratidão pela amizade e carinho de outrxs colegas, familiares e muitas pessoas queridas que não menciono aqui, mas que de maneira mais oblíqua também fizeram parte deste livro.

Agradeço a minha irmã Roberta. E por tudo o que ela fez por mim, agradeço a minha mãe, Lilian Martins Ferreira. Também registro aqui o meu amor pela minha esposa Michael Elizabeth Rozas, parceira de aventuras e descobertas, muitas delas perambulando pelas ruas do Rio.

E, finalmente, que este livro possa um dia alcançar nossa pequena filha, Lola Rozas Carvalho. Ainda que o Rio seja para ela mais distante do que para mim, espero que ela possa algum dia entender algo do que significa estar no mundo enquanto carioca, vascaína e mangueirense. Ou qualquer outra combinação que possa ajudá-la a dar sentido a um mundo cheio de encantos, desafios e encruzilhadas.

Notas

PREFÁCIO À EDIÇÃO ORIGINAL [pp. 23-8]

1. A narrativa de Bardi sobre sua chegada de navio pode ser encontrada em "Curriculum literário", org. de Marcelo Carvalho Ferraz, in *Lina Bo Bardi* (São Paulo: Instituto Lina Bo e P. M. Bardi, 1999).

2. Podemos aqui pensar na visão de Walter Benjamin sobre o cinema, em *Illuminations* (Nova York: Schoclcen Books, 2007), p. 236, tradução livre: "Com o close-up, o espaço se expande".

3. Foi lançado sob o título *Presidente Vargas: Biografia de uma avenida* (Rio de Janeiro: Abbas Filmes, 2009).

4. Fania Fridman, *Paisagem estrangeira*. Rio de Janeiro: Casa da Palavra, 2007.

EM BUSCA DO PASSADO: MAPEANDO O RIO [pp. 29-46]

1. Depoimento colhido após uma série de reformas no Catumbi, citado pelos antropólogos Marco Antonio da Silva Mello e Arno Vogel em "Sistemas construídos e memória social", na *Revista de Arqueologia* (Belém: Museu Paraense Emílio Goeldi, 1984), pp. 46-50. Agradeço a Daniel Bitter pela sugestão de leitura.

2. Ver, por exemplo, Sigrid Weigel, *Body and Image-Space* (Nova York: Routledge, 1996); André Corboz, *Le Territoire comme palimpseste et autres essais* (Besançon: Imprimeur, 2001); Andreas Huyssen, *Present Pasts* (Palo Alto: Stanford University Press, 2003); e Peter Eisenman, *Written into the Void* (New Haven: Yale University Press, 2007).

3. Os muros aparecem num conhecido mapa de 1769, atribuído a Francisco João Roscio (cópia mantida na Mapoteca do Itamaraty, no Rio de Janeiro). Um mapa anterior, de Antonio Gonzalez de Castro, incluía as fortificações em 1764 (cópia mantida na Biblioteca do Congresso dos Estados Unidos).

4. Projetado por Oscar Niemeyer e concebido por Darcy Ribeiro, o Sambódromo (também conhecido como Passarela do Samba), na rua Marquês de Sapucaí, foi inaugurado em 1984. Com setecentos metros, acomoda mais de 75 mil espectadores.

5. Não é uma coincidência que os três monumentos tenham sido inaugurados durante o primeiro mandato de Leonel Brizola como governador do Rio de Janeiro (1983-7). Para um relato de suas histórias no contexto da política estadual, do movimento negro e da cobertura da imprensa, ver Mariza de Carvalho Soares, org. de Paulo Knauss, *A cidade vaidosa* (Rio de Janeiro: 7Letras, 1999), pp. 117-35.

6. Projetado por Marcos Konder Netto, o planejamento do prédio teve início em 1973. Foi concluído em 1982.

7. Sobre práticas de reinscrição na Antiguidade e no período medieval, ver Charles W. Hedrick, *History and Silence* (Austin: University of Texas Press, 2000).

8. Sigmund Freud, "Uma nota sobre o bloco mágico", in *O eu e o id*. São Paulo: Companhia das Letras, 2011, p. 244.

9. Ibid., p. 246.

10. Michel de Certeau escreve sobre "*rhétoriques cheminatoires*" e "*récits d'espace*" em *A invenção do cotidiano* (Petrópolis: Vozes, 2014). Que ele aponte nossa direção não é um acaso, tanto como um dos mais criativos leitores de Freud quanto como teórico da literatura, da história e da vida urbana. Ver também a leitura de Jacques Derrida sobre o bloco mágico em *Writing and Difference* (Chicago: University of Chicago Press, 1978), pp. 196-231.

11. Ver Walter Benjamin, "Excavation and Memory", em *Selected Writings*, org. de Marcus Bullock e Michael W. Jennings (Cambridge: Belknap Press, 2005. v. 2), p. 576. Marco Antonio da Silva Mello e Arno Vogel articulam a ideia de uma arqueologia urbana em op. cit., pp. 46-50. Para uma outra visão sobre os palimpsestos, ver "Palimpsests Remapped" (Bruno Carvalho, *Spaces and Flows*, 2011). Para abordagens contemporâneas sobre os espaços da modernidade urbana, ver Gyan Prakash e Kevin M. Kruse (Orgs.), *The Spaces of Modern City* (Princeton: Princeton University Press, 2008).

12. Fredric Jameson, por exemplo, adota a expressão em *Postmodernism, or The Cultural Logic of Late Capitalism* (Durham: Duke University Press, 1991). Também pode ser útil lembrar o que Carlo Ginzburg caracteriza, em *O queijo e os vermes*, como "mentalidade" em vez de "cultura": "os elementos inertes, obscuros, inconscientes de uma determinada visão de mundo" (São Paulo: Companhia das Letras, 2006, p. 23).

13. Kevin Lynch, *The Image of the City*. Cambridge: MIT Press, 1960, pp. 2-3. Tradução livre.

14. José Murilo de Carvalho, *A construção da ordem*. Rio de Janeiro: Campus, 1980, p. 51.

15. Isso nos traz à mente a reflexão de Franco Moretti em *Atlas of the European Novel* (Nova York: Verso, 1998), p. 13: "Tornar explícita a ligação entre geografia e literatura, portanto – mapeá-la: porque um mapa é exatamente isso, uma ligação que se torna visível –, nos permitirá ver algumas relações significativas que até agora nos escaparam". No entanto, onde Moretti traça diagramas de padrões ou motivos, delineando relações internas e entre obras literárias, nosso foco será mais concentrado – em um único bairro, e não num continente inteiro –, enquanto nossos interesses serão bem mais vastos.

16. Sua relação pode ser explorada pela noção de uma "*cartographie vécue*" (uma cartografia vivida), que responde tanto às representações espaciais de mapeamento cognitivo de um sujeito quanto ao que Henri Lefebvre refere-se como "*l'espace vécue*" (o espaço vivido), espaços que são, ao mesmo tempo, praticados e socialmente produzidos, em *La Production de l'espace*. Podemos também pensar, com Jonathan Raban, na "suave cidade de ilusão, mito, aspiração, pesadelo [...] como real, talvez mais real do que a cidade sólida", em *Soft City* (Londres: Harvill Press, 1998), p. 4. Tradução livre.

17. Tom Conley escreve, citando o *Foucault* de Deleuze, que "um historiador pode trabalhar no contexto do que Deleuze chama de uma cartografia do vir a ser: 'Um diagrama é um mapa, ou melhor, [um conjunto de] mapas superpostos uns aos outros. E, de um diagrama para outro, novos mapas são desenhados [*tirées*]. Assim, nenhum diagrama deixa de carregar, até o ponto em que se conecta, outros pontos, relativamente livres ou sem limites, pontos de criatividade, de mutação ou de resistência; e nós nos movemos a partir deles para compreender a totalidade'". *Cartographic Cinema* (Minneapolis: University of Minnesota Press, 2007), p. 13, tradução livre.

18. Walter Benjamin, org. de Peter Demetz, *Reflections*. Nova York: Schocken Books, 1989, p. 168. Tradução livre.

19. Em contextos muito diferentes, Charles Taylor escreve sobre "eus porosos" em *A Secular Age* (Cambridge: Belknap Press, 2007) e Iain Chambers se refere à "modernidade porosa" em *Mediterranean Crossings* (Durham: Duke University Press, 2008) e houve ao menos uma conferência com "cidade porosa" no título, organizada pela Urban Interface, em Oslo, em 2010.

20. Beatriz Jaguaribe, *O choque do real*. Rio de Janeiro: Rocco, 2007, p. 114.

21. Para uma discussão com mais nuances sobre o conceito, ver Néstor Garcia Canclini, *Culturas híbridas*, São Paulo: Edusp, 2006.

22. Sérgio Buarque de Holanda, *Raízes do Brasil*. São Paulo: Companhia das Letras, 2006, pp. 140-51.

23. *Pharmakos* assume um papel importante na desconstrução derridiana. Jacques Derrida, "Plato's Pharmacy", *Dissemination*. Chicago: University of Chicago Press, 1981.

24. Zuenir Ventura, *Cidade partida*. São Paulo: Companhia das Letras, 1994, p. 12.

25. Na maioria das línguas românicas, a palavra para "porta" tem a mesma etimologia que a de "poro". Janus, não por acaso, é também considerado o deus das portas. Georg Simmel, "A ponte e a porta", *Revista de Ciências Sociais*, ano 35, n. 48, 2018.

26. Refiro-me ao paradigma contemporâneo dos morros, designando favela *vs.* asfalto, usado como metonímia para o "resto" da cidade — a própria expressão revelando uma ordem urbana pós-fordista, em que o espaço dos automóveis equivale à cidade dita formal, não favelada.

27. Maria Alice Rezende de Carvalho, "Governar por retas: Engenheiros na *Belle Époque* carioca", em *Quatro vezes cidade*. Rio de Janeiro: 7Letras, 1994, pp. 65-91.

1. NO CENTRO DA CAPITAL IMPERIAL: PÂNTANOS, FEBRE AMARELA E FESTAS CIGANAS [pp. 47-83]

1. Thomas More, *A utopia*. São Paulo: Nova Cultural, 2000. Tradução livre.

2. Para um estudo sobre a passagem da família real portuguesa pelo Rio, ver Kirsten Schultz, *Tropical Versailles* (Nova York: Routledge, 2001). Segundo um censo de 1779, a cidade tinha uma população de 43 376 habitantes. Ver Mary C. Karasch, *Slave Life in Rio de Janeiro* (Princeton: Princeton University Press, 1987), p. 61.

3. Embora o título só tenha sido conferido em 15 de dezembro de 1815, o Rio de Janeiro se tornou a sede de fato do poder real após a chegada da corte. K. Schultz, op. cit., p. 190.

4. Mais precisamente, chegou a 79 321 habitantes, com base em dados coletados em 1821. M. C. Karasch, op. cit., p. 61.

5. John Luccock, *Notes on Rio de Janeiro, and the Southern Parts of Brazil*, Londres: S. Leigh, 1820, p. 38. Tradução livre.

6. O decreto está reproduzido na *Bibliotheca brasiliense* (Rio de Janeiro: Typographia do Jornal do Commercio de Rodrigues e Cia., 1911), p. 206.

7. J. Luccock, op. cit., p. 38. Tradução livre.

8. Assim estima um capitão da cavalaria prussiana em seus relatos de viagem ao Rio, em 1819. Ver Johann Gottfried Theodor von Leithold, *O Rio de Janeiro*

visto por dois prussianos em 1819 (São Paulo: Cia. Ed. Nacional, 1966), p. 53. O bairro de Mata-Porcos corresponde ao atual Estácio.

9. James Henderson, *A History of the Brazil*. Londres: Longman, Hurst, Rees, Orme, and Brown, 1821, p. 74. Tradução livre.

10. O caminho do Aterrado ligava o Campo de Santana diretamente à ponte dos Marinheiros (também chamada de ponte de São Diogo).

11. Robert Walsh, *Notices of Brazil in 1828 and 1829*. Boston: Richardson, Lord & Holbrook, 1831, p. 254. Tradução livre.

12. Eduardo Laemmert, *Almanak administrativo, mercantil e industrial do Rio de Janeiro*. Rio de Janeiro: Cia. Typographica do Brazil, p. 195.

13. R. Walsh, op. cit., p. 253. Tradução livre.

14. Luiz Gonçalves dos Santos, *Memórias para servir à história do reino do Brasil, divididas em três épocas da felicidade, honra, glória*, tomo II. Lisboa: Impressão Régia, 1825, p. 162.

15. Jean-Baptiste Debret, *Viagem pitoresca e histórica ao Brasil*. São Paulo: Martins, 1940, p. 290.

16. Debret deixou o Brasil em 1831, tendo sido um pintor favorecido pela corte, tanto sob os auspícios do rei d. João VI quanto, posteriormente, durante o império. Foi professor na Academia Imperial do Rio de Janeiro e se tornou membro da Academie des Beaux-Arts quando voltou para a França. Seu período no Brasil resultou numa série de gravuras publicada em três volumes e intitulada *Voyage pittoresque et historique au Brésil* (*Viagem pitoresca e histórica ao Brasil*).

17. Carl Schlichthorst, *O Rio de Janeiro como ele é*. Brasília: Senado Federal, 2000, pp. 45, 49.

18. Balthazar da Silva Lisboa, *Anais do Rio de Janeiro*.... Rio de Janeiro: Typographia Imperial, 1834-5, p. 174.

19. Charles James Fox Bunbury, *Viagem de um naturalista inglês ao Rio de Janeiro e Minas Gerais*. Belo Horizonte: Itatiaia, 1981, p. 21.

20. José Joaquim de Santa Anna, *Memória geral sobre o enxugo desta cidade do Rio de Janeiro*. Rio de Janeiro: Impressão Régia, 1815, pp. 8, 13.

21. Montigny chegou ao Rio de Janeiro em 1816 e, juntamente com artistas como Debret, seria considerado parte da chamada Missão Artística Francesa no Brasil. Lilia M. Schwarcz, em *O sol do Brasil* (São Paulo: Companhia das Letras, 2008), lança nova luz sobre a presença dos artistas franceses na corte e sobre a repercussão do episódio na história brasileira, contestando a noção de qualquer "missão" coesa.

22. Museu Nacional de Belas-Artes, Desenho n. 6363AA, *Planta para uma praça no Campo de Santana* e *Nota explicativa do Projeto da Praça Proposta no Campo de Santana pela comissão no ano 1827*.

23. O *Relatório apresentado à Ilma. Câmara Municipal do Rio de Janeiro por H. de Beaurepaire-Rohan* foi reimpresso como apêndice em Verena Andreatta, *Cidades quadradas, paraísos circulares* (Rio de Janeiro: Mauad X, 2006).

24. Holanda traça um contraste entre o suposto desleixo no planejamento português de cidades coloniais e o estilo mais sistemático e ordenado dos espanhóis. Ver S. B. de Holanda, op. cit., pp. 95-149. Note-se que o Manhattan's Commissioners' Plan, de 1811, também propunha que a expansão da cidade de Nova York fosse em forma de grade, numa escala maior. Para um estudo dos padrões em grade que remontam a formas imperialistas romanas e chinesas (centrífugas no Ocidente, centrípetas no Oriente), ver Samuel Y. Edgerton, "From Mental Matrix to *Mappamundi* to Christian Empire", in David Woodward (Org.), *Art and Cartography: Six Historical Essays*. Chicago: University of Chicago Press, 1987.

25. Manuel Duarte Moreira de Azevedo, *O Rio de Janeiro; sua história, monumentos, homens notáveis, usos e curiosidades*. Rio de Janeiro: Garnier, 1877, p. 420.

26. Debret escreve que as casas mais ricas e elegantes da periferia da cidade podiam ser encontradas no caminho para São Cristóvão, na estrada Mata-Porcos, no Engenho Novo, no Outeiro da Glória, no Catete e na "bela enseada de Botafogo". Ver J. B. Debret, op. cit., p. 163.

27. M. C. Karasch, op. cit., p. xxi.

28. No posfácio à tradução para o inglês do romance, Süssekind vincula o livro à emergência da crônica, um gênero literário frequentemente voltado para eventos contemporâneos. Manuel Antônio de Almeida, *Memoirs of a Militia Sergeant*. Nova York: Oxford University Press, 1999, pp. 171-83.

29. Manuel Antônio de Almeida. *Memórias de um sargento de milícias*. São Paulo: Livraria Martins, 1941, p. 23.

30. Luccock dá veracidade histórica ao comentário: "Minha primeira casa no Rio permitiu que observasse de perto uma classe de habitantes numerosa e importante. Ficava na esquina da rua d'Ouvidor, onde ela se encontra com a rua da Quitanda; precisamente nesse ponto, todas as manhãs não santas, os advogados, junto com os meirinhos, reuniam-se para fazer negócios". Op. cit., p. 102. Tradução livre.

31. Ángel Rama, *A cidade das letras*. São Paulo: Boitempo, 2015, p. 11.

32. Antonio Candido, "Dialética da malandragem", in *O discurso e a cidade*. São Paulo: Duas Cidades, 1993, p. 36.

33. Ibid., p. 36.

34. M. A. de Almeida, *Memórias de um sargento de milícias*, p. 24.

35. Entre esses, Mário de Andrade, em sua introdução à edição de 1941. Ibid., pp. 5-19.

36. M. A. de Almeida, *Memórias de um sargento de milícias*, p. 41.

37. Reginaldo Prandi (Org.), *Encantaria brasileira*. Rio de Janeiro: Pallas, 2001.

38. Jean Franco, *The Decline and Fall of the Lettered City*. Cambridge: Harvard University Press, 2002, p. 9. Tradução livre.

39. A. Rama, *A cidade das letras*, p. 14.

40. Michel de Certeau, *The Practice of Everyday Life*, Berkeley: University of California Press, 1984, p. 117. Tradução livre.

41. M. A. de Almeida, *Memórias de um sargento de milícias*, p. 23.

42. Geraldo Pieroni, *Vadios e ciganos, heréticos e bruxas*. Rio de Janeiro: Bertrand Brasil, 2000.

43. Flávio Villaça, *Espaço intraurbano no Brasil*. São Paulo: Studio Nobel, 1998, p. 323.

44. Sobre os ciganos *calon* do Catumbi e da Cidade Nova, ver a dissertação de Mirian Alves de Souza, *Os ciganos calon do Catumbi*. Niterói: UFF, 2006.

45. Thomas H. Holloway, *Policing Rio de Janeiro*. Palo Alto: Stanford University Press, 1993, pp. 129-30.

46. Teixeira e Sousa, *As tardes de um pintor*. Rio de Janeiro: [s.n.], 1847, p. 65, v. 28.

47. Ibid., p. 66.

48. Ibid.

49. Embora nenhum dos romances mencione a participação dos ciganos no mercado de escravos, outros autores incluem essas práticas dentre suas representações negativas. Ver R. Walsh, op. cit., pp. 323-7; J. B. Debret, op. cit., p. 220.

50. A. Candido, "Dialética da malandragem", p. 79.

51. Ibid., p. 43.

52. W. Benjamin, *Reflections*, p. 168. Tradução livre.

53. Em sua introdução à edição em inglês, Holloway descreve como os "taxonomistas literários se atrapalharam para decidir em que categoria incluir um trabalho que, sob vários aspectos, era uma anomalia literária". M. A. de Almeida, *Memoirs of a Militia Sergeant*, p. xi. Tradução livre.

54. M. A. de Almeida, *Memórias de um sargento de milícias*, p. 10.

55. José Ramos Tinhorão, *A música popular no romance brasileiro*. São Paulo: Ed. 34, 2000-2, pp. 43-4.

56. Ibid., p. 104. Alguns moradores do bairro da primeira metade do século XIX alcançaram notoriedade, como um famoso escultor negro conhecido como Mestre Valentim (1745-1813), que viveu e manteve seu ateliê na rua do Sabão, segundo um anúncio de jornal. Outro célebre escultor negro, Chaves Pinheiro (1822-84), morou na rua de Santana. Brasil Gerson, *História das ruas do Rio* (Rio de Janeiro:

Brasiliana, 1965), p. 250; Nei Lopes, *Dicionário escolar afro-brasileiro* (São Paulo: Selo Negro, 2006), p. 41.

57. Marques Rebelo, *Vida e obra de Manuel Antônio de Almeida*. Rio de Janeiro: Z. Valverde, 1943, p. 16.

58. A. Candido, "Dialética da malandragem", p. 51.

59. M. Rebelo, op. cit., p. 42.

60. Gérard Genette, *Nouveau discours du récit*. Paris: Editions du Seuil, 1983.

61. Á. Rama, *A cidade das letras*, p. 29.

62. Ibid., p. 54.

63. Beatriz Sarlo, *Una modernidad periferica*. Buenos Aires: Ediciones Nueva Vision, 1988, p. 190.

64. Para excelentes biografias do imperador, ver Lilia M. Schwarcz, *As barbas do imperador* (São Paulo: Companhia das Letras, 1998), e José Murilo de Carvalho, *D. Pedro II* (São Paulo: Companhia das Letras, 2007).

65. De acordo com o censo. M. C. Karasch, op. cit., p. 61.

66. M. D. M. de Azevedo, op. cit., p. 383.

67. O barão de Mauá, figura de grande influência no Brasil imperial, conduziu a construção. A inauguração ocorreu junto com a de uma fábrica de gás, também na Cidade Nova, que depositava resíduos no canal. Sobre o barão (mais tarde, visconde), ver Jorge Caldeira, *Mauá: Empresário do Império* (São Paulo: Companhia das Letras, 1995).

68. M. C. Karasch, op. cit., pp. 60-5.

69. Após um tratado de 1826 com a Inglaterra, a proibição do comércio de escravizados entrou em vigor em 1831 e o contrabando se tornou comum. Sobre as leis contra o comércio de escravizados no Atlântico, no contexto da política brasileira e da política internacional, ver Jeffrey D. Needell, *The Party of Order* (Palo Alto: Stanford University Press, 2006).

70. Sidney Chalhoub, *Trabalho, lar e botequim*. São Paulo: Brasiliense, 1984, p. 190.

71. De acordo com estudos de Luiz Felipe de Alencastro, mais de 200 mil imigrantes portugueses chegaram ao Rio entre 1844 e 1878. Ver Sidney Chalhoub, *Visões da liberdade* (São Paulo: Companhia das Letras, 1990), p. 199. Em 1849, 17,6% da cidade já era composta por estrangeiros nascidos livres, um número que exclui tanto as pessoas libertas quanto os dois terços de escravos nascidos na África. Tudo incluso, 46,7% dos habitantes da cidade eram nascidos fora do Brasil. Os cálculos demográficos nesse parágrafo são baseados nos dados do censo encontrado em M. C. Karasch, op. cit., pp. 61-6.

72. Em 1821, a região era a menos povoada das paróquias urbanas da cidade. Em 1849, 38 717 pessoas viviam na paróquia de Santana, atrás do Sacramento, localizado do outro lado do Campo de Santana.

73. Pessoas libertas compreendiam cerca de 5,2% dos moradores do Rio. Encontramos na Cidade Nova ao menos um sujeito daquilo que Chalhoub classifica como a "cidade negra", formada no "processo de luta dos negros no sentido de instituir *a política* – ou seja, a busca da liberdade – onde antes havia fundamentalmente *a rotina*" (*Visões da liberdade*, p. 186). Em 1835, Manoel, um homem conhecido como "curandeiro", descrito como um "preto mina" e morador da rua Formosa (na Cidade Nova), foi considerado "suspeito devido a encontros realizados em sua casa com outros minas, muito provavelmente pelo temor de uma rebelião por parte das autoridades (p. 199).

74. Holloway, após estabelecer sua "ausência virtual", observa que eles criam uma situação para as classes livres mais baixas que desempenham um importante papel no romance: "ninguém trabalha no livro" (M. A. de Almeida, *Memoirs of a Militia Sergeant*, p. xvii).

75. Teixeira e Sousa era filho de um "pequeno comerciante arruinado" (Tinhorão, *A música popular no romance brasileiro*, p. 55). Süssekind desenvolve a ideia de como outros críticos (Antonio Candido, Roberto Schwarz) apontam que o que "distingue esse romance são seus personagens e os privilégios que esses homens comuns, livres, desprovidos de propriedades, usufruíam numa sociedade escravocrata como a do Brasil do século XIX" (M. A. de Almeida, *Memoirs of a Militia Sergeant*, p. 181).

76. M. C. Karasch, op. cit., p. 55. Tradução livre.

77. Karasch coloca em perspectiva os diversos relatos de estrangeiros surpresos ao verem negros em posições elevadas, uma vez que esses eram exceções (ibid., pp. 123-5).

78. Ibid., p. 115.

79. J. Luccock, op. cit., p. 56. Tradução livre.

80. F. Dabadie, *À travers l'Amérique du Sud*. Paris: F. Sartorius, 1859. Tradução livre.

81. Richard Dunning White, *Sketches of Rio de Janeiro and Environs*. Exeter: William Pollard & Co., 1897, p. 9. Tradução livre.

82. Eugène de Robiano, *Dix-huit mois dans L'Amérique du Sud*. Paris: E. Plon, 1878, p. 2. Tradução livre. A *Bibliografia do Rio de Janeiro de viajantes e autores estrangeiros, 1531-1900*, de Paulo Berger (Rio de Janeiro: Seec-RJ, 1980), continua a ser a mais completa listagem sobre o assunto antes do século XX.

83. Édouard Manet, *Lettres de jeunesse*. Paris: Louis Rouart, 1928.

84. George Ermakoff, *Rio de Janeiro, 1840-1900*. Rio de Janeiro: G. Ermakoff, 2006, p. 92.

85. C. J. F. Bunbury, op. cit., pp. 19-20.

86. Ernst Ebel, *Rio de Janeiro und seine Umgebungen im Jahr*. São Petersburgo: KADW, 1828, p. 30. Tradução livre.

87. J. B. Debret, op. cit., pp. 252-3.

88. Citações do parágrafo em: Charles S. Stewart, *Brazil and La Plata* (Nova York: A. O. Moore, Agricultural Book, 1858), pp. 72-3, 150. Tradução livre.

89. Citações do parágrafo em: James C. Fletcher, *Brazil and the Brazilians*. Londres: Sampson, Low, Son & Co., 2008, p. 30. Tradução livre.

90. M. D. M. de Azevedo, op. cit., pp. 229-32.

91. M. C. Karasch, op. cit., p. 204.

92. Ibid., pp. 240-1.

93. M. A. de Almeida, *Memórias de um sargento de milícias*, p. 63. Essa é uma das primeiras menções aos ranchos, grupos musicais que, como os cucumbis e congos, combinavam influências de expressões africanas de origem banto com elementos das culturas ibéricas populares. Mais tarde no mesmo século, os ranchos evoluíram para grupos carnavalescos, que começaram a ser organizados em competições de desfiles já em 1911. Ver Renata de Sá Gonçalves, *Os ranchos pedem passagem* (Rio de Janeiro: IFCS/UFRJ, 2003).

94. Para o papel dos grupos compostos por barbeiros no desenvolvimento da música do Rio, ver Nireu O. Cavalcanti, *Crônicas históricas do Rio colonial* (Rio de Janeiro: Civilização Brasileira, 2004), p. 109, e José Ramos Tinhorão, *História social da música popular brasileira* (São Paulo: Ed. 34, 1998), pp. 155-76. Uma barbearia administrada por dois libertos está entre as mais famosas representações do Rio feitas por Debret (*Viagem pitoresca e histórica ao Brasil*, p. 17).

95. Martha de Abreu, *O império do Divino*. Rio de Janeiro: Nova Fronteira, 1999, p. 37.

96. Ibid., pp. 46-52.

97. M. A. de Almeida, *Memórias de um sargento de milícias*, p. 74.

98. Ibid., p. 75.

99. J. G. T. von Leithold, op. cit., p. 30.

100. Mulheres negras e mestiças, tanto escravizadas quanto libertas, controlavam boa parte da economia de rua do Rio vendendo comida ou verduras. Das 249 quitandeiras incluídas no censo de 1834, 201 eram negras livres e 33 foram listadas como pardas livres. Enquanto 58,6% dos habitantes da cidade eram homens em 1849, 56,3% das pessoas libertas eram mulheres (M. C. Karasch, op. cit., pp. 58, 73).

101. J. B. Debret, op. cit., p. 274.

102. Thomas Ewbank, *Life in Brazil*. Nova York: Harper & Brothers, 1856, p. 113. Tradução livre.

103. M. C. Karasch, op. cit., p. 58. Tradução livre.

104. O termo "batuque" se refere a várias práticas, mais comumente denotando música e dança com origens africanas, marcadas por elementos percussivos, em geral organizadas informalmente em círculo e às vezes com significação religiosa. As umbigadas pertencem a um domínio semelhante, já que sua raiz etimológica evoca um movimento através do qual uma pessoa substitui outra dentro de um círculo. Em diferentes momentos no século, esses encontros foram tolerados, controlados ou perseguidos pelas autoridades (Martha de Abreu, *O império do Divino*, pp. 36, 199, 225-9). Holloway também discute a relação da polícia com esses eventos públicos (op. cit., p. 161). Em torno de 1822, Augustus Earle pintou um alegre *Negro Fandango Scene at Campo de St Anna* [...] [Cena de fandango negro no Campo de Santana], exposto na Biblioteca Nacional da Austrália.

105. Joseph Roach, *Cities of the Dead*. Nova York: Columbia University Press, 1996, p. 63. Tradução livre.

106. M. de Abreu, *O império do Divino*, p. 269.

107. Noronha Santos, *Chorographia do Districto Federal*. Rio de Janeiro: B. de Aguila, 1907, p. 413.

108. M. de Abreu, *O império do Divino*, p. 269.

109. Nos anos 1850, os antigos navios negreiros começaram a transportar imigrantes das ilhas do Atlântico (S. Chalhoub, *Visões da liberdade*, p. 200). Karasch (op. cit., p. 65) trata dos escravos trabalhando cada vez mais ao lado de açorianos e camponeses portugueses, enquanto Martha de Abreu (*O império do Divino*, p. 45) chama a atenção para o papel central de sua presença contínua nas Festas do Divino.

110. Citando diversos exemplos da paróquia de Santana, Martha de Abreu (*O império do Divino*, pp. 280-7) argumenta, de forma convincente, que esses eventos por vezes contavam com a cumplicidade e o apoio dos vizinhos, sendo assim tolerados pelas autoridades.

111. O relatório no *Universo Pitoresco*, uma revista portuguesa (1839-40), diz: "O Campo de Santana [...] é um vasto paralelograma que divide a capital brasileira em duas" (reproduzido em Jacinto do Prado Coelho, *O Rio de Janeiro na literatura portuguesa*, Lisboa, 1965, p. 157). John M. Baker escreve: "A cidade é dividida entre velha e nova, separadas pelo Campo de Santana" (*A View of the Commerce Between the United States and Rio de Janeiro*, Washington, D.C., 1838, p. 98. Tradução livre).

112. J. P. Coelho, op. cit., p. 157.

113. J. M. Baker, op. cit., p. 98. Tradução livre.

114. M. D. M. de Azevedo, op. cit., p. 386. Sobre a escola no período entre 1872 e 1893, sobretudo seu curso noturno, ver Rizzini e Schueler, "Trabalho e escolarização urbana", *Revista Brasileira História e Educação* (Maringá, pp. 89-115, 2017).

115. N. Santos, *As freguesias do Rio antigo*. Rio de Janeiro: Edições O Cruzeiro, 1965, p. 115.

116. James Fletcher, *Brazil and the Brazilians*, p. 136.

117. N. Santos, *Chorographia do Districto Federal*, p. 315.

118. Jean Starobinski, *1789*. Paris: Flammarion, 1973.

119. N. Santos, *Meios de transporte no Rio de Janeiro*, 1934.

120. Ibid., pp. 241-5.

121. Ibid., pp. 264-5.

122. A construção teve início em 1862, contemplando os bairros Catete, Glória, Botafogo, o centro comercial e a Cidade Nova (N. Santos, *Chorographia do Districto Federal*, p. 385).

123. Ibid., p. 247.

124. Em *Universo Pitoresco* (1839-40), reproduzido em J. P. Coelho, op. cit., p. 124.

125. F. Dabadie, *À travers l'Amérique du Sud*, 1895, p. 5. Tradução livre.

126. *O Panorama, Jornal Literário e Instrutivo da Sociedade Propagadora dos Conhecimentos Úteis*. Lisboa: Typographia da Sociedade, 1839, p. 154, v. 3.

127. Joseph François Xavier Sigaud, *Du climat et des maladies du Brésil* (citado em Wilson Martins, *História da inteligência brasileira: 1794-1855*, São Paulo: T. A. Queiroz, 1992/2001).

128. Em *Trabalho, lar e botequim*, p. 60, Chalhoub menciona estimativas de que um terço dos habitantes do Rio contraiu a febre durante aquela primeira epidemia, que foi seguida por uma grande epidemia de cólera em 1855-6, acrescentando um novo flagelo a uma lista que já incluía tuberculose e varíola. Embora houvesse diferenças entre as interpretações médicas sobre sua transmissão, as teorias dos miasmas geralmente consideravam os pântanos como locais indesejáveis. Para uma história sobre como as epidemias foram controladas, ver Jaime Benchimol, *Pereira Passos, um Haussmann tropical* (Rio de Janeiro: Biblioteca Carioca, 1990). Em 1870, das 5902 mortes registradas devido à febre amarela, 1118 ocorreram na paróquia de Santana (Carlos Eduardo D. Souza, "A medicina e as crônicas em nome da ordem numa cidade rumo à civilização", *Revista Espacialidades*, v. 2, p. 13, 2009).

129. *Primeiro relatório da Comissão de Melhoramentos da Cidade do Rio de Janeiro*. Rio de Janeiro: Imprensa Nacional, 1875-6.

130. Os relatórios da Comissão de Melhoramentos da Cidade do Rio de Janeiro podem ser consultados no Arquivo Geral da Cidade. Entre seus membros estava

o engenheiro Francisco Pereira Passos, que seria o responsável pelas reformas urbanas da capital menos de trinta anos depois. O canal do Mangue ficou obstruído poucos anos após a inauguração e foi criticado pela imprensa por "infectar o ar" (M. D. M. de Azevedo, op. cit., p. 385).

131. Sidney Chalhoub, *Cidade febril*. São Paulo: Companhia das Letras, 1996, pp. 54-6.

132. Em 1872, a paróquia de Santana — a mais populosa da cidade — fora desmembrada nas paróquias do Espírito Santo e de Santo Antônio, ambas incluindo partes da Cidade Nova. A paróquia de Santana ainda correspondia aproximadamente ao bairro, mas alguns dados do censo de 1872 são representativos: de seus 38 903 habitantes (14% do total da cidade), aproximadamente 31,6% eram nascidos no estrangeiro, 44,2% eram mulheres, 61% eram brancos, 17,4% eram pardos, 21% eram negros, 0,39% eram caboclos e 69,8% eram analfabetos. Os números totais da cidade (população de cerca de 278 mil) são: 30% nascidos no estrangeiro, 42% mulheres, 55,2% brancos, 20% pardos, 24,1% negros, 0,33% caboclos e 63,9% analfabetos. Dos negros e pardos de Santana, 50,4% e 83,8%, respectivamente, eram livres, versus 42,9% e 80% do total da cidade.

133. F. Fridman, op. cit., p. 24.

134. Em 1868, um quinto dos moradores da paróquia morava em cortiços, respondendo por 29% do total da população residente nesse tipo de habitação (José M. de Carvalho, *A construção da ordem*, pp. 37-8). Mapas dos cortiços do Rio durante as décadas de 1870 e 1880, produzidos por pesquisadores da Unicamp e do Laboratório de História Espacial da Universidade de Stanford (disponíveis on-line, 2012), mostraram que o aluguel na Cidade Nova era mais barato que no Centro, embora os preços aumentassem na vizinhança da estação ferroviária. Um sinal do descrescente prestígio do bairro talvez tenha sido sua escolha para sediar o Asilo da Mendicidade, inaugurado em 1879, inspirado nos presídios de arquitetura panóptica.

135. A "heterotopia", no sentido foucaultiano, pode ser compreendida como um "espaço diferente" ou heterogêneo, mas também como algo "imaginado". Ver Michel Foucault, "Different Spaces", in *Aesthetics*. Londres: Penguin, 2000.

136. Segundo o flautista, essas festas ciganas aconteciam no Catumbi, bairro localizado a cerca de um quilômetro da Praça Onze. Revisitaremos Pixinguinha e Sinhô no capítulo 4. Sua importância para a história da música brasileira é amplamente reconhecida, mas seu papel indireto na história literária do país, através de suas relações com escritores como Mário de Andrade e Manuel Bandeira, entre outros, também não pode ser subestimado. A entrevista em questão, mais uma conversa gravada, ocorreu em 10 de junho de 1966, com a participação de diversos especialistas em samba. A gravação pode ser consultada entre os depoimentos mantidos no Museu da Imagem e do Som, no Rio de Janeiro (doravante chamado de MIS).

2. UM MESTRE NA PERIFERIA DE UMA PERIFERIA: MÚSICA POPULAR, BONDES E A REPÚBLICA [pp. 84-121]

1. Ver J. R. Tinhorão, *História social da música popular brasileira*. Entre os mais notáveis exemplos de convergência entre as tradições musicais eruditas e o popular estão os trabalhos de Anacleto de Medeiros e Ernesto Nazareth, nascidos no morro do Nheco, na Cidade Nova, hoje morro do Pinto. Sobre Medeiros, ver André Diniz, *O Rio musical de Anacleto de Medeiros* (Rio de Janeiro: Zahar, 2007). Sobre Nazareth, ver Cacá Machado, *O enigma do homem célebre* (São Paulo: IMS, 2007).

2. O maxixe, tocado e dançado em compasso 2/4, ritmo rápido, absorve elementos das polcas europeias, dos lundus, de base mais africana, e das habaneras cubanas. Influenciou, posteriormente, o choro, que persiste como um dos mais populares estilos musicais do Brasil. Termos como maxixe, polca, tango e lundu eram frequentemente intercambiáveis ou aplicados a gêneros relacionados do século XIX.

3. José Miguel Wisnik, *Sem receita*. São Paulo: Publifolha, 2004, p. 21.

4. Ibid., p. 41.

5. O título alude ao fundamental *Um mestre na periferia do capitalismo*, de Roberto Schwarz (São Paulo: Duas Cidades, 2000), que examina como a forma literária de Machado internaliza e revela ambiguidades e tensões nas relações sociais do Brasil. A primeira edição do livro é de 1990.

6. Em 1885, o médico italiano A. Lomonaco, por exemplo, encontrou pianos "até mesmo em casas com menos recursos": "se o número de pianistas pudesse servir de teste para avaliar as tendências musicais de um povo, o Brasil então poderia ser considerado uma terra com os mais apaixonados e determinados musicomaníacos". Afonso de Taunay, *No Rio de Janeiro de dom Pedro II*. Rio de Janeiro: Agir, 1947, p. 228.

7. Alguns historiadores pioneiros da música brasileira afirmam que o choro teve origem na Cidade Nova, em meados do século XIX. Ver, por exemplo, Renato Almeida, *História da música brasileira* (Rio de Janeiro: F. Briguiet, 1942), p. 122. Em *O choro*, relato em primeira mão da cena do choro no Rio de Antônio Gonçalves Pinto (Rio de Janeiro, s.n., 1936), após 1870, a Cidade Nova de fato aparece em destaque. Os endereços dos músicos e dos pontos de encontro, no entanto, eram bastante dispersos. Claramente, havia uma grande circulação.

8. J. R. Tinhorão, *História social da música popular brasileira*, p. 167.

9. Ibid., p. 168.

10. Eduardo Silva, *Dom Obá II d'África*. São Paulo: Companhia das Letras, 1997.

11. Ibid., p. 72.

12. Ibid., p. 104.

13. Ibid., p. 135.

14. Pensemos no Partido Republicano de São Paulo, por exemplo, constituído principalmente por oligarcas conservadores do café. Para um estudo sobre a transição para a república, tratando de suas promessas não realizadas e natureza elitista, ver José M. de Carvalho, *Os bestializados* (São Paulo: Companhia das Letras, 1987). Após 1889, Obá enfrentou grandes dificuldades relacionadas a tributos não pagos e em um contexto em que "não havia mais espaço para velhas fidelidades políticas". Ver E. Silva, *Dom Obá II d'África*, p. 183.

15. S. Chalhoub, *Cidade febril*, p. 26.

16. N. Santos, *Chorographia do Districto Federal*, p. 289.

17. Também conhecida como Guerra do Paraguai, o conflito durou de 1864 a 1870. Ver Thomas Whigham, *The Paraguayan War*. Lincoln: University of Nebraska Press, 2002.

18. Eduardo Silva, *Prince of the People*. Nova York: Verso, 1993, pp. 149-51.

19. Ibid., p. 90.

20. Ibid., p. 113.

21. Id., *Dom Obá II d'África*, p. 163.

22. Milton Santos, *A urbanização brasileira*. São Paulo: Hucitec, 1993, p. 23.

23. Lená Medeiros de Menezes, *Os indesejáveis*. Rio de Janeiro: Eduerj, 1996, pp. 62-3.

24. E. Silva, *Prince of the People*, p. 55.

25. Silva (cujos cálculos estão citados anteriormente) observa que o aumento percentual de brancos coincidiu com a formação de uma "ideologia de branqueamento" (*Prince of the People*, p. 57). O censo revelaria os anseios por um Brasil "mais branco". Como observa Wilson Martins, os censos oferecem "verdades psicológicas além das verdades estatísticas" (*História da inteligência brasileira*, 1976, p. 145).

26. Embora as classificações dos tipos de residência sejam notoriamente pouco confiáveis, vários pesquisadores produziram dados importantes e reveladores. Ver *Questão habitacional e o movimento operário*, de Eulália Maria Lahmeyer Lobo (Rio de Janeiro: Ed. UFRJ, 1989), sobre a localização dos cortiços e estalagens (p. 59), sobre as condições (p. 62) e sobre a densidade (p. 151).

27. Os limites paroquiais não refletem os dos bairros, mas podemos considerá-los representativos. Ainda era a mais populosa da cidade, com 67 385 habitantes, 28% dos quais eram estrangeiros (proporção menor apenas que no adjacente Sacramento, 33%), e 52% eram analfabetos (comparados aos 48% do total da cidade).

28. Na paróquia de Santana, a distribuição racial de acordo com o censo de 1890 era: 66,4% brancos; 19,5% mestiços; 11,8% negros; e 2,2% caboclos. Entre paróquias da Cidade Velha, os percentuais de brancos eram: Sacramento, 76,6%;

São José, 74%; e Candelária, 88,7%. A proporção entre negros e mestiços era de aproximadamente um para dois. A exceção era a paróquia de Santa Rita, que incluía região portuária: os negros compreendiam 14,3% e os mestiços, 22,6% da população. Devido à preponderância de homens entre os imigrantes, eles constituíam 56%, número próximo aos 56,7% da paróquia de Santana.

29. Ver, por exemplo, Sandra Lauderdale Graham, *House and Street* (Nova York: Cambridge University Press, 1988); Eulália Maria L. Lobo, *Questão habitacional e o movimento operário*; Sylvia Damazio, *Retrato social do Rio de Janeiro na virada do século* (Rio de Janeiro: Eduerj, 1996); Lená M. de Menezes, *Os indesejáveis*; e Lilian Fessler Vaz, *Modernidade e moradia* (Rio de Janeiro: 7Letras, 2002).

30. A música foi composta por Leocádio Rayol. Partituras da época se referem à peça como *Frotzmac*, e podem ser encontradas na Biblioteca Nacional do Rio de Janeiro. A revista de ano estreou primeiro no Teatro de Variedades Dramática. Sobre a relação entre as revistas de ano e a história da cidade, ver Flora Süssekind, *As revistas de ano e a invenção do Rio de Janeiro* (Rio de Janeiro: Nova Fronteira, 1986). Sobre o teatro de revista, ver *Viva o rebolado!* (Rio de Janeiro: Nova Fronteira, 1991).

31. Também chamados clubes carnavalescos, ou simplesmente sociedades, eram o que havia de mais próximo no Carnaval do Rio ao modelo francês dos bailes de máscaras, que, na década de 1850, incorporou desfiles de rua com fantasias caras e frequentemente importadas. As sociedades eram, em certo sentido, uma resposta da elite aos entrudos, de origem portuguesa, mais populares, anárquicos e por vezes violentos. Havia também entre as sociedades um envolvimento político, inclusive com causas abolicionistas.

32. Para uma discussão sobre os Progressistas da Cidade Nova em relação às demais grandes sociedades, ver Leonardo Afonso Pereira, *O Carnaval das letras* (Rio de Janeiro: Departamento Geral de Documentação e Informação Cultural, 1994, pp. 109-67), um estudo sobre o relacionamento entre literatura e Carnaval do Rio de Janeiro no século XIX.

33. Talvez a primeira forma nacional de dança e música, o lundu se origina das práticas banto e incorporava elementos de várias tradições ibéricas, como o fandango espanhol. O ritmo sincopado do lundu e a dança sensual, relacionada com a umbigada, influenciou a formação do maxixe. O termo apareceu em registros desde pelo menos 1780, e seus diversos usos fazem com que qualquer definição seja insuficiente. Para uma discussão sobre sua história e associação com as modinhas cantadas no Brasil e em Portugal no século XVIII, ver o estudo *Domingos Caldas Barbosa*, de Tinhorão (Lisboa: Editorial Caminho, 2004).

34. Felipe Ferreira, *O livro de ouro do Carnaval brasileiro*. Rio de Janeiro: Ediouro, 2004, pp. 94-104.

35. Outros exemplos podem ser encontrados nos *Folhetins* de França Júnior, (Rio de Janeiro: J. R. Santos, 1926).

36. Jeffrey D. Needell, *A Tropical Belle Époque*. Nova York: Cambridge University Press, 1987, pp. 186-7.

37. Citado em Mônica Velloso, *Modernismo no Rio de Janeiro* (Rio de Janeiro: FGV, 1996), p. 48. A sessão introduziu o omniógrafo, um precursor do cinema. A pesquisa de Velloso oferece um valioso retrato da cultura dos cafés da cidade (pp. 35-86), nos lembrando que as apresentações cinematográficas eram acompanhadas pela música de alguns tocadores de choro do Rio de Janeiro. Sobre como as novas tecnologias alteraram as técnicas literárias, ver F. Süssekind, op. cit. Sobre cinema, literatura e modernidade no Rio, ver também Maite Conde, *Consuming Visions* (Charlottesville: University of Virginia Press, 2012).

38. O musical, apresentando João Barbosa, João de Deus, Eduardo Leite e Antônio Serra, foi lançado em 26 de junho de 1908. Um resumo no *Jornal do Brasil* daquele dia avisava que o filme seria devidamente acompanhado por um "aclamado trovador" ao violão, cantando as modinhas "mais populares".

39. Segundo o índice de locais nomeados incluído no terceiro volume de sua *Obra completa* (Rio de Janeiro: Nova Aguilar, 1962, p. 1168).

40. Longchamps, por exemplo, em 1872, não se impressionou com a imitação afrancesada (A. de Taunay, op. cit., p. 66), e Aimard, em 1880, não conseguiu entender por que era um motivo de orgulho para as elites locais (p. 147).

41. Ver Roberto Schwarz, "As ideias fora do lugar", publicado primeiro em 1972. Trata-se de uma análise sofisticada de como, devido à escravidão, os princípios da economia política europeia e as ideologias liberais, que pressupunham o trabalho livre, estavam deslocadas em meio à realidade social brasileira (R. Schwarz, *Ao vencedor as batatas*, São Paulo: Duas Cidades, 1977).

42. O termo "caipora", que significa "morador da floresta" em tupi, denota alguém perseguido pela má sorte e pela desgraça. Todas as citações de Machado vieram de sua *Obra completa* (1962), a não ser quando outra fonte for indicada.

43. Os agregados de uma casa podiam ser serviçais, associados, inquilinos, órfãos ou membros da família — para as mais diversas intenções e propósitos. Essa outra forma de porosidade espacial — pessoas de classes sociais diferentes sob o mesmo teto — deve ser contrastada a como essa instituição, ao dar a impressão de mobilidade, pode ter servido para reforçar a estratificação social. Os agregados, na literatura de Machado, são fundamentais para boa parte do trabalho crítico de Schwarz. Talvez o mais memorável desses personagens seja José Dias, do romance *Dom Casmurro* (1900). Abrigado por uma família rica na qual faltava um patriarca, ele desenvolve uma cumplicidade tanto com o personagem do título quanto com a mãe dele.

44. Para uma análise de *Casa Velha* no contexto de outras obras de Machado e da história brasileira, ver John Gledson, *Machado de Assis* (Rio de Janeiro: Paz e Terra, 1986), pp. 26-57.

45. Em 1840, aos catorze anos, d. Pedro II foi considerado adulto apto a governar. Para uma leitura do conto que destaca sua dimensão histórica, ver John Gledson, *Por um novo Machado de Assis* (São Paulo: Companhia das Letras, 2006), pp. 91-102. A história foi reproduzida na coleção *Várias histórias* (Rio de Janeiro: Laemmert & C. Editores, 1896).

46. N. Santos, *Chorographia do Districto Federal*, p. 383.

47. O paisagista, engenheiro e botânico francês veio para o Brasil a convite de d.Pedro II, tornando-se diretor de parques e jardins. Glaziou foi responsável pela reforma do Passeio Público, por exemplo. Seu projeto de 1874 para um *boulevard* (*Embelezamento do Rio de Janeiro*) se estenderia da praia dos Mineiros até Andaraí Grande, passando entre o Campo e a Estação Central, evitando a Praça Onze. O original se encontra na divisão de cartografia da Biblioteca Nacional do Rio de Janeiro. Há outro também ambicioso *Projeto de ajardinamento do canal do Mangue* por Eduardo Francisco Mariscal, de 1875, cujo original se encontra no Arquivo Nacional.

48. Como vimos, a paróquia de Santa Rita, onde ficava o Livramento, tinha uma população significativa de mestiços e negros. Nota-se que existia diversidade racial nas escolas do Império. Durante a Primeira República, reformas educacionais desqualificaram professores negros e segregaram as escolas racialmente. Ver Maria Lúcia Rodrigues Müller, *A cor da escola: Imagens da Primeira República* (Cuiabá: EdUFMT e Entrelinhas, 2008), e Jerry Dávila, *Diploma of Whiteness* (Durham: Duke University Press, 2003). Sobre a escolarização nas freguesias de Santa Rita e Santana no período entre a abolição e 1906, ver Schueler, Rizzini e Marques, "Felismina e libertina vão à escola (*História da Educação*, v. 19, pp. 145-65, 2015).

49. Tristão de Athayde usa a expressão num artigo publicado no *Jornal do Brasil* (1983) e reimpresso em Lima Barreto, *Triste fim de Policarpo Quaresma: Edição crítica* (Paris: Coleção Archives/Unesco, 1997), p. 508.

50. Machado de Assis, *Machado de Assis afrodescendente*, org. de Eduardo de Assis Duarte (Rio de Janeiro: Pallas, 2007). Existem também estudos anteriores voltados para o papel dos escravizados em sua ficção, como Raymond Sayers, *The Negro in Brazilian Literature* (Nova York: Hispanic Institute in the United States, 1956), pp. 201-32.

51. A "moeda do tempo do rei" ecoa a abertura do romance de Manuel Antônio, embora se suponha que a expressão fosse usada comumente para se referir ao período de d. João VI.

52. Ibid., p. 552. Tradução livre.

53. Sobre o bairro, ver Alexei Bueno, *Gamboa* (Rio de Janeiro: Relume Dumará, 2002).

54. No primeiro capítulo do romance *Esaú e Jacó* (1904), encontramos uma passagem descrevendo duas mulheres ricas indo consultar uma cabocla que lê a sorte, que parece sublinhar a importância que Machado dava a esse tipo de excursão pela cidade: "Era a primeira vez que as duas iam ao morro do Castelo. Começaram de subir pelo lado da rua do Carmo. Muita gente há no Rio de Janeiro que nunca lá foi, muita haverá morrido, muita mais nascerá e morrerá sem lá pôr os pés. Nem todos podem dizer que conhecem uma cidade inteira". O morro do Castelo começaria a ser posto abaixo na época em que o livro foi publicado, um processo que só chegaria à conclusão em 1922.

55. Nicolau Sevcenko, *Orfeu extático na metrópole*. São Paulo: Companhia das Letras, 1992.

56. M. de Assis, *Esaú e Jacó*, citados das *Obras completas*, p. 588.

57. Vivaldo Coaracy, *Memórias da cidade do Rio de Janeiro*. Rio de Janeiro: José Olympio, 1965, p. 233.

58. Para um estudo sobre os discursos raciais entre 1870 e 1930 no Brasil, ver Lilia M. Schwarcz, *O espetáculo das raças* (São Paulo: Companhia das Letras, 1993).

59. E. Silva, *Dom Obá II d'Africa*, p. 153.

60. Maurício de Abreu, *Evolução urbana do Rio de Janeiro*. Rio de Janeiro: Zahar, 1987, p. 37. As primeiras linhas eram por tração animal, e o termo "bonde" provavelmente se originou do inglês *bonds*, usados para lidar com problemas causados pela falta de troco (p. 44). Para dar uma ideia de seu impacto, a Rio de Janeiro Railway Company, antes chamada Companhia de São Cristóvão, transportou mais de 3 milhões de passageiros em 1871. Ver E. Laemmert, op. cit., pp. 72-3.

61. A. de Taunay, op. cit., p. 74.

62. Charles Hastings Dent, *A Year in Brazil*. Londres: Kegan Paul, Trench and Co., 1886, p. 235. Tradução livre.

63. M. de Abreu, *Evolução urbana do Rio de Janeiro*, pp. 41-50.

64. E. Silva, *Dom Obá II d'África*, pp. 68-9.

65. James R. Akerman destaca um ponto análogo, embora seu volume editado seja mais voltado para as cartografias de viagem em escalas bem maiores, explorando, por exemplo, o impacto das linhas de trem. *Cartographies of Travel and Navigation* (Chicago: University of Chicago Press, 2006, p. 2).

66. Ver *Machado de Assis: Crônicas de Bond*, org. de Ana Luiza Andrade. Chapecó: Argos, 2001.

67. Ibid., p. 9.

68. Ibid., p. 15.

69. Uma explicação alternativa de como um "erradio" poderia ser diferente caso situado após 1892 – quando os bondes elétricos tomaram conta das ruas – pode ser encontrada em Nicolau Sevcenko, "A capital irradiante". Ele sugere que Machado capturou como, após o advento dos bondes elétricos, era preciso andar nas ruas com um espírito de "cautela" e "alarme" (p. 549). Era um novo espírito que provavelmente ameaçaria a *flânerie* da história, que, obviamente, precedia uma mudança que os leitores de então viviam naquele momento exato. Nicolau Sevcenko (Org.), *História da vida privada no Brasil* (São Paulo: Companhia das Letras, 1998).

70. M. de Assis, *A Semana: Crônicas*, org. de John Gledson. São Paulo: Hucitec, 1996, p. 53.

71. J. Gledson, *Machado de Assis*.

72. A ideia de um centro geográfico como expressão do poder no contexto do urbanismo ocidental pode ser rastreada até pelo menos a Renascença (Ángel Rama, *La ciudad letrada*. Hanover: Ediciones del Norte, 1984, p. 5). A natureza relativa e as limitações e riscos das construções sociais centro/periferia serão abordadas no próximo capítulo.

73. Ver, por exemplo, Ivan Junqueira, "'Uns braços': Nenhum abraço", *Revista Brasileira* 12.55, 2008. "Uns braços" aparece na coletânea *Várias histórias*, de 1896, ao lado de "Conto de escola".

74. Ibid., p. 19.

75. Os filhos de escravizados nascidos após a Lei do Ventre Livre eram considerados livres. Num estudo voltado para as interseções entre Machado e as mudanças históricas, Sidney Chalhoub discute como o autor tornou-se profundamente envolvido com a aplicação da lei quando trabalhou no Ministério da Agricultura. *Machado de Assis, historiador* (São Paulo: Companhia das Letras, 2003, pp. 138-9).

76. Esses anos fundamentais, descritos por alguns historiadores como o ponto de partida para a Segunda Revolução Industrial, estimularam uma série de inovações – da eletricidade às novas técnicas metalúrgicas – que alterariam para sempre a vida nas cidades.

77. Almeida descreve os barbeiros como normalmente negros, um ponto observado por alguns pesquisadores (Peter Fryer, *Rhythms of Resistance*. Hanover: University Press of New England, 2000, p. 140).

78. Há ainda um bocado a ser dito sobre Severina, que parece ser mais uma das personagens de Machado cuja origem étnica se mantém ambígua: podemos imaginá-la como uma afrodescendente. O narrador escreve que seus braços "não perdiam a cor". Sobre seus cabelos "revoltos", lemos: "Alisou os cabelos, apanhou-os, atou-os e fixou-os no alto da cabeça com o pente de tartaruga que a mãe lhe

deixou". O detalhe do pente de tartaruga deixado pela mãe, aparentemente gratuito, pode ser relacionado a Oxum, um orixá por vezes associado ao artefato. Se de fato a imaginarmos assim, como um objeto de sedução sem ser "faceira", teríamos em Severina uma mulher que resiste aos estereótipos da "mulata voluptuosa".

79. J. Gledson, *Machado de Assis*, p. 19.

80. Chalhoub discute a mudança de foco sobre o local — em vez da condição — dos cortiços: em 1873, sua construção foi proibida nas áreas centrais da cidade, incluindo a zona entre a praça Tiradentes e a Praça Onze (*Cidade febril*, pp. 33--4). Políticas semelhantes ganharam força depois de 1889 (p. 35). Embora, como muitas vezes observado, a classificação de cortiço não seguisse critérios objetivos (dependia de quem os olhava, por assim dizer), forçá-los para locais ainda mais distantes constituía parte da abordagem. Alguns planos eram explícitos em suas intenções de construir moradias para os pobres na Cidade Nova, como a *Proposta de Felíssimo Vieira de Almeida dr. Lourenço Ferreira da Silva e Antônio José Roiz de Araújo* (1884), encontrada no Arquivo Geral da Cidade do Rio de Janeiro.

81. Sobre a relação entre o Cabeça de Porco e as origens das favelas, ver L. F. Vaz, op. cit., pp. 54-7. Os jornais estimam que o número de moradores na época de sua demolição ficava entre quatrocentos e 2 mil, especulando-se que até 4 mil já haviam morado lá (ver Chalhoub, *Cidade febril*, p. 15).

82. Ver S. Chalhoub, *Cidade febril*, pp. 20-8. Após conduzir a demolição do Cabeça de Porco, Barata Ribeiro, um prefeito despótico e protegido do "marechal de ferro" Floriano Peixoto, foi celebrado pela imprensa por livrar o Rio da "sujeira" e dos "criadores de problemas" (pp. 18-9).

83. J. Benchimol, *Pereira Passos, um Haussmann tropical*, p. 192.

84. Especialmente em seus anos iniciais, correntes ideológicas concorrentes marcaram a transição republicana. Ver José M. de Carvalho, *Formação das almas e a República que não foi* (São Paulo: Companhia das Letras, 1990), pp. 129-40, especialmente o capítulo sobre os positivistas.

85. J. M. Wisnik, *Sem receita*, p. 24.

86. Marshall Berman, *Tudo que é sólido desmancha no ar*, 1982, p. 151.

3. ALÉM DA BELLE ÉPOQUE: NO LIMITE DE UMA "CIDADE DIVIDIDA" [pp. 122-61]

1. Depoimento em 6 out. 1989 a Mônica Pimenta Velloso. Id., "As tias baianas tomam conta do pedaço", *Estudos históricos*, Rio de Janeiro: FGV, 1990, pp. 207-28.

2. Em 1903, havia apenas cinco carros registrados na cidade, um número que chegou a 143 na data da inauguração da avenida Beira-Mar, em 1906, e a 208 no ano seguinte. N. Santos, *Chorographia do Districto Federal*, p. 301.

3. J. D. Needell, *A Tropical Belle Époque*, p. 34.

4. N. Sevcenko, "A capital irradiante", p. 548.

5. J. D. Needell, *A Tropical Belle Époque*, p. 44.

6. Ibid., p. 44.

7. Após a abolição, em 1888, o Rio cresceu a uma taxa de 2,9% ao ano: de 266 831 moradores em 1872, a população chegaria a 1124 572 em 1920. Teresa A. Meade, *"Civilizing" Rio*. University Park.: Pennsylvania State University Press, 1997, p. 47.

8. Segundo o *Recenseamento do Rio de Janeiro* (1907, p. 30), Paris e Berlim eram cerca de cinquenta e quarenta vezes mais densas, respectivamente, se considerarmos a totalidade do Rio de Janeiro, boa parte do qual se mantinha sem desenvolvimento urbano significativo.

9. J. D. Needell, *A Tropical Belle Époque*, p. 256.

10. T. Meade, op. cit., p. 124.

11. Uma das melhores fontes para essas mudanças demográficas continua a ser *Evolução urbana do Rio de* Janeiro, de Maurício de Abreu. Para representações da zona sul como pitoresca e desejável nas revistas, ver *O moderno em revistas: Representações do Rio de Janeiro de 1890 a 1930*, de Cláudia de Oliveira et al. (Rio de Janeiro: Garamond, 2010), pp. 137-61. Deve-se notar que os termos zona sul e zona norte usados aqui não eram ainda correntes naquela época. Se o que mais tarde correspondeu à zona norte incluía bairros relativamente afluentes — tais como Tijuca e Vila Isabel —, os bairros da orla, ao sul, abrigavam cortiços e assentamentos precários nas encostas dos morros.

12. A população do bairro chegou a 79 315 em 1906, a segunda maior depois do Engenho Velho, correspondendo à Grande Tijuca. Enquanto a região de Santana cresceu 17,45% desde 1890, a região central da Candelária perdeu mais da metade de sua população.

13. Everardo Backheuser, *Habitações populares*. Rio de Janeiro: Imprensa Nacional, 1906, p. 108.

14. Os jardins da praça foram reformados, conforme a *Chorographia do Districto Federal*, de N. Santos, p. 47. Gamboa e Saúde foram significativamente alterados com aterros e com a construção da avenida do Cais, futura Rodrigues Alves.

15. J. D. Needell, *A Tropical Belle Époque*, p. 33.

16. S. Damazio, op. cit., p. 76.

17. Luísa Teixeira Barbosa, "O Brasil e o movimento republicano português", *Revista Cultural DOM FAFES*, Fafe, Câmara Municipal de Fafe, 2003, p. 15.

18. Foi chefe do Estado português por pouco mais de dois meses, em 1911, após o governo provisório de Teófilo Braga.

19. João Pinheiro Chagas, *De bond*. Lisboa: Moderna, 1897, p. 41.

20. Ibid., p. 42.

21. Ibid., p. 42.

22. Ibid., p. 48.

23. Ibid., p. 50.

24. Ibid., p. 51.

25. F. Moretti, *Atlas of the European Novel*, p. 109. Tradução livre.

26. J. P. Chagas, op. cit., p. 53.

27. Ibid., p. 54.

28. Embora pareça não existir dados para verificar a afirmação, ao menos segundo as estatísticas de 1870, o número de mortes por febre amarela na paróquia de Santana não era muito diferente da média da cidade, conforme artigo de C. E. D. Souza, op. cit. Da mesma forma, um *Cartogramma do Cholera-Morbus* (1895-6) mostra que a distribuição do cólera era relativamente uniforme por toda a cidade. O mapa está disponível na Divisão de Cartografia da Biblioteca Nacional.

29. Muito já foi escrito sobre o episódio. Ver Nicolau Sevcenko, *A revolta da vacina* (São Paulo: Brasiliense, 1984); S. Chalhoub, *Cidade febril*, p. 97; Leonardo Affonso de Miranda Pereira, *As barricadas da saúde* (São Paulo: Fundação Perseu Abramo, 2002); e Jane Santucci, *Cidade rebelde* (Rio de Janeiro: Casa da Palavra, 2008), pp. 94-137.

30. J. P. Chagas, op. cit., p. 55.

31. N. Sevcenko, "A capital irradiante", p. 543.

32. J. P. Chagas, op. cit., p. 55.

33. Ibid., p. 66.

34. Ibid., p. 55

35. Citações do parágrafo em F. Moretti, *Signs Taken for Wonders*, p. 127. Tradução e grifos nossos.

36. J. P. Chagas, op. cit., pp. 66, 68.

37. N. Sevcenko, "A capital irradiante", p. 623. Pensemos também em precedentes como a "Lei de Vadiagem" no Código Criminal de 1891.

38. J. D. Needell, *A Tropical Belle Époque*, p. 136.

39. J. Santucci, op. cit., p. 138.

40. Amy Chazkel, *Laws of Chance*. Durham: Duke University Press, 2011.

41. O censo de 1906 não coletou informações relativas à raça, mas Needell especula que mais da metade da população do Rio era descendente de africanos (*A Tropical Belle Époque*, p. 49). Diversas fontes discutem sobre como afro-brasi-

leiros e práticas vinculadas a origens africanas foram visados sob a República. Ver, entre outros, J. Needell, *A Tropical Belle Époque*, pp. 45-51; T. H. Holloway, op. cit., p. 8; J. Benchimol, *Dos micróbios aos mosquitos*, pp. 277-85; Maria Clementina Pereira Cunha, *Ecos da folia* (São Paulo: Companhia das Letras, 2001), p. 337; e Nicolau Sevcenko, *Literatura como missão*, 2. ed. (São Paulo: Companhia das Letras, 2003), pp. 49 ss.

42. Mônica M. Pimenta P. Velloso, "As tias baianas tomam conta do pedaço", pp. 213, 216. Ver também Yara da Silva, *Tia Carmem* (Rio de Janeiro: Garamond, 2009), no qual a autora escreve sobre sua avó Carmem Teixeira da Conceição, a Tia Carmem do Xibuca, nascida na Bahia em 1878. Carmem, irmã de santo da Tia Ciata, era da ala das baianas da Mangueira, e morou na vila mencionada no prefácio deste livro.

43. De Roberto Moura, *Tia Ciata e a pequena África no Rio de Janeiro* (Rio de Janeiro: Prefeitura do RJ, Sec. Mun. de Cultura, 1995) serve como ponto de partida para diversas discussões sobre as tias. Ciata parece ter sido uma *liakekerê*, uma oficiante dos rituais de grande importância. Ver John Charles Chasteen, *National Rhythms, African Roots* (Albuquerque: University of New Mexico Press, 2004), pp. 33-49, e também, entre outros, M. P. Velloso, *As tradições populares na belle époque carioca*, pp. 14-6; Maria Beatriz Nizza da Silva, *Cultura e sociedade no Rio de Janeiro, 1808-1821* (São Paulo: Cia. Ed. Nacional, 1977), pp. 60-3; Walnice Nogueira Galvão, *Le Carnaval de Rio* (Paris: Chandeigne, 2000), pp. 117-22; Heitor dos Prazeres Alba Lírio, *Heitor dos Prazeres* (Rio de Janeiro: Sesc, 2003), p. 47. Para uma análise voltada para questões de gênero e raça na música popular durante as três décadas seguintes à abolição, ver M. Abreu, "Mulatas, Crioulos, and Morenas", in Pamela Scully et al. (Orgs.), *Gender and Slave Emancipation in the Atlantic World* (Durham: Duke University Press, 2005).

44. Renato Cordeiro Gomes, *João do Rio*. Rio de Janeiro: Relume Dumará, 1996, p. 114.

45. Júlia O'Donnell, *De olho na rua*. Rio de Janeiro: Zahar, 2008, p. 13.

46. Sobre as pesquisas dedicadas a João do Rio, ver J. O'Donnel, *De olho na rua*, especialmente a introdução. Ver também James Naylor Green, *Beyond Carnival* (Chicago: University of Chicago Press, 1999), pp. 51-61, que dedica uma atenção especial à sexualidade do autor e às reações que gerava.

47. Ver, por exemplo, João Carlos Rodrigues, *João do Rio: Uma biografia* (Rio de Janeiro: Topbooks, 1996).

48. Pelo menos numa fase inicial de sua carreira. O jornalismo de João do Rio se tornaria, mais tarde, bem mais preocupado com a vida das elites, como sustenta J. D. Needell em *A Tropical Belle Époque*, pp. 208-9.

49. João do Rio, *A alma encantadora das ruas*. Belo Horizonte: Crisálida, 2007, p. 69.

50. Ibid., p. 13.

51. Ibid., p. 114.

52. O bumba meu boi tem grande variação regional, e as festividades e rituais ao seu redor continuam a ser populares em partes do Brasil rural, assim como no Norte e no Nordeste do país. Diferentemente da festa da igreja da Glória, à qual ele também se refere, a Festa da Penha, na zona norte, foi a única manifestação capaz de rivalizar com o apelo popular do Carnaval (R. Moura, pp. 108-15). Ver M. P. Velloso, *As tradições populares na belle époque carioca*, e o primeiro capítulo de Rachel Soihet, *A subversão pelo riso* (Uberlândia: Ed. da Univ. Federal de Uberlândia, 2008).

53. João do Rio, *A alma encantadora das ruas*, p. 114.

54. Os cordões, como os ranchos, blocos, clubes e sociedades, eram grupos que tomavam as ruas durante o Carnaval: o texto de João do Rio se refere a centenas deles, e apenas em 1902 cerca de duzentos foram licenciados pela polícia. Os cordões com frequência vinham das periferias da cidade e incorporavam costumes e canções criadas especificamente para a ocasião (ver A. G. Pinto, op. cit., p. 64). Para uma história social do Carnaval do Rio de 1880 a 1920 que faz a diferenciação dessas categorias, ver M. C. P. Cunha, *Ecos da folia*.

55. João do Rio, op. cit., p. 117.

56. Ibid., p. 123.

57. Ibid., p. 124.

58. Nas páginas dessa mesma revista, Olavo Bilac frequentemente ridicularizava as tradições como o Carnaval, considerando-as um constrangimento para a "civilização" (M. C. P. Cunha, *Ecos da folia*, pp. 32-3). Numa ocasião, escreveu sobre os cordões: "Creio que, de todas as cidades civilizadas, o Rio de Janeiro é a única que tolera essa exibição vergonhosa. [...] é revoltante que essas orgias transbordem para as ruas, em cortejos eróticos [...]". Olavo Bilac, "Crônica", *Kosmos*, ano I, n. 3, mar. 1994.

59. J. O'Donnell, *De olho na rua*, p. 103.

60. João do Rio, *As religiões do Rio*. Rio de Janeiro: Nova Aguilar, 1976, p. 15.

61. É claro que seus escritos não estão livres de influências literárias: o pseudônimo João do Rio parece ter sido inspirado por Jean de Paris, um escritor do *Le Figaro* (Gentil Luiz de Faria, *A presença de Oscar Wilde na "belle époque" literária brasileira*. São Paulo: Pannartz, 1988, p. 86). Ele também traduziu, mais tarde, trabalhos de Jean Lorrain, Paul Alexandre Martin Duval e Oscar Wilde (Brito Broca, *A vida literária no Brasil, 1900*. Rio de Janeiro: José Olympio, 1960, p. 219). Sobre suas influências, especialmente na ficção, ver Raul Antelo, *João do Rio* (Rio de

Janeiro: Timbre/Taurus, 1989). É possível, como tem sido notado, que uma série de Jules de Bois, *Les Petites religions de Paris*, publicado pelo *Le Figaro* em 1898, tenha servido de inspiração para o projeto de João do Rio, embora ele credite a ideia a Victor Viana, um amigo e publicista.

62. João do Rio, *As religiões do Rio*, p. 15.

63. Ibid., p. 35.

64. João Carlos Rodrigues, *João do Rio*, p. 10.

65. Ibid.

66. Ibid., pp. 19-20. Pesquisas recentes de Juliana Barreto Farias exploram como a imprensa cobriu a recepção negativa das crônicas de João do Rio entre os praticantes das religiões afro-brasileiras. Com base em artigos publicados pela *Gazeta de Notícias* em março de 1904, ela escreve sobre uma reunião de feiticeiros e mães de santo preocupados em descobrir a identidade das fontes de João do Rio, responsável por expor os segredos de seus rituais. Sou grato a Lilia Schwarcz por me trazer esse material não publicado à minha atenção.

67. Ibid., p. 27. Conhecidos na Bahia como malês, os escravos muçulmanos — em geral, alfabetizados e mais educados que seus donos — estiveram por trás de uma importante revolta do século XIX naquele estado. Ver João José Reis, *Rebelião escrava no Brasil*. São Paulo: Companhia das Letras, 2003.

68. Ibid., p. 122.

69. Ibid., p. 143.

70. Ibid., p. 161.

71. Ibid., p. 173.

72. Ibid., pp. 230-1.

73. Ibid., p. 83.

74. Ibid., p. 65.

75. Ibid., p. 61.

76. Podemos lembrar a já mencionada cena de abertura de *Esaú e Jacó* (1904), de Machado, em que duas mulheres de classe alta vão visitar a cabocla no morro do Castelo.

77. Ver R. Moura, op. cit., p. 83. João da Baiana conta a história numa entrevista gravada no MIS, no Rio de Janeiro, realizada em 24 de agosto de 1966. Ele acrescenta que o senador, assim como outros, incluindo Hermes da Fonseca (presidente do Brasil de 1910 a 1914), frequentavam as casas das baianas e conheciam seus avós através de conexões com os maçons do Grande Oriente.

78. A entrevista foi concedida a Roberto Moura (op. cit., p. 97). A veracidade dos detalhes é complicada pela informação contraditória de que o marido de Tia Ciata, João Batista da Silva, teria morrido em 1910 (p. 101).

79. João da Baiana menciona, por exemplo, sua mãe, a Tia Prisciliana (ou Perciliana), assim como as tias Nélia, Tomásia, Carmen e Rosaré. Donga, em seu testemunho para o MIS, em 2 de abril de 1969, fala em Seu Miguel Pequeno como espécie de cônsul dos baianos, e nas festas de Tia Sadata. Ele parece se aborrecer com a insistência do entrevistador em perguntar sobre a Tia Ciata, diminuindo o papel dela na formação do samba em relação a seu rival Hilário Jovino Ferreira.

80. R. Moura, op. cit., p. 92. Vagalume escreve que era obrigatório para os ranchos desfilar pela frente da casa dela — ou "era o mesmo que não ter saído" (Francisco Guimarães, *Na roda do samba*. Rio de Janeiro: Typographia São Benedito, 1933, p. 117).

81. João do Rio, *As religiões do Rio*, p. 44.

82. A casa dela ficava na rua Visconde de Itaúna. "Pelo telefone", considerado o primeiro samba a ser gravado, foi registrado por Donga (com letra de Mauro de Almeida), frequentador da casa de Tia Ciata, onde, supostamente, foi composto (R. Moura, op. cit., p. 27). A afirmação é motivo de controvérsias entre músicos e historiadores. Ver Marc A. Hertzman, *Surveillance and Difference: The Making of Samba, Race, and Nation in Brazil*. Madison: Universidade de Wisconsin-Madison, 2008, dissertação.

83. R. Moura, op. cit., p. 99.

84. Muniz Sodré, *Samba: O dono do corpo*. Rio de Janeiro: Codecri, 1979, p. 21.

85. Entrevista de Heitor de Prazeres no MIS, em 1º de setembro de 1966. Heitor era ainda sobrinho de Hilário Jovino.

86. Leonardo Moreira da Cunha, *Selvagens, atroadores e belos* (Rio de Janeiro: PUC, 2006, dissertação), p. 39. Ver também "Para além da casa da Tia Ciata" (*Afro-Ásia*, 2003, pp. 175-98), um excelente artigo de Tiago de Melo Gomes que reconhece como os processos socioculturais da região eram multifacetados e envolviam outros grupos e experiências além da presença baiana.

87. O número por vezes atribuído provavelmente é exagerado. Sua biógrafa contabiliza 282 composições, mas só podemos especular sobre quantas foram atribuídas erroneamente ou perdidas. Edinha Diniz, *Chiquinha Gonzaga*. Rio de Janeiro: Codecri, 1984.

88. Ver ibid., p. 31. Sobre o papel dos salões da cidade carioca durante o Império e a Primeira República, ver J. D. Needell, *A Tropical Belle Époque*, pp. 82-115.

89. E. Diniz, op. cit., pp. 195-207. A música foi considerada um "tango brasileiro", ritmo muito próximo ao maxixe. A esposa do presidente Hermes da Fonseca, Nair de Teffé, foi a responsável pela inovação, incluindo a música num recital. O título original era "Gaúcho", sugerindo assim uma ofensa adicional por poder ser associada ao senador do Rio Grande do Sul, Pinheiro Machado, na época rival político do presidente.

90. Citado do *Diário do Congresso Nacional* de 11 ago. 1914, p. 2789; J. C. Rodrigues, *João do Rio: Uma biografia*, p. 172.

91. Sobre a jornada da dança dos clubes clandestinos da Cidade Nova à capital francesa — e sobre a resistência e perseguição que enfrentou —, ver Jota Efegê, *Maxixe, a dança excomungada* (Rio de Janeiro: Conquista, 1974).

92. Ela ajudou a fundar a Sociedade Brasileira de Autores Teatrais, SBAT, numa época em que não havia nenhuma instituição como essa. Ver M. A. Hertzman, *Surveillance and Difference*.

93. Estreou no teatro São José, na praça Tiradentes. Houve diversas montagens da peça. O material relacionado — incluindo diferentes versões do texto — pode ser consultado no Instituto Moreira Salles, no Rio de Janeiro.

94. Numa revista de 1886, Gonzaga incluiu uma seção chamada "O maxixe na Cidade Nova" (E. Diniz, op. cit., p. 120). Muitos pesquisadores situam as origens do maxixe no bairro. Ver, por exemplo, J. Efegê, *Maxixe, a dança excomungada*, p. 23; Claus Schreiner, *Música brasileira* (Nova York: Marion Boyars, 1993), p. 88; R. Moura, op. cit., p. 54; José Ramos Tinhorão, *Música popular* (São Paulo: Ed. 34, 1997), p. 81; J. C. Chasteen, op. cit., p. 21; e, especialmente, Carlos Sandroni, *Feitiço decente* (Rio de Janeiro: Zahar, 2001), pp. 62-83. Entre 1901 e 1910, mais de 40% das agremiações carnavalescas da cidade — e praticamente metade dos cordões — se localizavam nas paróquias de Santana, Santa Rita e Espírito Santo (ver M. C. P. Cunha, *Ecos da folia*, p. 166).

95. E. Diniz, op. cit., p. 208.

96. Idem, ibidem.

97. Algo similar pode ser identificado no sucesso de *How the Other Half Lives*, sucesso de 1890, de autoria de Jacob Riis, pioneiro do fotojornalismo que retratou as condições de vida nos lotados cortiços da cidade de Nova York.

98. N. Sevcenko, "A capital irradiante", p. 645.

99. Lilia M. Schwarcz, *Lima Barreto*. São Paulo: Companhia das Letras, 2017, p. 11. Lima rejeitava o racismo cientificista e sofreu muito por exclusão social e preconceito. É possível que ele não tenha se formado na Escola Politécnica do Rio, de viés positivista, devido aos preconceitos de um professor (J. D. Needell, *A Tropical Belle Époque*, p. 221).

100. Lima Barreto, *Diário do hospício e O cemitério dos vivos* (Rio de Janeiro: Dep. Geral de Documentação e Informação Cultural, 1988), p. 78. Seus escritos feitos no Hospício Nacional, na Praia Vermelha, foram publicados postumamente em dois volumes, *Diário do hospício* e *O cemitério dos vivos*. As citações são do segundo.

101. Ver Beatriz Resende, *Lima Barreto e o Rio de Janeiro em fragmentos* (Rio de Janeiro: Ed. UFRJ, 1993). A biografia de Francisco de Assis Barbosa, *A vida de*

Lima Barreto (Rio de Janeiro: Civilização Brasileira, 1964), de 1952, teve importante papel no processo, seguido de trabalhos como o de N. Sevcenko, *Literatura como missão*.

102. B. Resende, op. cit., p. 25.

103. L. Barreto, *Triste fim de Policarpo Quaresma*.

104. Para uma análise sobre a reprodução e a desconstrução simultâneas dessas dicotomias por Lima Barreto, que adota a noção de cidade "ideal" *vs* "real", ver M. P. Velloso, *As tradições populares na belle époque carioca*, pp. 39-51.

105. Ibid., p. 68.

106. Ele dedica o romance a Irineu Marinho, fundador de *A Noite*, em 1911. Desde o princípio, o jornal adotou uma atitude de oposição ao presidente Hermes da Fonseca e a Pinheiro Machado (ver Raimundo Magalhães Júnior, *A vida vertiginosa de João do Rio*. Rio de Janeiro: Civilização Brasileira, 1978, p. 166) – o senador que deu um pandeiro novo para João da Baiana. Eles são alguns dos alvos de *Numa e a Ninfa* (1956), romance escrito sob encomenda para o jornal. Após 1915, Lima Barreto foi aderindo cada vez mais a políticas radicais e escreveu para a emergente imprensa de esquerda.

107. L. Barreto, *Numa e a Ninfa*. Rio de Janeiro: Livraria Garnier, 1989, p. 43.

108. Ibid., p. 64.

109. Sobre as representações da cidade que destacam as divisões putativas entre os bairros, ver a discussão de M. P. Velloso em *As tradições populares na belle époque carioca*, p. 49, sobre uma charge de Raul Pederneiras. São desenhadas cenas musicais das três regiões do Rio: a mais chique corresponde a Botafogo, Copacabana e outros bairros da zona sul; no meio estão São Cristóvão, Vila Isabel e outros bairros da zona norte; e na Cidade Nova e região portuária encontramos um grupo bastante maltratado, em que a maioria parece não ser branca, acompanhado de um violão, em vez do piano dos demais.

110. R. Moura, em *Tia Ciata e a Pequena África...*, p. 71, aborda alguns dos conflitos relacionados ao trabalho nos portos, onde os negros tinham o monopólio e começaram a enfrentar a concorrência dos imigrantes portugueses. Essas disputas às vezes se davam nos sindicatos. Para visões divergentes dos papéis da etnia e da nacionalidade, ver Sheldon Maram, *Anarquistas, imigrantes e movimento operário no Brasil* (Rio de Janeiro: Paz e Terra, 1979), p. 31, e S. Chalhoub, *Trabalho, lar e botequim*, p. 109.

111. L. Barreto, *Numa e a Ninfa*, 1956, p. 83.

112. O censo de 1920, da mesma forma que o anterior, não fornece informações sobre raça. Em 1906, 37,31% da paróquia de Santana era composta por estrangeiros, em comparação a 25,94% no total da cidade – a vasta maioria sendo europeus,

principalmente de Portugal. Em 1920, quando o percentual de estrangeiros no Rio caiu para 20,8%, em Santana esse número ficou em 38,1% dos moradores da região.

113. L. Barreto, *Numa e a Ninfa*, 1956, p. 83.

114. Idem, cap. 3.

4. BAIRRO AFRO-JUDEU E MARCO MODERNISTA [pp. 162-200]

1. Isaac Goldberg, *A Chronicle of the American Popular Music Racket*. Nova York: John Day, 1930, p. vii. Tradução livre.

2. Tin Pan Alley foi inicialmente associada com a área em torno da rua 28 Oeste, entre a Quinta e a Sexta avenidas, tornando-se uma metonímia para a indústria musical da cidade até que o rádio e o fonógrafo suplantaram as partituras. Sobre o tema, ver D. A. Jasen, *Tin Pan Alley* (Nova York: Routledge, 2003), e, sobre o envolvimento judeu, Kenneth Aron Kanter, *The Jews on Tin Pan Alley* (Nova York: Ktav, 1982).

3. L. Barreto, *Numa e a Ninfa*, 1956, p. 72.

4. Três livros e ao menos uma tese se dedicaram ao tema: *Recordando a Praça Onze*, de Samuel Malamud (Rio de Janeiro: Kosmos, 1988); *Paisagem estrangeira*, de F. Fridman; a tese de doutorado *Cultura, memória e vida urbana*, de Paula Ribeiro (São Paulo: PUC, 2008); e *Negros e judeus na Praça Onze*, de Beatriz Coelho Silva (Rio de Janeiro: Bookstart, 2016).

5. Para uma história da imigração judaica para o Brasil, ver Jeff Lesser, *Welcoming the Undesirables* (Berkeley: University of California Press, 1995).

6. F. Fridman, op. cit., p. 46.

7. S. Malamud, op. cit., p. 14.

8. Ibid., p. 17. Nascido em 1908, Malamud chegou ao Brasil, vindo da Bessarábia, em 1923. Suas memórias, amplamente pesquisadas, e que ele chama de "depoimento", foram publicadas primeiro em iídiche e, mais tarde, ampliadas para a publicação em português.

9. Com a fragmentação da área vagamente demarcada como Cidade Nova nos bairros do Catumbi, Estácio, Santo Cristo e Rio Comprido, o termo cai em desuso entre os moradores da região, talvez, em parte, como reação às conotações negativas que o nome adquiriu. Praça Onze parece ter sido a designação preferida dos moradores, especialmente após a consolidação do Mangue como zona de meretrício. Malamud explica que, para os judeus, Praça Onze especifica não apenas a praça, mas também as ruas da vizinhança (op. cit., p. 17), o que parece ter sido o caso geral.

10. Para um total de 2697. Podemos apenas especular sobre a extensão da dispersão dos judeus até 1940. Em 1950, seu percentual da população na paróquia caiu para 5,5% (Fridman, op. cit., p. 91).

11. P. Ribeiro, "Cultura, memória e vida urbana", pp. 145-7.

12. S. Malamud, *Recordando a Praça Onze*, p. 18.

13. Ibid., p. 30.

14. Ibid., p. 92. Nei Lopes, em sua *Enciclopédia brasileira da diáspora negra* (São Paulo: Selo Negro, 2004), o identifica como Manuel Vicente Alves Palmeira.

15. Nome que a escola São Sebastião ganhou durante a República. A Benjamin Constant foi demolida por volta de 1930. Segundo Beatriz C. Silva, estudaram lá Buci Moreira e a médica Bertha Vitis Feferman, por exemplo.

16. Ver P. Ribeiro, "Cultura, memória e vida urbana", pp. 245-56. Durante as disputas, termos ofensivos eram proferidos, sendo que o pior insulto que todos os entrevistados por Ribeiro lembram foi uma mulher judia ser chamada de "gringa" (p. 172). "Pau de arara", sabemos, é muitas vezes depreciativo. Essas vilas ficavam em becos sem saída, com casas térreas, distribuídas linearmente. Valladares discute como o relatório de Backheuser, de 1906, menciona as "vilas" que vinham sendo construídas no Rio desde 1890 pelo "sr. Arthur Sauer" da companhia de saneamento, beneficiando, na época, 5102 indivíduos de 61060 pretendidos (p. 49).

17. O artigo aparece em *O Globo*, edição de 5 dez. 2000. Quando tive a oportunidade de conversar com Pinduca e Celi, em junho de 2008 e novamente em janeiro de 2009, ouvi algumas das anedotas recontadas pelo jornalista. Minhas perguntas sobre a presença de negros e baianos no bairro parecem tê-los pegado de surpresa. Aliás, sua própria "Vila do Éden" — cujo nome oficial é Vila Dr. Alberto Sequeira — contou com a baiana e mãe de santo Tia Carmem. Durante os anos 1940 e 1950, quando chegaram à maioridade, no entanto, o número de afro-brasileiros havia caído consideravelmente. Também vale assinalar como, na entrevista concedida para *O Globo*, Pinduca procura ilustrar a ausência de preconceito declarando que não se casou com uma mulher negra, mas com uma "mulata".

18. Ibid., p. 246.

19. F. Fridman, op. cit., p. 45.

20. S. Malamud, op. cit., p. 10.

21. Entrevista concedida ao MIS em 24 ago. 1966, conduzida por Hermínio Bello de Carvalho, Aloísio Alencar Pinto e Ricardo Cravo Albin.

22. Beatriz C. Silva escreve, em *Negros e judeus na Praça Onze*, que não encontrou registros policiais de conflitos entre os dois grupos em suas pesquisas. Aconteciam, entretanto, conflitos sérios entre cordões, ranchos e blocos carnavalescos, conforme apura Maria Clementina P. Cunha em *"Não tá sopa"* (Campinas: Ed. da

Unicamp, 2016). Sobre a cidade de Nova York, ver Helena Katz, *Gang Wars: Blood and Guts on the Streets of Early New York* [Guerras de gangues: Sangue e vísceras nas ruas da jovem Nova York, em trad. livre] (Canmore, Alberta: Altitude Publishing Canada Ltd., 2005). Para uma narrativa com maiores liberdades jornalísticas, ver Herbert Asbury, *The Gangs of New York* (Nova York: Knopf, 1928).

23. A cervejaria foi fundada em 1888, por Joseph Villiger, um engenheiro que, segundo a edição de 2 de maio de 2011 de *O Globo*, era judeu. Em 1907, com diferentes proprietários, já era a maior do país. Um estudo sobre a empresa com foco em dados de 1925 a 1935 concluiu que, apesar de os negros aparentemente não sofrerem discriminação, havia favorecimento aos estrangeiros e discriminação contra os brasileiros de modo geral. Ver Hildete Pereira Melo et al., "Raça e nacionalidade no mercado de trabalho carioca na Primeira República" (*Revista Brasileira de Economia*, 2003).

24. Essa também pode ser, além de outros aspectos, uma questão de escala: segundo seus respectivos censos, cerca de 36% da população de Nova York era de imigrantes estrangeiros em 1920, 46% em Buenos Aires em 1909, 35% em São Paulo em 1920 e pouco menos de 21% no Rio de Janeiro, no mesmo ano. Também é válido acrescentar que, no Rio, 72,1% dos estrangeiros eram portugueses, reduzindo as tensões ou um senso de irmandade com base nos diferentes idiomas. Os italianos constituíam 9,2% da população vinda de fora, seguidos de 7,6% de espanhóis (*Recenseamento do Brasil 1922-30*, p. lix).

25. O alufá Assumano morou no número 191 (F. Guimarães, op. cit., p. 65). Na própria Praça Onze encontravam-se também o Grêmio Juvenil Kadima, a Federação Sionista e a Sociedade Beneficente das Damas Israelitas. Num apêndice, Fridman cataloga os endereços de diversos estabelecimentos e instituições relacionados aos imigrantes judeus (op. cit., pp. 123-8).

26. Edigar de Alencar, *Nosso Sinhô do samba* (Rio de Janeiro: Funarte, 1981), p. 5. Nélio Gaisky escreve sobre o fato em "Judeus do Catete" (Boletim ASA, 2000), p. 83. Incidentalmente, o termo "gafieira" parece ter origem na palavra francesa *gaffe*, uma alusão a um suposto *faux pax*, ou gafe, cometida pelos que frequentavam o lugar.

27. F. Fridman, op. cit., p. 61.

28. Sérgio Cabral, *As escolas de samba do Rio de Janeiro*. Rio de Janeiro: Lumiar, 1996, p. 40.

29. Cony relembra o episódio numa coluna publicada na *Folha de S.Paulo* em 7 jul. 2008.

30. S. Malamud, op. cit., p. 89.

31. Ibid., p. 63.

32. O boletim, o de número II, datava de março de 1930. Toda a pesquisa na imprensa judaica foi realizada na coleção Samuel Malamud, do Arquivo Geral da Cidade do Rio de Janeiro, na pasta "Jornais". O jornal *O Novo Mundo* ficava na Cidade Nova, na rua Senador Eusébio. Na pasta do arquivo contendo as fotografias de família de Malamud há uma foto dos anos 1920 de Anita Malamud vestindo trajes carnavalescos.

33. Jota Efegê, *Figuras e coisas do Carnaval carioca*. Rio de Janeiro: Funarte, 1982, p. 217.

34. As informações sobre Jacob foram colhidas em sua entrevista ao MIS, gravada em 1967. O projeto de valsa, orquestrado para Radamés Gnattali, não foi à frente pela oposição de executivos da gravadora RCA Victor.

35. M. Sodré, op. cit., p. 63.

36. William A. Shack, *Harlem in Montmartre* (Berkeley: University of California Press, 2001). Sobre a formação dos Batutas e a viagem para a França, patrocinada por Arnaldo Guinle, membro da elite carioca, ver Rafael José de Menezes Bastos, *Les Batutas in Paris* (Florianópolis: UFSC, 2004); e Lira Neto, *Uma história do samba* (São Paulo: Companhia das Letras, 2017, v. 1), pp. 118-25.

37. Para uma análise da influência das canções brasileiras sobre aquela composição específica, ver Daniella Thompson, "The Boeuf Chronicles", 2008; e Manoel Aranha Corrêa do Lago (Org.), *O boi no telhado* (São Paulo: IMS, 2012).

38. Outros pesquisadores se dedicaram a uma revisão do papel revolucionário atribuído àquela geração. Ver Marcia Camargos, *13 a 18 de fevereiro de 1922* (São Paulo: Lazuli/Cia. Ed. Nacional, 2007), e Antonio Arnoni Prado, *Itinerário de uma falsa vanguarda* (São Paulo: Brasiliense, 1983).

39. O palácio Monroe foi posto abaixo em 1976, em meio a uma grande controvérsia.

40. Ver José Antonio Nonato e Nubia Melhem Santos (Orgs.), *Era uma vez o morro do Castelo* (Rio de Janeiro: MinC, Iphan, 2000), e Carlos Kessel, *A vitrine e o espelho* (Rio de Janeiro: Arquivo Geral da Cidade, 2001). A demolição também estava vinculada às exposições comemorativas do centenário da Independência do Brasil.

41. Sueann Caulfield, *In Defense of Honor*. Durham: Duke University Press, 2000, p. 236. Tradução livre.

42. Ibid., p. 61.

43. A avenida Salvador de Sá, na altura da Cidade Nova, abrigaria também a Vila Pereira Passos, parte das reformas promovidas pelo prefeito. Trata-se de uma pioneira vila operária com dezenas de habitações, construídas pelo setor público a partir de 1906 e ainda existentes.

44. Ver Lená M. de Menezes, *Os estrangeiros e o comércio do prazer nas ruas do Rio* (Rio de Janeiro: Arquivo Nacional, 1992); e Sueann Caulfield, "O nascimento do Mangue" (*Tempo*, pp. 43-63, 2000), p. 69.

45. Até pouco tempo atrás, a parede externa de um dos prédios da Lapa exibia um painel retratando boêmios ilustres do passado do bairro, com os icônicos arcos, um aqueduto do século XVIII, como pano de fundo. Lá figuravam João do Rio, Rosinha, Villa-Lobos, Noel Rosa, Manuel Bandeira, Madame Satã, Portinari e Di Cavalcanti.

46. As populações de acordo com os censos de cada cidade: Berlim, 4 024 286 (1925); área urbana de Paris, 4 850 000 (1921); Nova York, 5 620 048 (1920); e Londres, 7 386 848 (1921). Outras capitais da América Latina: Cidade do México, 1 029 000 (1930); Buenos Aires, 1 582 884 (1914) e 2 415 142 (1936). A população de São Paulo foi catapultada de 579 033 em 1920 para 1 326 261 em 1940.

47. Hermano Vianna, *O mistério do samba*. Rio de Janeiro: Zahar, 1995, p. 19.

48. Freyre seguiria em frente para escrever *Casa-grande & senzala*, de 1933. Holanda também seria autor de um livro seminal de interpretação nacional, o já mencionado *Raízes do Brasil*, de 1936.

49. Patrício Teixeira (1893-1972), violonista, professor, cantor e compositor, cujo nome não alcançou tanta evidência quanto seus parceiros, nasceu na Praça Onze. Ficou órfão muito novo, começou a trabalhar como vendedor ambulante e mais tarde ganhou notoriedade ao participar de gravações importantes. Ver Nei Lopes, *Dicionário escolar afro-brasileiro*, p. 130. Ele também gravou uma entrevista no MIS, em 1966.

50. O termo "favela" começou a ser usado como expressão genérica durante aquela década, conforme Maurício de Abreu, "Reconstruindo uma história esquecida" (*Espaço & Debate*, n. 37, 1994), p. 35. O morro da Favela também foi ocupado pelos veteranos da campanha de Canudos, chegados da repressão à ocupação no interior da Bahia liderada por Antônio Conselheiro, segundo Lícia do Prado Valladares, *A invenção da favela* (Rio de Janeiro: FGV, 2005). A campanha em si tornou-se símbolo da relação da República com a região e com as populações mais destituídas, dando origem ao clássico *Os sertões*, de Euclides da Cunha, de 1902.

51. Essas categorias obviamente tinham implicações sociorraciais. L. P. Valladares, op. cit., p. 24, explora a transição dos cortiços para as favelas como o espaço da pobreza e dos riscos sociais.

52. O texto foi primeiro publicado no *Correio da Manhã*, na edição de 18 mar. 1924.

53. Paulo Prado, "Poesia pau-brasil", in Oswald de Andrade, *Poesias reunidas*. São Paulo: Companhia das Letras, 2017.

54. Sobre o tema, ver Petrine Archer-Straw, *Negrophilia*, 2000. Tarsila ilustrou *Feuilles de route*, de Cendrars, de 1924, incluindo um desenho da pintura *A negra* na capa. Ela o acompanhou durante o Carnaval do Rio. No ano seguinte, incidentalmente, também ilustrou *Pau-brasil*, de Oswald.

55. A carta é citada em N. Sevcenko, *Orfeu extático na metrópole*, p. 283. Tarsila também gravou uma entrevista no MIS em 1969.

56. Não existem dados comparáveis para os anos 1920, mas o censo do final da década de 1940 indica que 36% dos moradores da favela eram mestiços, 35% eram negros e 29%, brancos (ver L. P. Valladares, op. cit., p. 65). Ainda que os afro-brasileiros fossem em número muito maior que no restante da cidade — onde 71% eram brancos, segundo o censo de 1940 —, as favelas, evidentemente, não eram racialmente homogêneas. Numa pintura de estilo similar — *Carnaval em Madureira*, de 1924 —, Tarsila pinta o Carnaval no bairro do subúrbio novamente retratando todos os personagens como negros.

57. O diário inédito de Marinetti de sua viagem inclui sua visita ao morro da Favela e aparece em João Cezar de Castro Rocha e Jeffrey Schnapp, "Brazilian Velocities" (*South Central Review*, 1996). Sobre Cendrars no Brasil, ver Aracy A. Amaral, *Blaise Cendrars no Brasil e os modernistas* (São Paulo: Martins, 1970); e Serge Fauchereau, *Avant-gardes du XXe siècle* (Paris: Flammarion, 2010).

58. Ver, por exemplo, o *Brazam Guide*, de 1927.

59. M. C. P. Cunha, *Ecos da folia*, pp. 235-6.

60. Citado por J. M. Wisnik em coluna publicada n'*O Globo* em 8 fev. 2013.

61. N. Sevcenko, *Orfeu extático na metrópole*, pp. 36-7.

62. M. Camargos, op. cit., p. 103.

63. Manuel Bandeira, *Poesia completa e prosa*. Rio de Janeiro: Nova Aguilar, 1993, p. 465.

64. Emiliano Di Cavalcanti, *Reminiscências líricas de um perfeito carioca*. Rio de Janeiro: Civilização Brasileira, 1964, p. 15.

65. Ibid., p. 17.

66. Murilo Mendes, *Poemas, 1925-9*. Rio de Janeiro: Nova Fronteira, 1989, p. 39.

67. Murilo Mendes, *Poemas, 1923-9*. Juiz de Fora: Dias Cardoso, 1930, p. 90.

68. Além da atenção à geografia cultural do Rio, a escolha do bairro pode indicar cuidados de outra ordem: o "ó" de Nova cria uma rima toante com Conservatório.

69. M. Mendes, *Poemas, 1923-9*, p. 91.

70. Ver Maria Inês Roland, *A Revolta da Chibata* (São Paulo: Saraiva, 2000), e Álvaro Pereira do Nascimento, *Cidadania, cor e disciplina na revolta dos marinheiros de 1910* (Rio de Janeiro: Mauad, 2008). "O mestre-sala dos mares", um samba dos

anos 1970, homenageia o "almirante negro" João Cândido. Os líderes da revolta foram presos e brutalmente torturados. Ele foi um dos dois sobreviventes.

A letra de Aldir Blanc e João Bosco faz eco ao poema de Murilo Mendes, cantando "um batalhão de mulatas" saudando o marinheiro no porto.

71. M. Mendes, *Poemas, 1925-9*, p. 33.

72. Naquele mesmo ano, Mário de Andrade publicou *Ensaio sobre a música brasileira*, em seu percurso para se tornar um pioneiro da etnomusicologia. *Macunaíma* tem um total de dezessete capítulos e um epílogo. O livro foi dedicado a Paulo Prado.

73. Mário de Andrade, *Macunaíma*. São Paulo: Martins, 1944, p. 57.

74. M. A. de Almeida, *Memórias de um sargento de milícias*, p. 12.

75. Numa entrevista feita cerca de quarenta anos depois, o amigo de Mário de Andrade e crítico de arte Antônio Bento de Araújo Lima — mencionado como um dos "macumbeiros" da casa de Tia Ciata — diz que o autor de *Macunaíma* encontrou Pixinguinha em outubro de 1926, enquanto ainda estava trabalhando na "rapsódia", quando o músico carioca esteve em São Paulo para apresentar seu espetáculo *Urubu*, com o Teatro Negro (M. de Andrade, *Macunaíma*, 1944, p. 64). Tia Ciata morreu em 1924.

76. Ibid., p. 57.

77. Ibid., p. 59.

78. "Zungu" tinha conotação tanto de pobreza quanto de tumulto. Em sua taxonomia dos diferentes tipos de prostituição no Rio, Ferraz de Macedo classifica as prostitutas dos zungus como as do tipo mais baixo. Ver Francisco Ferraz de Macedo, *Da prostituição em geral...* (Rio de Janeiro: Typographia Acadêmica, 1873), p. 82. Seu livro, um dos primeiros a se dedicar ao assunto, cita os sambas como uma das causas da prostituição clandestina (p. 132).

79. Sobre a história da "democracia racial", ver Antônio Sérgio Alfredo Guimarães, *Classes, raças e democracia* (São Paulo: Ed. 34, 2002), pp. 137-68. Aparentemente cunhada nos anos 1940, por Roger Bastide, um sociólogo francês e pesquisador do candomblé, a expressão foi adotada pelos discursos raciais dominantes. Desde então, foi criticada por atrapalhar os esforços para confrontar as desigualdades do país amplamente de base racial. As narrativas das "três raças" se referem à mistura dos elementos europeus, indígenas e africanos, todos presentes em *Macunaíma*.

80. M. de Andrade, *Macunaíma*, 1944, p. 64.

81. M. Bandeira, *Poesia completa e prosa*, p. 19.

82. A capital de Pernambuco foi algumas vezes chamada de "a Veneza americana" — inclusive no título de um documentário de 1924 em que Bandeira tem uma participação —, mas "Veneza brasileira" era o epíteto mais usual. Outra inter-

pretação possível pode ser que "americana" dá ao verso uma assonância que seria perdida com "brasileira".

83. A pintora era vinte anos mais velha que ele. Viveram maritalmente de meados dos anos 1930 até a década de 1950. Várias de suas cartas para o jornalista, que também era crítico de arte, foram publicadas. Ver Tarsila do Amaral, *Aí vai meu coração*, org. de Ana Luisa Martins (Rio de Janeiro: Planeta, 2003).

84. Sobre o relacionamento dos dois, ver André Gardel, *O encontro entre Bandeira e Sinhô* (Rio de Janeiro: Dep. Geral de Documentação e Informação Cultural, 1996). Sinhô, nascido José Barbosa da Silva, tinha crescido ali perto do Mangue, na "rua do Peu", como era conhecida a Senador Pompeu.

85. M. Bandeira, *Poesia completa e prosa*, p. 453.

86. Ao menos no contexto ibérico, as cheganças envolviam simulações de batalhas contra os mouros, incorporando cantos, danças e encenações teatrais. Sobre a assimilação de manifestações culturais cristãs na África Central antes do século XVI, ver Linda M. Heywood e John K. Thornton, *Central Africans, Atlantic Creoles, and the Foundation of the Americas, 1585-1660* (Nova York: Cambridge University Press, 2007).

87. Os ranchos incorporaram tradições baianas ligadas ao ciclo natalino, processo no qual Hilário Jovino Ferreira desempenhou papel central. Ver M. C. P. Cunha, *Ecos da folia*, pp. 212-6.

88. Em "Sambistas", Bandeira escreve sobre uma composição que Sinhô afirmou ser sua, mas que já existia antes dele. O poeta sabiamente evita fixar a gênese do formato da canção: "[o] mundo noturno do samba, zona impossível de localizar com precisão". M. Bandeira, *Poesia completa e prosa*, p. 463.

89. Ver S. Caulfield, "O nascimento do Mangue", pp. 47-8.

90. João do Rio, *As religiões no Rio*, p. 297.

91. S. Malamud, op. cit., p. 81.

92. F. Fridman, op. cit., pp. 62-5.

93. Ver o catálogo *Poéticas do Mangue*, de Fábio Magalhães et al. (São Paulo: Museu Lasar Segall, 2012).

94. José R. Tinhorão, *A música popular no romance brasileiro*, p. 60.

95. Ver suas gravuras em Noemi Ribeiro, *Oswaldo Goeldi na coleção Hermann Kümmerly* (Rio de Janeiro: Papel & Tinta, 2005).

96. Vinicius de Moraes, *Poesia completa e prosa*. Rio de Janeiro: Nova Aguilar, 1998.

97. Selden Rodman, *Tongues of Fallen Angels*. Nova York: New Directions, 1974, p. 204. Waldo Frank também descreve a ocasião em *South American Journey* (Nova York: Duell, Sloan and Pearce, 1943, pp. 25-8. Tradução livre).

98. Existem exceções regionais: a segunda pessoa do plural, comum em Portugal, também é usada em partes do Norte e do Sul do país.

5. ESCREVENDO O "BERÇO DO SAMBA": RAÇA, RÁDIO E O PREÇO DO PROGRESSO [pp. 201-48]

1. Citado de uma entrevista feita no MIS, em 2 de abril de 1969. Seu nome de batismo era Ernesto Joaquim Maria dos Santos.

2. "O país do Carnaval", que se tornou uma expressão quase ubíqua, é o nome do primeiro romance do baiano Jorge Amado, publicado em 1931.

3. O Senado e a sede do governo republicano — o Palácio do Itamaraty de 1889 a 1898 —, ambos foram em direção ao sul da cidade. O Poder Executivo foi para o Catete, onde se manteve enquanto o Rio foi a capital. Já a Cidade Nova se manteve uma encruzilhada de linhas de transporte. A Praça Onze era a central dos veículos maxabomba (Noronha Santos, *Meios de transporte no Rio de Janeiro*, Rio de Janeiro: Typographia do Jornal do Commercio, 1934, p. 239). A praça ficava a vinte minutos de bonde da Praça XV, com intervalos de quatro minutos, durante o dia (ibid., p. 417).

4. Muniz Sodré citado em Roberto M. Moura, *No princípio, era a roda* (Rio de Janeiro: Prefeitura da Cidade, 1995), p. 107. Esse estudo explora como a instituição da "roda de samba" — a prática do samba em círculo, geralmente num bar de esquina ou num quintal — ajudou a modelar o gênero, constituindo um espaço social vital na cultura brasileira.

5. Ver M. Hertzman, *Surveillance and Difference*, que revisita as narrativas da repressão ao samba e traz à luz o que ele chama de "paradigma da punição", frequentemente superestimando a extensão real da perseguição a que a música popular foi de fato submetida. Relatos de sambistas assediados pela polícia, de todo modo, permeiam as histórias orais do samba. Ver, por exemplo, R. Soihet, op. cit., pp. 176-8.

6. Graça Aranha, *A viagem maravilhosa*. Rio de Janeiro: Garnier, 1929, p. 379.

7. Ibid., p. 379.

8. Ver David T. Haberly, *Three Sad Races* [Três raças tristes] (Nova York: Cambridge University Press, 1983), um estudo sobre a identidade nacional e racial em autores como Machado de Assis e Mário de Andrade. O título cita um soneto de Olavo Bilac. A mistura racial e a consciência nacional foram temas cruciais para os intelectuais brasileiros. Ver, por exemplo, Paulo Prado, *Retrato do Brasil*, de 1931. Para uma análise que contextualiza essas discussões e seus antecedentes — sem

incluir Aranha —, ver Ronaldo Vainfas, "Colonização, miscigenação e questão racial" (*Tempo*, 1999).

9. Graça Aranha, *A estética da vida*. Rio de Janeiro: Garnier, 1925, pp. 87-9.

10. Ibid., p. 96.

11. Ibid.

12. Ibid., p. 381.

13. Minha sistemática pesquisa em jornais e revistas, ainda que não exaustiva, produziu relativamente poucas referências à Cidade Nova, em comparação à cobertura profusa do Carnaval em outras partes da cidade. Cheguei a esse artigo, de 9 de fevereiro de 1932, por uma referência de José R. Tinhorão em *Música popular*, p. 152. O texto, embora reforce a diferença entre o Carnaval da Praça Onze e o do restante da cidade, em parte é comemorativo. Para mais menções sobre o Carnaval da Praça Onze na imprensa, ver R. Soihet, op. cit., pp. 59-77.

14. Sobre o movimento conhecido como tenentismo, ver Vavy Pacheco Borges, *Tenentismo e revolução brasileira* (São Paulo: Brasiliense, 1992); para um estudo voltado para sua relação com a classe média urbana, ver Maria Cecília Spina Forjaz, *Tenentismo e política* (Rio de Janeiro: Paz e Terra, 1977).

15. Há uma extensa bibliografia sobre Vargas; o melhor ponto de partida pode ser Boris Fausto, *Getúlio Vargas* (São Paulo: Companhia das Letras, 2006).

16. Embora existam registros anteriores sobre competição entre as grandes sociedades e ranchos (F. Ferreira, op. cit., pp. 269-71), as primeiras disputas entre os grupos de samba foram, supostamente, organizadas em 1929, no Engenho de Dentro, por Zé Espinguela, um dos fundadores da escola de samba da Mangueira.

17. Seu desejo era replicar os respeitados ranchos e também introduzir um som que permitisse cantar, dançar e desfilar ao mesmo tempo: daí o *bum bum paticumpum prurugundum* da expressão onomatopaica de Ismael Silva, usado durante uma entrevista no MIS de 16 de julho de 1969, para denotar o novo ritmo. Ver Luiz Fernando Medeiros de Carvalho, *Ismael Silva* (Rio de Janeiro: José Olympio, 1980).

18. C. Sandroni, op. cit., 2001.

19. F. Ferreira, op. cit., pp. 274-5.

20. A história é contada numa entrevista da Velha Guarda da Mangueira no MIS, 27 jan. 1968.

21. F. Ferreira, op. cit., p. 345.

22. Haroldo Costa, *Política e religiões no Carnaval*. São Paulo: Irmãos Vitale, 2007, p. 223.

23. F. Guimarães, op. cit., p. 143.

24. Ibid., p. 97. Artista multitalentoso, Eduardo das Neves trabalhou como palhaço, escrevia versos, cantava, tocava violão e foi pioneiro da indústria fono-

gráfica — popular por sua versatilidade, sátiras políticas e humor. Sobre Neves, ver Ary Vasconcelos, *Panorama da música popular brasileira na belle époque* (Rio de Janeiro: Sant'Anna, 1977), pp. 282-3; J. R. Tinhorão, *Música popular*, pp. 103-11; e M. A. Hertzman, *Surveillance and Difference*, pp. 187-97.

25. F. Guimarães, op. cit., p. 81.

26. Ibid., p. 22.

27. Ibid., p. 32.

28. Ibid., p. 121.

29. Ibid., p. 117.

30. Ibid., p. 218.

31. Na entrevista para o MIS, Donga fala de suas reminiscências sobre esses eventos na praça da Cruz Vermelha, com as presenças de Catulo da Paixão Cearense, Afonso Arinos, Olegário Mariano e Hermes Fontes.

32. Numa metáfora que permeia boa parte da história cultural do Brasil, o manifesto propõe a antropofagia como resposta à dominação cultural europeia: os brasileiros precisam "devorar" o estrangeiro, metabolizando-o. Uma passagem do texto alude ao maxixe "Cristo nasceu na Bahia", de Sebastião Cirino e Duque, de 1927. O manifesto foi publicado no primeiro número da *Revista de Antropofagia*, em 1928.

33. F. Guimarães, op. cit., p. 178.

34. Bryan McCann, *Hello, Hello Brazil*. Durham: Duke University Press, 2004, p. 23.

35. Ibid., p. 25.

36. Ibid., p. 21. Tradução livre.

37. Para Guy Debord, em *La Société du spectacle* (Paris: Gallimard, 1992), "o espetáculo não é uma coleção de imagens; é uma relação social entre pessoas mediada por imagens" (tradução livre). Aqui, nos deparamos com um processo similar, em que as relações, por sua vez, são mediadas por sons. Sobre a indústria cultural e as transformações do samba, ver José Adriano Fenerick, *Nem do morro, nem da cidade* (São Paulo: Annablume, 2005).

38. Marshall McLuhan, em *The Medium is the Massage* (Nova York: Random House, 1967), foi um dos primeiros a explorar como a nova mídia alterou a maneira como as pessoas percebiam o mundo. Os efeitos do rádio como modo de transmissão cultural também podem estar relacionados à sugestão de Henri Lefebvre em *La révolution urbaine* (Paris: Gallimard, 1970), de uma ruptura entre a oposição tradicional entre a cidade e o campo, em que as áreas rurais — atendidas por supermercados e com economias interconectadas aos centros industriais — passaram a fazer parte do que ele chama de *tissu urbain*, ou tecido urbano.

39. Lourival Fontes, "Voz do Rádio", 20 fev. 1936, citado em Luiz Carlos Saroldi e Sonia Virgínia Moreira, *Rádio Nacional*. Rio de Janeiro: Zahar, 2005, p. 27.

40. Arthur Ramos, *O negro brasileiro*. Rio de Janeiro: Civilização Brasileira, 1934, p. 146.

41. Jerry Dávila, op. cit., p. 36. Tradução livre.

42. Arthur Ramos, *O folk-lore negro do Brasil*. Rio de Janeiro: Civilização brasileira, 1935, p. 12.

43. Em 1890, o então ministro das Finanças, Rui Barbosa, ordenou que todos os registros sobre a escravidão fossem queimados, pois constituíam uma lembrança daquela "mancha" na história do país. Os debates em torno do episódio também consideram a ação como uma resposta contra as demandas por compensação por parte dos proprietários de escravizados, que sofreram prejuízos com a abolição. Ver Américo Jacobina Lacombe, *Rui Barbosa e a queima dos arquivos* (Rio de Janeiro: Fundação Casa de Rui Barbosa, 1988).

44. A. Ramos, *O negro brasileiro*, p. 146.

45. Ibid., p. 147.

46. J. Dávila, op. cit, p. 39. Tradução livre.

47. A. Ramos, *O negro brasileiro*, p. 40.

48. Ibid., pp. 78-9.

49. Id., *O folk-lore negro do Brasil*, p. 270.

50. Existe uma extensa bibliografia sobre Freyre e as mudanças que suas ideias sobre miscigenação cristalizaram e catalisaram. Para um estudo que conecta os novos discursos raciais à elevação do samba a símbolo da identidade nacional, ver H. Vianna, *O mistério do samba*.

51. Jerry Dávila, op. cit., p. 8.

52. João de Barros, *Brasil, por João de Barros, José Osório de Oliveira* [e] *Gastão de Bettencourt*. Lisboa: Europa, 1938, p. 203.

53. Ibid., p. 204.

54. R. Soihet, op. cit., p. 66.

55. O censo de 1940 foi o primeiro a coletar dados raciais depois de 1890. De acordo com o censo, 28,9% da cidade era de não brancos. Comparados aos 14,1% da região de Santana, 30,6% dos moradores da Gamboa estavam na mesma categoria. Em alguns bairros do subúrbio, como Pavuna, Madureira e Anchieta, os afrodescendentes compreendiam pelo menos 40% da população. Para uma tabela com dados comparativos sobre todo o Rio, ver Brodwyn M. Fischer, *A Poverty of Rights* (Palo Alto: Stanford University Press, 2008), p. 31. O primeiro censo realizado nas favelas, publicado em 1949, estima que sua população de 138 837 – 71% dos quais de não brancos – respondia por 7% do total da cidade. Ver L. P. Valladares, op. cit.

56. Stefan Zweig, *Amor e xadrez e fragmentos do diário*, org. de Ingrid Schwamborn. Rio de Janeiro: Nova Fronteira, 1993, p. 170.

57. Stefan Zweig, *Brazil*. Riverside: Ariadne Press, 2000, p. 10. Tradução livre.

58. Ibid., p. 170.

59. Ibid., p. 179.

60. S. Zweig, *Amor e xadrez e fragmentos do diário*, p. 170.

61. Ibid., p. 177.

62. Gonzaga chegou à capital após servir o Exército e foi levado por um homem que conheceu na rua para tocar no Mangue. Enquanto estava lá, "fez dinheiro de todos os lugares do mundo", tocando para os marinheiros estrangeiros, segundo sua entrevista no MIS, gravada em 6 set. 1968.

63. S. Zweig, *Amor e xadrez e fragmentos do diário*, p. 178.

64. Ibid.

65. Hélio Silva, *A ameaça vermelha*. Porto Alegre: L&PM, 1980.

66. W. Martins, *História da inteligência brasileira*, v. 7, pp. 93-4.

67. Francisco José de Oliveira Viana, *Raça e assimilação*. São Paulo: Cia. Ed. Nacional, 1932, p. 84.

68. Artur Hehl Neiva, em "Estudos sobre a imigração semita no Brasil", artigo publicado na *Revista de Imigração e Colonização* em 1945, critica as teorias raciais e o arianismo. Citando o livro de Oliveira Viana, questiona a noção dos judeus como um grupo racial, sustentando que existem judeus de múltiplas cores. Esse periódico foi consultado na coleção de Samuel Malamud, no Arquivo Geral da Cidade.

69. Anor Butler Maciel, *Nacionalismo*. Porto Alegre: Livraria do Globo, 1937, p. 14.

70. Alberto Dines, *Morte no paraíso*. Rio de Janeiro: Rocco, 2004, p. 305.

71. F. Fridman, op. cit., p. 65.

72. Cinquenta e quatro judeus foram presos para interrogatório, e alguns foram deportados. Ver ibid., pp. 65-74. A revolta, chamada pejorativamente de Intentona Comunista, teve origem nas fileiras militares. Ver Paulo Sérgio Pinheiro, *Estratégias da ilusão* (São Paulo: Companhia das Letras, 1992).

73. Luís Martins, *Noturno da Lapa*. Rio de Janeiro: Civilização Brasileira, 1964, pp. 84-6.

74. Maria Luiza Tucci Carneiro, *Judeus e judaísmo na obra de Lasar Segall*. Cotia: Ateliê Editorial, 2004, p. 63.

75. A carta de Augusto de Lima Jr. foi publicada no *Jornal do Commercio* do Recife em 28 de maio de 1943 e é reproduzida em M. L. T. Carneiro, op. cit., p. 63. Em minha própria pesquisa nos arquivos do Museu Lasar Segall, em São Paulo, encontrei que reações como essas não eram hegemônicas. Um artigo de Nicanor

Miranda no *Estado de S. Paulo* de 8 de junho de 1944, por exemplo, expressa o orgulho pela maneira como os brasileiros comemoraram duas pinturas de Segall consideradas "degeneradas" na Berlim nazista. Os arquivos contêm diversas pastas com recortes de jornal relativos a Segall e seu trabalho, aparentemente coletados pelo próprio artista.

76. F. Fridman, op. cit., p. 67.

77. Ibid., p. 71.

78. Michael George Hanchard, *Orpheus and Power*, 1994, pp. 101-5.

79. L. Martins, op. cit., p. 101.

80. Hanchard discute as limitações apresentadas pelas relações entre as estratégias políticas afro-brasileiras e as "práticas culturais expressivas" durante os anos 1930, em *Orpheus and Power* (Princeton: Princeton University Press, 1994), pp. 99-141.

81. Daryle Williams, *Culture Wars in Brazil*. Durham: Duke University Press, 2001, pp. 82-3.

82. Sob a administração de Pedro Ernesto, que era médico, serviços públicos como escolas e hospitais foram significativamente ampliados. Ver Carlos Eduardo Sarmento, *O Rio de Janeiro na era de Pedro Ernesto* (Rio de Janeiro: FGV, 2001).

83. Ver Denise Cabral Stuckenbruck, *O Rio de Janeiro em questão*. Rio de Janeiro: Observatório de Políticas Urbanas e Gestão Municipal, 1996.

84. Alfred Donat Agache, *Cidade do Rio de Janeiro, extensão, remodelacão, embelezamento*. Paris: Foyer Brésilien, 1930, p. 20.

85. Benjamin Costallat, em *Mistérios do Rio*, p. 37, usa a frase para se referir às favelas nos anos 1920. Bandeira descreve o Mangue no álbum de Segall com a mesma frase, reforçando a noção de ambos os espaços como similarmente *outro*, heterotópico.

86. A. D. Agache, op. cit., p. 190.

87. Ibid., p. 190.

88. Ainda que tenha sido o mais influente, o Plano Agache não foi o primeiro a conceber uma tal avenida: uma avenida da Independência já havia sido proposta durante a administração de Carlos Sampaio (1920-2), e houve precedentes remontando a Grandjean de Montigny.

89. Ibid., p. 179.

90. Ibid., p. 218.

91. A canção de Sinhô também condena a "ingratidão da humanidade", impondo o desabrigo para as pessoas da favela, associando-se a uma longa linhagem de sambas de protesto contra as políticas de remoções à força nas décadas posteriores.

92. B. M. Fischer, op. cit., p. 17. Tradução livre.

93. Publicado anonimamente no jornal semanário israelita *Dos Iídiche Vochenblat*. Uma tradução datilografada em português foi encontrada entre os papéis de Samuel Malamud; é possível que seja de sua autoria.

94. Citado de *Fon-Fon*, 31 mar. 1928. A edição de 7 de abril da mesma publicação se refere aos protestos em "quase todos os jornais", mas defende o corte das árvores com um tom irônico, como se elas pudessem ter sido libertadas do "martírio" de viver na Praça Onze.

95. O artigo aparece em *O Malho* de 28 fev. 1928. O texto anterior foi citado da *Fon-Fon* de 12 jan. 1929.

96. Ver *Radiant City*, de Le Corbusier (Nova York: Orion Press, 1967), p. 223, em que ele reproduz uma imagem do Plano Agache ao lado do seu próprio, sem identificar o rival pelo nome.

97. N. Sevcenko, *Orfeu extático na metrópole*, p. 74. Para um estudo sobre os carros na história do Brasil, ver Joel Wolfe, *Autos and Progress* (Nova York: Oxford University Press, 2010).

98. *O Cruzeiro* debutou em 10 de novembro de 1928. O artigo principal sobre Agache foi escrito pelo dr. J. A. Mattos Pimenta, membro ativo do Rotary Club e um dos primeiros a se manifestar pela eliminação das favelas. Em L. P. Valladares, op. cit., pp. 41-5.

99. Mais tarde, Agache trabalharia nos planos para Recife, Porto Alegre e, mais notoriamente, Curitiba.

100. B. M. Fischer, op. cit., p. 45. Tradução livre. Para Fischer, "seus padrões de construção e zoneamento foram a base para o código de obras de 1937, a legislação urbana mais importante de sua era" (p. 38). Ela mostra como o código era segregacionista e oneroso, possibilitando que os mais ricos burlassem algumas de suas regulações (pp. 44-9).

101. M. de Abreu, *Evolução urbana do Rio de Janeiro*, p. 86.

102. A. D. Agache, op. cit., p. 1.

103. Evelyn F. Werneck Lima, *Avenida Presidente Vargas: Uma drástica cirurgia*. Rio de Janeiro: Biblioteca Carioca, 1990, p. 128.

104. Através de desfiles, por exemplo. Sobre Berlim, ver Stephen Helmer, *Hitler's Berlin* (Ann Arbor, MI: UMI Research Press, 1985). Sobre Roma, ver Borden W. Painter, *Mussolini's Rome* (Nova York: Palgrave Macmillan, 2005). Sobre o caso brasileiro, E. Lima explora de que forma os espaços urbanos foram usados como "teatro do poder", em *Avenida Presidente Vargas*, pp. 102-12.

105. Existe uma extensa bibliografia sobre o lugar do MEC na história da arquitetura. Ver, por exemplo, Valerie Fraser, *Building the New World* (Nova York: Verso, 2000) e Zilah Quezado, *Brasil Built* (Nova York: Spon, 2001).

106. Um argumento que poderia ser usado era de que os prédios da avenida e o do MEC refletiam correntes antagônicas internas do regime de Vargas: uma, ligada ao DIP, mas agressivamente nacionalista e com inclinações totalitárias; outra, mais "suave" e disposta a um comprometimento maior, em torno do ministro da Educação Gustavo Capanema, ao qual o prédio do MEC deve seu nome atual. As representações dos três prédios pela imprensa local favoreciam a versão do progresso e da modernidade representada pelo quartel do Exército e pela Central do Brasil, embora o do MEC já estivesse canonizado pela arquitetura internacional mesmo antes de sua inauguração. Ver Bruno Carvalho, "A Tale of Three Buildings: Brazil's Estado Novo", e Z. Q. Deckker, op. cit. Sobre o Estado Novo, ver D. Williams, op. cit.

107. Ibid., p. 66.

108. E. F. Lima, em *Avenida Presidente Vargas*, cita os *Debates sobre estética e urbanismo*, de José Marianno Filho (Rio de Janeiro: Artes Gráficas C. Mendes Jr., 1943).

109. Existe uma diferença relevante, óbvia até, entre suas funções: um serve como espaço público, o outro proíbe a entrada de pessoas não autorizadas.

110. Os arquitetos Adalberto Szilard e Geza Heller foram os principais responsáveis pelo projeto final, uma modificação do projeto original de Roberto de Carvalho. Ver E. F. Lima, op. cit., p. 84.

111. Ibid.

112. O esforço incluiu medidas legais, como um decreto de 1939 proibindo comemorações da *malandragem*. Cláudia Matos, *Acertei no milhar*. Rio de Janeiro: Paz e Terra, 1982.

113. Ibid., p. 30.

114. Dodsworth jamais recuou das reformas, sendo autor de um livro, publicado dez anos depois, em que não se retrata de nada e defende suas bases legais e técnicas. Henrique Dodsworth, *A avenida Presidente Vargas* (Rio de Janeiro: Jornal do Commercio, 1955).

115. Ibid., p. 34.

116. Os números atribuídos à região de Santana são citados de dados apresentados por B. M. Fischer em *A Poverty of Rights*, p. 31, de 1933 a 1940. As médias da cidade eram, respectivamente: 33,7% (vias pavimentadas), 10,8% (acesso aos transportes), 81% (taxa de alfabetização), 26% (sem uso de tijolo), 31,7% (com esgoto), 57% (com água) e 43,9% (com eletricidade).

117. Os elogios à nova avenida se justapunham por uma espécie de ridicularização do transporte público, referido como "pitoresco", ultrapassado e reservado aos pobres. Durante a semana de inauguração da avenida, a cobertura da instaura-

ção de uma nova linha de bondes expressos para os subúrbios do Engenho Novo, Muda e Tijuca relegou o evento às massas sem educação e desordeiras: "Houve gente que não queria descer do bonde no ponto", reclamava o *Correio da Manhã* em 2 de setembro de 1944. O artigo divide a página com outro, intitulado "No Brasil não há lugar para o racismo".

118. G. Aranha, *A viagem maravilhosa*, p. 382.

6. É (QUASE) TUDO VERDADE: A MORTE DE UM BAIRRO E A VIDA DOS MITOS [pp. 249-75]

1. A Lower Manhattan Expressway, um elevado de oito pistas, foi concebida por Robert Mose, o "mestre construtor", famoso pela frase "as cidades são para o tráfego". Tal qual os planos para a Mid-Manhattan Expressway e a Cross-Harlem Expressway, jamais saiu do papel.

2. A área entre a igreja da Candelária e o Campo de Santana concentrou comerciantes sírios, muitos dos quais moravam em cima de seus estabelecimentos. Ver Paula Ribeiro, *Saara: Uma paisagem singular na cidade do Rio de Janeiro* (São Paulo: PUC, 2000), dissertação.

3. Sobre Nova York, ver M. Berman, op. cit. Sobre Sophiatown, ver David Goodhew, *Respectability and Resistance* (Westport, CN: Praeger, 2004).

4. Jeffry M. Diefendorf, "Urban Reconstruction in Europe after World War II", em *Urban Studies*, 1989.

5. Ver Camillo Sitte, *The Art of Building Cities; City Building According to Its Artistic Fundamentals* (Nova York: Reinhold, 1945), publicado originalmente em alemão (1889), uma vigorosa defesa das praças das cidades contra o que o arquiteto austríaco via como a esterilidade dos planos modernos. Sobre Sitte, ver Carl Shorske, *Viena fin-de-siècle: política e cultura*. São Paulo: Companhia das Letras, 1988. Ver também a crítica fundamental de Jane Jacobs sobre a renovação urbana no estilo de Moses, em *The Death and Life of Great American Cities* (Nova York: Random House, 1961).

6. Lúcia Silva, *Luzes e sombras na cidade*. Rio de Janeiro: Dep. Geral de Documentação e Informação Cultural, 2006.

7. O trecho também era menos valorizado, implicando custos de reparo mais baixos do que na área próxima à Candelária (ver E. F. Lima, op. cit.). O início das demolições naquele local também pode ter provocado uma sensação de inevitabilidade.

8. Ibid., p. 216.

9. A música ganhou um concurso promovido pelo Fluminense, junto com outra canção que se tornou clássica, "Ai que saudades da Amélia", de Ataulfo Alves e Mário Lago. No ano anterior, Assis Valente já havia registrado descontentamento com a desaparição da praça em "Já que está, deixa ficar".

10. Segundo os jornais que consultei, o monumento era um obelisco, não um busto. Uma comissão de trabalhadores supostamente financiou o obelisco para homenagear Vargas. Os planos foram cancelados a pedido do presidente (*A Manhã*, 3 set. 1944), uma vez que o material a ser usado seria mais bem empregado em "necessidades imediatas" relacionadas ao esforço de guerra. O potencial para desacelerar o trânsito também é mencionado no artigo.

11. A letra original, como lembra Grande Otelo (Sebastião Prata) no documentário *Nem tudo é verdade*, de Rogério Sganzerla (1986), dizia: "Meu povo, nesse ano a escola não sai/ vou lhe dar explicações/ não temos mais a Praça Onze/ para as nossas emoções./ Ali, onde a cabrocha mostrava o seu requebrado/ um grande homem de bronze/ será por todos lembrado".

12. Sobre samba e identidade nacional, ver B. McCann, op. cit., pp. 41-95; com maior atenção à raça, ver também Darién J. Davis, *White Face, Black Mask* (East Lansing: Michigan State University Press, 2009). Sobre nacionalismo e samba durante a Era Vargas, ver Dulce Tupy, *Carnavais de guerra: O nacionalismo no samba* (Rio de Janeiro: ASB, 1985).

13. O Trio de Ouro era composto por Herivelto Martins, Nilo Chagas e Dalva de Oliveira, todos ativos no rádio. Gravaram a canção no estúdio da Colúmbia, com Castro Barbosa e o Regional de Benedito Lacerda.

14. *Imprensa Israelita*, 7 nov. 1941. Sobre censura e samba, especialmente do malandro, ver B. McCann, op. cit.

15. A canção foi gravada em 1942, por Cyro Monteiro e Nelson Gonçalves, na RCA Victor. Essa e todas as demais gravações foram consultadas nos arquivos do MIS.

16. O material chega a a oitenta páginas de texto. Versões diferentes do tratamento de roteiro, incluindo rascunhos, podem ser encontradas no material de Orson Welles, na Lilly Library, da Universidade de Indiana (caixa 16, pastas 24, 25, 26). Tradução livre.

17. Citado do *Diário de São Paulo* e do *Diário de Notícias* de 20 fev. 1942. Foram mantidos recortes de praticamente todas as menções ao diretor na imprensa nacional, muitos traduzidos para o inglês. Podem ser encontrados na Lilly Library. Para mais detalhes sobre o filme, ver Catherine Benamou, *It's All True: Orson Welles's Pan-American Odyssey* (Berkeley: University of California Press, 2007, pp. 47-8).

18. Filinto Müller visitou Heinrich Himmler, da Gestapo, em 1937, e sua passagem como chefe da polícia (1933-42) foi marcada por prisões e perseguições

a dissidentes políticos. O *Meio Dia* publicou uma nota em que Welles agradece a ele pela "generosa e maravilhosa cooperação" durante as filmagens, em 28 de fevereiro de 1942. Diversas fotografias mostram Welles com autoridades importantes, incluindo Müller (ver caixa 35, pasta 4, materiais sobre Welles na Lilly Library).

19. Entre os personagens, encontramos Santos Dumont, Oswaldo Cruz, Casimiro de Abreu, Diogo Feijó, Tomás Gonzaga, José do Patrocínio, Barão de Mauá, Chico Rei e Xica da Silva, assim como uma variedade de tópicos, incluindo as culturas de açúcar, café e borracha, e também gaúchos, diamantes, Bahia, Fortaleza, Cuiabá, Belém, São Paulo, os jangadeiros, bandeirantes e macumba.

20. Outros colaboradores incluíam Edmar Morel, Ayres de Andrade Júnior, Luiz Edmundo, Aydano Couto Ferraz, Ernani Fornari e Clóvis de Gusmão. Almirante assinou textos sobre as canções dos cangaceiros e ligações aos funerais, congadas, bumba meu boi, e os "famosos desafios do norte" (caixa 18, materiais sobre Welles, Lilly Library).

21. Herivelto conta do desejo de Welles de acompanhá-lo numa casa de férias na Ilha do Governador, assim como as longas noites que os três passaram juntos pelos bares e na casa dele, no Catumbi. Também lembra as manhãs em que chegaram cedo ao estúdio, onde um bem-disposto Welles reprovaria os atrasos dos brasileiros. Ver Natalício Norberto e Jonas Vieira, *Herivelto Martins: Uma escola de samba* (Rio de Janeiro: Ensaio, 1992).

22. O documento sem data parece ser um telegrama (caixa 23, pasta 14, materiais sobre Welles, Lilly Library).

23. Ver "Pan-American Interlude: Orson Welles no Brazil, 1942", em Robert Stam, *Tropical Multiculturalism* (Durham: Duke University Press, 1997). Stam destaca a "abordagem não racista" de Welles e a "ousadia" do projeto, enfatizando a relação do diretor com a cultura afro-brasileira e com os negros brasileiros, assim como com "o subtexto racial de parte da oposição" ao filme, um "subtexto recapitulado [...] nos discursos de muitos críticos de Welles". Ibid., p. 109.

24. Uma edição de 1942 da revista *Travel in Brazil*, publicada pelo DIP, mostra um homem e uma mulher negros dançando na capa com sombrinhas de trevo. Em outra página, inclui brasileiros negros e duas baianas, além de um texto de Mário de Andrade.

25. Ver "As favelas no filme de Orson Welles", *Diário da Noite*, 22 abr. 1942; o texto citado veio do *Meio Dia* de 28 abr. 1942 (caixa 18, pasta 11, materiais sobre Welles, Lilly Library). Stam cita o executivo da RKO Lynn Shores, que reclamava em memorandos para o DIP sobre as tendências de Welles e usava linguagem ainda mais francamente racista em telegramas para Hollywood (R. Stam, op. cit., p. 193).

26. Vinicius é citado de *A Manhã*, 30 abr. 1942; o segundo texto veio do *Cine Rádio Jornal* de 20 de maio de 1942, assinado por Gatinha Angorá, e a última citação é de Enéas Viany, de um texto encontrado entre os manuscritos de Welles (caixa 18, pasta 11, materiais sobre Welles, Lilly Library).

27. C. Benamou, op. cit., p. 46. Tradução livre.

28. Ver caixa 18, pasta 14, materiais sobre Welles, Lilly Library. Tradução livre.

29. Ver caixa 19, pasta 7, materiais sobre Welles, Lilly Library. Tradução livre.

30. Sobre o episódio dos jangadeiros, ver C. Benamou, op. cit., pp. 107-32.

31. Citado de uma transcrição de uma transmissão de rádio de 18 de abril de 1942 (ver caixa 9, pasta 37, materiais sobre Welles, Lilly Library). Tradução livre.

32. C. Benamou, op. cit., pp. 106-7.

33. O tratamento do roteiro contém uma visita a Vargas, que se diz "simpático" ao diretor. Num diálogo com uma autoridade do governo, que deveria incluir imagens do modelo da avenida, a reforma é apresentada com solução para os problemas da cidade. A mesma cena, no entanto, também incluiria Otelo falando sobre a perda da praça (caixa 16, pasta 22, materiais sobre Welles, Lilly Library).

34. R. Stam, op. cit., p. 231. Tradução livre.

35. B. McCann, op. cit., p. 16.

36. Ele tentou contratar cerca de cem figurantes negros de um total de quatrocentos, mas apenas oito ou dez, dos mil que se apresentaram nos escritórios da RKO, não eram brancos, segundo artigo do *Diário de Notícias* de 29 de março de 1942. O anúncio especificava "boa aparência" como requisito, o que, como sabemos historicamente, funciona como código racial no Brasil (caixa 18, pasta 9, materiais sobre Welles, Lilly Library).

37. Como um documento da diplomacia dos Estados Unidos, ainda há muito que se falar sobre *Saludos amigos*. Quando comparado às equivocadas concepções e estereótipos sobre a América Latina de Hollywood, o filme da Disney desafia certas expectativas: embora seja um papagaio, Zé Carioca fala português com eloquência (e não o espanhol), e é o Pato Donald — o monolíngue norte-americano — que faz o papel do bobo, incapaz de entender seu anfitrião. Para mais detalhes e leituras diferentes, ver R. Stam, op. cit., pp. 119-20, e C. Benamou, op. cit., pp. 42-5. Sobre as relações entre Brasil e Estados Unidos durante a guerra, ver Antonio Pedro Tota, *The Seduction of Brazil* (Austin, Tex.: University of Texas Press, 2009).

38. R. Stam, op. cit., p. 121. Tradução livre.

39. N. Norberto e J. Vieira, op. cit., pp. 103-4.

40. W. Frank, op. cit., p. 42. Tradução livre.

41. A fala de Grande Otelo, usada para a citação, ocorre aos quarenta minutos do filme de Sganzerla, *Nem tudo é verdade* (1986).

42. Ver registros das cenas filmadas em C. Benamou, op. cit., pp. 310-5.

43. Tratamento datado de 2 jul. 1943, caixa 16, pasta 22, materiais sobre Welles, Lilly Library. Tradução livre.

44. A peça *Vestido de noiva*, de Nelson Rodrigues, causou certo alvoroço por incorporar um samba a uma peça apresentada no palco do Theatro Municipal, em 1943.

45. R. Stam, op. cit., pp. 123-4.

46. Os planos para a construção de arranha-céus, por exemplo, foram considerados impraticáveis devido aos altos custos de manutenção das estruturas construídas sobre um antigo pântano: bombas hidráulicas caras eram necessárias para evitar alagamentos dos subsolos.

47. H. Dodsworth, op. cit., p. 5.

48. Agradeço a d. Odette, d. Chiquinha e d. Leda, cujos sobrenomes optei por não perguntar, pela gentileza e a disponibilidade para conversar comigo em uma visita à Providência em junho de 2011.

49. As citações são de *A Manhã* de 3 set. 1944 e do *Diário Carioca* de 2 set. 1944. Para uma história sintonizada com esse gênero de imagética, ver Richard Sennett, *Flesh and Stone* (Nova York: W. W. Norton, 1994).

50. Uma vasta literatura analisa as interseções entre a forma urbana e o poder. Ver a leitura que E. F. Lima faz da avenida Presidente Vargas, a partir de textos foucaultianos, em op. cit., pp. 87-9.

51. Citado de Orson Welles, *This is Orson Welles*, org. de Jonathan Rosenbaum (Nova York: Da Capo, 1998), p. 192. Tradução livre. Uma gravação é reproduzida em *Tudo é Brasil*, de Sganzerla.

52. Jean François Lyotard, *Rudiments Païens*. Paris: Union Générale d'Éditions, 1977. Tradução livre.

53. Ver o meu "Mapping the Urbanized Beaches of Rio de Janeiro" (*Journal of Latin American Cultural Studies*, 16 mar. 2007), e J. O'Donnel, *A invenção de Copacabana* (Rio de Janeiro: Zahar, 2013).

54. As canções citadas são, respectivamente: "Praça Onze", de Teófilo Miranda (Euterpe Ltda.); "A Praça Onze não morreu", gravada por Marly Monteiro e Luiz Mergulhão; e "Praça Onze", de que não restaram informações além do título e da gravação. Foram todas encontradas nos arquivos do MIS. Para um estudo mais abrangente sobre a praça na música popular, incluindo muitos exemplos inclusive mais recentes, ver o excelente trabalho de Daniella Thompson, "Praça Onze in Popular Song", in *Daniella Thompson on Brazil*, jan. 2009.

CONCLUSÃO: O FUTURO REVISITADO: PARA PARA ONDE FOI E PARA ONDE IRÁ O PASSADO? [pp. 276-98]

1. Beatriz Jaguaribe, *Fins de século*. Rio de Janeiro: Rocco, 1998, p. 132.

2. A opinião foi emitida por ninguém menos que Lúcio Costa, autor do Plano Piloto de Brasília. A citação vem de um documento com o título de "Constatação", identificado como V.C.03-03272 nos arquivos digitalizados da Casa de Lúcio Costa.

3. O sacerdote irlandês Robert Walsh relata que as autoridades imperiais já haviam considerado o arrasamento do morro de Santo Antônio, em op. cit., p. 459. Diversos prédios pós-modernos do Rio de Janeiro, incluindo a Catedral Municipal, foram construídos onde antes ficava o morro. O Parque do Flamengo teve projeto paisagístico de Burle Marx.

4. Incluindo o elevado da Perimetral, demolido. O túnel Rebouças, de 2,8 quilômetros, construído em 1967, conecta as zonas sul e norte, sendo que nesta, através de um extenso elevado. A mesma assimetria ocorre no caso do túnel Santa Bárbara.

5. Ver, especialmente, o decreto-lei nº 322, de 1976. Para uma história do Rio de Janeiro no século XX voltada para as regulamentações legais e atenta às conexões entre a urbanização e os direitos dos cidadãos mais pobres, ver, entre outros, o já citado *A Poverty of Rights*, de B. M. Fischer.

6. O cineasta francês retrata a favela como um local exótico e mítico. Com a ação ocorrendo durante o Carnaval, *Orfeu negro* se tornou um dos filmes de maior sucesso em língua portuguesa, recebendo o Oscar de melhor filme em língua estrangeira em 1960. Para uma leitura crítica, ver R. Stam, op. cit., pp. 157-78.

7. Isso começou a mudar no início do século, quando a Providência entrou em itinerários turísticos. Em 2008, antes de começar o programa de "pacificação", o fotógrafo francês JR levou seu projeto *Women are Heroes* [Mulheres são heroínas] para lá, aplicando imagens de moradoras — muitas de olhos em close-up — às fachadas das casas.

8. Houve um aumento da pressão para privilegiar o sentimento nacionalista após 1964, sob a ditadura. Ver Edson Farias, *O desfile e a cidade* (Rio de Janeiro: E-papers; 2006), p. 244.

9. De 1957 a 1962, as escolas da primeira divisão desfilaram pela Rio Branco, enquanto a segunda divisão continuou na Presidente Vargas. Em torno dessa época, as agências de turismo começaram a promover o evento. As arquibancadas foram acrescentadas em 1962, e no ano seguinte os desfiles voltaram para a Presidente Vargas. Os jurados incluíam nomes proeminentes, como Roberto Burle Marx, Edson Carneiro, Iberê Camargo e Lúcio Rangel.

10. A TV Globo começou a transmitir os desfiles em 1971. Em 1980, mais da metade dos domicílios brasileiros tinham um aparelho de televisão (Edson Farias, op. cit., p. 242). Na época, os desfiles já tinham o tempo controlado. A Manchete – fundada pelo já mencionado Adolfo Bloch – também passou a transmitir os desfiles.

11. Ibid., p. 255.

12. Trataremos de construções contemporâneas ao Sambódromo mais adiante.

13. Edson Farias, op. cit., p. 252.

14. Segundo estimativas oficiais da Riotur para 2012, cerca de 850 mil turistas visitaram o Rio durante o Carnaval, e o evento representa uma injeção de 628 milhões de dólares na economia da cidade. Não está claro como esse valor foi calculado, mas os números foram amplamente divulgados na imprensa e no site da agência.

15. A. Chazkel, op. cit., p. 11. Tradução livre.

16. Uma edição da revista *Veja* de 14 de março de 1984, por exemplo, mostra que as faixas nas arquibancadas reivindicando eleições diretas não foram mostradas pelas emissoras de TV.

17. Aqueles que se dispõem e têm condições de pagar altos valores por fantasias de certa forma subsidiam o espetáculo. Outros, como membros das comunidades das escolas de samba e pessoas que trabalham no meio, desfilam sem pagar ou por preços mais acessíveis. Há também quem acompanhe dos viadutos e observe a "concentração" nas ruas.

18. Claude Lévi-Strauss, *Tristes trópicos*. São Paulo: Companhia das Letras, 1996, p. 90.

19. Ibid., p. 91. Sobre Lévi-Strauss, também se pode lembrar que ele fez uma famosa comparação da baía de Guanabara com uma "boca desdentada". Frequentemente ele é citado como exemplo de viajante que não se impressionou com a beleza natural da cidade, mas é possível encontrar certa dose de "encantamento" na metáfora.

20. A canção "Enquanto seu lobo não vem", de *Tropicália: ou Panis et Circensis* (1968), diz: "A Estação Primeira de Mangueira passa em ruas largas/ (Os clarins da banda militar...)/ Passa por debaixo da avenida Presidente Vargas". Os desfiles das escolas de samba ocorrem na avenida entre 1963 e 1973.

21. Ver a coluna na *Folha de S.Paulo* de 15 fev. 2004.

22. Michel de Certeau diferencia "estratégia" de "tática": esta "deve manipular constantemente os eventos para transformá-los em oportunidades". Ver *A invenção do cotidiano*. Para estudos recentes que priorizam essa dimensão da vida urbana, ver Sarah Nuttall e Achille Mbembe (Orgs.), *Johannesburg* (Durham: Duke University Press, 2008), e Filip de Boeck e Marie-Françoise Plissart, *Kinshasa* (Tervuren: Royal Museum for Central Africa, 2004).

23. Sobre o programa Favela-Bairro, ver, entre outros, Cristiane Rosa Duarte e Fernanda Magalhães, "Upgrading Squatter Settlements into City Neighborhoods", in Vicente Del Rio e William Siembieda (Orgs.), *Contemporary Urbanism in Brazil: Beyond Brasilia* (Gainesville: University Press of Florida, 2009). Sobre o tráfico de drogas, ver, por exemplo, Alba Zaluar, *Integração perversa*. Rio de Janeiro: FGV, 2004.

24. Durante o governo de Chagas Freitas (1971-4) se propôs um plano para a área, incluindo medidas que estimularam a construção de prédios mais altos.

25. Sobre Tim Lopes, nome pelo qual Arcanjo Lopes do Nascimento ficou conhecido, ver, entre outros, Affonso Romano de Sant'Anna, *Nós, os que matamos Tim Lopes* (São Paulo: Expressão e Cultura, 2002); e Percival de Souza, *Narcoditadura* (São Paulo: Labortexto, 2002).

26. Ver Barbara Freitag, *Capitais migrantes e poderes peregrinos* (Campinas: Papirus, 2009). Niterói foi a capital do estado até a fusão.

27. D. Williams, op. cit., p. xviii. Tradução livre.

28. Beatriz Jaguaribe, "Modernist Ruins", in Dilip Parameshwar Gaonkar (Org.), *Alternative Modernities*. Durham: Duke University Press, 2001, p. 332.

29. A sede da Confederação Brasileira de Futebol (CBF) fica no Rio. As pesquisas de opinião pública indicam que os times do Rio são comparativamente mais populares em outras regiões do país do que os de outros estados. Uma dessas pesquisas por exemplo foi realizada pelo Datafolha em 2010.

30. H. Vianna, *O mistério do samba*, p. 146.

31. Z. Ventura, op. cit., p. 14.

32. Ibid., p. 140.

33. H. Vianna, *O mistério do samba*, p. 120.

34. Ver, mais recentemente, o já citado *Uma história do samba*, de Lira Neto, e o também excelente *Dicionário social da história do samba* (Rio de Janeiro: Civilização Brasileira, 2015), de Nei Lopes e Luiz Antonio Simas.

35. Apesar da perda de seus espaços públicos e de boa parte de sua população, a Cidade Nova ainda concentra uma vida cultural ativa em torno de várias das instituições mencionadas aqui e de outras como o Terreirão do Samba, o Circo Crescer e Viver, e grupos como o rancho carnavalesco Praça Onze, que inclui canções judaicas em seu repertório.

36. O sítio arqueológico foi declarado patrimônio da humanidade pela Unesco em 2017. Robert Walsh descreveu as condições miseráveis do final dos anos 1820, quando esse era um dos mais movimentados mercados de escravizados do mundo: "As pobres criaturas são expostas para a venda como qualquer outra commodity" (op. cit., tradução livre).

37. Houve uma valorização recente de heranças africanas, mas desde a década de 1980 as áreas portuárias são protegidas por lei. Há uma Apac (Área de Proteção do Ambiente Cultural) dedicada aos bairros da região, que contam com instituições como o Instituto de Pesquisa e Memória Pretos Novos, no antigo cemitério de escravizados, o Centro Cultural José Bonifácio, o Afoxé Filhos de Gandhi e o Quilombo da Pedra do Sal (ver Roberta Sampaio Guimarães, *A utopia da Pequena África*, Rio de Janeiro, FGV, 2014). Do "outro lado" da avenida, a escola municipal Tia Ciata, inaugurada em 2004 no local onde antes se localizava a Praça Onze, é uma exceção. Partes da região entre Cidade Nova, Estácio e Catumbi, como a vila operária da Salvador de Sá, também contam com proteção desde a década de 1990. Ver a dissertação de Claudia Baima Mesquita, *Memória viva de um bairro que resiste* (Rio de Janeiro: UFRJ, 2007).

Referências bibliográficas

JORNAIS E REVISTAS

A Columna
A Manhã
A Noite
Boletim ASA (Associação Scholem Aleichem)
Cine Rádio Jornal
Correio da Manhã
Diário Carioca
Diário da Noite
Diário de Notícias
Diário de São Paulo
Dom Casmurro
Dos Iídiche Vochenblat
Estado de S. Paulo
Folha de S.Paulo
Fon-Fon
Gazeta de Notícias
Gazeta do Rio de Janeiro
Imprensa Israelita
Jornal do Brasil
Jornal do Commercio (Recife)
Jornal do Commercio
Jornal dos Sports

Kósmos
Meio Dia
O Cruzeiro
O Globo
O Malho
O Mundo Sportivo
O Novo Mundo
Revista da Semana
Revista de Imigração e Colonização
Travel in Brazil
Veja

ARQUIVOS PRINCIPAIS E COLEÇÕES ESPECIAIS

Academia Brasileira de Letras, Rio de Janeiro
Arquivo Geral da Cidade do Rio de Janeiro
Arquivo Histórico do Itamaraty, Rio de Janeiro
Arquivo Nacional, Rio de Janeiro
Biblioteca Nacional, Rio de Janeiro
Centro de Pesquisa e Documentação, Fundação Getúlio Vargas, Rio de Janeiro
Cinemateca do Museu de Arte Moderna, Rio de Janeiro
Houghton Library, Coleções Especiais, Universidade Harvard
Instituto Moreira Salles, Rio de Janeiro
Biblioteca do Congresso dos Estados Unidos, Washington, D.C.
Lilly Library, Universidade de Indiana, acervo Orson Welles
Museu da Imagem e do Som, Rio de Janeiro
Museu Lasar Segall, São Paulo

OBRAS CITADAS

ABREU, Martha de. *Meninas perdidas: Os populares e o cotidiano do amor no Rio de Janeiro da belle époque*. Rio de Janeiro: Paz e Terra, 1989.

______. *O império do Divino: Festas religiosas e cultura popular no Rio de Janeiro, 1830-1900*. Rio de Janeiro: Nova Fronteira, 1999.

______. "Mulatas, Crioulos, and Morenas: Racial Hierarchy, Gender Relations, and National Identity in Postabolition Popular Song: Southeastern Brazil,

1890-1920". In: SCULLY, Pamela; PATON, Diana (Orgs.). *Gender and Slave Emancipation in the Atlantic World*. Durham: Duke University Press, 2005.

ABREU, Maurício de. *Evolução urbana do Rio de Janeiro*. Rio de Janeiro: Zahar, 1987.

______. "Reconstruindo uma história esquecida: Origem e expansão inicial do Rio de Janeiro". *Espaço & Debate*, n. 37, 1994.

AGACHE, Alfred Donat. *Cidade do Rio de Janeiro, extensão, remodelação, embelezamento*. Paris: Foyer Brésilien, 1930.

AKERMAN, James R. (Org.). *Cartographies of Travel and Navigation*. Chicago: University of Chicago Press, 2006.

ALENCAR, Edigar de. *Nosso Sinhô do Samba*. Rio de Janeiro: Funarte, 1981.

ALLAIN, Émile. *Rio-de-Janeiro, quelques données sur la capitale et sur Yadministration du Brésil*. Paris: L. Frinzine et cie, 1886.

ALMEIDA, Manuel Antônio de. *Memórias de um sargento de milícias*. Introd. de Mário de Andrade. São Paulo: Livraria Martins, 1941.

______. *Memoirs of a Militia Sergeant: A Novel*. Trad. de Ronald W. Sousa. Nova York: Oxford University Press, 1999.

ALMEIDA, Renato. *História da música brasileira*. Rio de Janeiro: F. Briguiet, 1942.

ALMIRANTE. *No tempo de Noel Rosa*. Rio de Janeiro: Francisco Alves, 1977.

AMADO, Jorge. *O país do Carnaval*. São Paulo: Martins, 1944.

AMARAL, Aracy A. *Blaise Cendrars no Brasil e os modernistas*. São Paulo: Martins, 1970.

______. *Artes plásticas na Semana de 22*. São Paulo: Ed. 34, 1998.

AMARAL, Tarsila do. *Aí vai meu coração: As cartas de Tarsila do Amaral e Anna Maria Martins para Luís Martins*. Org. de Ana Luisa Martins. Rio de Janeiro: Planeta, 2003.

ANDRADE, Mário de. *Ensaio sobre a música brasileira*. São Paulo: Martins, 1962.

______. *Macunaíma*. São Paulo: Martins, 1944.

______. *Macunaíma*. Ed. crítica de Telê Porto Ancona Lopez. Rio de Janeiro: Livros Técnicos e Científicos, 1988.

ANDRADE, Oswald de. *Pau-Brasil*. São Paulo: Globo, 1990.

______. *O santeiro do mangue e outros poemas*. São Paulo: Globo, 1991.

ANDREATTA, Verena. *Cidades quadradas, paraísos circulares: Os planos urbanísticos do Rio de Janeiro no século XIX*. Rio de Janeiro: Mauad X, 2006.

ANDREWS, George Reid. *Afro-Latin America, 1800-2000*. Nova York: Oxford University Press, 2004.

ANTELO, Raul. *João do Rio: O dândi e a especulação*. Rio de Janeiro: Timbre/Taurus, 1989.

ARANHA, Graça. *A estética da vida*. Rio de Janeiro: Garnier, 1925.

ARANHA, Graça. *A viagem maravilhosa*. Rio de Janeiro: Garnier, 1929.

ARAÚJO, José de Sousa Azevedo Pizarro e. *Memórias históricas do Rio de Janeiro e das províncias anexas à jurisdição do vice-rei do estado do Brasil dedicadas a el-rei nosso senhor d. João VI*. Rio de Janeiro: Imp. Regia, 1820-2.

ARCHER-STRAW, Petrine. *Negrophilia: Avant-garde Paris and Black Culture in the 1920s*. Nova York: Thames & Hudson, 2000.

ASBURY, Herbert. *The Gangs of New York: An Informal History of the Underworld*. Nova York: Knopf, 1928.

ASSIS, Machado de. *Obra completa*. Org. de Afrânio Coutinho. Rio de Janeiro: Nova Aguilar, 1962. 3 v.

______. *A Semana: Crônicas*. Org. de John Gledson. São Paulo: Hucitec, 1996.

______. *Esau and Jacob: A Novel*. Trad. de Elizabeth Lowe. Nova York: Oxford University Press, 2000.

______. *Machado de Assis: Crônicas de bond*. Org. de Ana Luiza Andrade. Chapecó: Argos Editora Universitária, 2001.

______. *Machado de Assis afrodescendente: Escritos de caramujo*. Org. de Eduardo de Assis Duarte. Rio de Janeiro: Pallas, 2007.

______. *A Chapter of Hats: Selected Stories*. Trad. de John Gledson. Londres: Bloomsbury, 2008.

AZEVEDO, Aluísio. *Fritzmac: Revista fluminense de 1888, em prosa e verso, em 1 prólogo, 3 atos e 17 quadros*. Rio de Janeiro: Luiz Braga Junior, 1889.

______. *A Brazilian Tenement*. Trad. de Harry W. Brown. Nova York: R. M. McBride and Company, 1926.

______. *O cortiço*. Belo Horizonte: Itatiaia, 1980.

______. *The Slum: A Novel*. Trad. de David H. Rosenthal. Oxford University Press, 2000.

AZEVEDO, Manuel Duarte Moreira de. *O Rio de Janeiro; sua história, monumentos, homens notáveis, usos e curiosidades*. Rio de Janeiro: Garnier, 1877.

BACHELARD, Gaston. *The Poetics of Space*. Nova York: Beacon Press, 1969. [Ed. bras.: *A poética do espaço*. 2. ed. Trad. de Antonio de Pádua Danesi. São Paulo: Martins Fontes, 2008.]

BACKHEUSER, Everardo. *Habitações populares: Relatório apresentado ao Exm. Sr. Dr. J. J. Seabra, ministro da Justiça e Negócios Interiores*. Rio de Janeiro: Imprensa Nacional, 1906.

BAKER, John Martin. *A View of the Commerce between the United States and Rio de Janeiro, Brazil*. Washington, D.C.: escritório do *Democratic Review*, 1838.

BAKHTIN, Mikhail. *The Dialogic Imagination*. Austin: University of Texas Press, 1981.

BANDEIRA, Manuel. *This Earth, That Sky: Poems*. Trad. de Candace Slater. Berkeley: University of California Press, 1989.

BANDEIRA, Manuel. *Poesia completa e prosa*. Rio de Janeiro: Nova Aguilar, 1993.

BARBOSA, Francisco de Assis. *A vida de Lima Barreto*. Rio de Janeiro: Civilização Brasileira, 1964.

BARDI, Lina Bo. *Lina Bo Bardi*. Org. de Marcelo Carvalho Ferraz. São Paulo: Instituto Lina Bo e P. M. Bardi, 1999.

BARRETO, João Paulo de Mello. *História da polícia do Rio de Janeiro: Aspectos da cidade e da vida carioca*. Rio de Janeiro: A Noite, 1939.

BARRETO, Lima. *The Patriot*. Trad. de Robert Scott-Buccleuch. Londres: Rex Collings, 1978.

______. *Diário do hospício e O cemitério dos vivos*. Rio de Janeiro: Departamento Geral de Documentação e Informação Cultural, 1988.

______. *Numa e a Ninfa*. São Paulo: Brasiliense, 1956.

______. *Numa e a Ninfa*. Rio de Janeiro: Livraria Garnier, 1989.

______. *Triste fim de Policarpo Quaresma*. Ed. crítica. Paris: Coleção Archives/ Unesco, 1997.

BARROS, João de. *Brasil, por João de Barros, José Osório de Oliveira [e] Gastão de Bettencourt*. Lisboa: Edições Europa, 1938.

BASTOS, Rafael José de Menezes. *Les Batutas in Paris, 1922: An Anthropology of (In)discreet Brightness*. Florianópolis, Universidade Federal de Santa Catarina, Programa de Pós-Graduação em Antropologia Social, 2004.

BECCARI, Vera d'Horta. *Lasar Segall e o modernismo paulista*. São Paulo: Brasiliense, 1984.

BENAMOU, Catherine L. *It's All True: Orson Welles's Pan-American Odyssey*. Berkeley: University of California Press, 2007.

BENCHIMOL, Jaime. *Pereira Passos, um Haussmann tropical: A renovação urbana da cidade do Rio de Janeiro no início do século XX*. Rio de Janeiro: Biblioteca Carioca, 1990.

______. *Dos micróbios aos mosquitos: Febre amarela e a revolução pasteuriana no Brasil*. Rio de Janeiro: Fiocruz, 1999.

BENJAMIN, Walter. *Reflections: Essays, Aphorisms, Autobiographical Writings*. Org. de Peter Demetz. Nova York: Schocken Books, 1989.

______. *Selected Writings*. Org. de Marcus Bullock e Michael W. Jennings. Cambridge: Belknap Press, 2005. v. 2.

______. *Illuminations: Essays and Reflections*. Tradução de Harry Zohn, organizado por Hannah Arendt. Nova York: Schocken Books, 2007.

BERGER, Paulo. *Bibliografia do Rio de Janeiro de viajantes e autores estrangeiros, 1531-1900*. Rio de Janeiro: Seec-RJ, 1980.

BERGER, Paulo. *O Rio de Janeiro de ontem no cartão-postal*. Rio de Janeiro: Rio de Janeiro Arte, 1983.

BERMAN, Marshall. *All That is Solid Melts into Air: The Experience of Modernity*. Nova York: Viking Penguin, 1982. [Ed. bras.: *Tudo que é sólido desmancha no ar: A aventura da modernidade*. Trad. de Carlos Felipe Moisés, Ana Maria L. Ioriatti. São Paulo: Companhia de Bolso, 2007.]

BIBLIOTHECA brasiliense. Biblioteca Brasiliense do dr. José Carlos Rodrigues. Rio de Janeiro: Typographia do Jornal do Commercio de Rodrigues e Cia., 1911.

BLANCHOT, Maurice. *The Space of Literature*. Trad. de Ann Smock. Lincoln: University of Nebraska Press, 1982.

BORGES, Vavy Pacheco. *Tenentismo e revolução brasileira*. São Paulo: Brasiliense, 1992.

BRAZAM Guide to Rio de Janeiro, São Paulo and the Principal Points of Brazil. Org. de Cora L. Brown. Rio de Janeiro: Brazilian American, 1927.

BROCA, Brito *A vida literária no Brasil, 1900*. Rio de Janeiro, José Olympio, 1960.

BUENO, Alexei. *Gamboa: Desterro e resistência*. Rio de Janeiro: Relume Dumará, 2002.

BUNBURY, Charles James Fox. *Viagem de um naturalista inglês ao Rio de Janeiro e Minas Gerais*. Belo Horizonte: Itatiaia, 1981.

CABRAL, Sérgio. *As escolas de samba do Rio de Janeiro*. Rio de Janeiro: Lumiar, 1996.

CALDEIRA, Jorge. *Mauá: Empresário do Império*. São Paulo: Companhia das Letras, 1995.

______. *A construção do samba*. São Paulo: Mameluco, 2007.

CALDEIRA, Teresa. *City of Walls: Crime, Segregation, and Citizenship in São Paulo*. Berkeley: University of California Press, 2000. [Ed. bras.: *Cidade de muros: Crime, segregação e cidadania em São Paulo*. São Paulo: Ed. 34/Edusp, 2000.]

CAMARGOS, Marcia. *13 a 18 de fevereiro de 1922: A Semana de 22, revolução estética?* São Paulo: Lazuli Editora/Companhia Editora Nacional, 2007.

CANCLINI, Néstor García. *Hybrid Cultures: Strategies for Entering and Leaving Modernity*. Trad. de Christopher L. Chiappari e Silvia L. López. Minneapolis: University of Minnesota Press, 1995. [Ed. bras.: *Culturas híbridas: Estratégias para entrar e sair da modernidade*. 4. ed. Trad. de Ana Regina Lessa e Heloísa Pezza Cintrão; trad. da introd. de Gênese de Andrade. São Paulo: Edusp, 2015.]

CANDIDO, Antonio. "Dialética da malandragem". *O discurso e a cidade*. São Paulo: Duas Cidades, 1993.

______. *On Literature and Society*. Trad. de Howard S. Becker. Princeton: Princeton University Press, 1995. [Ed. bras.: *Literatura e sociedade: Estudos de teoria e história literária*. 11. ed. Rio de Janeiro: Academia Brasileira de Letras/Ouro Sobre Azul, 2010.]

CARNEIRO, Maria Luiza Tucci. *Judeus e judaísmo na obra de Lasar Segall*. Cotia, SP: Ateliê Editorial, 2004.

CARO, Robert A. *The Power Broker: Robert Moses and the Fall of New York*. Nova York: Knopf, 1974.

CARVALHO, Bruno. "Mapping the Urbanized Beaches of Rio de Janeiro: Modernization, Modernity, and Everyday Life". *Journal of Latin American Cultural Studies* 16.3, 2007.

______. "A Tale of Three Buildings: Brazil's Estado Novo". *Harvard Review of Latin America*. Ed. esp. sobre arquitetura (primavera/verão), 2010.

______. "Palimpsests Remapped: Everyday Life in Retrospect". *Spaces and Flows: An International Jounal of Urban and ExtraUrban Studies*, 1 jan. 2011.

CARVALHO, José Murilo de. *A construção da ordem: A elite política imperial*. Rio de Janeiro: Campus, 1980.

______. *Os bestializados: O Rio de Janeiro e a República que não foi*. São Paulo: Companhia das Letras, 1987.

______. *Formação das almas e a República que não foi*. São Paulo: Companhia das Letras, 1990.

______. *D. Pedro II*. São Paulo: Companhia das Letras, 2007.

CARVALHO, Lia de Aquino. *Contribuição ao estudo das habitações populares: Rio de Janeiro (1886-1906)*. Niterói: UFF, 1980. Dissertação.

CARVALHO, Luiz Fernando Medeiros de. *Ismael Silva: Samba e resistência*. Rio de Janeiro: José Olympio, 1980.

CARVALHO, Maria Alice Rezende de. *Quatro vezes cidade*. Rio de Janeiro: 7Letras, 1994.

CASTRO, Ruy. *Carnaval no fogo: Crônicas de uma cidade excitante demais*. São Paulo: Companhia das Letras, 2004.

CAULFIELD, Sueann. "O nascimento do Mangue: Raça, nação e o controle da prostituição no Rio de Janeiro, 1850-1942". *Tempo*, 9, pp. 43-63, 2000.

______. *In Defense of Honor: Sexual Morality, Modernity, and Nation in Early Twentieth Century Brazil*. Durham: Duke University Press, 2000. [Ed. bras.: *Em defesa da honra: Moralidade, modernidade e nação no Rio de Janeiro (1918-1940)*. Trad. de Elizabeth de Avelar Solano Martins. São Paulo: Ed. da Unicamp, 2005.]

CAVALCANTI, Nireu Oliveira. *Crônicas históricas do Rio colonial*. Rio de Janeiro: Civilização Brasileira, 2004.

CENDRARS, Blaise. *Feuilles de route*. Paris: Au Sans Pareil, 1924.

CERTEAU, Michel de. *The Practice of Everyday Life*. Berkeley: University of California Press, 1984.

______. *A invenção do cotidiano*. Petrópolis, RJ: Vozes, 2014. 2 v.

CHAGAS, João Pinheiro. *De bond: Alguns aspectos da civilização brasileira*. Lisboa: Livraria Moderna, 1897.

CHALHOUB, Sidney. 1986. *Trabalho, lar e botequim: O cotidiano dos trabalhadores no Rio de Janeiro da belle époque*. São Paulo: Brasiliense, 1984.

______. *Visões da liberdade: Uma história das últimas décadas da escravidão na corte*. São Paulo: Companhia das Letras, 1990.

______. *Cidade febril: Cortiços e epidemias na corte imperial*. São Paulo: Companhia das Letras, 1996.

______. *Machado de Assis, historiador*. São Paulo: Companhia das Letras, 2003.

CHAMBERS, Iain. *Mediterranean Crossings*. Durham: Duke University Press, 2008.

CHASTEEN, John Charles. *National Rhythms, African Roots: The Deep History of Latin American Popular Dance*. Albuquerque: University of New Mexico Press, 2004.

CHAZKEL, Amy. *Laws of Chance: Brazils Clandestine Lottery and the Making of Public Life*. Durham: Duke University Press: 2011. [Ed. bras.: *Leis da sorte: O jogo do bicho e a construção da vida pública urbana*. Campinas: Ed. da Unicamp, 2014.]

COARACY, Vivaldo. *Memórias da cidade do Rio de Janeiro*. Rio de Janeiro: José Olympio, 1965.

COELHO, Jacinto do Prado. *O Rio de Janeiro na literatura portuguesa*. Lisboa: Comissão Nacional das Comemorações do IV Centenário do Rio de Janeiro, 1965.

COMISSÃO de Melhoramentos da Cidade do Rio de Janeiro. *Primeiro relatório da Comissão de Melhoramentos da Cidade do Rio de Janeiro*. Rio de Janeiro: Imprensa Nacional, 1875.

CONDE, Maite. *Consuming Visions: Cinema, Writing, and Modernity in Rio de Janeiro*. Charlottesville: University of Virginia Press, 2012.

CONLEY, Tom. "Introduction". *The Certeau Reader*. Org. de Graham Ward. Oxford: Blackwell Publishers, 2000.

______. *Cartographic Cinema*. Minneapolis: University of Minnesota Press, 2007.

CORBOZ, André. *Le Territoire comme palimpseste et autres essais*. Besançon: Imprimeur, 2001.

COSTA, Haroldo. *Política e religiões no Carnaval*. São Paulo: Irmãos Vitale, 2007.

COSTA, Virgilio. *O Mangue: Imagem de libertinagem e pobreza no Rio de Janeiro modernista (1920-1930), ou Os horizontes do modernismo*. Rio de Janeiro: Fundação Casa de Rui Barbosa, Ministério da Cultura, 1999.

COSTALLAT, Benjamim. *Mistérios do Rio*. Rio de Janeiro: Departamento Geral de Documentação Cultural, 1990.

COUSTET, Robert. "Grandjean de Montigny, urbanista". *Uma cidade em questão I: Grandjean de Montigny e O Rio de Janeiro*. Rio de Janeiro: PUC, 1979.

CRULS, Gastão. *Aparência do Rio de Janeiro: Notícia histórica e descritiva da cidade.* Rio de Janeiro: José Olympio, 1949.

CUNHA, Euclides da. *Os sertões.* Org. de Walnice Nogueira Galvão. São Paulo: Brasiliense, 1985.

CUNHA, Leonardo Moreira da. *Selvagens, atroadores e belos: A ambiguidade nas representações dos grupos carnavalescos populares pela imprensa carioca do início do século XX.* Rio de Janeiro: PUC, 2006. Dissertação.

CUNHA, Maria Clementina Pereira. *Ecos da folia: Uma história social do Carnaval carioca entre 1880 e 1920.* São Paulo: Companhia das Letras, 2001.

______. *"Não tá sopa": Sambas e sambistas no Rio de Janeiro de 1890 a 1930.* Campinas: Ed. da Unicamp, 2016.

DABADIE, F. *À travers L'Amérique du Sud.* Paris: F. Sartorius, 1859.

DAMAZIO, Sylvia F. *Retrato social do Rio de Janeiro na virada do século.* Rio de Janeiro: Eduerj, 1996.

DÁVILA, Jerry. *Diploma of Whiteness: Race and Social Policy in Brazil, 1917-1945.* Durham: Duke University Press, 2003. [Ed. bras.: *Diploma de brancura: Política social e racial no Brasil, 1917-1945.* São Paulo: Ed. Unesp, 2006.]

DAVIS, Darién J. *White Face, Black Mask: Africaneity and the Early Social History of Popular Music in Brazil.* East Lansing: Michigan State University Press, 2009.

DE BOECK, Filip; PLISSART, Marie-Françoise (Orgs.). *Kinshasa: Tales of the Invisible City.* Tervuren: Royal Museum for Central Africa, 2004.

DEBORD, Guy. *La Société du spectacle.* Paris: Gallimard, 1992. [Ed. bras.: *A sociedade do espetáculo.* Trad. de Estela dos Santos Abreu. Rio de Janeiro: Contraponto, 1997.]

______. *Society of the Spectacle.* Trad. de Ken Knabb. Londres: Rebel Press, 2000.

DEBRET, Jean-Baptiste. *Viagem pitoresca e histórica ao Brasil.* Trad. de Sérgio Milliet. São Paulo: Martins, 1940.

DECKKER, Zilah Quezado. *Brazil Built: The Architecture of the Modern Movement in Brazil.* Nova York: Spon, 2001.

DELEUZE, Gilles. *Foucault.* Trad. e org. de Seán Hand. Minneapolis: University of Minnesota Press, 1988. [Ed. bras.: *Foucault.* Trad. de Claudia Sant'Anna Martins. São Paulo: Brasiliense, 2013.]

DENT, Hastings Charles. *A Year in Brazil, With Notes on the Abolition of Slavery, the Finances of the Empire, Religion, Meteorology, Natural History, etc.* Londres: Kegan Paul, Trench and Co., 1886.

DERRIDA, Jacques. *Writing and Difference.* Trad. de Alan Bass. Chicago: University of Chicago Press, 1978. [Ed. bras.: *A escritura e a diferença.* 4. ed. Trad. de Maria Beatriz Marques Nizza da Silva et al. São Paulo: Perspectiva, 2016.]

DERRIDA, Jacques. *Dissemination*. Trad. de Barbara Johnson. Chicago: University of Chicago Press, 1981.

DI CAVALCANTI, Emiliano. *Reminiscências líricas de um perfeito carioca*. Rio de Janeiro: Civilização Brasileira, 1964.

DIEFENDORF, Jeffry M. "Urban Reconstruction in Europe after World War II". *Urban Studies*, n. 26, v. 1, pp. 128-43, 1989.

DINES, Alberto. *Morte no paraíso: A tragédia de Stefan Zweig*. Rio de Janeiro: Rocco, 2004.

DINIZ, André. *O Rio musical de Anacleto de Medeiros: A vida, a obra e o tempo de um mestre do choro*. Rio de Janeiro: Zahar, 2007.

DINIZ, Edinha. *Chiquinha Gonzaga: Uma história de vida*. Rio de Janeiro: Codecri, 1984.

DODSWORTH, Henrique. *A avenida Presidente Vargas: Aspectos urbanísticos, jurídicos, financeiros e administrativos de sua realização*. Rio de Janeiro: Jornal do Commercio, 1955.

DRAPER, Jack Alden. *Forró and Redemptive Regionalism from the Brazilian Northeast: Popular Music in a Culture of Migration*. Nova York: Peter Lang, 2010. [Ed. bras.: *Forró e o regionalismo redentor do Nordeste brasileiro: Música popular em uma cultura de migração*. Trad. de Newton Milanez. São Paulo: Intermeios, 2014.]

DUARTE, Cristiane Rosa; MAGALHÃES, Fernanda. "Upgrading Squatter Settlements into City Neighborhoods: The Favela-Bairro Program in Rio de Janeiro". In: DEL RIO, Vicente; SIEMBIEDA, William (Orgs.). *Contemporary Urbanism in Brazil: Beyond Brasilia*. Gainesville: University Press of Florida, 2009.

DUNLOP, Charles. *Os meios de transporte do Rio antigo*. Rio de Janeiro: Grupo de Planejamento Gráfico, 1973.

EBEL, Ernst. *Rio de Janeiro und seine Umgebungen im Jahr 1824*. São Petersburgo: Kayserliche Akademie der Wissenschaften, 1828. [Ed. bras.: *O Rio de Janeiro e seus arredores em 1824*. Trad. e notas de Joaquim de Sousa Leão Filho. São Paulo: Companhia Editora Nacional, 1972.]

EDGERTON, Samuel Y. "From Mental Matrix to *Mappamundi* to Christian Empire: The Heritage of Ptolemaic Cartography in the Renaissance". In: WOODWARD, David (Org.). *Art and Cartography: Six Historical Essays*. Chicago: University of Chicago Press, 1987.

EDMUNDO, Luiz. *Recordações do Rio antigo*. Rio de Janeiro: Biblioteca do Exército, 1950.

EFEGÊ, Jota. *Maxixe, a dança excomungada*. Rio de Janeiro: Conquista, 1974.

______. *Figuras e coisas do Carnaval carioca*. Rio de Janeiro: Funarte, 1982.

EISENMAN, Peter. *Written into the Void: Selected Writings, 1990-2004*. New Haven: Yale University Press, 2007.

ENEIDA. *História do Carnaval carioca*. Rio de Janeiro: Record, 1987.

ERMAKOFF, George. *Rio de Janeiro, 1840-1900: Uma crônica fotográfica*. Rio de Janeiro: G. Ermakoff, 2006.

EWBANK, Thomas. *Life in Brazil; or, A Journal of a Visit to the Land of the Cocoa and the Palm*. Nova York: Harper & Brothers, 1856. [Ed. bras.: *A vida no Brasil, ou, Diário de uma visita ao país do cacau e das palmeiras*. Rio de Janeiro: Conquista, 1973. 2 v.]

FARIA, Gentil Luiz de. *A presença de Oscar Wilde na belle époque literária brasileira*. São Paulo: Pannartz, 1988.

FARIAS, Edson. *O desfile e a cidade: O Carnaval-espetáculo carioca*. Rio de Janeiro: E-papers, 2006.

FAUCHEREAU, Serge. *Avant-gardes du XXe siècle: arts & littérature, 1905-1930*. Paris: Flammarion, 2010.

FAUSTO, Boris. *Getúlio Vargas*. São Paulo: Companhia das Letras, 2006.

FENERICK, José Adriano. *Nem do morro, nem da cidade: As transformações do samba e a indústria cultural (1920-1945)*. São Paulo: Annablume, 2005.

FERRAZ de Macedo, Francisco. *Da prostituição em geral, e em particular em relação à cidade do Rio de Janeiro, profilaxia da sífilis, estudo contendo a história da prostituição desde os priscos tempos até Luiz XVI*. Rio de Janeiro: Typographia Acadêmica, 1873.

FERREIRA, Felipe. *O livro de ouro do Carnaval brasileiro*. Rio de Janeiro: Ediouro, 2004.

FISCHER, Brodwyn M. *A Poverty of Rights: Citizenship and Inequality in Twentieth-Century Rio de Janeiro*. Palo Alto: Stanford University Press, 2008.

FLETCHER, James C. 1868. *Brazil and the Brazilians: Portrayed in Historical and Descriptive Sketches*. Londres: Sampson, Low, Son & Co., 2008.

FLEUISS, Max. *História da cidade do Rio de Janeiro*. São Paulo: Melhoramentos: 1928.

FORD, Henry. *O judeu internacional*. Porto Alegre: Livraria do Globo, 1933.

FORJAZ, Maria Cecilia Spina. *Tenentismo e política: Tenentismo e camadas médias urbanas na crise da Primeira República*. Rio de Janeiro: Paz e Terra, 1977.

FOUCAULT, Michel. *Aesthetics, Method and Epistemology*. Londres: Penguin, 2000.

FRANÇA Júnior, Joaquim José de. *Folhetins*. Rio de Janeiro: J. R. Santos, 1926.

FRANCO, Jean. *The Decline and Fall of the Lettered City: Latin America in the Cold War*. Cambridge: Harvard University Press, 2002.

FRANK, Waldo. *South American Journey*. Nova York: Duell, Sloan and Pearce, 1943.

FRASER, Valerie. *Building the New World: Studies in the Modern Architecture of Latin America, 1930-1960*. Nova York: Verso, 2000.

FREIRE, Felisberto. *História da cidade do Rio de Janeiro*. Rio de Janeiro: [s.n.], 1914.

FREITAG, Barbara. *Capitais migrantes e poderes peregrinos: O caso do Rio de Janeiro*. Campinas: Papirus, 2009.

FREUD, Sigmund. "Uma nota sobre o bloco mágico". In: *Obras completas, v. 16: O eu e o id, "autobiografia" e outros textos (1923-5)*. Trad. de Paulo César de Souza. São Paulo: Companhia das Letras, 2011.

______. "O mal-estar na civilização". In: *Obras completas, v. 18: O mal-estar na civilização, novas conferências introdutórias e outros textos (1930-6)*. Trad. de Paulo César de Souza. São Paulo: Companhia das Letras, 2010.

______. *Obras completas, v. 4: A interpretação dos sonhos (1900)*. Trad. de Paulo César de Souza. São Paulo: Companhia das Letras, 2019.

FREYRE, Gilberto. *Tempo morto e outros tempos: Trechos de um diário de adolescência e primeira mocidade*. Rio de Janeiro: José Olympio, 1975.

______. *Casa-grande & senzala*. São Paulo: Global, 2003.

FRIDMAN, Fania. *Paisagem estrangeira: Memórias de um bairro judeu no Rio de Janeiro*. Rio de Janeiro: Casa da Palavra, 2007.

FRY, Peter. *A persistência da raça: Ensaios antropológicos sobre o Brasil e a África austral*. Rio de Janeiro: Civilização Brasileira, 2005.

FRYER, Peter. *Rhythms of Resistance: African Musical Heritage in Brazil*. Hanover: University Press of New England, 2000.

GAISKY, Nélio. "Judeus do Catete". *Boletim ASA (Associação Scholem Aleichem)*, jul.-ago. 2000.

GALLO, Antonella (Org.). *Lina Bo Bardi Architetto*. Veneza: Marsilio, 2004.

GALVÃO, Walnice Nogueira. *Le Carnaval de Rio: Trois regards sur unefête brésilienne*. Paris: Éditions Chandeigne, 2000.

GARDEL, André. *O encontro entre Bandeira e Sinhô*. Rio de Janeiro: Departamento Geral de Documentação e Informação Cultural, Divisão de Editoração, 1996.

GENETTE, Gérard. *Nouveau discours du récit*. Paris: Seuil, 1983.

GERSON, Brasil. *História das ruas do Rio*. Rio de Janeiro: Brasiliana, 1965.

GINZBURG, Carlo. *The Cheese and the Worms: The Cosmos of a Sixteenth-Century Miller*. Trad. de John Tedeschi e Anne Tedeschi. Baltimore, MD: Johns Hopkins University Press, 1980. [Ed. bras.: *O queijo e os vermes: O cotidiano e as ideias de um moleiro perseguido pela Inquisição*. Trad. de Maria Betânia Amoroso; trad. dos poemas José Paulo Paes; rev. técnica Hilário Franco Jr. São Paulo: Companhia de Bolso, 2016.]

GLEDSON, John. *Machado de Assis: Ficção e história*. Rio de Janeiro: Paz e Terra, 1986.

GLEDSON, John. *Por um novo Machado de Assis*. São Paulo: Companhia das Letras, 2006.

GOELDI, Oswaldo. *Oswaldo Goeldi: Um autorretrato*. Rio de Janeiro: Centro Cultural Banco do Brasil, 1995.

GOLDBERG, Isaac. *A Chronicle of the American Popular Music Racket*. Nova York: John Day, 1930.

GOMES, Renato Cordeiro. *João do Rio: Vielas do vício, ruas da graça*. Rio de Janeiro: Relume Dumará, 1996.

GONÇALVES Pinto, Antônio. *O Choro: Reminiscências dos chorões antigos*. Rio de Janeiro, [s.n], 1936.

GONÇALVES, Renata de Sá. *Os ranchos pedem passagem*. Rio de Janeiro: IFCS/UFRJ, 2003.

GOODHEW, David. *Respectability and Resistance: A History of Sophiatown*. Westport, CN: Praeger, 2004.

GOTTLIEB, Jack. *Funny, it Doesn't Sound Jewish: How Yiddish Songs and Synagogue Melodies Influenced Tin Pan Alley, Broadway, and Hollywood*. Albany: State University of New York, 2004.

GRAHAM, Sandra Lauderdale. *House and Street: The Domestic World of Servants and Masters in Nineteenth-Century Rio de Janeiro*. Nova York: Cambridge University Press, 1988.

GREEN, James Naylor. *Beyond Carnival: Male Homosexuality in Twentieth-Century Brazil* Chicago: University of Chicago Press, 1999.

GUIMARÃES, Antônio Sérgio Alfredo. *Classes, raças e democracia*. São Paulo: Ed. 34, 2002.

GUIMARÃES, Francisco [Vagalume]. *Na roda do samba*. Rio de Janeiro: Typographia São Benedito, 1933.

GUIMARÃES, Roberta Sampaio. *A utopia da Pequena África: Projetos urbanísticos, patrimônios e conflitos na zona portuária carioca*. Rio de Janeiro: FGV, 2014.

GUIMARÃES JÚNIOR, Luís. *A família Agulha: Romance humorístico*. Rio de Janeiro: Presença, 1987.

HABERLY, David T. *Three Sad Races: Racial Identity and National Consciousness in Brazilian Literature*. Nova York: Cambridge University Press, 1983.

HANCHARD, Michael George. *Orpheus and Power: The Movimento Negro of Rio de Janeiro and São Paulo, Brazil 1945-1988*. Princeton: Princeton University Press, 1994. [Ed. bras.: *Orfeu e o poder: O movimento negro no Rio de Janeiro e São Paulo (1945-1988)*. Trad. de Vera Ribeiro. Rio de Janeiro: Eduerj, 2001.]

HARVEY, David. *Paris, Capital of Modernity*. Nova York: Routledge, 2003. [Ed. bras.: *Paris, capital da modernidade*. Trad. de Magda Lopes. São Paulo: Boitempo, 2015.]

HEDRICK, Charles W. *History and Silence: Purge and Rehabilitation of Memory in Late Antiquity*. Austin: University of Texas Press, 2000.

HEIDEGGER, Martin. *Poetry, Language, Thought*. Trad. de Albert Hofstadter. Nova York: Perennical Classics, 2001.

HELMER, Stephen. *Hitler's Berlin: The Speer Plans for Reshaping the Central City*. Ann Arbor, MI: UMI Research Press, 1985.

HENDERSON, James. *A History of the Brazil; Comprising its Geography, Commerce, Colonization, Aboriginal Inhabitants*. Londres: Longman, Hurst, Rees, Orme, and Brown, 1821.

HERTZMAN, Marc A. *Surveillance and Difference: The Making of Samba, Race, and Nation in Brazil*. Madison: University of Wisconsin-Madison, 2008. Dissertação.

______. *Making Samba: A New History of Race and Music in Brazil*. Durham: Duke University Press, 2013.

HEYWOOD, Linda M.; THORNTON, John K. *Central Africans, Atlantic Creoles, and the Foundation of the Americas, 1585-1660*. Nova York: Cambridge University Press, 2007.

HOLANDA, Sérgio Buarque de. *Raízes do Brasil*. São Paulo: Companhia das Letras, 2006.

HOLLOWAY, Thomas H. *Policing Rio de Janeiro: Repression and Resistance in a 19th--Century City*. Palo Alto: Stanford University Press, 1993. [Ed. bras.: *Polícia no Rio de Janeiro: Repressão e resistência numa cidade do século XIX*. Trad. de Francisco de Castro Azevedo. Rio de Janeiro: FGV, 1997.]

HUYSSEN, Andreas. *Present Pasts: Urban Palimpsests and the Politics of Memory*. Palo Alto: Stanford University Press, 2003. [Ed. bras.: *Polícia no Rio de Janeiro*. Rio de Janeiro: FGV, 1997.]

JACOB, Christian. *The Sovereign Map: Theoretical Approaches in Cartography Throughout History*. Trad. de Tom Conley, org. de Edward H. Dahl. Chicago: University of Chicago Press, 2006.

JACOBS, Jane. *The Death and Life of Great American Cities*. Nova York: Random House, 1961.

JAGUARIBE, Beatriz. *Fins de século: Cidade e cultura no Rio de Janeiro*. Rio de Janeiro: Rocco, 1998.

______. "Modernist Ruins: National Narratives and Architectural Forms". In: GAONKAR, Dilip Parameshwar (Org.). *Alternative Modernities*. Durham: Duke University Press, 2001.

______. *O choque do real: Estética, mídia e cultura*. Rio de Janeiro: Rocco, 2007.

JAMESON, Fredric. *Postmodernism, or, the Cultural Logic of Late Capitalism*. Durham: Duke University Press, 1991.

JASEN, David A. *Tin Pan Alley: An Encyclopedia of the Golden Age of American Song*. Nova York: Routledge, 2003.

JUNQUEIRA, Ivan. "'Uns braços': Nenhum abraço". *Revista Brasileira*, 12.55, 2008.

KANTER, Kenneth Aaron. *The Jews on Tin Pan Alley: The Jewish Contribution to American Popular Music, 1830-1940*. Nova York: Ktav, 1982.

KARASCH, Mary C. *Slave Life in Rio de Janeiro, 1808-1850*. Princeton: Princeton University Press, 1987. [Ed. bras.: *A vida dos escravos no Rio de Janeiro, 1808-1850*. São Paulo: Companhia das Letras, 2000.]

KATZ, Helena. *Gang Wars: Blood and Guts on the Streets of Early New York*. Canmore, Alberta: Altitude Publishing Canada Ltd., 2005.

KESSEL, Carlos. *A vitrine e o espelho: O Rio de Janeiro de Carlos Sampaio*. Rio de Janeiro: Arquivo Geral da Cidade do Rio de Janeiro, Divisão de Pesquisa, 2001.

KLEIN, Norman. *The History of Forgetting: Los Angeles and the Erasure of Memory*. Nova York: Verso, 1997.

KUSHNIR, Beatriz. *Baile de máscaras: Mulheres judias e prostituição: as polacas e suas associações de ajuda mútua*. Rio de Janeiro: Imago, 1996.

LACOMBE, Américo Jacobina. *Rui Barbosa e a queima dos arquivos*. Rio de Janeiro: Fundação Casa de Rui Barbosa, 1988.

LAGO, Manoel Aranha Corrêa do (Org.). *O boi no telhado: Darius Milhaud e a música brasileira no modernismo francês*. São Paulo: Instituto Moreira Salles, 2012.

LAEMMERT, Eduardo. *Almanak administrativo, mercantil e industrial do Rio de Janeiro*. Rio de Janeiro: Companhia Typographica do Brazil, 1853 e 1872.

LAMARÃO, Sérgio Tadeu de Niemeyer. *Dos trapiches ao porto: Um estudo sobre a área portuária do Rio de Janeiro*. Rio de Janeiro: Departamento Geral de Documentação e Informação Cultural, Divisão de Editoração, 1991.

LE CORBUSIER. *The Radiant City; Elements of a Doctrine of Urbanism to be Used as the Basis of Our Machine-age Civlization*. Nova York: Orion Press, 1967.

LEFEBVRE, Henri. *La révolution urbaine*. Paris: Gallimard, 1970. [Ed. bras.: *A revolução urbana*. Trad. de Sérgio Martins. Belo Horizonte: Ed. UFMG, 2008.]

______. *The Production of Space*. Trad. de Donald Nicholson-Smith. Cambridge: Blackwell, 1991.

LEITHOLD, Johann Gottfried Theodor von; RANGO, L. von. *O Rio de Janeiro visto por dois prussianos em 1819*. Trad. e notas de Joaquim de Sousa Leão Filho. São Paulo: Companhia Editora Nacional, 1966.

LESSER, Jeff. *Welcoming the Undesirables: Brazil and the Jewish Question*. Berkeley: University of California Press, 1995. [Ed. bras.: *O Brasil e a questão judaica: Imigração, diplomacia e preconceito*. Trad. de Marisa Sanematsu. Rio de Janeiro: Imago, 1995.]

LÉVI-STRAUSS, Claude. *Tristes trópicos*. Trad. de Rosa Freire d'Aguiar. São Paulo: Companhia das Letras, 1996.

LEVINE, Robert M. *Father of the Poor? Vargas and His Era*. Nova York: Cambridge University Press, 1998.

LIMA, Evelyn Furquim Werneck. *Avenida Presidente Vargas: Uma drástica cirurgia*. Rio de Janeiro: Biblioteca Carioca, 1990.

LINO, Raul. *Auriverde Jornada: Recordações de uma viagem ao Brasil*. Lisboa: Valentim de Carvalho, 1937.

LIRA NETO. *Uma história do samba: As origens*. São Paulo: Companhia das Letras, 2017. v. 1.

LÍRIO, Alba; FILHO, Heitor dos Prazeres. *Heitor dos Prazeres: Sua arte e seu tempo*. Rio de Janeiro: Sesc, 2003.

LIVINGSTON-ISENHOUR, Tamara Elena; GARCIA, Thomas George Caracas. *Choro: A Social History of a Brazilian Popular Music*. Bloomington: Indiana University Press, 2005.

LOBO, Eulália Maria Lahmeyer. *História do Rio de Janeiro: Do capital comercial ao capital industrial e financeiro*. Rio de Janeiro: IBMEC, 1978.

______. *Questão habitacional e o movimento operário*. Rio de Janeiro: Ed. UFRJ, 1989.

LOBO, Manoel da Gama. *The Swamps and the Yellow Fever: with Medium, Minimum and Maximum Thermometric, Barometric and Hygrometric and Direction of Winds of the City of Rio de Janeiro during 26 Years*. Nova York: [s.n.], 1881.

LOPES, Antônio Herculano (Org.). *Entre Europa e África, a invenção do carioca*. Rio de Janeiro: Topbooks/Casa de Rui Barbosa, 2000.

LOPES, Nei. *Dicionário escolar afro-brasileiro*. São Paulo: Selo Negro, 2006.

______. *Mandingas da mulata velha na cidade nova*. Rio de Janeiro: Língua Geral, 2009.

______. *Enciclopédia Brasileira da diáspora negra*. São Paulo: Selo Negro, 2004.

______; SIMAS, Luiz Antonio. *Dicionário da história social do samba*. Rio de Janeiro: Civilização Brasileira, 2015.

LUCCOCK, John. *Notes on Rio de Janeiro, and the Southern Parts of Brazil; Taken during a Residence Often Years in that Country, from 1808 to 1818*. Londres: S. Leigh, 1820. [Ed. bras.: *Notas sobre o Rio de Janeiro e partes meridionais do Brasil*. Trad. de Milton da Silva Rodrigues. Belo Horizonte/São Paulo: Itatiaia/Edusp, 1975.]

LYNCH, Kevin, *The Image of the City*. Cambridge: MIT Press, 1960. [Ed. bras.: *A imagem da cidade*. Trad. de Jefferson Luiz Camargo. 3. ed. São Paulo: WMF Martins Fontes, 2011.]

LYOTARD, Jean François. *Rudiments patens: Genre dissertatif*. Paris: Union générale d'éditions, 1977.

MACEDO, Joaquim Manuel de. *Um passeio pela cidade do Rio de Janeiro*. Rio de Janeiro: Z. Valverde, 1942.

MACHADO, Cacá. *O enigma do homem célebre: Ambição e vocação de Ernesto Nazareth*. São Paulo: Instituto Moreira Salles, 2007.

MACIEL, Anor Butler. *Nacionalismo: O problema judaico no mundo e no Brasil, o nacional socialismo*. Porto Alegre: Livraria do Globo, 1937.

MAGALHÃES, Fábio et al. *Poéticas do Mangue*. São Paulo: Imprensa Oficial do Estado de São Paulo, Museu Lasar Segall, 2012.

MAGALHÃES Júnior, Raimundo. *A vida vertiginosa de João do Rio*. Rio de Janeiro: Civilização Brasileira, 1978.

MALAMUD, Samuel. *Recordando a Praça Onze*. Rio de Janeiro: Kosmos, 1988.

MANET, Édouard. *Lettres de jeunesse: 1848-1849 voyage à Rio*. Paris: Louis Rouart, 1928. [Ed. bras.: *Viagem ao Rio: Cartas da juventude, 1848-1849*. Trad. e apres. de Jean Marcel Carvalho França. Rio de Janeiro: José Olympio, 2002.]

MARAM, Sheldon. *Anarquistas, imigrantes e movimento operário no Brasil, 1890-1920*. Rio de Janeiro: Paz e Terra, 1979.

MARIANNO Filho, José. *Debates sobre estética e urbanismo*. Rio de Janeiro: Artes Gráficas. C. Mendes Jr., 1943.

MARTINS, Luís. *Noturno da Lapa*. Rio de Janeiro: Civilização Brasileira, 1964.

MARTINS, Wilson. *História da inteligência brasileira*. São Paulo: Cultrix, 1976.

______. *História da inteligência brasileira*. São Paulo: T. A. Queiroz, 1992.

MATOS, Cláudia. *Acertei no milhar: Malandragem e samba no tempo de Getúlio*. Rio de Janeiro: Paz e Terra, 1982.

MÁXIMO, João. *Noel Rosa: Uma biografia*. Brasília: Ed. UnB, 1990.

MCCANN, Bryan. *Hello, Hello Brazil: Popular Music in the Making of Modern Brazil*. Durham: Duke University Press, 2004.

MCLUHAN, Marshall. *The Medium is the Massage*. Nova York: Random House, 1967. [Ed. bras.: *O meio é a massagem: Um inventário de efeitos*. Org. de Jerome Agel, trad. de Sergio Flaksman. São Paulo: Ubu, 2018.]

MEADE, Teresa A. *"Civilizing" Rio: Reform and Resistance in a Brazilian City, 1889-1930*. University Park: Pennsylvania State University Press, 1997.

MELO GOMES, Tiago de. "Para além da casa da Tia Ciata: Outras experiências no universo cultural carioca, 1830-1930". *Afro-Ásia*, n. 30, 2003, pp. 175-98.

MELLO Júnior, Donato. *Rio de Janeiro: Planos, plantas e aparências*. Rio de Janeiro: Galeria de Arte do Centro Empresarial Rio, 1988.

MELLO Moraes, Alexandre José de. *Cancioneiro dos ciganos: Poesia popular dos ciganos da Cidade Nova*. Rio de Janeiro: B. L. Garnier, 1885.

MELO, Hildete Pereira de; ARAÚJO, João Lizardo de; MARQUES, Teresa Cristina de Novaes. "Raça e nacionalidade no mercado de trabalho carioca na Primeira República: O caso da cervejaria Brahma". *Revista Brasileira de Economia*, 57.3, 2003.

MENDES, Murilo. *Poemas, 1923-1929*. Juiz de Fora: Dias Cardoso, 1930.

______. *Poemas e Bumba-meu-poeta*. Rio de Janeiro: Nova Fronteira, 1989.

______. *Poesia completa e prosa*. Rio de Janeiro: Nova Aguilar, 1994.

MENEZES, Lená Medeiros de. *Os estrangeiros e o comércio do prazer nas ruas do Rio, 1890-1930*. Rio de Janeiro: Arquivo Nacional, 1992.

______. *Os indesejáveis: desclassificados na modernidade: Protesto, crime e expulsão na Capital Federal, 1890-1930*. Rio de Janeiro: Eduerj, 1996.

MESQUITA, Claudia Baima. *Memória viva de um bairro que resiste: Reflexos de obsolescência na APAC da Cidade Nova e adjacências*. Rio de Janeiro: UFRJ, 2007. Dissertação.

MILHAUD, Darius. *Notes sans musique*. Paris: René Julliard, 1949.

MINISTÉRIO do Trabalho, Indústria e Comércio. *Ao Brasil (Informações para viajantes)*. Rio de Janeiro: J. Monteiro, 1933.

MORE, Thomas. *A utopia*. Trad. e notas de Luís de Andrade. São Paulo: Nova Cultural, c2000.

MORAES, Vinicius de. *Poesia completa e prosa*. Rio de Janeiro: Nova Aguilar, 1998.

MORETTI, Franco. *Atlas of the European Novel, 1800-1900*. Nova York: Verso, 1998. [Ed. bras.: *Atlas do romance europeu: 1800-1900*. Trad. de Sandra Guardini Vasconcelos. São Paulo: Boitempo, 2003.]

______. *Signs Taken for Wonders: On the Sociology of Literary Forms*. Londres: Verso, 2005.

MOURA, Roberto. *Tia Ciata e a Pequena África no Rio de Janeiro*. Rio de Janeiro: Prefeitura da Cidade do Rio de Janeiro, Secretaria Municipal de Cultura, 1995.

MOURA, Roberto M. *Praça Onze: No meio do caminho tinha as meninas do Mangue*. Rio de Janeiro: Relume Dumará, 1999.

______. *No princípio, era a roda: Um estudo sobre samba, partido-alto e outros pagodes*. Rio de Janeiro: Rocco, 2004.

NASCIMENTO, Álvaro Pereira do. *Cidadania, cor e disciplina na revolta dos marinheiros de 1910*. Rio de Janeiro: Mauad, 2008.

NEEDELL, Jeffrey D. *A Tropical Belle Époque: Elite Culture and Society in Turn-of-the-Century Rio de Janeiro*. Nova York: Cambridge University Press, 1987. [Ed. bras.: *Belle époque tropical: Sociedade e cultura de elite no Rio de Janeiro na virada do século*. Trad. de Celso Nogueira. São Paulo: Companhia das Letras, 1993.]

______. *The Party of Order: The Conservatives, the State, and Slavery in the Brazilian Monarchy, 1831-1871*. Palo Alto: Stanford University Press, 2006.

NEIVA, Artur Nehl. "Estudos sobre a imigração semita no Brasil". *Revista de Imigração e Colonização*, 5.2: 215-422, 1944.

NONATO, José Antonio; SANTOS, Nubia Melhem (Orgs.). *Era uma vez o morro do Castelo*. Rio de Janeiro: Ministério da Cultura, Iphan, 2000.

NORBERTO, Natalício; VIEIRA, Jonas. *Herivelto Martins: Uma escola de samba*. Rio de Janeiro: Ensaio, 1992.

NUTTALL, Sarah; MBEMBE Achille (Orgs.). *Johannesburg: The Elusive Metropolis*. Durham: Duke University Press, 2008.

O'DONNELL, Julia. *De olho na rua: A cidade de João do Rio*. Rio de Janeiro: Zahar, 2008.

______. *A invenção de Copacabana: Culturas urbanas e estilos de vida no Rio de Janeiro*. Rio de Janeiro: Zahar, 2013.

OLIVEIRA, Cláudia de; VELLOSO, Monica Pimenta; LINS, Vera. *O moderno em revistas: Representações do Rio de Janeiro de 1890 a 1930*. Rio de Janeiro: Garamond, 2010.

OLIVEIRA, Josivaldo Pires de; LEAL, Luiz Augusto Pinheiro. *Capoeira, identidade e gênero: Ensaios sobre a história social da capoeira no Brasil*. Salvador: EDUFBA, 2009.

ORAZI, Angelo. *Rio de Janeiro and Environs: Travellers' Guide*. Rio de Janeiro: Guias do Brasil Ltda., 1939.

PAINTER, Borden W. *Mussolini's Rome: Rebuilding the Eternal City*. Nova York: Palgrave Macmillan, 2005.

PAIVA, Salvyano Cavalcanti de. *Viva o rebolado! Vida e morte do teatro de revista brasileiro*. Rio de Janeiro: Nova Fronteira, 1991.

PEREIRA, Leonardo Affonso de Miranda. *O Carnaval das letras*. Rio de Janeiro: Departamento Geral de Documentação e Informação Cultural, Divisão de Editoração, 1994.

______. *As barricadas da saúde: Vacina e protesto popular no Rio de Janeiro da Primeira República*. São Paulo: Fundação Perseu Abramo, 2002.

PIERONI, Geraldo. *Vadios e ciganos, heréticos e bruxas: Os degredados no Brasil colônia*. Rio de Janeiro: Bertrand Brasil, 2000.

PINHEIRO, Paulo Sérgio. *Estratégias da ilusão*. São Paulo: Companhia das Letras, 1992.

PRADO, Antonio Arnoni. *1922, itinerário de uma falsa vanguarda: Os dissidentes, a Semana e o integralismo*. São Paulo: Brasiliense, 1983.

PRADO, Paulo. *Retrato do Brasil: Ensaio sobre a tristeza brasileira*. Rio de Janeiro: F. Briguiet & Cia, 1931.

PRADO, Paulo. "Poesia pau-brasil". In: ANDRADE, Oswald de. *Poesias reunidas*. São Paulo: Companhia das Letras, 2017.

PRAKASH, Gyan; KRUSE, Kevin M. (Orgs.). *The Spaces of the Modern City: Imaginaries, Politics, and Everyday Life*. Princeton: Princeton University Press, 2008.

PRANDI, Reginaldo (Org.). *Encantaria brasileira: O livro dos mestres, caboclos e encantados*. Rio de Janeiro: Pallas, 2001.

RABAN, Jonathan. *Soft City*. Londres: Harvill Press, 1998.

RAMA, Ángel. *La ciudad letrada*. Hanover: Ediciones dei Norte, 1984.

______. *The Lettered City*. Trad. de John Charles Chasteen. Durham: Duke University Press, 1996. [Ed. bras.: *A cidade das letras*. São Paulo: Boitempo, 2015.]

RAMOS, Arthur. *O negro brasileiro: Etnografia, religiosa e psicanálise*. Rio de Janeiro: Civilização Brasileira, 1934.

______. *O folk-lore negro do Brasil: Demopsicologia e psicanálise*. Rio de Janeiro: Civilização Brasileira, 1935.

______. *The Negro in Brazil*. Trad. de Richard Pattee. Washington, D.C.: Associated Publishers, 1939.

REBELO, Marques. *Vida e obra de Manuel Antônio de Almeida*. Rio de Janeiro: Z. Valverde, 1943.

RECENSEAMENTO *da população do Império do Brasil a que se procedeu no dia 10 de agosto de 1872*. Rio de Janeiro: Leuzinger, 1873-6.

RECENSEAMENTO *do Brasil realizado em 1º de setembro de 1920*. Rio de Janeiro: Typographia da Estatística, 1922-30.

RECENSEAMENTO *do Rio de Janeiro (Distrito Federal) realizado em 20 de setembro de 1906*. Rio de Janeiro: Officina da Estatística, 1907.

RECENSEAMENTO *geral da República dos Estados Unidos do Brasil em 31 de dezembro de 1890. Distrito Federal (cidade do Rio de Janeiro)*. Rio de Janeiro: Typographia Leuzinger, 1895.

RECENSEAMENTO *geral do Brasil: Censo demográfico (1º de setembro de 1940)*. Rio de Janeiro: Serviço Gráfico do Instituto Brasileiro de Geografia e Estatística, 1952.

REIS, João José. *Rebelião escrava no Brasil: A história do levante dos malês em 1835*. São Paulo: Companhia das Letras, 2003.

RENAULT, Delso. *O Rio antigo nos anúncios de jornais, 1808-1850*. Rio de Janeiro: Francisco Alves, 1984.

RESENDE, Beatriz. *Lima Barreto e o Rio de Janeiro em fragmentos*. Rio de Janeiro: Ed. UFRJ, 1993.

RIBEIRO, Luiz Cesar de Queiroz; PECHMAN Robert (Orgs.). *Cidade, povo e nação: Gênese do urbanismo moderno*. Rio de Janeiro: Civilização Brasileira, 1996.

RIBEIRO, Noemi (Org.). *Oswaldo Goeldi na Coleção Hermann Kümmerly*. Rio de Janeiro: Papel & Tinta, 2005.

RIBEIRO, Paula. *Saara: Uma paisagem singular na cidade do Rio de Janeiro (1960-1990)*. São Paulo: PUC, 2000. Dissertação.

______. *Cultura, memória e vida urbana: Judeus na Praça Onze, no Rio de Janeiro (1920-1980)*. São Paulo: PUC, 2008. Tese.

RIIS, Jacob A. *How the Other Half Lives: Studies Among the Tenements of New York*. Nova York: Hill and Wang, 1957.

RIO, João do. *As religiões no Rio*. Rio de Janeiro: Nova Aguilar, 1976.

______. *A alma encantadora das ruas*. Belo Horizonte: Crisálida, 2007.

RIZZINI, Irma; SCHUELER, Alessandra Frota Martinez de. "Trabalho e escolarização urbana: O curso noturno para jovens e adultos trabalhadores na Escola Municipal de São Sebastião, Rio de Janeiro (1872-1893)". *Revista Brasileira História e Educação*, Maringá-PR, v. 17, n. 1 (44), pp. 89-115, jan.-mar. 2017.

ROACH, Joseph. *Cities of the Dead: Circum-Atlantic Performance*. Nova York: Columbia University Press, 1996.

ROBIANO, Eugène de. *Dix-huit mois dans L'Amérique du Sud: le Brésil, l'Uruguay, la République Argentine, les Pampas, et le voyage au Chili par la Cordillère des Andes*. Paris: E. Plon, 1878.

ROCHA, João Cezar de Castro; SCHNAPP, Jeffrey T. "Brazilian Velocities: On Marinetti's 1926 Trip to South America". *South Central Review*, verão-outono 1996.

ROCHA, Oswaldo Porto. *A era das demolições: Cidade do Rio de Janeiro, 1870-1920*. Rio de Janeiro: Prefeitura da Cidade do Rio de Janeiro, Sec. Mun. de Cultura, Dep. Geral de Documentação e Informação Cultural, Divisão de Editoração, 1995.

RODMAN, Selden. *Tongues of Fallen Angels*. Nova York: New Directions, 1974.

RODRIGUES, João Carlos. *João do Rio: Uma biografia*. Rio de Janeiro: Topbooks, 1996.

______. *João do Rio: Vida, paixão e obra*. Rio de Janeiro: Civilização Brasileira, 2010.

RODRIGUES Muller, Maria Lúcia. *A cor da escola: Imagens da Primeira República*. Cuiabá: EdUFMT/Entrelinhas, 2008.

ROLAND, Maria Inês. *A Revolta da Chibata*. São Paulo: Saraiva, 2000.

ROMERO, José Luis. *Latinoamérica, las ciudades y las ideas*. Medelín: Editorial Universidad de Antioquia, 1999.

SAINT-HILAIRE, Auguste de. *Voyage dans les provinces de Rio de Janeiro et de Minas Gerais*. Paris: Grimbert et Dorez, 1830.

SANDRONI, Carlos. *Feitiço decente: Transformações do samba no Rio de Janeiro*. Rio de Janeiro: Zahar, 2001.

SANT'ANNA, Affonso Romano de. *Nós, os que matamos Tim Lopes*. São Paulo: Expressão e Cultura, 2002.

SANTA ANNA, José Joaquim de. *Memória geral sobre o enxugo desta cidade do Rio de Janeiro*. Rio de Janeiro: Impressão Régia, 1815.

SANTOS, Luis Gonçalves dos. *Memórias para servir à história do reino do Brasil, divididas em três épocas da felicidade, honra e glória; escritas na corte do Rio de Janeiro no ano de 1821*. Lisboa: Impressão Régia, 1825.

SANTOS, Milton. *Metamorfoses do espaço habitado: Fundamentos teóricos e metodológicos da geografia*. São Paulo: Hucitec, 1988.

______. *A urbanização brasileira*. São Paulo: Hucitec, 1993.

SANTOS, Noronha. *Chorographia do Distrito Federal: Cidade do Rio de Janeiro*. Rio de Janeiro: B. de Aguila, 1907.

______. *Meios de transporte no Rio de Janeiro: História e legislação*. Rio de Janeiro: Typographia do Jornal do Commercio, 1934.

______. *As freguesias do Rio antigo*. Rio de Janeiro: Edições O Cruzeiro, 1965.

SANTUCCI, Jane. *Cidade rebelde: As revoltas populares no Rio de Janeiro no início do século XX*. Rio de Janeiro: Casa da Palavra, 2008.

SARLO, Beatriz. *Una modernidad periférica: Buenos Aires, 1920 y 1930*. Buenos Aires: Nueva Vision, 1988.

______. "Los debates sobre Modernidad periférica, Escenas de la vida posmoderna y la cuestión dei valor estético". In: MOJICA, Sarah de (Org.). *Mapas culturales para América Latina: Culturas híbridas, No simultaneidad, Modernidad periférica*. Bogotá: Centro Editorial Javeriano/Instituto Pensar, 2001.

SARMENTO, Carlos Eduardo. *O Rio de Janeiro na era Pedro Ernesto*. Rio de Janeiro: FGV, 2001.

SAROLDI, Luiz Carlos; MOREIRA, Sonia Vírginia. *Rádio Nacional: O Brasil em sintonia*. Rio de Janeiro: Zahar, 2005.

SAYERS, Raymond S. *The Negro in Brazilian Literature*. Nova York: Hispanic Institute in the United States, 2001. [Ed. bras.: *O negro na literatura brasileira*. [Rio de Janeiro] Ed. O Cruzeiro [1958]: [s.n.].]

SCHLICHTHORST, Carl. *O Rio de Janeiro como ele é (1824-1826)*. Trad. de Emmy Dodt e Gustavo Barroso. Brasília: Senado Federal, 2000.

SCHORSKE, Carl E. *Viena fin-de-siècle: política e cultura*. São Paulo: Companhia das Letras, 1988.

SCHREINER, Claus. *Música Brasileira: A History of Popular Music and the People of Brazil*. Trad. de Mark Weinstein. Nova York: Marion Boyars, 1993.

SCHUELER, Alessandra Frota Martinez de; RIZZINI, Irma; MARQUES, Jucinato de Sequeira. "Felismina e libertina vão à escola: Notas sobre a escolarização nas freguesias de Santa Rita e Santana (Rio de Janeiro, 1888-1906)". *Hist. Educ.* [on-line], v. 19, n. 46, pp. 45-65, 2014.

SCHULTZ, Kirsten. *Tropical Versailles: Empire, Monarchy, and the Portuguese Royal Court in Rio de Janeiro, 1808-1821.* Nova York: Routledge, 2001. [Ed. bras.: *Versalhes Tropical.* Rio de Janeiro: Civilização Brasileira, 2008.]

SCHWARCZ, Lilia Moritz. *O espetáculo das raças: Cientistas, instituições e questão racial no Brasil 1870-1930.* São Paulo: Companhia das Letras, 1993.

______. *As barbas do imperador: Dom Pedro II, um monarca nos trópicos.* São Paulo: Companhia das Letras, 1998.

______. *O sol do Brasil: Nicolas-Antoine Taunay e as desventuras dos artistas franceses na corte de d. João.* São Paulo: Companhia das Letras, 2008.

______. *Lima Barreto: Triste visionário.* São Paulo: Companhia das Letras, 2017.

SCHWARTZ, Jorge (Org.). *Caixa modernista.* São Paulo: Edusp, 2003.

SCHWARZ, Roberto. *Ao vencedor as batatas: Forma literária e processo social nos inícios do romance brasileiro.* São Paulo: Duas Cidades, 1977.

______. *Um mestre na periferia do capitalismo.* São Paulo: Duas Cidades, 2000.

______. *A Master on the Periphery of Capitalism: Machado de Assis.* Trad. de John Gledson. Durham: Duke University Press, 2001.

SEGALL, Lasar. *Mangue (textos de Jorge de Lima, Mário de Andrade, Manuel Bandeira).* Rio de Janeiro: Philobiblion, 1977.

SENNETT, Richard. *Flesh and Stone: The Body and the City in Western Civilization.* Nova York: W. W. Norton, 1994.

SEVCENKO, Nicolau. *Literatura como missão: Tensões sociais e criação cultural na Primeira República.* São Paulo: Brasiliense, 1983.

______. *A revolta da vacina: Mentes insanas em corpos rebeldes.* São Paulo: Brasiliense, 1984.

______. *Orfeu extático na metrópole: São Paulo, sociedade e cultura nos frementes anos 20.* São Paulo: Companhia das Letras, 1992.

______. "A capital irradiante: técnica, ritmos e ritos do Rio". In: ______ (Org.). *História da vida privada no Brasil.* São Paulo: Companhia das Letras, 1998.

______. "Peregrinations, Visions and the City: From Canudos to Brasilia, the Backlands become the City and the City becomes the Backlands". In: SCHELLING, Vivian (Org.). *Through the Kaleidoscope: The Experience of Modernity in Latin América.* Nova York: Verso, 2000.

______. *Literatura como missão: Tensões sociais e criação cultural na Primeira República.* 2. ed. São Paulo: Companhia das Letras, 2003.

SHACK, William A. *Harlem in Montmartre: A Paris Jazz Story between the Great Wars.* Berkeley: University of California Press, 2001.

SHAW, Lisa. *The Social History of the Brazilian Samba*. Aldershot: Ashgate, 1999.

SIGAUD, Joseph François Xavier. *Du climat et des maladies du Brésil*. Paris: Fortin, 1844.

SILVA, Beatriz Coelho. *Negros e judeus na Praça Onze*. Rio de Janeiro: Bookstart, 2016. E-book.

SILVA, Eduardo. *Prince of the People: The Life and Times of a Brazilian Free Man of Colour*. Trad. Moyra Ashford. Nova York: Verso, 1993.

______. *Dom Obá II d'África, o príncipe do povo: Vida, tempo e pensamento de um homem livre de cor*. São Paulo: Companhia das Letras, 1997.

SILVA, Hélio. *A ameaça vermelha: O Plano Cohen*. Porto Alegre: L&PM, 1980.

SILVA, Lúcia. *Luzes e sombras na cidade: No rastro do Castelo e da Praça Onze 1920-1945*. Rio de Janeiro: Departamento Geral de Documentação e Informação Cultural, Divisão de Editoração, 2006.

SILVA, Maria Beatriz Nizza da. *Cultura e sociedade no Rio de Janeiro (1808-1821)*. São Paulo: Companhia Editora Nacional, 2006.

SILVA Lisboa, Balthazar da. *Anais do Rio de Janeiro, contendo a descoberta e conquista deste país, a fundação de cidade com a história civil e eclesiástica, até a chegada d'el-rei dom João VI, além de notícias topográficas, zoológicas e botânicas*. Rio de Janeiro: Typographia Imperial e Constitucional de Seignot-Plancher e Ca., 1834-5. 7v.

SILVA, Yara da. *Tia Carmem: Negra tradição da Praça Onze*. Rio de Janeiro: Garamond, 2009.

SIMAS, Luiz Antonio. *Coisas nossas*. Rio de Janeiro: José Olympio, 2017.

SIMMEL, Georg. "Bridge and Door". In: LEACH, Neil (Org.). *Rethinking Architecture: A Reader in Cultural Theory*. Nova York: Routledge, 1997.

SITTE, Camillo. *The Art of Building Cities: City Building According to its Artistic Fundamentals*. Trad. de Charles T. Stewart. Nova York: Reinhold Publishing Corporation, 1945.

SOARES, Mariza de Carvalho. "Nos atalhos da memória". In: KNAUSS, Paulo (Org.). *A cidade vaidosa: Imagens urbanas do Rio de Janeiro*. Rio de Janeiro: 7Letras, 1999.

SODRÉ, Muniz. *Samba: O dono do corpo*. Rio de Janeiro: Codecri, 1979.

SOIHET, Rachel. *A subversão pelo riso: Estudos sobre o Carnaval carioca da belle époque ao tempo de Vargas*. Uberlândia: Ed. da Univ. Federal de Uberlândia, 2008.

SOUZA, Mirian Alves de. *Os ciganos calon do Catumbi: Ofício, etnografia e memória urbana*. Niterói: UFF, 2006. Dissertação (Mestrado em Antropologia).

SOUZA, Carlos Eduardo Dias. "A medicina e as crônicas em nome da ordem numa cidade rumo à civilização: O Rio de Janeiro entre 1850 e 1905". *Revista Espacialidades* 2, 2009.

SOUZA, Percival de. *Narcoditadura: O caso Tim Lopes, crime organizado e jornalismo investigativo no Brasil*. São Paulo: Labortexto, 2002.

STAM, Robert. *Tropical Multiculturalism: A Comparative History of Race in Brazilian Cinema and Culture*. Durham: Duke University Press, 1997.

STAROBINSLCI, Jean. *1789: Les Emblèmes de la raison*. Paris: Flammarion, 1973.

STEWART, Charles Samuel. *Brazil and La Plata: The Personal Record of a Cruise*. Nova York: A. O. Moore, Agricultural Book, 1858.

STUCKENBRUCK, Denise Cabral. *O Rio de Janeiro em questão: O Plano Agache e o ideário reformista dos anos 20*. Rio de Janeiro: Observatório de Políticas Urbanas e Gestão Municipal, 1996.

SÜSSEKIND, Flora. 1986. *As revistas de ano e a invenção do Rio de Janeiro*. Rio de Janeiro: Nova Fronteira, 1996.

______. *Cinematograph of Words: Literature, Technique, and Modernization in Brazil*. Palo Alto: Stanford University Press, 1997. [Ed. bras.: *Cinematógrafo de letras: Literatura, técnica e modernização no Brasil*. São Paulo: Companhia das Letras, 2006.]

TAUNAY, Afonso de. *No Rio de Janeiro de Dom Pedro II*. Rio de Janeiro: Agir, 1947.

TAYLOR, Charles. *A Secular Age*. Cambridge: Belknap Press, 2007. [Ed. bras.: *Uma era secular*. Trad. de Nélio Schneider e Luiza Araújo. São Leopaldo, RS: Ed. Unisinos, 2010.]

TEIXEIRA e SOUSA, Antônio Gonçalves. *As tardes de um pintor, ou as intrigas de um jesuíta*. Rio de Janeiro: [s.n.], 1847.

TEIXEIRA Barbosa, Luísa. "O Brasil e o movimento republicano português, 1880-1910". *Revista Cultural Dom Fafes*, ano IX, n. 10. Câmara Municipal de Fafe, 2003.

THOMPSON, Daniella. "The Boeuf Chronicles; How the Ox Got on the Roof: Darius Milhaud and the Brazilian Sources of Le Boeuf sur le Toit". *Daniella Thompson on Brazil*. Jan. 2008. Disponível em: <daniv.blogspot.co.uk/2002/04/boeuf-chronicles-pt.html>. Acesso em: 4 ago. 2019.

______. "Praça Onze in Popular Song". *Daniella Thompson on Brazil*. Jan. 2009. Disponível em: <daniellathompson.com/Texts/Praca_Onze/praca_onze.html>. Acesso em: 4 ago. 2019.

TINHORÃO, José Ramos. *Música popular: Um tema em debate*. São Paulo: Ed. 34, 1997.

______. *História social da música popular brasileira*. São Paulo: Ed. 34, 1998.

______. *A música popular no romance brasileiro*. São Paulo: Ed. 34, 2000-2.

______. *Domingos Caldas Barbosa: O poeta da viola, da modinha e do lundu, 1740-1800*. Lisboa: Caminho, 2004.

______. *Cultura popular: Temas e questões*. São Paulo: Ed. 34, 2006.

TOTA, Antônio Pedro. *The Seduction of Brazil: The Americanization of Brazil during World WarII*. Trad. de Lorena B. Ellis. Austin: University of Texas Press, 2009.

TUPY, Dulce. *Carnavais de guerra: O nacionalismo no samba*. Rio de Janeiro: ASB, 1985.

VAINFAS, Ronaldo. "Colonização, miscigenação e questão racial: Notas sobre equívocos e tabus da historiografia brasileira". *Tempo*, 8: 7-22, 1999.

VALLADARES, Licia do Prado. *A invenção da favela: Do mito de origem a favela.com*. Rio de Janeiro: FGV, 2005.

VASCONCELOS, Ary. *Panorama da música popular brasileira na belle époque*. Rio de Janeiro: Sant'Anna Ltda., 1977.

VAZ, Lilian Fessler. *Modernidade e moradia: Habitação coletiva no Rio de Janeiro, séculos XIX e XX*. Rio de Janeiro: 7Letras, 2002.

VELLOSO, Mônica Pimenta. *As tradições populares na belle époque carioca*. Rio de Janeiro: Funarte, 1988.

______. "As tias baianas tomam conta do pedaço. Espaço e identidade cultural no Rio de Janeiro". *Estudos Históricos*, Rio de Janeiro, FGV, v. 3, n. 6, pp. 207-28, 1990.

______. *Modernismo no Rio de Janeiro: Turunas e quixotes*. Rio de Janeiro: FGV, 1996.

VELTMAN, Henrique. *A história dos judeus no Rio de Janeiro*. Rio de Janeiro: Expressão e Cultura, 1998.

VENTURA, Zuenir. *Cidade partida*. São Paulo: Companhia das Letras, 1994.

VIANA, Francisco José de Oliveira. *Raça e assimilação 1. Os problemas da raça. 2. Os problemas da assimilação*. São Paulo: Companhia Editora Nacional, 1932.

VIANNA, Hermano. *O mistério do samba*. Rio de Janeiro: Zahar, 1995.

______. *O mundo funk carioca*. Rio de Janeiro: Zahar, 1988.

VIANNA, Luiz Fernando. *Geografia carioca do samba*. Rio de Janeiro: Casa da Palavra, 2004.

VILLAÇA, Flávio. *Espaço intraurbano no Brasil*. São Paulo: Studio Nobel, 1998.

VOGEL, Arno; MELLO, Marco Antonio da Silva. "Sistemas construídos e memória social". *Revista de Arqueologia*, Belém, Museu Paraense Emílio Goeldi, v. 2, n. 2, pp. 46-50, jul./dez. 1984.

WALSH, Robert. *Notices of Brazil in 1828 and 1829*. Boston: Richardson, Lord & Holbrook, 1831.

WEIGEL, Sigrid. *Body and image-space: Re-reading Walter Benjamin*. Trad. de Georgina Paul, Rachel McNicholl e Jeremy Gaines. Nova York: Routledge, 1996.

WELLES, Orson. *This is Orson Welles*. Org. de Jonathan Rosenbaum. Nova York: Da Capo Press, 1998. [Ed. bras.: *Este é Orson Welles*. Trad. de Beth Vieira. São Paulo: Globo, 1995.]

WHIGHAM, Thomas. *The Paraguayan War*. Lincoln: University of Nebraska Press, 2002.

WHITE, Richard Dunning. *Sketches of Rio de Janeiro and Environs*. Exeter: William Pollard & Co., 1897.

WILLIAMS, Daryle. *Culture Wars in Brazil. The First Vargas Regime, 1930-1945*. Durham: Duke University Press, 2001.

WISNIK, José Miguel. *O coro dos contrários: A música em torno da Semana de 22*. São Paulo: Duas Cidades, 1977.

______. *Sem receita: Ensaios e canções*. São Paulo: Publifolha, 2004.

______. "The Riddle of Brazilian Soccer: Reflections on the Emancipatory Dimensions of Culture". *Review: Literature and Arts of the Americas*, The American Society, v. 39, n. 2, pp. 198-209, 2006.

______. *Veneno remédio: O futebol e o Brasil*. São Paulo: Companhia das Letras, 2008.

WOLFE, Joel. *Autos and Progress: The Brazilian Search for Modernity*. Nova York: Oxford University Press, 2010.

ZALUAR, Alba. *Integração perversa: Pobreza e tráfico de drogas*. Rio de Janeiro: FGV, 2004.

ZWEIG, Stefan. *Amor e xadrez e fragmentos do diário*. Trad. de Odilon Gallotti e Marcos B. Lacerda, org. de Ingrid Schwamborn. Rio de Janeiro: Nova Fronteira, 1993.

______. *Brazil: A Land of the Future*. Trad. de Lowell Bangerter. Riverside: Ariadne Press, 2000. [Ed. bras.: *Brasil: Um país do futuro*. Pref. de Alberto Dines, trad. de Kristina Michahelles. Porto Alegre: L&PM, 2006.]

Índice remissivo

As páginas em itálico indicam as ilustrações.

ESTA OBRA FOI COMPOSTA PELA ABREU'S SYSTEM EM INES LIGHT E IMPRESSA EM PROCESSO SOB DEMANDA PELA UM LIVRO SOBRE PAPEL OFFWHITE PARA A EDITORA SCHWARCZ A PARTIR DE 2025

FSC
www.fsc.org
MISTO
Apoiando o manejo florestal responsável
FSC® C128038

A marca FSC® é a garantia de que a madeira utilizada na fabricação do papel deste livro provém de florestas que foram gerenciadas de maneira ambientalmente correta, socialmente justa e economicamente viável, além de outras fontes de origem controlada.